서태호 지음

서태호의

영화로 보는 삶

자유와 행복을 찾아 영화여행을 떠나자!

박영사

프롤로그

자유와 행복을 찾아
영화여행을 떠나자!

◆ 4차 산업혁명을 화두로 진화된 미래를 꿈꾸고 있던 시점에서, 마치 핵 전쟁 이후의 암울한 세상을 다룬 영화 <터미네이터>처럼 코로나바 이러스의 공습에 모든 일상이 점령당했다.

◆ 하지만 영화 <혹성탈출>에서 유인원들을 피해 필사적으로 탈출한 곳이 결국 지구라는 것을 알게 된 찰턴 헤스턴이 다시 새로운 삶의 길 을 찾아나서듯 우리도 희망의 길로 다시 나아가야 한다.

◆ 영화 <미지와의 조우>처럼 복잡하고 우울한 현실에서 가보지 않은 길을 밝혀줄 수 있는 빛은, 인류 상상력의 보물창고인 영화이다.

◆ 그동안 한경닷컴에 연재했던 칼럼 <서태호의 영화로 보는 삶>을 '소 통과 공감, 리더십, 창의와 상상, 진정한 행복, 비즈니스, 포스트 코로 나'의 6개의 카테고리 77개의 영화를 입체적으로 해석하여 책으로 발 간하게 되었다.

◆ 영화 <매트릭스>처럼 인터넷이나 SNS에 연결된 가상현실 사회에서 잃어버린 '사랑, 용기, 소통, 리더십, 행복, 성공, 자유'의 진짜 세상을 찾을 수 있는 희망의 길을 알려줄 것이다.

◆ 《서태호의 영화로 보는 삶》에서 삶의 역경을 극복하기 위해 <벤허>를, 진정한 사랑의 길을 찾고 싶을 때 <티파니에서 아침을>, 비즈니스의 성공을 위해 <행복을 찾아서>, 코로나와의 전쟁을 위해 <나는 전설이다>, 권태로운 일상을 헤쳐나가기 위해 <죽은 시인의 사회>, 위기일발의 상황에서 소통은 <리멤버 타이탄>에서 길을 찾을 수 있을 것이다.

◆ 필자는 <반지의 제왕>의 호빗 프로도가 모르도르 화산으로 악마의 반지를 운반하며 "이 반지가 내게 오지 않았더라면 얼마나 좋았을까?"라고 한탄하자, 멘토인 마법사 간달프가 "운명을 바꿀 수는 없지만, 운명에 대항할 수 있는 방법은 스스로 정할 수 있다"라는 말을 떠올리며 인생의 힘든 여정에서 오늘을 살아가는 우리는 각자 자신만의 운명의 반지를 운반하고 있으며 삶의 주인공임을 깨닫게 된다. 독자들이 삶을 운반하는 여정에서 이 책에서 많은 용기와 희망을 얻길 기대한다.

◆ 영화이야기를 쓰는 데 혜안을 충전해준 '젤소미나'에게 감사의 마음을 전한다.

차 례

제4부 진정한 행복

제6부 포스트 코로나

제1부
소통과 공감

세상에 대한 새로운 눈을 갖고 싶다면
지금 당장 책상 위로 올라가라!

죽은 시인의 사회
Dead Poets Society, 1990

<프롤로그>

현대사회의 처절한 욕망을 그린 드
라마 'SKY 캐슬'에서 오늘날을 살
아가는 젊은 친구들의 삶에 많은
것을 느꼈듯이, 이들의 꿈과 사랑
그리고 진정한 행복의 길에 대해

다시 한 번 진지하게 생각하는 시간이 필요할 듯하다.

이때 1990년에 개봉한 영화 <죽은 시인의 사회/Dead Poets Society>
는 많은 시사점을 주고 있어 소개한다.

<영화 줄거리 요약>

전통, 원리, 규칙 같은 것들을 무엇보다 중요시하는 엄격한 학교를 배경으로 영화는 시작된다. 백파이프 연주를 앞세우고 교기를 든 학생들이 강당에 들어서면서 1859년에 창립된 명문 웰튼 고등학교의 새 학기 개강식이 시작되고, 이 학교에 새로 전학 온 토드(에단호크 분)는 어린 신입생들과 마찬가지로 두근거리는 가슴을 숨길 수 없다.

이때 키팅 선생(로빈 윌리엄스 분)이 영어 교사로 부임한다.

그는 이 학교의 졸업생으로 규율이나 학습 방침에 대해서 누구보다 잘 알고 있다. 그런데도 오히려 그와 반대되는 수업을 진행한다. 시를 어떤 틀로 규정지어놓고 그에 맞추어 평가하게끔 하는 방식을 강요하는 사람의 책(교과서)을 찢으라고 하고 책상 위에 올라서서 "나는 사물을 끊임없이 다른 각도에서 봐야 한다는 것을 잊지 않기 위해서 책상 위에 올라서있는 거야!"라고 하면서 학생들에게 권위의 상징인 책상 위로 올라가보라고 권한다. 급기야는 야외수업으로 모두 다 같이 걷게 한 다음, 이 수업을 한 이유를 말한다. 그리고는 남의 시선을 의식하지 말고 자신이 걷고 싶은 대로 맘대로 걸으라고 주문한다.

그의 말에 따라 아이들은 자유롭게 걸으며 자유로운 생각을 하고 획일적이고 전체적인 것보다는 자기 자신에 대해서 성찰하며 깊게 알아간다. 그리고 닐, 녹스, 토드 등 7명은 키팅으로부터 '죽은 시인의 사회'라는 밤 모임을 만들어 서클에 관한 이야기를 듣고 자신들이 그 서클의 전통을 되살리고 이어가기로 한다. 학교 뒷산 동굴에서 모임을 하고, 짓눌렸던 자신들의 젊은 열정을 발산한다. 그러면서 닐은 어린 시절부터 정말로 하고 싶었던 연극에의 동경을 실행하게 되고, 녹스는 '크리스'라는 소녀와의 진실한 사랑을 이루어간다. 그러나 권위적인 닐의 아버지는 의사의 꿈을 이루어주리라 믿었던 아들 닐의 연극을 우연히 보게 되고 격노하여 연극을 하지 못하도록 군사학교로의 전학을 선언한다. 꿈이 꺾인 닐은 그날 밤 권총으로 자살을 하고 만다. 이 사건의 원인 규명에 나선 학교 측은 평소 학교의 규범에 맞서고 학생들에게 '죽은 시인의 사회'라는 서클을 권유한 키팅 선생에게 모든 책임을 돌리고 웰튼 고등학교에서 그를 추방하게 된다. 그가 떠나는 날, 교장의 퇴학 협박에도 아랑곳하지 않고 토드를 시작으로 학생들은 키팅 선생이 첫 수업 시간에 책상 위에 올라가 "캡틴! 오 마이 캡틴!"이라고 외치면서 "이것이 누구의 시에서 인용한 건지 아는 사람 없나?"라고 했던 것을 기억하며 권위의 상징인 책상에 올라 "캡틴! 오 마이 캡틴!"을 외치며 눈물의 작별을 고한다.

그들을 흐뭇하게 바라보던 키팅은 마지막 말을 던진다. "Thank you boys, Thank you."

[캡틴! 오마이 캡틴! 은 링컨이 암살당했을 때 시인 '월트 휘트먼'이 애도의 뜻으로 링컨에게 바친 헌시로 그가 추구했던 자유의 정신을 잊지 않겠다는 뜻을 담고 있다. 학생들은 휘트먼이 링컨에게 보냈던 존경과 미안함과 애정을 이 말에 실어서 표현한 것이다. 휘트먼에겐 링컨이 영원한 캡틴이었듯이 키팅 선생님은 우리의 영원한 캡틴이라는 것을 감동적으로 전달했다.]

<관전 포인트>

A. 죽은 시인의 사회란?

자신의 꿈과 의지대로 행동하지 못하고 주어진 환경에 안주하게 되는 현실을 뜻한다. 닐이 아버지의 반대에도 불구하고 자신이 하고 싶어 했던 연극배우의 꿈을 이루기 위해 위험을 무릅쓰고 무대에 올라가는 모습에서, 여태껏 학교와 학생들이 중시했던 전통, 규율, 규칙에서 자유로운 삶의 추구가 얼마나 기쁘고 소중한가를 깨닫고 바뀌어가는 과정을 통해 우리 자신의 생활방식을 재조명해볼 수 있다.

B. 키팅 선생이 학생들에게 책상 위로 올라가보라고 권한 이유는?

책상 위에 올라가서 새로운 시각으로 세상을 보는 눈을 일깨워보라는 의미로 영화 마지막 장면에서 키팅 선생이 학교에서 퇴출당할 때 학생들이 키팅 선생에게 보내는 최고 존경의 인사방식!

C. 죽은 시인의 사회가 우리에게 주는 시사점

영화에서 "카르페 디엠(Carpe Diem)"이라는 유명한 말이 나오는데
이 말은 라틴어로 호라티우스의 시 한 구절로부터 유래한 명언이다.
의미는 "현재를 잡아라(Seize the day), 오늘을 즐겨라, 아직 오지 않
은 미래를 위해서라는 이유로 인생을 헛되이 낭비하지 말라"라고 키
팅 선생은 학생들에게 이 말을 되풀이해서 들려준다. 중요한 것은
"지금, 이 순간 네가 원하는 삶을 사는 것"이다. 그래서 학생들은 '죽
은 시인의 모임'을 만들고 자유의 숲으로 갔고 드디어 세상을 보는 새
로운 눈을 얻었던 것이다.

<에필로그>

캠퍼스의 아름다운 꽃들이 새로운 변화가 왔음을 일깨워주고 있다.
AI 시대를 선도할 주인공으로 살아가야 할 젊은이들이여! 실패를 두려
워 말고 기존의 생각과 습관의 틀을 과감히 버리고 새로운 세상을 보기
위해 키팅 선생이 사랑하는 제자들에게 절규한 것처럼, 죽은 시인의 사
회에서 깨어나 지금 당장 책상 위로 올라가 보자!!

후회 없는 삶을 원한다면
자신만의 의지(Will)로 찾아 나서라!
굿 월 헌팅
Good Will Hunting, 1997

<프롤로그>

영화 <굿 월 헌팅/Good Will Hunting, 1997>은 첩보 영화 본 (Bourne) 시리즈로 유명한 '맷 데이먼'과 영화 <아마겟돈>에 출연한 '벤 애플렉'이 공동 집필하고 '거스 밴 샌트' 감독이 제작하여 '아카데미 최우수 각본상'을 수상할 만큼 탄탄한 스토리로 유명하다. 실제로 맷 데이먼이 하버드 대학 재학시절(영어영문과 중퇴)과제로 작성한 소설이 원작이며 빈민가에 사는 수학 천재인 '월 헌팅'에 관한 이야기를 다루고 있다. 이 영화는 비록 대학 근처에도 가보지 못한 주인공 '월'이 노벨상 수상자 수준의 수학적 재능을 가지고 있지만, 자신의 어릴 적 상처로 인해 이 세상과 싸우려고만 한다. 하지만 결국은 자신의 상처를 공감해주는 멘토를 만나면서 진정한 자아

를 발견하고 새로운 의지를 통해 아름다운 인생을 향해 달려가게 된다. 자신에게 주어진 환경이나 재능보다 더욱 중요한 것은 자기 인생의 주인 공이 바로 자신임을 깨닫는 순간, 성숙한 인격체로서 행복한 인생을 개척 해나갈 수 있다는 교훈을 주고 있다. 멋진 삶을 원한다면 자신만의 의지 (Will)로 찾아 나서라!

<영화 줄거리 요약>

보스턴 남쪽의 빈민가에서 일용직 노동자로 살아가고 있는 '윌 헌팅' 은 수학에 천부적인 재능을 가지고 있다. 욕실의 거울에 난해한 수학 문제 풀이를 적고 지우기를 반복하는 일이 취미인 윌은 MIT(매사추세츠 공과대학)에서 교실 바닥 청소부로 일하고 있다. 수학과 교수이자 '필즈 메달(수학계의 노벨상)' 수상자인 '램보' 교수는 석사과정의 학생들을 시험 하기 위해 교실 밖 복도 칠판에 난해한 문제를 적고 그 문제를 풀 사람 을 공개적으로 구한다.

어느 날 누군가가 문제에 대한 해답을 칠판에 적어놓은 것을 발견하 고 수학과는 물론 전 대학 내에 큰 화제로 주목받는다. 모두가 그 주인 공을 궁금해하지만, 강의실 안에서는 누구도 나서지 않는다. 그러던 어 느 날 램보 교수가 조교와 강의실을 나오면서, 복도 칠판에 낙서하는 윌 을 발견하게 되고, 그것은 낙서가 아닌 또 다른 문제의 수학증명을 해냈 다는 것을 알게 된다. 그 후로 램보 교수는 여러 번의 설득 노력을 통해 윌의 심리치료와 함께 새로운 수학증명 문제에 대해 같이 일하게 된다.

MIT 수학과 교수들도 풀지 못하는 문제를 애들 장난처럼 쉽게 풀어 내는 윌은 어린 시절의 아픈 기억 때문에 주변 사람들을 멀리하고 사람 들이 자신을 떠날 수밖에 없도록 냉정한 태도로 마음에도 없는 비호감 상황을 만든다. 즉 자신이 좋아하는 사람에게 버림받지 않기 위해, 먼저 자신이 그 사람을 떠나게 만들면 자신은 덜 상처를 받을 것으로 생각하 는 성숙하지 못한 감정의 발로였다. 윌은 그렇게 20년을 살아오면서 누구의 간섭도 받아본 적이 없고 친구들과 맥주를 마시고 길거리에서 싸움질을 다반사로 하며 의미 없이 살아간다.

그러나 노벨상을 받은 교수들조차 혀를 내두를 만큼 어려운 문제들을 싱거울 정도로 간단하게 풀어버리는 비상한 머리로도 어쩌지 못하는 것이 한 가지 있다. 그것은 바로 자신이 길거리에서 폭행죄로 재판을 받게 되어 보호관찰 대상자가 되었기 때문에 언제든지 또 다른 사고로 수감될 위기에서 자유롭지 못하다는 것이다. 이때, MIT 수학 교수인 램보는 윌의 재능이 아까워 정신과 치료를 통해 내면의 거칠고 난폭한 성격을 고치겠다는 각서를 쓰고 가석방해서 여러 명의 유명한 심리치료사에게 맡겨보지만, 윌의 교묘한 비협조와 방해로 결국 포기하기에 이른다.

마지막으로 자신의 대학 동기이자 앙숙인 심리학 교수 '숀 맥과이어(로빈 윌리엄스 분)'에게 윌의 치료를 부탁하게 된다. 숀은 청년 윌이 가진 내면의 아픔에 깊은 애정을 가지고 관찰하면서 윌에게 인생과 투쟁하는 필요한 지혜를 가르쳐준다. 결국 숀 자신도 아내와 사별 후 깊은 상처에서 헤어나지 못한 상황에서 윌과 같은 동병상련임을 깨닫고 자신을 치유할 성찰의 시간을 갖게 된다. 숀의 도움으로 마침내 윌은 스스로 내면에 쌓인 분노와 상처를 솔직하게 인정하고 자신의 천재적 재능을 발휘할 수 있는 성숙한 인간으로 발돋움하게 된다. 어느 날 아침 윌은 고향을 떠나, 사랑하면서도 버림받지 않기 위해 "사랑하지 않는다"라는 마음에도 없는 말로 떠나보냈던 여자친구 '스카일라'를 찾아 캘리포니아로 훌쩍 떠나게 된다.

<관전 포인트>

A. 영화에서 2가지 감명 깊은 장면은?

(1) MIT 수학과 교실 앞 칠판에는 평소 아무도 풀 수 없었던 노벨 수학상 수상자가 낸 문제가 적혀있었는데, 어느 날 어떤 사람이 이

것을 아주 쉽고 간단하게 풀어낸 것을 발견한 '제랄드 램보' 교수
가 이 주인공이 바로 바닥을 청소하는 '윌 헌팅'임을 알고 깜짝
놀라게 된다.

(2) 평소 친구 윌 헌팅의 비범함을 알고 큰일을 할 것을 염원하던 동
네 절친 '척키 슐리반(벤 애플릭 분)'은 평소 윌에게 "넌 지금 당
첨될 복권을 깔고 앉아서 너무 겁이 많아 돈으로 못 바꾸는 꼴이
야, 병신 같은 거지. 네게 있는 재능을 가질 수만 있다면 난 뭐든
지 할 거야. 넌 내 친구니깐, 이런 말 한다고 오해하지 마. 20년
후에도 이 동네에 살면서 막노동으로 우리 집에 와서 비디오나
보고 있으면 널 죽여버리겠어! 어느 날 너희 집에 갔을 때, 네가
작별인사도 없이 떠났으면 좋겠다"라고 말하곤 했는데, 어느 날
평소대로 모닝커피를 사서 친구 윌의 집에 도착했을 때, 자신의
평소 바람대로 무의미한 생활을 청산하고 홀연히 큰 세상으로 떠
나간 사실을 알고 자기 일처럼 너무나 행복해하던 장면에서 진정
으로 친구를 이해하고 사랑하는 깊은 우정에 깊은 감명을 받는다.

B. 심리학 교수 '숀'이 '윌'의 삐뚤어진 마음을 치유하게 되는 계기는?

어릴 적 알코올 중독자였던 양아버지로부터 모진 학대를 당한 아픈
기억을 가지고 있던 '윌'은 처음에는 심리학 교수이며 자신의 멘토가
된 '숀 맥과이어'를 만났을 때 일부러 못되게 굴자 "너는 그냥 어린애
일 뿐이야"라며 그의 치기 어린 모습을 강하게 질타하는 숀에게 반항
하기도 했지만, 숀도 자신과 같이 어릴 적 양아버지로부터 모진 학대
를 받고 자란 동병상련의 아픈 경험과 자신이 너무나도 사랑하던 부
인과 사별한 아픔을 이해하고 인간 대 인간으로 진정성을 가지고 받
아들이게 되었으며, 자신의 약점을 숨기기 위해 일부러 난폭한 언어
와 행동을 하던 윌에게 숀은 그동안의 모든 문제가 "너의 책임이 아
냐(It's not your fault)"라는 말로 따뜻하게 위로하자, 윌은 마침내 마
음의 문을 열고 뜨거운 눈물을 흘리며 숀에게 안기게 되는 장면에서

good will(상대방을 위한 선의)을 느낄 수 있다.

C. 청년 '윌'이 성숙한 자아를 되찾고 새로운 여정을 떠날 때 인생의 스승이었던 '숀'에게 남긴 글은?

"교수님 저에게 새로운 직장을 알선해서 오늘 아침 전화해주시기로 한 램보 교수님에게 얘기 못 하고 떠난다고 미안하다고 전해주세요. 그렇지만 지금 꼭 만나야 할 여자(상처를 가지고 스탠포드로 떠난 자신의 여자친구)가 있었다고요." 이 말은 '숀' 교수가 사별한 자신의 부인과의 과거 데이트 시절, 약속을 지키기 위해 1975.10.21. 레드삭스 팀 역사상 가장 큰 월드 시리즈 게임에 친구들과 관람하러 갔다가, 별안간 자리를 뜨는 숀을 보고 친구들이 의아해하자 "미안해, 지금 꼭 만나봐야 할 여자가 있어"라고 얘기한 것을 그대로 인용한 것이다. 이런 변화에서 윌이 이제 자신감과 여유가 있는 성숙한 남자로 태어나고 있다는 것을 보여주는 중요한 계기가 된다.

<에필로그>

우리는 힘든 상황을 만나 실패를 경험했을 때, 그 원인을 자신이 아닌 다른 곳에서 찾을 때가 많다. 불가피한 환경, 남보다 부족한 리소스, 따라주지 않는 운 등…. 그러나 진정한 원인은 바로 자신의 분명한 '의지'가 없었기 때문이다. 스스로가 의지를 갖추고 실행했다면, 결과가 성공이든 실패든 그것은 '숀'이 '윌'에게 했던 그 말 "not your fault"이다. 모든 일에는 자신이 판단하고 책임질 각오의 '의지(Will)'가 가장 중요하듯이 우리 인생의 성공도 결국은 자신의 의지에 의해 판가름날 수 있다. 영화 주인공 '윌'처럼 아픔을 극복하고 성숙한 인간으로 거듭나기 위해 자신의 문제점을 인정하고 용기를 내어 마침내 새로운 미래로 나아가는 모습에서 큰 감동을 한다. 영화 제목처럼 지금 우리에게 필요한 것은 바로 'Good Will Hunting(멋진 의지를 찾아가는 것)'이다.

미래를 밝히기 위해 숭고한
결심을 하는, 당신의 눈동자에 건배!

카사블랑카
Casablanca, 1942

<프롤로그>

시간을 상대로 결코 이길 수 없는, 인간으로서
는 후회하지 않는 '절대적 선택'이란 이 세상에
존재하지 않는다. 하지만 영화 <카사블랑카/
Casablanca, 1942>에서 주인공들은 엄혹한 전
쟁의 현실 앞에서 후회하지 않을 선택을 해야만
한다. 우리는 살아가면서 많은 결정의 순간 앞
에 놓이게 된다. 최선의 선택을 위한 지침서
<How to make good decision>에서는 넥타
이를 고를 때와 같이 가벼운 선택 시에는 점원
의 권유나 그날의 기분에 따라 깊은 고민 없이 결정하면 되지만, 직업
이나 배우자를 결정하거나 집을 살 때 등 선택의 결과가 오랫동안 지속
될 수 있는 경우와 같이 신중한 선택이 필요할 때는 몇 날 밤 깊은 고민

을 한 후에 결정하라는 조언이 있다. 오늘 중요한 결심을 해야 한다면 '과거를 되찾고, 현재를 살리며, 미래를 밝히는' 엄숙한 선택의 시간을 가져보기 바란다.

<영화 줄거리 요약>

제2차 세계 대전 중 나치 독일에 협조하던 '비시 프랑스(Vichy France) 정권' 치하의 도시 카사블랑카는 나치의 압제를 피해 도주하는 이들이 주로 거쳐가는 도시다. 게슈타포와 프랑스 괴뢰정부의 경찰들, 이탈리아 경찰들이 서로 섞여 업무를 볼 정도로 전쟁의 혼란이 고스란히 반영된 곳이기도 하다. 중동의 모로코에 위치한 요지 카사블랑카는 유럽의 마지막 비상구로, 미국행 비자를 구할 수 있는 유일한 도시로, 밤이면 삼삼오오 사람들이 카페 아메리캥(Cafe Americain)으로 모여든다. 이곳은 도무지 과거를 알 수 없는 냉소적인 미국인 '릭(험프리 보가트 분)'이 운영하는 술집으로, 사람들은 낮은 목소리로 밀담을 나누며 도시를 빠져나갈 방법을 찾는다.

어느 날, 카사블랑카에 체코 레지스탕스 지도자인 '빅터 라즐로(폴 헨레이드 분)'와 그의 아름다운 부인 '일자(잉그리드 버그먼 분)'가 유입되고, 그들이 기다리는 것은 접선을 통해 국경을 통과할 수 있는 여권을 얻는 것인데, 불행히도 그 접선자는 이미 경찰에 체포되어 죽은 후이고, 우연히 여권을 손에 쥐게 된 사람은 바로 카페 주인 릭이라는 것을 알게 된다. 카페로 찾아온 일자는 프랑스 시절부터 알고 지내던 흑인 가수 '샘'과 마주치고 그에게 릭의 근황을 물어본다. 추억을 떠올린 듯 일자의 눈동자가 잠깐 빛나며 샘에게 자신과 릭의 추억이 담겨있는 노래 <As time goes by>의 연주를 부탁한다. 망설이던 샘이 곡을 연주하자, 마침 카페에 들어오던 릭은 "이 노래는 절대 부르지 말라고 했잖아!"라며 불같이 화를 내다가 일자를 발견하고 깜짝 놀라게 된다.

파리에서 뜨거운 사랑을 나누었으나 어쩔 수 없는 운명으로 헤어졌던 연인 '릭'과 '일자'는 이렇게 하여 위험한 도시 카사블랑카에서 재회한다. 처음에는 이루지 못한 옛사랑의 미련으로 일자를 붙잡아두고픈 생각에 고심하던 릭은 결국 쫓기는 몸인 레지스탕스 지도자 빅터에게 일자가 절실히 필요함을 깨닫게 되고 이들을 도울 결심을 하게 된다. 릭은 끈질긴 나치의 눈을 피해 부패에 찌든 프랑스 경찰 서장을 구슬려 두 사람의 여권을 구하게 된다. 이윽고 이별의 시간이 오고 온갖 착잡한 마음을 뒤로하고 릭은 일자와의 추억만을 가슴에 소중히 간직한 채 떠나보낸다. 릭은 빅터의 탈출을 저지하려고 쫓아온 독일 비밀경찰을 총으로 처리한 후, 짙은 안갯속으로 사라지는 비행기를 하염없이 바라본다. '카사블랑카'라는 이국적인 도시의 이름을 그대로 제목으로 차용한 이 작품의 성공 요인은 단연 '아카데미 최우수 작품상'을 수상한 스토리와 70년이 지났어도 여전히 마음을 사로잡는 '보가트와 버거만'의 상상력을 뛰어넘는 애틋한 감정 연기였다. 릭의 대의를 위해 사랑하는 여인을 떠나보낼 때의 숭고한 고민의 모습은 아직도 많은 사람의 가슴에 남아있다.

<관전 포인트>

A. 카페에서 '일자'가 '샘'에게 연주를 부탁한 의미심장한 노래는?

<As Time Goes By(세월이 흐르면)>은 1931년 브로드웨이 뮤지컬에 처음 등장했던 노래이다. 잊힐 뻔했던 노래가 영화 <카사블랑카>에 삽입되면서 많은 사람의 사랑을 받게 된 것이다. 많은 가수가 이 노래를 리바이벌해서 불렀지만, 가장 가슴에 와닿는 것은 영화 속 '샘(도리 윌슨)'이 부르는 원곡이다. 그의 피아노 연주에는, 귀를 더 기울이게 하는 무엇이 있다. 두 연인이 가장 행복했던 순간을 고스란히 지켜보았던 샘은, 사랑했으나 헤어져야 했던 두 주인공의 슬픔을 자신의 목소리에 담아냈다. 기억을 떠올리는 것조차 고통스러워 노래

를 부르지 못하게 한 '릭'의 심정이 거기에 담겨있다. 노래는 두 사람의 안타까운 마음을 그려내고 릭과 일자의 감정이 교감하는 것을 보여주면서 관객들의 마음에 아련함을 더한다.

B. 주인공 '릭'이 그토록 사랑하던 여인을 떠나보내는 이유는?

과거 꿈같던 파리 시절, 릭과 일자는 깊은 사랑을 나누던 사이였으나 2차 세계대전의 발발로 독일군이 파리에 진주하기 전날, 릭은 일자와 샴페인을 마시면서 샘의 연주를 같이 들었었다. 광장에서는 게슈타포가 확성기로 내일 열릴 환영 행사에 참석하라고 떠들어 댄다. 두 사람은 기차를 타고 파리를 떠나기로 약속했지만, 폭우가 쏟아지는 기차역에 일자는 끝까지 모습을 나타내지 않았고 이유도 알지 못한 채 릭은 혼자 떠나야만 했다. 그렇게 사라진 사랑을 위험한 도시에서 재회한 것이다. 다시 만난 '일자'는 '릭'에게 "우리 둘을 위해, 모두를 위해 무엇이 좋을지 생각해줘요"라는 의미심장한 요청을 하고 릭은 밤을 새워 고민한 후 결국 일자와 그의 남편인 레지스탕스 리더 '빅터'의 여권을 준비하여 리스본으로 탈출시키기로 결심한다. 이에 일자는 안타까워하면서, "우리의 사랑은 어떻게 되느냐"고 묻자, 릭은 "우리에겐 파리에서의 추억이 있잖아, 우린 그걸 갖고 있어. 당신이 여기에 오기 전까지는 그 사실을 잊고 있었지. 하지만 어젯밤에 되찾았어"라며 숭고한 사랑을 통한 어려운 이별을 선택하였다.

C. 영화의 시대적 배경은?

영화 속 배경은 1941년 12월로 세계사에서 2차 세계대전 중 일본이 진주만을 기습하여 미국이 대일 선전포고로 마침내 잠자는 거인의 코털을 건드려 참전케 한 시점으로, 실제 영화 개봉은 1942년 11월로 전쟁의 엄혹한 현실이 사랑하는 두 연인의 운명에 큰 영향을 미치는 것을 보여준다. 실제 전쟁 기간 중 상영된 영화이기에 영화 내용 중에 은근히 애국심을 불러일으키는 장면도 나오는데, 그것은 릭의 카페에서 독일군들이 피아노를 치며 독일 군가를 부르자 레지스탕스의 리더 '빅터'는 악단에게 프랑스 국가 <라 마르세예즈>를 연주해달라고 요청하고, 연주가 시작되자 카페에 있던 모든 사람이 노래를 합창하자 사람들은 나치에 대한 적대감과 프랑스에 대한 자부심으로 가슴이 벅차오른다. 연주는 나아가 관객들의 가슴마저 뛰게 했다. 전쟁 중의 프랑스령 카사블랑카는 도시의 공간감을 동시에 일깨워주었다.

<에필로그>

영화 <카사블랑카>에는 잊을 수 없는 음악과 슬프고도 아름다운 감성이 있으며 남녀 주인공들은 멋진 아름다운 모자를 쓰고 인간으로서 가장 어려운 선택을 하는 모습이 클로즈업 화면으로 강조되면서 인물 내면에 초점이 맞추어져 감동을 더해준다. 전쟁으로 인한 개인의 파괴된 감정 속에서도 미래를 밝히는 결심과 약속으로 이어지는 영화의 엔딩에서 보듯이, 현대를 사는 많은 사람에게도 행복한 시절에서의 추억을 간직한 채 빛나는 미래를 위해 숭고한 결심을 해나가는 용기를 응원한다. "당신의 눈동자에 건배!(Here's looking at you, kid)"

♫ As Time Goes By - Dooley Wilson

실수로 엉키는 스텝이 탱고를 만들듯
인생도 실패를 통해 완성된다!

여인의 향기
Scent of A Woman, 1992

<프롤로그>

'알 파치노'가 아카데미 남우주연상을 받은 영화 <여인의 향기/Scent of A Woman, 1992>에서 시력을 잃은 주인공 '프랭크(알 파치노 분)'가 호텔 카페에서 우연히 아름다운 향기가 나는 여인에게 다가가 탱고를 배우고 싶지 않냐고 청하자, 여인은 한 번도 탱고를 춰본 적이 없다고 머뭇거린다. 프랭크는 "탱고는 인생과는 달리 단순하죠. 탱고는 정말 멋진 거예요. 만약 실수하면 스텝이 엉키고 그게 바로 탱고죠!(If you make a mistake, get all tangled up, just tango on)" 라며 용기를 주어 결국 <Por Una Cabeza(포르 우나 카베사: 머리 하나 차이로)>의 곡에 맞춰 아름답게 탱고 춤을 함께 춘다. 우리의 삶의 여정

도 탱고와 같이 스텝이 엉키며 비틀거리지만 그런 과정을 통해 성숙한 인생을 완성해나가는 것이다.

<영화 줄거리 요약>

1990년대 초반, 북미에 있는 명문 학교로 평가받는 '배어드 고등학교'에 다니는 오레곤 출신 '찰리(크리스 오도넬 분)'는 어려운 가정 형편으로 학교 도서관 사서로 일을 하는 성적이 우수하고 심성이 착한 모범생이다. 그러던 어느 날 밤, 학교 도서관에서 일을 마치고 친구 '조지 윌리스 주니어'와 나오던 중 가로등에서 몇몇 얼굴이 익은 친구들이 밀가루 범벅의 대형 풍선을 설치하는 모습을 목격하게 된다. 다음 날 멋진 자동차를 타고 출근하던 교장 선생의 몸에 대형 풍선을 터뜨리며 밀가루를 뒤집어씌워 망신을 준다.

이 사건으로 목격자인 '찰리'와 '조지 주니어'는 추수감사절 명절 직후, 전교생과 교직원들이 보는 앞에서 '상벌 위원회'에 참석하여 잘잘못을 가리게 되었다. 고민스러운 상황에서도 찰리는 추수감사절 동안 아르바이트를 위해 학교 근처 가정에서 가족들의 휴가 때 홀로 남겨진 시각장애인을 돌보는 일을 맡게 된다. 그 시각장애인은 한때는 자존심이 하늘을 찔렀지만, 신병 교육 중 실수로 발생한 수류탄 사고로 두 눈을 잃고 퇴역하여 여동생 집에서 보살핌을 받으며 살아가는 '프랭크 슬레이드(알 파치노 분)' 중령이다. 가족이 휴가를 떠나자마자, 프랭크 중령은 별안간 뉴욕 여행을 떠나려고 멋진 고급 리무진 자동차를 불렀다. 찰리는 크게 당황했지만 프랭크 중령의 의지를 꺾을 수는 없었다. 사실 프랭크 중령은 이번 뉴욕 여행을 마지막으로 절절한 외로움과 어둠뿐인 이 세상을 탈출하려는 속셈이다. 하지만 인생 애송이 찰리와의 긴 여정에서 서로는 아픔을 보듬어주면서 위안을 통해 인생을 살아갈 의미를 되찾게 된다. 특히 앞은 볼 수 없지만 예민한 후각을 가지고 있던 프랭크 중령은 마지막 여정 중 들린 호텔 카페에서 한 여인의 향기에 용기를 내어 탱고를 같이 추자고 제안하고, 그 춤을 통해 순간 삶의 의미를 되찾는 계기가 된다.

호텔에서 '찰리'에게 집으로 돌아갈 비행기표와 수고비를 준 프랭크 중령은 마지막으로 찰리에게 심부름을 시키자, 찰리는 직감적으로 자살을 의심하고 바로 되돌아온다. 찰리의 생각대로 프랭크는 평생 명예롭게 입었던 군복을 입고 권총을 들고 마지막 순간을 준비하고 있었다. 이를 말리는 찰리에게 프랭크 중령은 "내가 살아야 하는 이유를 하나만 대봐"라고 소리치자, 찰리는 진심 어린 마음으로 설득하여 두 사람은 다시 고향으로 돌아오게 된다.

추수감사절이 끝나고 드디어 개최된 교내 '상벌 위원회'에서 실제로 교장 선생을 상대로 장난을 쳤던 학생들은 재력 있는 부모 뒤에 숨어서 어떻게든 사건을 무마시키려 하지만, 힘없는 찰리만 퇴학이라는 카드로 압박당하는 절체절명의 순간이 도래한다. 그 순간 집으로 돌아간 줄만 알았던 프랭크가 등장하여 삶의 중대한 위기에 서있는 젊은이를 위해 위원회에서 보호해줄 것을 강력하고도 정의롭게 연설한다. 그의 연설에 참석한 모든 사람이 공감과 격려를 하게 되고 찰리는 무죄를 선고받는다. 결국 '아무것도 할 수 없어 삶의 의미가 없어진 무기력했던 남자인' 프랭크와, '삶의 의미를 지킬 힘이 없던' 찰리는 정도의 차이는 있지만 인생에서 큰 갈림길에 서있다는 공통점이 있었기에 서로를 위기에서 극적으로 구해주게 된다.

<관전 포인트>

A. 퇴역군인이던 프랭크 중령이 세상과의 이별 여행을 결심한 배경은?

프랭크는 26년간 자존심을 지키며 군 복무를 하다가 수류탄 훈련 도중 두 눈을 잃게 되면서 과거의 영광과 명예도 같이 사라지고 괴팍한 늙은이로 변해간다. 어느 날 추수감사절 시즌에 자신을 돌보던 여동생 가족이 여행을 떠나자 가지고 있던 돈을 모두 모아, 고급 리무진을 대여하여 꿈의 도시 뉴욕으로 가서 마지막으로 멋진 시간을 보내고 호텔 방에서 인생을 정리할 생각을 한다.

B. 자신의 **훌륭한 멘토**가 되어준 프랭크 중령이 인생을 포기하려고 할 때 찰리는 어떻게 그의 마음을 돌렸나?

프랭크 중령은 군에서의 명예도, 가족에게서의 존중도 못 받게 되었다고 생각하고 자신의 존재 의미를 찾지 못해 결국 마지막 추억여행 후 권총으로 자살을 시도하려고 한다. 하지만 이를 막아서는 찰리에게 "내가 살아야 하는 이유를 하나만 대봐"라고 외치자 "당신은 누구보다도 탱고를 잘 추며, 눈이 보이지 않으면서도 페라리 차를 귀신같이 모는 것만 봐도 살아야 할 이유는 충분하다"라고 설득하여 프랭크의 마음을 되돌리는 데 성공한다.

C. 뉴욕 여행에서 돌아온 직후 개최된 학교 상벌 위원회에서 프랭크가 찰리의 변호를 성공시킨 내용은?

보호자 한 명 없이 본인 스스로 변호해야만 했던 찰리 곁에 프랭크가 등장하여 "도대체 이 명문 학교에서 누가 옳고 누가 그른지에 대해서 왜 제대로 하지 않느냐?"면서 교장과 위원들을 꾸짖게 된다. 배움의 요람이란 곳이 친구를 고자질하라고 강요하는 것이 과연 옳은 것이냐고 하면서, 두려움과 신념 사이에서 어려운 '신념'을 지킨 이 정직한 젊은이가 자신의 신념을 바탕으로 만들어진 길, 바른 인격으로 이끄는 길을 계속 걸어가게 보호하고 포용해달라고 호소하자 참석한 모든 사람은 프랭크의 정의와 확신에 가득 찬 연설에 손뼉을 치며 공감하게 되고 결국 찰리는 퇴학 대신 하버드 대학진학의 꿈을 이루게 된다.

D. 이 영화에서 히트한 탱고 음악은?

프랭크는 호텔 카페에서 남편을 기다리던 아름다운 향기를 지닌 여인 '도나'에게 접근하여 "탱고를 가르쳐주겠다"고 설득하자, 평소 탱고에 관심이 있던 도나는 "탱고는 우스꽝스럽다"는 남편의 편견에 기회를 가지지 못하다가 용기를 내어 처음으로 탱고를 추게 된다. 비록 맹인 이지만 프랭크의 리듬에 맞춘 능숙한 리드에 이끌려 황홀한 춤을 경험하게 된다. 이 영화의 OST <Por Una Cabeza(포르 우나 카베사: 머리 하나 차이로)>는 '카를로스 가르 델(Carlos Gardel)'이 작곡한 것으로 유명하다.

E. 프랭크가 가지고 있는 향기에 대한 견해는?

시력을 잃은 프랭크에게 유일하게 세상을 알아가고 판단할 수 있는 남다른 후각이 남아있었고, 여행하면서 자신을 스쳐 지나가는 여인의 향기를 통해 어떤 인물인지 상상한다. 이 과정에 세상에서 들을 가치가 있는 유일한 낱말이 여자이고 여자에게 관심이 없으면 죽은 것이라고 역설하는 프랭크의 말에서 영화 제목인 <여인의 향기>는 그에게 삶의 향기(희망)이다. 영화 마지막 장면에서 명연설을 통해 찰리를 구한 후 영웅이 된 프랭크에게 호감을 느끼고 다가온 한 여선생에게 장미꽃 향기가 난다고 후각 센스를 작동시키면서 다시 한 번 여인과의 사랑을 암시하기도 한다.

<에필로그>

영화 <여인의 향기>에서 사고로 시력을 잃고 퇴역한 장교였던 프랭크는 스스로가 아무 쓸모가 없는 귀찮은 존재라고 생각하고 세상과의 이별 여행을 떠난다. 하지만 그에게는 남들이 갖지 못한 특별한 후각과 고감도의 감성 안테나 덕분에 사랑을 찾고, 다른 사람에게 큰 도움을 주는 존재로 부활하게 된다. 그는 위기에 처한 젊은이 '찰리'를 정의롭고 당당한 연설로 구해내면서, 인생은 탱고처럼 스텝이 엉킨다고 끝난 것이 아니라 실패를 통해 더욱더 훌륭한 모습으로 승화된다는 것을 보여준다. 우리도 인생을 살면서 많은 실패와 흔들림 앞에서 크게 절망하고 좌절하게 되지만 결국 그런 여정을 통해 자신만의 '독특한 향기'를 가진 성숙한 삶으로 나아가게 된다는 것을 깨닫게 된다.

♫ Scent of A Woman - Por Una Cabeza

당신을 떠올리게 하는 또 다른 이름은?

늘대와 춤을
Dances with Wolves, 1990

<프롤로그>

현대문명의 발달로 과거에 놓고 온 소중한 것들을 다시 보여주는 영화 <늘대와 춤을/Dances with Wolves, 1990>(아카데미 최우수 작품상 등 7개 부문 수상)에서 문명인이라고 자처하는 백인들의 시각에서 본 원주민(인디언)은 원시적이고 미개해 보일 수도 있었다. 하지만 북군의 기병대 '던비 중위'는 인디언 부족들과의 생활을 통해 따뜻한 삶이 무엇인지와 아름다운 대자연 속에서의 순수한 생명(사람, 동물, 식물)과 서로 사랑하고 화합하며 같이 행복을 추구하는 방법을 배워나간다. 또한, 자신의 삶 속에서 잊고 있던 진정한 행복을 깨우치게 된다. 문명사회가 고도화될수록 형식적이고 복잡한 불협화음으로 삶의 여유는 각박해지고 있다. 가끔은 자연 속으로의 여행을 통해 자신의 삶을 되돌아보며 '또 다른 당신

만의 이름'으로 진정한 자유와 행복이 가득한 삶을 만들어가야 한다.

<영화 줄거리 요약>

1863년 테네시주의 '성 데이비드 평원'에서 북군 소속 '존 던바(케빈 코스트너 분)' 중위는 다리에 총상을 입고 야전병원에서 다리를 절단당하려는 상황에 놓인다. 던바 중위는 절체절명의 순간에 탈출에 성공하여 혈혈단신으로 남군의 진영으로 말을 타고 달려가 적을 교란한다. 덕분에 북군에게 큰 사기를 충천시킨 공로로 졸지에 전쟁영웅이 되었지만, 본인은 정작 인디언이 출몰하는 외딴 서부 개척지 '새지웍' 요새로 전출을 요청한다.

그곳에 도착한 던바 중위는 황무지나 다름없는 곳에 집 한 채만 달랑인 요새를 발견한다. 그는 황량한 통나무집에 혼자 기거하면서 오기로 되어있던 후속 기병대를 기다리지만 전혀 연락이 없다. 던바는 일지를 계속 기록해나가면서 전쟁의 혼란을 잠시 잊고 현실을 떠나 자연주의 철학자처럼 낮과 밤이 바뀌는 것을 관찰하며 노동과 명상의 나날을 보낼 뿐이다. 그에게 유일한 벗이라고는 타고 온 말 한 필과 가끔 문 앞에 찾아와 경계의 눈빛으로 어슬렁거리는 늑대 한 마리뿐이다. 그러던 어느 날 '수우족 인디언'과의 조우가 시작되면서 처음에는 적대적 관계였지만 인디언 제사장 '머리에 부는 바람'과의 지혜로운 소통으로 점차 친구로 변해갔다. 특히 식량 걱정으로 버펄로 떼를 기다리던 수우족에게 던바 중위는 그만의 빠른 촉으로 소 떼의 출현을 알려주고 함께 사냥까지 성공적으로 완수함으로써 인디언 방식의 이름인 '늑대와 춤을'이라는 이름을 얻게 된다. 가장 적대적이던 인디언 전사 '머리에 부는 바람'과의 우정까지 얻게 되고, 어릴 적 난폭한 인디언 '포니족'으로부터 부모를 잃고 수우족 인디언 부족에게서 구조되어 성장한 백인 여인 '주먹 쥐고 일어서'와의 사랑까지 얻어낸다.

던바 중위는 명실상부 인디언 공동체의 일원이 된다. 던바는 이제 북군 장교가 아닌 '늑대와 춤을'의 인디언으로 거듭 태어났고, 잊고 있었던 대자연의 미세한 변화와 아름답고 순수한 생명과의 교감을 통하여 문명에서 느끼지 못했던 진정한 행복을 알게 된다. 그러나 인디언 토벌을 나온 북군의 기병대에 쫓겨 수우족은 겨울 산으로 피신해야만 하는 상황에서 던바 중위는 탈영병인 자신으로 인해 인디언 부족에게 해를 끼칠 것을 염려하여 부인 '주먹 쥐고 일어서'와 같이 자신들만의 길을 떠나가게 된다. 수년 후 수우족은 결국 백인에게 항복하였고, 평원의 위대한 기마민족 문화(The great horse culture of the plains)는 사라지고, 미국의 개척자 정신(American frontier)도 역사 속으로 사라지게 되었다.

<관전 포인트>

A. 인디언들이 던바 중위에게 '늑대와 춤을'이라는 이름을 붙여준 이유는?

던바 중위는 자신의 요청으로 오게 된 서부 끝자락 요새에서 자연과 교감하고 삶의 일기를 쓰며 철학자처럼 사는 일상에서, 야생의 늑대와도 우정을 쌓아가게 된다. 어느 날 밤 땅이 진동하는 소리에 잠에서 깬 던바 중위는 그 소리가 수우족이 그토록 기다리던 버펄로 소떼의 이동 소리라는 것을 직감하고 말을 타고 달려가 그것을 수우족에게 알려주고 같이 사냥까지 도와주어 큰 신뢰를 얻게 되었다. 특히 그가 늑대와 같이 노는 모습을 보고 인디언들이 '늑대와 춤을'이라는 친근한 이름을 붙여주게 된다. '늑대와 춤을'이라는 이름을 붙여준 것은 인디언들이 던바 중위를 자신의 공동체의 일원으로 인정한다는 상당히 의미 있는 변화의 증거였다.

B. 영화 속에 나온 인디언들의 재미있고도 철학적 의미의 이름들은?

영화 속에 나온 수우족들의 이름 중, 족장은 '열 마리 곰(Ten bears)', 제사장 '발로 차는 새(Kicking bird)', 용감한 전사 '머리에 부는 바람(Wind in his hair)', 부인 '주먹 쥐고 일어서(Stands with a fist)', 던바 중위 '늑대와 춤을(Dances with wolves)', 늑대 '하얀 발(Two socks)'로 현대인들이 쓰는 번호표 같은 식별을 목적으로 하는 이름보다, 그 사람의 인간적 특성이 잘 나타나있는 표현방식을 통해 상호 개성을 존중하면서 더욱 진정성 있게 소통하게 된다.

C. 던바 중위가 북군의 장교에서 인디언 '늑대와 춤을'의 존재로 완전히 바뀐 계기는?

던바 중위는 인디언 부족들과 같이 겨울 산으로 이동하기 위해, 자신의 요새에 두고 온 '일기'를 가지러 잠시 돌아간다. 때마침 북군 기병대가 던바 중위를 발견하고 인디언으로 변신한 던바 중위를 가혹하게 고문하며 인디언 부족들의 위치를 추궁하자, 던바 중위는 영어가 아닌 인디언 말로 "자신은 '늑대와 춤을'이라는 수우족이며, 동족의 위치를 말할 수 없다"고 단칼에 거절한다. 화가 난 북군 상사는 총으로 근처를 배회하던 늑대를 쏘아 죽이고, 마침 던바 중위를 구출하기 위해 온 인디언들에게 북군 상사는 죽임을 당하고 다행히 던바 중위는 구출된다. 던바 중위는 이유 없이 자연의 생명체(자신의 말과 친구가 된 늑대)를 살육하는 문명인들을 떠나 인디언 공동체의 일원으로 합류하게 된다.

D. 전쟁영웅이던 던바 중위가 자연주의적인 휴메니스트로 변한 이유는?

던바 중위는 홀로 요새를 지키던 중, 그동안 보지 못했던 낮과 밤이 변하는 대자연의 신비한 변화와 늑대와 버펄로 등 순수한 생명의 아름다움, 인디언들의 정직하면서도 욕심 없는 현명한 삶의 철학을 체험하면서 점차 그들의 언어와 문화 그리고 삶의 철학에 동화되어갔다. 도저히 화합할 수 없는 '미개인'이었던 인디언들이 자신과 다르지 않은, 오히려 더 배울 게 많은 '같은 사람'임을 깨닫게 된다. 영화에서 던바 중위는 '일기'를 통해 자신의 심리적 변화를 자아 대화방식으로 이야기를 전개해나간다.

E. 북군에게 쫓겨 눈 내리는 산으로 이동 중이던 인디언 부족을 떠나는 던바 중위에게 건네는 친구의 인사는?

던바 중위는 탈영한 자신의 문제로 부족이 몰살당할 것을 염려하여 부인인 '주먹 쥐고 일어서'와 부족을 떠나게 된다. 이때 그동안 갖은 고생으로 진정한 친구가 된 인디언 용사 '머리에 부는 바람'은 산 위에 올라서서 떠나는 '늑대와 춤을'에게 큰소리로 "나는 '머리에 부는 바람'이다. 나는 영원한 당신의 친구이다. 당신도 항상 내 친구인가?"라며 목 놓아 부르짖으며 진정한 우정을 표시한다.

<에필로그>

영화 <늑대와 춤을>에서 인디언들이 붙여준 이름 속의 늑대는 곧 인디언들 자신일 수 있다. 던바 중위는 말과 문화가 전혀 통하지 않는 인디언들에게 낮고 겸손한 자세로 다가가 결국 그들의 신뢰를 얻어냈으며, 그들의 공동체에 한 일원이 되어 그동안 문명사회에서는 느끼지 못했던 인간적인 모습과 따뜻함에 큰 행복을 누리게 된다. 인디언들은 던바 중위, 아니 '늑대와 춤을'에게 '내 슬픔을 등에 지고 가는 자(친구라는 뜻의 인디언 속담)'가 되어준다. 편리하게만 느껴지던 현대문명 사회에서 점차 각박하고 외로운 마음이 들어 방황하는 우리 현대인들도, 가끔은 자연 속으로의 여행을 통해 우리가 과거에 놓고 온 아름답고 따뜻한 것들을 꺼내어 자연과 하나되는 치유의 시간을 가지는 것이 필요하다. 오늘 당신을 떠올리게 하는 또 다른 이름은 무엇인가?

위기상황에서 당신은
어떤 방식으로 소통할 것인가?
크림슨 타이드
Crimson Tide, 1995

<프롤로그>

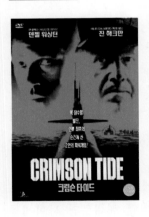

영화 <크림슨 타이드/Crimson Tide, 1995>에 서 크림슨 타이드는 '진홍색 조류(피처럼 붉은 바다)'라는 뜻으로 '1급 위기 사태'를 의미하는 군사용어이다. 핵시설을 장악한 러시아 반군과 의 일촉즉발의 핵전쟁 발발상황에서 '핵잠수함 앨라배마호'의 함장과 부함장은 서로의 견해차 로 큰 갈등을 겪게 된다. 과연 이들은 이런 엄 청난 상황에서 어떤 방식으로 소통하여 위기 상황을 돌파할 수 있을 것인가? 매일 다양한 선택과 결심을 하며 살아가야 하는 현실 속에서, 추측과 바람, 당위와 주장보다는 더욱 정확하고 구체적인 팩트 토론을 통해 상대방의 의중을 존중하고 수용해야 한다. 또한 스스로 적극적이고 스피디한 소통의 방식

과 상황을 쉽게 공감할 수 있는 콘텐츠 활용은 물론, 대면 비대면의 다양한 채널 개발을 통해 가장 합리적인 선택을 만들어나가야 할 것이다.

<영화 줄거리 요약>

러시아에서 발생한 내전을 틈타 구소련 강경파의 군부 지도자 '라첸코'는 핵미사일 기지를 포함하여 군 통수권 일부를 장악한 뒤 미국 본토를 위협하는 3차 대전 시나리오를 구상 중이다. 미 국방성에서는 라첸코가 핵미사일 암호를 수중에 넣기 전에 그의 전쟁 의지를 제압해야 하는 위기상황에 빠진다. 극동 지역의 러시아 방어 지역을 공격 목표로 하기 위한 작전의 일환으로 '램지 함장(진 핵크만 분)'의 지휘하에 오하이오급 핵잠수함 '앨라배마호'가 출정하게 되고 러시아의 핵미사일 기지 근해로 접근하던 중 러시아 잠수함의 어뢰 공격을 받는 상황에서, 본국으로부터 핵미사일의 발사에 대한 단계적인 명령이 하달되기 시작한다. 최종 발사 명령을 남겨두고 러시아 잠수함의 공격으로 통신장비가 고장나서 본부의 최종 명령을 확인할 수 없게 된다. 램지 함장은 직권으로 핵미사일 발사를 명령하지만, 신중한 부함장 '헌터(덴젤 워싱턴 분)' 소령은 제3차 세계대전을 발발할 수도 있는 선제적 핵 공격은 본부의 최종 명령 확인에 의해서만 실행할 수 있다고 강력하게 반대하면서, 발사 규정을 따르지 않는 램지 함장의 지휘권을 박탈하고 감금시키고 자신이 잠수함의 지휘를 하게 된다. 하지만 러시아 잠수함으로부터 두 번째 어뢰 공격에 앨라배마호의 동체 일부가 파손되면서 엔진이 정지되고 심해로 가라앉기 시작한다. 전 장병이 몰살될 수도 있는 극한 상황에서, 램지 함장을 따르는 장병들은 감금된 함장을 풀어주고 오히려 부함장 헌터와 협조 세력들을 감금하는 반전 사태를 일으키게 된다. 잠수함 밖에서는 러시아 잠수함과의 전투가, 잠수함 내에서는 지휘권 전쟁으로 큰 위기를 맞는다. 하지만 헌터 부함장의 참신한 소통방식으로, 핵 발사 일보 직전에 통신 시설을 복구시킨 '바슬러'는 본부에서 온 메시지(반란군

모두 항복, 미사일 발사 취소)를 확인하는데, 그것은 바로 러시아의 내전이 진압됐고 핵기지도 안전하게 정부가 장악했다는 것이었다. 이에 램지 함장은 자신의 지휘권을 헌터 부함장에 위임하고 본부로 회항하게 된다. 해군지휘부에서는 핵을 탑재하고 있는 잠수함에서 램지 함장과 헌터 부함장과의 내분은 매우 위험하고 불미스러웠지만, 결국 모두 나라를 지키기 위해 각자 맡은 바 임무를 다해야 한다는 신념은 옳았고, 그 수행방식의 차이에서 발생한 사건으로 '둘 모두가 옳았고 둘 다 틀렸다'고 판단했다. 그에 따라 램지 함장은 조기 퇴직하고, 헌터 부함장을 함장으로 부임시키게 된다.

[미 해군 1급 위기상황을 의미하는 〈크림슨 타이드〉는 앨라배마 대학교의 미식 축구팀 '앨라배마 크림슨 타이드'에서 따온 것으로, 유래는 100년도 전인 먼 옛날 절대적으로 패배가 예상되던 한 경기에서 엄청난 선전을 하여 사람들을 놀라게 했던 일이 있었는데, 이때 어느 신문기자가 당시 진흙 펄이 된 팀의 유니폼을 보고 '붉은 파도(Crimson Tide)'라고 표현한 것이 유래이다.]

<관전 포인트>

A. '램지' 함장과 '헌트' 부함장의 리더십 차이점은?

실제 전투에도 참전한, 몇 안 되는 군인 프랭크 램지 대령은 25년간 해군에 몸담아 밑바닥부터 시작해서 함장이 된, 명령대로 움직이는 이상적인 군인의 모습이다. 하지만 해군 잠수함 생활을 오래하다 보니, 가족과도 영원히 떨어져버렸고, 오직 애견만이 그의 친구로 남아 있다. 그는 잠수함 내 실제 화재 발생상황에서도 비상 훈련을 그대로 진행하여 사상자가 발생할 만큼 독선적이며 원리원칙주의자이기도 하다. 그에 반해 부함장으로 부임해온 론 헌터 소령은 해군사관학교 졸업 후 하버드 대학에서 1년간 위탁 교육을 받은 엘리트 장교로 자상하고 가정적이며, 부하 승조원들을 배려하는 민주적인 마인드를 가진 사람이지만 실전 경험이 없어 이상주의로 비칠 수 있다. 이 둘은 분명 훌륭한 미 해군 장교지만 판단력과 직관력이, 직위라는 절대적인 군대의 위계질서에 대한 정면충돌로 이어지면서 극한의 대립으로 이어지게 된다.

B. 램지 함장이 특별히 헌트 부함장을 싫어했던 다른 이유는?

흑백갈등이 또 하나의 문제였다. 잠수함의 이름이 'USS 앨라배마' 이듯이 앨라배마주는 보수적인 텍사스주보다 인종차별이 심한 주이자 가장 반개방적인 주이기도 했고, 군에서도 가장 보수적이라는 미 해군은 가장 늦게 유색인종을 받아들였고 흑인 장성도 가장 늦게 배출하였다. 이런 배경에서 보수적인 램지 함장은 부함장이 비록 엘리트 코스를 밟은 유능한 장교였지만 마음속으로는 거부감을 가지고 있었기에 한계상황에서 더욱 극심한 갈등을 빚어내게 된 것이다. 특히 램지 함장은 헌트 부함장에게 포르투갈산 말 '리피차너' 종자를 예로 들면서 "세계에서 가장 잘 훈련된 말이며, 모두 백색이다"라고 강조하며, "말의 훈련 방법은 단순성 그 자체로 소몰이 전기충격기로 충격의 강도만 높이면 카드놀이도 하게 만들 수 있게 한다"라는 특유의 유색인종에 대한 거부감과 독선적 훈련 방식을 표출하게 된다. 이에 헌터 부함장은 그 말은 스페인산이며, 태어날 때는 흰색이 아닌 검은색임을 일깨워준다. 영화 마지막 장면에서 램지 함장은 헌터 부함장에게, 리피차너 종자 말이 스페인산이 맞는다는 것으로 자신의 독선적 리더십을 반성하는 말로 사과를 대신하게 된다.

C. 헌터 부함장이 위기상황 시 활용한 소통방식은?

램지 함장이 핵미사일을 선제적으로 러시아 반군에게 발사해야 미국의 안위를 지킬 수 있다는 신념으로 발사를 몰아붙이는 절체절명의 상황에서, 헌터 부함장은 통신장비를 정상화해 본부의 최종 결심을 확인하여 제3차 세계대전을 막고 싶어 한다. 그는 자포자기하고 있던 통신장비 책임자 '바슬러'를 찾아가 상황의 중요성을 일깨우게 된다. "바슬러! 지금 상황을 알고 있나? 모르는 것 같은데, 설명해주겠다. 우리가 잘못 판단하고 핵미사일을 쏘면 러시아도 응사할 것이다. 결국, 상상도 못 할 핵의 아비규환이 되겠지, 그 모든 것이 미사일 발사 명령에 달려있다. 바슬러! 그걸 확인할 길은 통신장비를 고치는 거다. 알겠나? 혹시 <스타트렉/Star Trek>을 봤나? 엔터프라이즈호에 나오는 스타트렉? 악당 클링온 족의 공격 때 '커크 선장'이 '스카티 기관사'를 불러서 "스카티, 좀 더 강한 초광속이 필요해!"라고 했지. 난 커크 선장이고, 자넨 스카티 기관사야. 빨리 무전기를 못 고치면 수십억의 인명이 죽게 돼. 모두 자네한테 달렸네, 어렵겠지만 할 수 있겠지?"라고 헌터 부함장이 설득하자, 바슬러는 진지하게 "네, 커크 선장님!"이라고 복창하며 부하들을 독려하며 통신장비를 고쳐서 결국 본부와의 통신에 극적으로 성공하게 된다.

D. 영화 촬영 시 해군에서 비협조적으로 나온 이유는?

영화 주제가 내부 지휘관들의 갈등을 리얼하게 묘사했기에, 해군의 공식 지원을 받지 못했다. 그래서 작품의 주역이 되는 잠수함 앨라배마함의 잠수 장면은 제작진이 모항인 '워싱턴주 뱅거'까지 가서 실제 앨라배마함이 출항하기를 계속 기다리다가 출항하자마자 헬기를 타고 가서 찍는 데 성공하였다. 하지만 실제 앨라배마함의 함장을 지냈던 '스키프 비어드' 해군 퇴역 대령이 영화의 기술 자문을 맡아서 고증은 매우 사실적으로 진행되었다.

E. 잠수함에서 귀환 후 조사위원회 지휘부의 평결은?

진주만 미 해군본부, 앨라배마호에서의 핵미사일 발사사건 조사위원회 의장은 "가장 걱정되는 것은 바로 조직의 붕괴네, 이번 경우는 조직의 두 우두머리가 서로의 이견을 못 좁힌 데에 기인한다. 헌터 소령이 옳았다고 할지라도 법적으로 볼 때는 둘 다 옳았을 뿐 아니라 둘 다 틀렸다. 이런 딜레마는 두 귀관이 이 방을 떠난 후에도 해군과 전군에 한참이나 남게 될 것이다. 비공식으로 말해, 자네 둘은 엄청난 혼란을 야기시켰네. 미합중국 핵잠수함에서 폭동에다 핵미사일 발사 규정 위반까지…. 그러나 공식결정은 귀관들의 행동은 해군의 전통과 미합중국의 이익을 위한 행동이었다. 따라서 해군에서는 램지 함장이 오랜 세월 나라에 봉사해온 것을 감안 조기 은퇴 요청을 받아들이기로 하고, 램지 함장의 적극적인 추천에 따라 헌터 소령을 가능한 한 빨리 함장으로 임명한다." 평결이 끝난 후 램지 함장에게 헌트는 선배 장교에 대한 예우로 램지 함장에 경례하게 되고, 램지 함장도 자신의 상명하달식 지휘방식을 반성하고 후배 장교의 합리적 리더십을 존중하는 경례로 화답하였다.

<에필로그>

영화 속 두 지휘관은 그들의 지휘방식의 차이(리더십과 팔로십)로 문제 해결을 돌파할 합리적 소통에 실패하고 심각한 갈등 상황에 직면하게 된다. 램지 함장은 군인으로서 선제공격을 통한 조국의 안전과 국익 우선을 추구했고, 흑인인 부함장의 합리적 의견을 무시하면서 잠수함 내에 팽팽한 갈등상태를 불러오게 되었다. 헌터 부함장은 함장과 부함장이 동시에 승인해야만 작동되는 핵미사일 발사 규정을 준수해야 함을 주장하며 냉정하게 전쟁은 막았지만, 그 상황에서 실전경험이 없던 그는 러시아 잠수함의 어뢰 공격에 위기를 자초하기도 하였다. 이렇듯 중요한 판단의 순간, 지성의 힘을 통한 팩트 분석 위에서의 합리적 판단이 아닌 개인적 경험에서 나온 막연한 추측과 바람, 당위와 주장이 왜곡된 결정을 가져와서 큰 위기를 초래하게 된 것이다. 우리는 중요한 결정의 순간, 보다 객관적이고 지성적으로 상황을 직시하고 합리적 소통방식으로 최선의 선택을 만들어가야 한다. 또한 램지 부함장이 핵전쟁 발발의 위기상황에서 통신책임자 바슬러에게 '스타트렉'에 나오는 상황을 통해 해야 할 일의 막중함을 정확히 전달했듯이 소통의 다양한 방식 구사는 슬기로운 리더의 중요한 역할이며 임무이다.

[목수에게는 목수의 언어로 말하라: 소크라테스]

삶은 중력(gravity)을 견디며 가는
뜻하지 않은 여정(unexpected journey)이다!

그래비티
Gravity, 2013

<프롤로그>

[중력: 지표 부근에 있는 물체를 지구의 중심 방향으로 끌어당기는 힘(The force which causes things to drop to the ground)]

영화 <그래비티/Gravity, 2013>에서 주인공은 지구에서 큰 시련을 겪은 후, 중력을 피해 고요한 삶을 살아간다. 하지만 무중력의 우주에서 임무 중 재난을 만나 그것을 극복하는 과정을 통해 중력이 있는 삶이 소중한 것임을 깨닫고 새로운 삶의 여정을 떠나게 된다. 우리는 소음, 충격, 갈등, 관계 등 중력이 있는 세상에서 견뎌야 할 힘든 것들이 싫어 떠나지만, 정적, 고요, 고독이 가득한 무중력의 순간을 맞이한다면, 다시 소음 가득한 중력의 세계로 돌아오는 미지의 여정을 택할 것이다.

<영화 줄거리 요약>

[지구 600Km 상공의 기온은 −100도와 125도를 오르내린다. 소리를 전달하는 매개체는 없고, 기압도 없으며, 산소도 없다. 우주 공간에서 생명체의 생존은 불가능하다.]

아카데미상 7개 부문(감독상, 촬영상, 편집상, 음향상, 음향편집상, 시각효과상, 음악상) 수상작의 영화 <그래비티/Gravity, 2013> 시작에 나오는 자막이다. 우주정거장 ISS에서 허블 망원경의 통신 패널을 수리하던 우주왕복선 익스플로러호 조종사 '맷 코왈스키(조지 클루니 분)', 의료공학 박사 '라이언 스톤(샌드라 블록 분)' 박사, 항공 엔지니어 '샤리프'는 NASA(미우주항공국)로부터 "러시아에서 미사일을 쏘아 자신들의 인공위성을 폭파했고 그로 인해 우주 쓰레기가 발생했으나 궤도가 달라 문제는 없다"라는 통신을 듣게 된다. 그러나 순식간에 우주 쓰레기의 파편들이 ISS 우주정거장을 덮치게 되고 '샤리프' 박사가 정통으로 맞아 사망하고 만다. 놀란 라이언 박사가 탈출하기 위해 작업 고리를 푸는 순간 우주의 공간으로 멀리 떨어져나가게 된다. 이에 코왈스키가 그녀를 구하기 위해 우주 유영 장비로 다가가 서로의 우주복을 케이블로 연결하고, 우주왕복선과 가까이 있는 ISS로 이동해서 소유즈를 활용해 지구로 귀환하기로 한다.

그러나 ISS도 우주 쓰레기의 피해를 본 상태로, 코왈스키는 ISS의 러시아 우주선 소유즈로 '중국 우주정거장 톈궁'으로 이동해서 그곳의 우주선을 사용하기로 하고 ISS로 복귀하는 도중 제트팩 연료와 산소 부족으로 ISS에 안착하지 못하자, 코왈스키는 라이언 박사라도 살리기 위해 자신의 케이블을 스스로 끊어 우주로 멀어져 간다. 순식간에 벌어진 엄청난 일에도 불구하고 라이언 박사는 간신히 비상 탈출용 소유즈로 피난 후 낙하산과 뒤엉켜있는 소유즈에서 탈출하여 위험에서 벗어난다. 소유즈를 조정하여 중국 우주정거장 톈궁으로 발진을 시도하지만, 연료가 없어 자포자기 상태로 삶을 포기하고 죽음을 준비하는 라이언 박사.

그때 해치를 열고, 사라졌던 코왈스키가 유령처럼 들어와서 "지상 착륙용 로켓엔진을 쓰면 된다"며 지구로 돌아갈 수 있다고 힘을 준다.

　이것은 사실 라이언 박사가 산소 부족의 환각 상태에서, 평소 코왈스키가 자신에게 수다처럼 해주었던 이야기들을 환상처럼 기억해낸 것들이었다. 용기를 얻은 라이언 박사는 바로 소유즈의 다른 모듈들을 분리하고 지상 착륙용 역분사 로켓 엔진을 이용해 꽤 떨어진 중국 우주정거장 텐궁 근처로 가서 소화기를 추진력으로 삼아 접근에 성공한다. 그러나 텐궁도 우주 쓰레기에 공격당하여 고도가 떨어지는 바람에 곧 대기권에 진입하는 다급한 상황에서 라이언은 부리나케 귀환선 '선저우'를 분리하여 지구로 돌입하고, 가까스로 파월 호수에 낙하한다. 선체로 들어찬 물에 익사할 뻔 했으나 무거운 우주복을 벗고 수면으로 올라온 라이언은 코왈스키가 얘기한 대로 자신의 두 발로 중력하의 땅을 밟고 삶을 향해 천천히 걸어나간다.

<관전 포인트>

A. 영화에서 라이언 박사가 중력이 있는 지구를 벗어나고 싶어 한 이유는?

주인공 라이언 박사는 자신의 어린 딸이 4살 때 술래잡기 놀이를 하다 넘어져 사망하자 자신 딸의 목소리와 기억이 있는 곳(삶의 희로애락의 힘이 연결된 중력이 있는 지구)에서 벗어나 아무 소리도 생명에 대한 애착도 없는 곳(중력이 없는 죽음 같은 고요가 있는 우주)으로의 삶을 선택한다. 하지만 그녀는 우주에서의 치열한 생존 과정을 거치며 다시금 '삶'을 위해 우뚝 서는 '재탄생'의 과정을 겪게 된다.

B. 시시한 농담을 수시로 얘기하던 코왈스키에게서 배우는 것은?

평소 NASA와도 시시한 잡담으로 통신하던 우주왕복선 조종사 '코왈스키'의 소음을 싫어하던 라이언 박사는, 절체절명의 위기상황에서 극복할 수 있는 모든 것이 코왈스키의 잡담 속에 있다는 것을 깨닫게 된다. 천신만고 끝에 중국 텐궁 정거장에 복귀하여 연료가 떨어진 것을 알고 지구로의 귀환을 포기하고 있을 때, 별안간 코왈스키가 해치를 열고 들어와(사실은 라이언 박사의 환상) "지상 착륙용 로켓 엔진을 쓰면 된다"라고 타개책을 알려준다. 또한 코왈스키는 라이언에게 "이해해, 여기 얼마나 좋아, 그냥 전원도 꺼버리고, 불도 다 꺼버리고, 그냥 눈을 감고 세상 모두를 잊어버리면 되니까. 여기서 자널 해칠 사람은 아무도 없어. 안전하지. 내 말은, 왜 사는가야? 아니 산다는 게 뭐지? 자식을 먼저 잃은 것보다 큰 슬픔은 없어. 하지만 무엇보다 지금 하고 있는 게 중요한 거야. 가기로 결정했으면 계속 가야 해. 땅에 두발로 딱 버티고 서서 살아가면 돼. 이봐 라이언, 이제 집에 갈 시간이야!"라며 중력이 있는 삶으로서 회귀를 독려하고 라이언 박사는 잃었던 삶에 대한 의지를 회복한다.

C. 라이언 박사와 케이블이 연결되어 있던 코왈스키가 케이블을 해체하고 사라진 이유는?

위기의 상황에서 ISS 우주 정거장으로 들어가지 않으면 산소 부족으로 사망하고 다시는 지구로 귀환할 기회조차 잃어버리게 되는데, 이때 코왈스키 자신까지 살려고 하면 둘 다 위기에 처하게 된다는 것을 알고 스스로 케이블을 해체하여 우주 속으로 떠나게 된다. 안타까워 절규하는 라이언 박사에게 코왈스키는 "라이언! 보내는 법도 배워야 해!"라며 의미 있는 말을 남기고 떠나간다. 이 말을 라이언 박사는 딸을 자신의 집착에서 풀어내어 하늘나라로 놓아주는 계기로 삼는다.

D. 라이언 박사가 중력(삶)이 있는 세계로 다시 회귀하는 모습을 상
  징적으로 보인 장면은?

라이언은 간신히 홀로 ISS 우주정거장으로 복귀한 후 우주복을 벗고
웅크리고 산소를 흡입하는 장면에서 마치 둥근 우주정거장은 어머니
의 자궁이고 산소통의 튜브 파이프는 태아에게 영양을 공급하는 탯줄
처럼 보이게 만듦으로써 라이언 박사의 삶의 여정으로의 새 출발을
암시한다. 또한 구사일생으로 지구의 호수에 불시착하여 해치를 열었
을 때 밀어닥치는 바닷물은 양수와도 같았고, 죽음의 찌꺼기 같은 우
주복을 벗고 물에 젖어 질척거리는, 삶과 같은 모랫바닥을 딛고 마침
내 그 버거운 중력의 무게를 견디며 삶을 향해 다시 우뚝 일어선다.

E. 라이언과 달리 지속해서 중력을 만들어내던 코왈스키의 철학은?

혼자 말하고, 휴스턴을 부르고, 노래를 흥얼거리고, 말이 안 통하는
라이언에게 말을 걸면서 끝까지 관계의 끈(중력)을 놓지 않으려는 시
도에서 마침내 그는 라이언 박사를 살리고 그녀에게 포기하지 않는
삶을 사는 용기를 주게 된다. 그는 라이언을 살리기 위해 스스로 우
주복에 연결된 케이블을 해체하는 상황에서도 "이번엔 러시아 솔로비
요프의 우주유영 기록을 깰 수 있을 것 같고, 내 기록은 오랫동안 깨
지지 않을 것 같다"라고 쾌활한 목소리를 남기며 우주로 떠나간다.

F. 중국의 우주정거장 톈궁으로 접근이 힘들어지자 라이언이 발휘한
  아이디어는?

소유즈를 타고 톈궁 정거장까지는 왔지만 가까이 도킹할 수가 없자
라이언은 소유즈에서 긴급 탈출하여 소화기를 추진력으로 삼아 접근
한다. 하지만 소화기 약제가 소진되어 궤도가 약간 빗나가 우주로 날
아갈 위험에서, 소화기를 내던지는 반동으로 날아갈 힘을 상쇄해 제
대로 톈궁에 안착하는 패기를 보여준다. 드디어 라이언은 "이제, 내가

보기에는 결과는 둘 중 하나다. 저 밑으로 수많은 이야기와 함께 성공적으로 돌아가든지, 아니면 10분 안에 온몸이 불타 죽든지, 어찌됐든 어떻게 되든 밑져야 본전이니까! 왜냐하면 어느 쪽이든 멋진 여행이 될 테니까. 난 준비됐어!"라며 중력의 세계(지구)로 나아간다.

<에필로그>

영화 <그래비티>는 무중력의 우주 공간에서 천신만고 끝에 지구로 귀환하는 재난극복 이야기지만, 사실은 삶을 포기한 주인공이 새로운 삶(중력)을 찾아 떠나는 여정을 보여준다. 이 영화는 현재 우리가 사는 소음 가득한 땅에 두 발로 딱 버티고 서서, 정해지지 않은 삶의 여정을 향해 나아가는 데 큰 용기를 주고 있다. 가끔은 고요하고 적막하게 혼자가 되고 싶을 때가 있지만, 외로움이야말로 인간이 가장 버티기 힘든 순간일 것이다. 자신에게 필요한 것은, 누군가가 전해주는 위안이 아닌 자신을 향한 응원을 통해 다시 살아갈 수 있는 용기를 얻어 자기 삶의 여정으로 나아가는 것이다.

당신의 사생활을 엿보는
적(Enemy)을 경계하라!
에너미 오브 스테이트
Enemy of the State, 1998

<프롤로그>

지금으로부터 약 70년 전인 1948년의 '조지 오웰'은 그의 저서 『1984』에서 개인의 생활을 권력자인 '빅 브라더 시스템(텔레 스크린, 사상경찰, 마이크로폰 등)'을 이용해 철저히 감시와 통제라는 우울하고 섬뜩한 정보사회에 대해 경고를 하고 있었다. 최근 테러 등 범죄의 지능화로 공공 보안 시스템이 증가하면서, 개인의 사생활을 자세히 들여다볼 수 있는 첨단 감시체계가 보편화되고 있다. 영화 <에너미 오브 스테이트/Enemy of the State, 1998>에서는 선량한 시민이, 조직의 악의적 목적에 따라 '원격통신 보안' 등의 첨단 시스템에 의해 개인의 사생활이 초토화는 끔찍한 상황을 보여준다. 공익을 위해

개인정보의 활용은, 개인의 자유와 존엄성을 해치지 않는 도덕적 균형감을 가지고 운영되어야 한다. 하지만 불법적인 해킹과 몰카, 빅데이터, 가짜뉴스, 포퓰리즘까지 가세할 경우 엄청난 인간성의 통제까지 가능할 수 있기에 우리는 개인정보를 엿보는 적은 누구인지 그리고 그것이 자신을 공격하고 있지는 않은지 잘 감시하고 대비해야 할 것이다.

<영화 줄거리 요약>

영화 <에너미 오브 스테이트>에서 미국 국가안보국(NSA)은 국내외적 또는 잠재적인 적을 감시하기 위해 '정보 감찰법'을 만들어 위성을 통한 '원격통신 보안' 시스템 등을 이용하여 실시간으로 전방위적인 감청 및 정보 접근을 허용하는 것으로 안보 효율을 극도로 높이려고 한다. 하지만 그에 따라 개인정보가 크게 침해될 우려가 있어 찬성 여부에 국민은 물론 의회까지 분열되어 싸우게 된다. 이때 법안 통과 반대편의 리더격인 상원의장 '필 해머슨'이 호숫가에서 국가안보국(NSA) 국장인 '레이놀즈(존 보이트 분)'에게 살해되지만 교묘하게 심장발작으로 인한 자연사로 처리된다.

하지만 공교롭게도 근처에 조류학자 '다니엘 지비스'가 야생조류를 촬영하기 위해 가져다놓은 카메라에 살해 장면이 찍혀 이를 고발하려고 하나, 이미 국가안보국에서 도청하여 추격당한다. 마침 성탄절 부인의 선물을 사기 위해 백화점에 갔던 대학 동기 '로버트 클레이턴 딘(윌 스미스 분)' 변호사를 마주치게 되면서 문제의 살해 장면이 들어있는 복사한 게임팩을 딘이 산 부인의 속옷 선물이 든 쇼핑백에 슬쩍 밀어 넣는다. 그 후 다니엘은 도피하다가 차에 치여 숨지게 된다.

이때부터 NSA는 딘 변호사를 비디오테이프를 가지고 있는 범인으로 인식하고 그의 모든 개인정보를 털어서 그를 가정과 직장에서 파괴되게 만든다. 또한, 그의 정보원 역할을 하던 옛 여자친구 '레이첼'도 살해당하게 되고 결국 딘 변호사는 유령 정보 브로커 '에드워드 브릴 라일(진

핵크만 분)'과 합심하여 공동의 적인 NSA의 악당들에게 대항하게 된다.
그러나 딘과 브릴은 체포되지만, 딘은 비디오테이프를 마피아 두목이
가지고 있다고 거짓 정보를 흘려 NSA의 레이놀즈 국장이 마피아 집단
을 찾아가도록 유도하고 그 자리에서 총격전이 벌어져 두 그룹의 악의
무리가 일망타진되면서 드디어 딘과 브릴은 모함에서 벗어나 자유로운
일상의 삶으로 돌아오게 된다.

<관전 포인트>

A. 미 국가안보국(NSA)은 어떤 조직인가?

미국 국방성 소속의 정보기관으로 1952년 창설되어, 연간 80억 달러
예산을 소비하는 막강한 국가보안 조직으로 NSA(National Security
Agency)라고 불리며 위성통신을 포함한 전 세계의 모든 통신체계를
통해 정보를 장악하고 전쟁, 테러, 범죄에 대한 모든 정책과 전략을
수립한다. 영화에서는 '위성위치확인기', '건물투영추적기' 등을 활용하
여 개인과 조직의 모든 정보를 실시간으로 검색하고 통제하고 있다.

B. 국가안보국 국장인 레이놀즈가 딘 변호사를 무력화시킨 포인트는?

파렴치한 레이놀즈 국장은 자신들이 저지른 상원의원 살해 장면이 찍
힌 비디오테이프를 가지고 있는 딘 변호사를 무력화시키기 위해 "현
대사회에서 가장 중요한 건 바로 '신용'이다. 테이프를 회수한 후, 딘
의 신용을 철저히 파괴하여 아무도 그를 믿지 못하게 만들어야 한다"
라고 부하에게 지시한다. 졸지에 딘 변호사는 신용카드 정지는 물론,
통신명세 검색에 따른 사생활이 일일이 까밝혀져 결국 다니는 로펌에
서도 해고당하며, 부인에게도 오해를 사서 집에서도 쫓겨나는 신세가
된다. 이토록 신용사회에서의 개인정보 유출은 엄청난 파국을 불러일
으키는 요인이 됨을 보여준다.

C. 딘 변호사의 정보원 레이첼과 브릴과의 관계는?

딘 변호사의 대학 동기며 한때 연인이기도 했던 레이첼은 현재 딘의 정보 브로커이다. 그녀의 아버지는 브릴과 같이 국가안보국 출신으로 임무 중 순직하였고, 절친이었던 브릴이 그의 딸 레이첼을 보호해주고 있었다. 브릴은 냉전이 종식된 이후 자신이 맡았던 국제 테러조직 도청행위를 청산하고 신비의 인물로 살아가는 정보 베테랑으로 자신의 특수정보를 레이첼에게 주고, 이를 딘 변호사가 정보원으로 활용하면서 비용을 받게 하였다. 하지만 결국 NSA팀이 딘 변호사를 수사하면서 레이첼은 안타깝게 살해당하고 마침내 딘은 그동안 한번도 만났던 적이 없던 베일이 쌓인 '브릴'과 직접 접선(레이첼의 집 앞 우체통에 분필로 표시)하여 공동의 적인 NSA와 대항하게 된다.

D. 우여곡절 끝에 직접 만난 유령의 존재 '라일'이 알려준 놀라운 사실은?

국가정보국(NSA)의 놀라운 감시 시스템을 직접 설계한 브릴은 좀처럼 사람을 만나지 않는데, 자기 동료의 딸 레이첼이 살해당한 후 복수를 위해 딘 변호사를 만나게 된다. 그는 통신이 가장 취약한 엘리베이터에 딘을 태워 몸에 NSA가 비밀리에 장착해둔 모든 추적기를 떼어내게 하고, 조직의 음모에 관해 얘기해주게 된다. 딘은 구두, 시계, 속옷, 휴대폰 등 모든 곳에 추적기가 장착된 것을 발견하고 거의 알몸상태로 NSA의 추격을 피해 달아나기 시작하지만 결국 딘과 라일은 NSA에 생포된다.

E. 생포된 딘이 NSA의 레이놀즈 국장을 움직이게 한 고도의 전략은?

딘은 자신이 수임했던, 마피아 두목 '핀테로'가 보호관찰 기간에 기업에 불법적으로 깊숙이 개입하는 장면이 찍힌 비디오테이프를 증거로 핀테로를 제압하려고 했었지만, 오히려 간 큰 핀테로는 촬영한 사람을 데리고 오라는 협박을 하고 있었다. 딘은 레이놀즈 국장도 종류는 다르지만, 비디오테이프를 찾기에 핀테로가 살해 테이프를 가지고 있다고 하면서 핀테로의 사교클럽으로 레이놀즈 국장팀을 데리고 간다. 두 악당은 전후 사정도 모른 채 비디오테이프를 내놓으라고 언쟁하다가 결국 서로 총질을 하면서 NSA와 마피아 악당들은 모두 제거되고 (레이놀즈 국장 측 6명, 핀테로 두목 측 7명 총 13명이 사망), 식당 테이블 밑에 숨었던 딘은 핀테로를 잡기 위해 잠복 중이던 FBI에게 극적으로 구출되어 자신의 억울한 오해도 풀고 행복한 일상으로 돌아오게 된다.

F. 마지막 장면에서 다시 개인 보안의 노출 심각성을 보여주게 되는 것은?

극적으로 자신의 일상으로 돌아와 거실에서 느긋하게 텔레비전을 보던 딘은 별안간 뉴스 채널이 흐려지더니 자신의 얼굴이 나타나 깜짝 놀라게 된다. 알고 보니브릴이 자신의 집에 들러 몰카를 설치하여 자신을 감시할 수도 있다는 시그널을 준 것이다. 브릴은 이름 모를 바닷가에서 자신의 다리만 나온 영상을 보여주며 딘에게 "같이 있었으면 좋겠는데"라는 모래 위 글씨로 작별을 고한다. 결국 NSA의 악의 무리는 제거되었지만 남아있는 시스템으로 언제든지 개인의 사생활은 노출될 수 있음을 영화는 경각심을 불러일으킨다.

<에필로그>

영화의 주인공은 어느 날 공권력의 타깃이 되어, 가정과 직장 모든 생활이 파괴되고 만다. 조지오웰의 소설 『1984』에 등장하던 것보다 더 진화된, 신용카드, e-메일, 휴대전화, 폐쇄회로(CC)TV, 안면인식기술, 구글어스 위치추적 장치, 사회 관계망 서비스(SNS) 등 현대사회에서도 정보와 통신의 환경 없이는 살아갈 수 없지만, 문명의 이기를 사용하는 사람의 의도에 따라 악마의 무기로 변질한다면, 엄청난 파급이 쓰나미처럼 몰려올 것이다. 20년 전에 만들어진 이 영화에서 날이 갈수록 점점 심각해지는 개인정보의 공유화 시대에 문제점을 미리 일깨워준 것처럼 현대를 살아가는 주체로서 자신의 사생활은 물론 타인들의 것까지 보호되도록 많은 관심과 노력이 필요한 시점이다.

갈등탈출은 진정한
소통만이 진화(evolution)의 길!

혹성탈출: 진화의 시작
Rise of the Planet of the Apes, 2011

<프롤로그>

1968년, 찰턴 헤스턴이 주연하여 센세이션을
일으켰던 오리지널 영화 <혹성탈출/Planet of
the Apes, 1968>의 리부트(Reboot) 형식으로
개봉된 영화 <혹성탈출: 진화의 시작/Rise of
the Planet of the Apes, 2011>은 이후에
<혹성탈출: 반격의 서막/Dawn of the Planet
of the Apes, 2014>, <혹성탈출: 종의 전쟁
/War for the Planet of the Apes, 2017>로
시리즈의 인기가 대단한 영화다. 영화 <혹성
탈출>에서 인류는 엄청난 진화로 발전하지만, 결국은 이기적인 마음으
로 핵전쟁이나 백신 없는 바이러스의 출현으로 멸망하고 새로운 종
(species)이 지구의 주인이 될 수 있다는 것을 보여준다. 미·중 등 강대

국을 시작으로 국제 정치적 올바름이 사라진 거대한 퇴행의 시대에, 이미 무역전쟁과 환경문제가 잘 조율되지 않아 인류에게 고통을 주고 있고, 일본도 덩달아 갈등 구도에 뛰어들면서 세계의 암울한 미래의 전초전을 느끼게 된다. 인류는 서로 소통하고 양보하고 협력하지 않는다면 결국 모두 좌초되고 말 것이다.

[종의 기원(The Origin of Species): '찰스 다윈'이 1831년 해양측량선 비글호에 자연학자로 승선하여 5년간 남아메리카와 남태평양섬 등을 5년간 둘러보고, 다시 1835년 갈라파고스 제도에서의 4주간의 체험으로 1859년 집필한 『종의 기원』은 서구 문화에 엄청난 영향을 미쳤고, 이 행성(지구)에서 자신을 이해하는 방법을 알게 되기도 하였다.]

<영화 줄거리 요약>

1968년 과학자 '윌 로드만(제임스 크랭코 분)'은 알츠하이머 치료제 'ALZ - 1123'으로 침팬지에게 실험하다가 '밝은 눈(Bright eyes)'이라는 별명을 가진 침팬지의 지능이 올라간 것을 보게 된다. 그에 인간에게도 실험하자고 'GEN-SYS사'의 CEO인 '스티븐 제이컵스'를 설득하지만, 공교롭게도 이사회 설명회 때 임신하여 예민한 상태였던 '밝은 눈' 침팬지의 난동으로 신약의 테스트는 전면취소되고, 남은 모든 침팬지는 안락사시킨다.

하지만 연구원 '윌'은 밝은 눈의 새끼를 집으로 데려와 '시저(앤디 서키스 분)'라는 이름을 지어주고 정성껏 키우면서 알츠하이머 치료제를 계속 개발하여 자신의 아버지에게 투약한다. 그 결과는 놀라웠다. 자신의 아버지가 피아노를 치는 등 알츠하이머병에 큰 효과를 보게 되었고, 약물을 같이 적용한 시저의 지능도 인간을 능가하게 된다. 그러나 시간이 지날수록 아버지의 면역체계가 신약을 거부하게 되고, 급기야 폭력적으로 변하여 옆집 항공사 파일럿의 차에 사고를 내게 된다. 그 과정에서 파일럿이 아버지를 밀치는 것을 본 '시저'는 파일럿에게 달려들어

상처를 내는 바람에 영장류 동물보호소로 감금된다.

그곳에서 경비원의 난폭한 학대와 고문으로 시저는 인간에 대한 적개심이 치솟게 된다. 얼마 후 보호자 월이 찾아와서 시저를 데려가려고 하지만, 생각이 변해버린 시저는 안락한 일상으로 돌아가는 것을 거부한다. 시저는 '유인원은 하나면 약하지만 모이면 강하다'라는 생각을 하게 되고, 월의 집에 몰래 침입하여 침팬지의 지능을 올리는 더 강력한 신약(ALZ-113)을 훔쳐서 보호소에 있는 모든 유인원에게 뿌린다. 덕분에 유인원들은 지능이 매우 상승하게 되면서, 보호소에서 반란을 일으키고 모든 유인원을 데리고 샌프란시스코 금문교를 넘는다. 하지만 이를 저지하려던 경찰들과의 전투에서 헬기를 공격하여, 자신들의 종족을 실험실의 제물로 희생시킨 GEN-SYS사의 CEO '스티븐 제이컵스'를 금문교 다리 밑으로 떨어뜨려 보복한다. 침팬지 무리는 다리 위로, 오랑우탄 무리들은 다리 아래로, 고릴라 무리는 정면으로 전략적으로 강력한 포위망을 뚫고, 자신들의 은신처인 노을 지는 뮤어우즈 국립공원의 삼나무 숲으로 들어가게 되면서 시리즈 1편의 영화는 끝이 난다.

<관전 포인트>

A. 시저가 동물보호소에서 느끼게 되는 것은?

자신을 키워준 과학자 '월'과 그의 아버지는 '시저'를 사랑해주고 친절하게 대해주었다. 옆집 파일럿과 시비가 붙은 월의 아버지를 보호하려다 인간을 공격하게 되면서 유인원 보호시설로 보내진 후 겪게 된 경비원의 난폭하고도 잔인한 행동에서, 시저는 자신은 '월과 같은 인간이 아니었음을' 뼈저리게 자각하게 된다. 그뿐 아니라, 인간이 자신과 같은 유인원을 대하는 방식에 보고 분노하게 되었고, 진화의 시작을 통해 인간과 전쟁의 서막을 예고한다.

B. 시저가 샌프란시스코 뮤어우즈 국립공원의 삼나무숲으로 무리를 이끌고 들어간 이유는?

신약으로 진화된 침팬지, 오랑우탄, 고릴라들이 인간들에게 적대적 감정을 가지고 전쟁을 하고 싶어 하지만, 시저는 어릴 적부터 인간들과의 교감을 배우고 자랐기에 최소한의 살상을 강조하며 인간들을 피해 그들만의 권리와 자유를 형성할 수 있는 섬으로 자기의 종족들을 데리고 이주한다.

C. 시저가 삼나무 숲으로 자신을 찾아온 옛 주인 윌에게 하는 말은?

자신의 집으로 같이 가자고 삼나무숲을 찾아온 윌에게 시저는 "여기가 시저의 집이다"라며 자신은 인간과 같이 살 수 없음을 알리고 동시에 앞으로 진화된 영장류의 리더로서 역할을 선언하게 된다.

D. 영화의 마지막 장면에서 암시하는 것은?

시저에게 물렸던 이웃집 파일럿은 이미 바이러스에 감염되었고, 이 조종사가 유럽으로 떠나는 장면은 곧 전염병이 전 세계로 퍼지는 것을 암시한다. 향후 백신이 없어 인류는 모두 멸종하게 되고, 살아남은 인간들도 뇌에 치명적인 손상을 입고 지능이 상당히 떨어진 채로 살아가야 하는 큰 위기를 맞이하게 된다(1968년 개봉된 혹성탈출에서 보여줌). 반면에 그 전염병에 전염된 전 세계의 영장류들은 지능이 향상되어 인간들을 지배하는 새로운 종이 될 것이다.

E. 『종의 기원(Origin of Species)』으로 인류에게 진화의 사실을 일깨워준 찰스 다윈에게 영감을 준 계기는?

찰스 다윈은 22세인 1831년 인생의 전환점이 된 해군측량선 비글호에 자연학자로 승선하여 5년간 남아메리카와 남태평양을 둘러보기 전, 찰스 라이엘의 『지질학 원론』에서 다양한 지식을 얻었고, 훔볼트의 『남미 여행기』, 밀턴의 『실낙원』, 맬서스의 『인구론』 세 권을 읽은 뒤, 긴 탐사 여행에 나섰고, 갈라파고스 제도에서 거북이 고기를 구워 먹으며 진화사상을 키웠으며 진화론의 기초인 '자연 선택과 생물 종의 변이'에 대한 착상을 얻었다고 한다. 이처럼 인류의 역사를 바꾼 리더들은 많은 지적 호기심으로 영역 없는 독서와 적극적 현장 탐사를 통해 새로운 영감을 만들어낸 것이다.

<에필로그>

영화 <혹성탈출: 진화의 시작>의 첫 장면에서는 '화성으로 향하던 유인우주선이 행방불명되었다는 뉴스'가 나오는데, 그것은 지금으로부터 43년 전, 1968년에 개봉되었던 찰턴 헤스턴 주연의 <혹성탈출> 오리지널 편과 스토리가 이어진다. 인간의 끝없는 욕망과 갈등이 불러낸 비극으로 시작된 유인원들의 반격을 통해 결국 인류는 멸망(찰턴 헤스턴이 도달한 곳은 바이러스의 창궐과 핵전쟁으로 폐허가 된 뉴욕의 부서진 자유의 여신상을 보게 됨)하게 된다는 걸 일깨워준다. 인류는 다시, 포퓰리즘과 국가 지상주의로 무장한 세계지도자들의 등장으로 국가 간, 인종 간, 가족 간, 친구 간에서 작은 것을 놓고 서로 가지려고 욕심을 부리다가 모든 것을 잃기 전에 어떤 종(species)이라도 소통하고 양보하고 협력하여 지금 가지고 있는 소중한 것들이 한순간에 사라지지 않도록 감사한 마음으로 아끼고 지켜나가야 할 것이다.

청춘은 불타는
토요일의 열기(Night Fever)!
토요일 밤의 열기
Saturday Night Fever, 1977

<프롤로그>

청춘에게 진지한 삶은 하나의 거추장스러운 장식물일 뿐, 꼰대들의 어쭙잖은 훈계보다는 화려하고 환상적인 몸놀림이 가득한 디스코 춤만이 살아가는 에너지이다. 마이너 장르였던 디스코를 정상으로 끌어올린 작품 <토요일 밤의 열기/Saturday Night Fever, 1977>의 OST는 24주 연속 빌보드 차트 1위를 기록하며, 춤과 디스코를 별로 좋아하지 않는 이들도 엉덩이를 들썩이게 했다. 오프닝에 비지스 그룹이 노래하는 <Stayin' Alive(나는 살아있는 거야)>에 맞춰 '존 트라볼타'가 으스대는 걸음걸이로 강렬한 붉은색 셔츠, 짝 달라붙는 바지와 굽 높은 붉은 부츠를 신고 브루클린 거리를 활보하는 장면에서 청춘의 열기를

흠뻑 느낄 수 있다. 영화는 신나는 디스코 뮤직과 춤이 중심이지만, 고민이 많으나 아무도 들어주지 않고, 몸에 가득 찬 뜨거운 열기를 주체하지 못하고, 세상에 내동댕이쳐질 준비가 되어있지 않은, 인생이라는 무게에 짓눌린 청춘에 대한 이야기이다.

<영화 줄거리 요약>

19세 청춘 '토니(존 트라볼타 분)'는 브루클린 이태리인 지역에 사는 청년이다. 아버지가 여러 달째 실직 중이라 페인트 가게 아르바이트로 생활비를 보탤 정도로 성실하지만, 집에서는 언제나 신부가 된 첫째 형이 우선이다. 토니가 유일하게 마음을 기댈 곳은 토요일마다 가는 클럽 '2001 오딧세이', 그의 화려한 디스코 춤 덕분에 이미 유명인사 대접을 받고 있다. 몇 주 후 클럽에서는 상금이 걸린 댄스 경연 대회가 열리게 되어, 토니를 짝사랑하는 애넷을 파트너로 삼지만, 자꾸 치근덕거리는 '애넷'이 싫증이 날 때, 어느 날 클럽에서 우아하게 춤을 추는 '스테파니(카렌 린 고니 분)'를 발견하고 그녀를 설득하여 댄스대회 준비를 한다. 그러던 중 친구 '거스'가 이웃 스페인계 아이들에게 몰매를 맞아 병원에 눕게 되자, 나머지 친구들은 복수할 기회를 찾다가 큰 싸움이 벌어지게 된다. 한편 맨해튼의 상류사회를 동경하던 스테파니는 자신은 '도시 남자, 성숙한 남자, 똑똑한 남자, 잘나가는 남자'가 좋다며 토니에게 '변변치 못한 남자'임을 일깨워준다. 경연대회가 열리는 날, 토니 팀은 우승을 차지하게 되지만 2등을 한 푸에르토리코 커플이 더 열정적으로 춤을 췄다고 생각하여 자신의 우승컵을 넘겨준다. 토니는 자신이 스테파니를 단순한 댄스 파트너가 아닌 연인으로 생각하고 있다는 것을 깨닫지만, 스테파니는 그의 철없는 행동에 실망하고 떠나가게 된다. 한편 토니의 친구 '바비'는 여자친구를 임신시켜 결혼해야 할지를 고민하는 자신의 얘기를 아무도 들어주지 않음에 절망하여 브루클린 브리지에서 뛰어내려 자살하고 만다. 토니는 친구의 죽음이 자신의 책임인 것만 같아 밤

새 지하철을 타고 스테파니를 찾아간다.

<관전 포인트>

A. 영화 공식 포스터의 문구 의미는?

공식 포스터 맨 위에 "Where do you go when the record is over" 라는 문구는, 음악이 끝나고 스테이지의 화려한 음악과 조명이 꺼지면 암울하고 칙칙한 현실로 돌아갈 수밖에 없는 청춘 토니의 삶을 상징하기도 한다. 당시 <토요일 밤의 열기>의 등장은 1970년대 대중문화사의 흐름을 바꾼 하나의 사건이었다. 베트남 전쟁과 오일 쇼크로 인한 경제 불황의 늪에 빠진 미국의 젊은이들은 정신적 공황기를 겪어야 했다. 이때 디트로이트나 시카고 등 미국의 몇 개 안 되는 도시로부터 유래한 디스코를 뉴욕 한복판으로 들여와 성장시키고 전 세계적인 문화 현상으로 도약시킨 것이 이 영화였다. 이 영화는 1998년 뮤지컬로 재탄생하였다.   ·

B. 존 트라볼타는 어떤 배우인가?

1970년대 초반 디스코 음악은 동성연애자나 흑인들만이 즐겼던 천대받던 음악이라 경박하다는 선입견이 있었다. 그러나 '존 트라볼타'가 주연한 이 영화 개봉 후 디스코는 전 세계의 밤 문화를 주도했다. 1978년 개봉된 뮤지컬 영화 <그리스/Grease>와 이후 1994년에 개봉한 <펄프 픽션/Pulp Fiction>에서도 매력적인 춤을 선보여 인생에 두 번째 전성기를 가져다준다.

C. 영화의 OST를 성공시킨 비지스는 어떤 그룹인가?

밴드 마스터인 아버지와 밴스 내 싱어였던 어머니 사이에서 태어난 모리스 깁, 배리 깁, 로빈 깁 3형제가 브라더스 기브(Gibb)의 약자를 써 1958년 비지스(Bee Gees)를 결성한다. 그들의 음악적 활동과 음악사적 기여 수준이 비틀즈에 버금간다고 할 정도로 슈퍼밴드이다. 그들이 노래 <Stayin' Alive>는 빌보드 차트 1위와 디스코 신드롬을 일으켰다. 아름다운 선율의 <How deep is your love>는 아직도 많은 사람이 즐겨 듣고 있다.

♫ How deep is your love - Bee Gees

D. <토요일 밤의 열기>가 다시 인용된 영화는?

70년대 대중문화의 키워드로 <토요일 밤의 열기>는 2018년 스티브 스필버그 감독의 최초의 가상현실 블록버스터 영화 <레디 플레이어 원/Ready Player One>에 존 트라볼타가 춤추던 스테이지의 불빛과 비지스의 <Staying Alive>가 완벽하게 재현되어 등장한다.

<에필로그>

<토요일 밤의 열기>는 신나는 음악과 춤으로 포장하고 있지만, 그 속을 찬찬히 들여다보면 편견 속에서 살아가는 이민자의 고달픈 삶, 반짝이는 무대 위에서만 빛나는 청춘들의 가난한 취향, 신의 존재에 의문을 가지는 젊은 신부 등 사회적인 메시지가 담겨있다. 토니의 방황과 일탈, 사랑을 통해 정체성의 혼란을 겪는 모습에서 현대를 살아가는 우리 청춘들에게 공감을 던져주기도 한다. 아무 현실적 욕심 없이 현재를 즐기던 주인공은 결국 고민하던 친구를 잃고, 연인과의 관계도 잘 풀어가지 못한다. 하지만 신부의 직을 그만두고 돌아온 형이 토니에게 얘기

한 "스스로가 옳다고 믿는 일을 하는 것이 삶을 살아가는 유일한 방법 (The only way you're gonna survive is to do what you think is right)"처럼 누구나 청춘의 실수와 아픔을 통해 한 단계 성숙한 자신을 발견하고 바른길로 나아가게 되는 것이다.

서태호의
영화로
보는 삶

제2부

리더십

<프롤로그>

어릴 적, 성냥의 불꽃이 켜지면서 긴박감 넘치는 오프닝 테마곡이 흑백 TV로 울려 퍼질 때, 이번에는 요원들이 어떻게 불가능한 지령을 해결해낼까 봐 가족들과 함께 가슴 졸이며 보던 미드의 원조가 <제5전선>이었다. 오늘은 영화 <미션 임파서블/Mission: Impossible>에서 팀리더가 미션을 수행할 요원들을 선발할 때 어떻게 많은 사람들 중에서 '제일 먼저 그들을 선택하고 있나?'의

해법을 알아보자.

"이번 프로젝트는 어떤 사람들과 팀을 만들어야 가장 빠른 시간 내에 최고의 성과를 창출해낼 수 있을까?"

"오늘 점심에는 누구와 같이 식사해야 가장 편하고 즐겁게 스트레스를 해소할 수 있을까?"

우리는 매 순간 머릿속 상황에 맞는 최적의 인물들을 인적 pool의 빅데이터를 돌려본다. 상대적으로 누군가는 그들의 빅데이터 속에서 당신의 존재를 검색하고 있을지도 모른다.

<영화 줄거리 요약>

톰 크루즈의 대표작이라고 할 수 있는 첩보 시리즈물 <미션 임파서블>은 원래 '브루스 겔러'가 창조해낸 1968년부터 1973년까지 미국 CBS에서 인기리에 방영하였던 인기 드라마였다. 미국의 비밀정보국 IMF(The Impossible Mission Force) 소속의 특수 요원의 맹활약을 그리고 있는데 당시 획기적인 구성과 기발한 스토리로 미국은 물론 전 세계에서 인기리에 방영된 빅히트작이다. 매회마다 다른 스토리로 드라마를 이끄는 것이 특징인데 주인공들의 교묘한 머리와 온몸을 이용하는 재치있는 액션으로 긴장과 스릴을 제공했다.

특히 당시에는 흑인 배우가 미국 드라마의 주연으로 나오기가 꽤 힘든 시절임에도 불구하고 '그렉 모리스'가 시즌 처음부터 마지막까지 출연하기도 하였으며, 무엇보다도 '랄프 시프린'이 작곡한 <제5전선>의 경쾌한 오프닝 테마곡이 빌보드 차트 Top에 등극은 물론 지금까지도 미션 임파서블의 테마곡으로 사랑받고 있다.

한국에서는 <제5전선>이라는 제목으로 1969~1971년까지 KBS를 통해 방영되었다.

<관전 포인트>

A. 원조 첩보극의 구성

어릴 적 흑백 TV로 보았던 미드의 원조 격인 <제5전선>은 <하와이 Five-0(50수사대)>와 함께 상당한 추리력과 다양한 과학적 발상을 키우는 데 많은 도움을 주었다. 특히 선발된 5명의 주인공이 불가능한 미션을 가능하게 만들어가는 과정에서 각각의 역량 발휘와 팀워크는 현대 경영자들의 사업경영에도 많은 시사점을 보여준다.

B. 매번 주어지는 임무에 특수요원 팀장이 5명의 최적의 요원을 선발하는 방식

드라마에서 미국 정부 첩보 기관 IMF의 특수요원 팀장인 '짐(피터 그레이브스 분)'이 등장하면서 미션은 시작된다. 발길이 드문 공중전화기 박스나 부둣가의 선술집에서 전화를 받자 소형 녹음기에서 임무가 하달되고 마지막에는 "이 작전에 참여했다가 체포돼도 미국 정부는 요원들의 신원을 일절 확인해주지 않겠다"라는 매정한 내용과 함께 "멘트가 끝나면 5초 후에 녹음기는 자동 소거된다"라고 하면서 하얀 연기를 내며 타버리는 장면에서 드라마의 긴박감과 위기감을 동시에 증폭시키곤 했다.

비밀 아지트로 돌아온 '짐'이 요원들의 프로필이 있는 파일을 보면서 이 불가능한 미션을 가능토록 수행하는 데 가장 적합한 best 5를 골라내는 장면이 인상적이다. 이 드라마를 보면서 나도 가끔 내 방식대로 각 프로젝트에 적합한 요원을 캐스팅해보는 재미를 느끼곤 했다. 특수요원 팀장인 짐이 미션을 수행할 최적의 요원들을 선발할 때 사진이 담긴 파일을 1~2초의 짧은 시간에 생각하며 적임자를 선발하게 되는데 여기서 우리들도 누군가의 중요한 판단으로 중요한 미션을 수행할 기회를 얻게 될 때, 판단기준인 어떤 모습, 어떤 역량, 어떤 성격, 어떤 배려심이 있는 사람으로 비칠까를 생각해보면 평소의 일거수일투족이 매우 중요한 영향을 준다는 것을 알 수 있게 된다. 평소에 보이는 모든 역량과 사소한 태도와 말씨가 모여서 누군가의 중요한 판단자료로 활용될 수 있다는 것이다.

C. 미션을 성공시키기 위한 과학적 도구들

가장 인상에 남는 것은 가면의 달인 '롤린(마틴 랜도 분)'이 정교한 마스크를 제작하여 적진 깊숙이 침투하여 미션을 성공시키는 장면이다. 이때 정교한 마스크만 준비하는 것이 아니라 그 사람의 걸음걸이, 목소리, 담배 피우는 모습 등을 완벽히 학습하여 누구에게도 의심받지 않게 미션을 진행하는 요원들의 철저함에서 강한 인상을 느꼈다.

엔지니어적 각종 장치와 최신 무기들이 제작과 설치를 맡고 있는 흑인 엔지니어 '바니(그레이 모리스 분)'는 믿음직한 외모만큼이나 신뢰와 실력을 동시에 갖추고 있다. 지금으로부터 40년 이상된 오랜 드라마지만 그곳에 나오는 다양한 기술과 장치들은 시청자들에게 많은 상상력과 영감을 불러일으키기에 충분했다.

D. 3가지 시사점

(1) 작전을 수행하는 스피드 역량이다:
세계를 위기에 빠뜨릴 악당은 그 장소에 정확하게 한 번밖에 지나가지 않는다. 그렇기 때문에 그 악당을 대신할 우리 편 요원은 미리 그 악당의 마스크를 착용하고 그 악당을 수면제로 처리한 뒤 자신이 악당의 소굴로 대신 들어가서 세계평화를 바로잡아야 한다. 이를 위해서는 미션의 타이밍과 스피드가 필수이며 이를 못 지킬 경우 목숨이 위태롭게 되는 것은 물론 지구의 평화도 지킬 수 없다.

(2) 임기응변의 통찰력이다:
특수요원 팀장인 '짐'은 악당에게 발각되고 독극물을 마시게 된다. 이를 가까스로 구해서 탈출시키던 마타하리 역을 맡은 여자 요원 '시네

먼(바버라 베인 분)'은 해독제를 구했으나 주사기를 구할 수 없자 자신의 핸드백에서 향수병을 꺼내서 분무기 역할을 하는 향수의 노즐을 눈썹연필 칼로 뾰족하게 깎아서 해독제 병에 꽂아서 짐에게 주사하고 이들은 무사히 적지를 빠져나가게 된다. 여기서 어떠한 위기상황에서도 의연하고 침착하게 주어진 환경과 도구로 위기를 탈출할 줄 아는 프로정신이 돋보인다.

(3) 눈빛만 봐도 아는 소통력이다:

5명의 요원의 미션은 아지트에서 구상한 대로 이루어지지 않음을 너무나도 잘 알고 있다. 즉 악당도 고도의 전략을 쓰고 있기에 수시로 작전은 상황에 따라 바뀌고 대체 전략이 나와야 한다. 현대를 살아가는 우리도 원하는 인생 목표를 놓치지 않기 위해서는 주어진 환경의 흐름을 읽는 날카로운 촉수로 변화무상한 위기를 읽고 선제적 대응으로 기회를 놓쳐서는 안 된다는 것을 배울 수 있다. TV 첩보물에서 시작하여 오늘날 톰 크루즈는 <미션 임파서블> 시리즈를 지속해서 흥행작으로 만들어내고 있다. 추억의 영화 한 편에서 위기를 극복하는 한줄기 영감(inspiration)을 배워본다.

<에필로그>

이민규 교수가 쓴 『끌리는 사람은 1%가 다르다』라는 책에서도 오늘 점심을 같이 먹으러 가고 싶은 사람을 고를 때, 평소 그 사람이 분위기를 띄우는 유쾌한 사람이었는지, 식당 종업원에게 반말하는 피곤한 사람이었는지를 머릿속 기억장치 pool을 돌려 sorting(선택)한다고 한다. 직장 동료나 상사 그리고 후배들에게도 평소 자신의 좋은 이미지를 잘 만들어둬야 밥 먹을 때 홀로 먹는 고독맨이 되지 않을 것이다.

또한, 영화 속, 팀장이 요원들을 선발할 때처럼, 누군가 당신을 중요한 기회에 발탁하고자 할 때 '제일 먼저 당신이 생각나게 하기'를 위해 평소에 작은 것부터 자신을 다듬고 가꾸어보자.

<프롤로그>

과거에는 제한된 소수 사람만이 특수정보를 독점하여 쉽게 조직을 통제하고 리더의 권한을 마음껏 행사할 수 있었다. 하지만 현대는 모든 정보가 실시간으로 투명하게 공유되고 있다. 이러한 상황에서 존경받는 진정한 리더로 자리매김하기 위해서는, 솔선수범하는 열정과 집념을 가지고 남들이 도저히 해결할 수 없는 문제들을 용기와 소통과 사랑으로 해결해내야만 한다.

영화 <존 카터: 바숨전쟁의 서막/John Carter, 2012>을 통해 진정한 리더로 거듭나는 4가지 인사이트를 살펴본다.

<영화 줄거리 요약>

남북전쟁 이후 아내와 딸을 모두 잃고 금광을 찾아 헤매던 전쟁영웅 '존 카터 대위(테일러 키위 분)'는 정부군에 쫓기던 중 다시 인디언의 습격을 받게 된다. 그는 평소 인디언이 신성시하여 접근을 피하던 거미 동굴로 몸을 피하게 되고, 그곳에서 우연한 계기로 외계인의 시공간 이동 장치를 통해 바숨(화성)으로 공간 이동을 하게 된다. 바숨의 사막 한 가운데에서 의식을 회복한 존 카터는 지구와의 중력 차이로 엄청난 점프력과 막강한 힘을 얻게 된다.

하지만 지구로 돌아가고 싶어 하는 본인의 의지와는 달리 초능력을 가진 자신의 힘을 신성시하던 타르크족의 왕 '조당가'는 존 카터를 이용해서 전쟁의 도구로 삼으려고 한다. 한편 사악한 외계인에 의해 나라를 잃을 위기에 처한 헬륨의 공주(화성의 공주) '데자 토리스(린콜리스 분)'는 존 카터에게 도움을 청하게 되고, 존 카터는 공주의 진정한 용기와 지혜에 감동하여 사랑에 빠지게 된다. 결국 존 카터는 바숨전쟁의 회오리에 휘말리게 된다. 무수히 많은 고난 끝에 타르크족의 왕이 된 카터는, 자신을 따르는 무리를 이끌고 사악한 외계인 족속과 싸워 마침내 전쟁에 승리하게 되고 아름다운 공주와도 결혼하게 된다. 하지만 사악한 외계인은 존 카터가 방심한 사이에 시간 이동장치를 통해 지구로 추방해 버리게 된다. 지구로 돌아온 카터는 온갖 노력을 통해 자신이 사랑하는 여인이 있는 화성으로 돌아가고 싶어 하지만 외계인 감시자의 방해 공작과 시공간 이동 장치가 없어 힘든 세월을 보내게 된다.

<관전 포인트>

A. 존 카터는 어떻게 바숨의 원주민 타르크족의 왕이 될 수 있었나?

외계 종족 간의 계속된 전쟁으로 서서히 파괴되고 있는 바숨(화성)에서 시공간 이동을 통해 우연히 오게 된 존 카터 대위는 타르크족의 노예의 삶에서 극한 상황(쇠사슬이 묶인 채 거대한 두 마리의 흰 고릴라와 결투)을 이겨내고 당당하게 자신의 힘으로 타르크족의 제닥(왕)으로 등극하게 된다.

이는 영화 <아바타>에서 주인공인 전직 해병대원 '제이크 설리'가 나비종족으로부터 경원시 당하다가 결국 가장 거칠고 막강한 '토루크' 새를 굴복시키고 올라타는 용기와 불굴의 투지를 보여줌으로써 그들로부터 진정한 리더로 인정받게 되는 상황과 비슷하다. 결국 리더가 되려면 남들이 해결하지 못하는 상황을 극복하고 진정한 실력을 보여줘야 한다는 진리를 깨닫게 되는 순간이다.

B. 존 카터는 어떻게 바숨의 외계 종족들과 소통할 수 있었나?

이 영화에는 다양한 외계 종족이 나오는데, 결국 존 카터는 편견 없이 적극적인 소통과 배려를 통해 생김새와 모습이 전혀 다른 족속들의 왕이 된다. 특히 돌연변이로 태어나 무시당하던 타르크족의 족장 '타스타카스'의 숨겨진 딸 '솔라'를 존 카터가 끝까지 돌보는 자세에서 리더로서의 진정성과 희생정신이 결국 많은 사람에게 존경을 받는 계기가 되기도 한다.

영화에서 타르크족은 팔이 4개가 달린 기괴한 종족이지만, 그런 그들에게 아무런 선입견 없이 하나의 소중한 인격체로 배려하고 소통한다. 결국 그 모습은 타르크족이 존 카터를 리더로 선택하는 과정에서 큰 영향을 미치게 된다. 자기 생각과 취향이 다르다고 상대방을 경원시하고 그 사람의 생각조차 들어보지 않으려는 현실 속에서, 존 카터와 같은 진정성 있는 소통력을 발휘할 수 있는 리더라면 어떠한 적도 아군으로 만들 수 있을 것이고, 결국 자신이 추구하는 목표를 달성하게 될 것이라는 확신이 든다.

C. 지구로 추방된 존 카터가 다시 자신이 사랑하는 여인이 있는 화성으로 돌아갈 수 있게 준비한 슬기로운 전략은?

바숨의 사악한 외계인 '이수스'는 전지전능한 힘을 보유하고 있었으나 존 카터는 인간의 슬기로운 지혜로 이들을 물리치고 화성의 공주를 아내로 얻게 된다. 하지만 온갖 어려운 역경을 극복한 후 공주와의 행복도 잠시, 바숨의 외계인 이수스의 계략으로 다시 지구로 강제 추방된 존 카터는 자신이 두고 온 바숨의 공주와 재회하기 위해 오랜 기간 많은 준비를 하게 된다. 그것은 항상 자신을 감시하는 외계 감시자를 따돌리기 위해, 자신이 죽은 것처럼 위장하여 스스로 무덤에 갇히고 자신의 조카에게 자신의 무덤을 열어보라고 것을 당부한 유서를 남긴다. 존 카터의 유언에 따라 조카가 무덤의 문을 열자, 실제로 살아있던 존 카터는 무덤 밖에서 자신을 감시하던 외계 감시자를 신속히 제거하고 감시자가 가지고 있던 시공간 이동 장치를 통해 다시 바숨의 사랑하는 아내에게로 돌아가게 된다. 여기서 주인공 존 카터가 자신의 의지를 관철시키기 위한 집념으로 죽음까지 위장하여 사악하고 전지전능한 외계인을 제거하고 다시 화성으로 돌아가는 모습은 무척이나 인상적이었다.

<에필로그>

존 카터에게서 배우는 진정한 리더로 거듭나기 위한 4가지 인사이트?
용기와 불굴의 투지, 편견 없는 적극적 소통, 지식을 뛰어넘는 지혜, 칼보다 강한 사랑의 힘!
영화의 한 축은 외계 종족 간의 계속된 전쟁으로 서서히 파괴되고 있는 바숨에서 만난 헬리움 왕국의 '데자토리스' 공주와 함께 악의 세력을 물리치고 서로 사랑하게 되는 스토리이다. 공주는 자신의 나라와 국민들을 지키기 위해 막강한 힘을 가지고 있던 사악한 외계인의 왕과 정략 결혼의 희생양이 될 뻔하지만, 주인공 존 카터와의 사랑의 힘으로 이를 극복하고 통일 화성의 주인공이 된다. 처음에는 뜻하지 않게 화성으로 공간 이동했던 존 카터가 외계 종족의 노예로 살다가, 강한 용기와 불굴의 투지로 현실의 역경을 이겨내고, 화성의 왕으로 등극한 데에는 칼보다 더 강한 사랑의 힘이 그를 최고의 리더로 이끌어주는 원동력이 되어주었기 때문이다. '진정한 리더는 자신의 모든 것을 바쳐 구성원들에게 신뢰를 얻고 그 신뢰 위에서 어려운 문제들을 구성원들과 힘을 합쳐 해결해나가는 존재'일 것이다. 간혹 요행수로 리더 자리에 오른다고 하더라도 결국 잘못된 판단을 통해 조직이나 구성원들에게 큰 피해를 끼치게 되는 사례를 볼 수 있기에, 이 영화를 통해 '나는 진정한 리더의 자격이 있는지, 그리고 더 나은 리더가 되기 위해 어떤 역량을 보강해야 할 것인지' 한번 되돌아보는 시간이 필요할 것이다.

당신 안에 잠자는 야성의
성공 DNA를 찾아라!
라이온 킹
The Lion King, 1994

<프롤로그>

애니메이션 영화 사상 최고의 흥행 기록을
세운 <라이온 킹/The Lion King, 1994>은
디즈니 스튜디오가 처음으로 <인어공주>,
<미녀와 야수> 같은 남의 이야기를 차용하
던 것과 달리 오리지널 스토리를 창작하여
만든 첫 작품이다. 즉 원작이 우화나 문학 작
품이 아닌 최초의 창작물인 기념비적인 작품
이다. 아프리카 벌판을 배경으로 한 대담하
고 화려한 묘사는 아름다운 영상의 극치를
보여줄 뿐만 아니라 마치 아프리카 한가운데 있는 것처럼 웅대한 자연
을 체험하게 해준다. 특히, 정글의 제왕인 아버지 '라이온 무파사'의 리
더십과 희생정신 그리고 아들 '라이온 심바'가 역경을 헤치고 최고의 리

더로 성장해나가는 과정은 현대인들의 삶의 여정과 접목해도 될 만큼 여러 가지 면에서 큰 교훈을 주기도 한다. 이 영화를 통해 우리 내면에 오래전부터 숨겨져 살아 숨 쉬고 있는 야성의 성공 DNA를 꺼내 마음껏 펼쳐 보기를 기대해본다. <라이온 킹>은 미국뿐만 아니라 전 세계 흥행 실적에서 3억 4,100만 달러를 벌어들였다. 창조적인 스토리는 영국 작가 '조앤 롤링'의 <해리포터> 시리즈와 같이 엄청난 시너지를 만들어낸다는 것을 증명하기도 하였는데, 현재는 미국의 브로드웨이에서 연중으로 뮤지컬 <라이온 킹>을 공연하여 전 세계인의 사랑을 한몸에 받고 있기도 한 명품 장수 뮤지컬이 되었다.

<영화 줄거리 요약>

정글의 왕 '무파사'는 하나밖에 없는 아들 '심바'를 훌륭한 후계자로 키우기 위해 많은 공을 들이고 있다. 그는 사랑하는 아들에게 세상을 다스리기 위해서는 반드시 이해해야 하는 '생명의 순환'에 대해 가르친다. 하지만 삶과 죽음이 하나로 이어져있으며 영혼은 생명이 사라진 후에도 모습을 바꾸어 세상 속에서 삶을 반복한다는 심오한 이야기는 어린 '심바'에게는 이해하기도 어렵고 재미있지도 않다. 단짝 여자친구인 '날라'와 함께 모험하고 싶은 심바는 아버지의 자리를 항상 호시탐탐 노리던 음흉한 숙부 스카의 꼬임에 빠져 아버지의 명령을 어기고 큰 위험에 빠지게 된다. 생명마저 위태로울 수 있는 절체절명의 상황에서 심바는 아버지의 도움으로 간신히 목숨을 건지지만, 스카의 배신으로 아버지 무파사는 결국 생명을 잃고 정글은 큰 혼란에 빠진다. 심바는 자신의 실수가 아버지를 죽음으로 내몰았다는 충격으로 고향을 멀리 떠나 떠돌다가 자신과는 어울리지 않는 멧돼지 '품바'와 미어캣 '티몬'을 만나 자신의 뿌리를 잊어버리고 하루하루 살아간다. 근심 걱정거리는 모두 잊어버리라는 "하쿠나 마타타!"를 외치는 두 친구의 도움으로 심바는 어느덧 성장하여 청년이 된다. 하지만 여전히 과거의 아픈 트라우마에서 벗어나지 못하고 있는 그에게 뜻밖의 손님이 찾아오면서 큰 변화의 서막이 시작된다. 그것은 바로 성숙한 암사자로 성장한 어릴 적 친구 날라였다. 날라는 지금 그들의 왕국이 썩은 고기를 탐내는 하이에나와 손잡은 스카의 폭정으로 완전히 절망적인 상황에 부딪혀있다면서 심바에게 함께 돌아가 모든 것을 바로잡자고 호소한다. 여전히 도망치고 싶은 마음이 더 큰 심바는 깊은 밤, 늦은 시각까지 고민하다가 우연히 호수의 수면 위에 비친 자신의 모습이 아버지와 같다는 것을 깨닫게 된다. 환상처럼 나타난 아버지의 소중했던 기억은 심바에게 새로운 삶의 용기를 불어넣어 주게 되고, 마침내 심바는 자신이 있어야 할 곳에서 제 운명을 찾기로 결심한다. 결국, 아버지의 가르침을 통해 자신의 운명을 깨달은 심바는 모든 정글 동물들과 합심하여 스카와 하이에나 연합군을 물리치고 정글의 평화를 되찾게 된다.

<관전 포인트>

A. 정글의 제왕 '무파사'가 죽게 되는 배경은?

정글의 제왕 무파사는 자신의 사악한 동생 스카가 하이에나들과 야합하여 저지른 음모로 아들 심바가 불길 속에 갇히게 되자 심바를 간신히 안전한 곳으로 피신시키고 자신은 막다른 절벽을 오르게 되는데, 그의 동생 스카는 왕의 자리를 탐하기 위해 위기에 처한 형을 구하는 척하다가 일부러 손을 놓아 절벽에서 떨어뜨려 잔인하게 불에 타 죽게 만든 후 모든 책임을 아들 심바에게 뒤집어씌우게 된다.

B. 정글의 제왕의 아들로 태어난 '심바'가 도망자에서 다시 정글로 돌아가게 되는 계기는?

심바는 억울한 누명을 쓰고 자신의 고향인 '프라이드 랜드'를 떠나 방정맞지만 착한 미어캣인 티몬과 든든한 멧돼지 품바와 함께 살면서 자신의 야성을 잃어버리고 벌레를 잡아먹으면서 순한 강아지처럼 살아간다. 하지만 어느 날 자신을 찾아온 옛 친구 날라로부터 아버지의 억울한 죽음과 아버지를 죽게 한 후 왕의 자리를 차지한 삼촌 스카의 폭정을 듣게 되고, 깊은 밤 호수의 수면 위에 비친 자신의 모습이 바로 아버지의 모습과 같다는 것을 깨달으면서 밀림의 제왕으로서의 사명을 다하기 위해 가슴속 깊이 숨겨왔던 야성의 DNA를 끄집어내게 된다.

C. 뉴욕 브로드웨이에서 공연하는 뮤지컬 <라이온 킹>의 특징은?

정글의 제왕 무파사가 자신의 후계자가 될 아들의 탄생을 선언하는 자리에서 개코원숭이 '라피키'가 위엄 있는 목소리로 작품 전체를 관통하는 곡 '생명의 순환'을 부르고, 초원의 동물들이 가파른 '프라이드 록' 아래 하나둘 모여든다. 객석을 가로질러 관객들의 탄성을 뒤로한 채 우아하게 걸어오는 길짐승과 날짐승들, 뮤지컬 <라이온 킹>의 신화는 이런 압도적인 오프닝과 함께 시작된다. 토니상 6개 부문을 휩쓸면서 그해 브로드웨이가 내놓은 최고의 뮤지컬로 기립박수를 받았을 때도 <라이온 킹>은 사람들이 보통 생각하는 '브로드웨이 뮤지컬'과는 많은 부분에서 차이가 있었다. 물론 이 뮤지컬이 화려한 볼거리와 듣기 좋은 노래를 가지고 있는 멋진 쇼인 것은 분명하다. 그러나 <라이온 킹> 이전에 브로드웨이에서 이런 스타일의 뮤지컬은 존재하지 않았다. 한국에서도 여러 번 공연한 적이 있는 압도적인 동물 표현과 예술적 가면이 돋보이는 스펙터클한 무대는 오랫동안 회자될 것이다.

D. 유명한 <라이온 킹>의 주제가 <Can You Feel the love tonight>
   를 부른 가수는?

영국이 자랑하는 싱어송라이터 '엘튼 존'이며 그의 노래는 대중성과 예술성을 동시에 갖추어 현재까지도 많은 사람으로부터 사랑받고 있다. 장엄하면서도 의미심장한 가사는 한 편의 대서사시와 같아서, 듣는 사람에게 큰 감동을 준다.

<에필로그>

우리는 자신의 꿈을 이루기 위해 달려가는 긴 여정에서, 예상치 못한 많은 어려움을 만나게 되면서 어떨 때는 포기하고 싶은 순간도 많지만, 그럴 때 잠시 혼자만의 성찰의 시간을 통해 자신의 가슴속에 숨 쉬고 있는 자신만의 성공 DNA를 꺼내서 현재의 난관을 하나씩 해결해나간다면 내일의 꿈은 이루어질 것이다. 마치 과거의 아픈 기억을 잊기 위해 자신의 존재를 잊고 편하게 살던 '심바'도 결국 자신의 가슴속에 숨겨진 야성을 꺼내 마침내 밀림의 제왕이 되었듯이! 엘튼 존의 노래에서도 "There's a time for everyone if they only learn(그들이 깨닫기만 한다면 모두에게 시간(기회)은 있어요!)"라고 노래하고 있다.

♫ The Lion King - Elton John

당신만의 '운명의 반지'를 운반해나가라!
반지의 제왕 시리즈

<프롤로그>

영화 <반지의 제왕> 시리즈는 영국의 작가 '톨킨(John Ronald Reuel Tolkien)'의 장편소설을 영화화한 것으로 제1부 <반지원정대/The Fellowship of The Ring, 2001>, 제2부 <두 개의 탑/The Two Towers, 2002>, 제3부 <왕의 귀환/The Return of The King, 2003> 등 총 3부로 구성되어있다. 원작자인 톨킨도 이 장대한 스토리는 결코 영화화되지 못할 것이라고 얘기할 만큼 엄청나게 다양한 캐릭터들과 역사적 건물, 고대의 무기와 소품 그리고 신계, 요정계, 중간계(인간계) 종족 등이 어우러진 대서사시이다. 뉴질랜드 출신의 '피터 잭슨' 감독이 혼신의 힘을 다해 절정의 영상미와 스펙터클한 장면들이 가득한 스토리를 영화화에 성공시켜서 영화사에 큰 획을 긋게 되

었다. 이 영화는 한 번 본다고 다 이해할 수 있는 영화가 아니며, 또한 다시 볼 때마다 숨은그림찾기처럼, 여러 가지 스토리와 무궁무진한 캐릭터들 속에 재미와 인사이트가 숨어있어 무한한 상상력, 인생의 의미, 사랑과 우정의 실체를 다 재조명해 볼 수 있는, 영화 속 괴물 '골룸'이 외치는 "My Precious(보물)" 같은 이야기다. 단순히 판타지 영화에 대해 부정적인 선입관을 가지고 있는 사람이라도 이 영화에 담겨있는 오묘한 재미와 위험 속의 진리를 마주하는 순간 큰 행복과 함께 교훈을 배울 수 있을 것이다. 뉴질랜드의 아름다운 자연과 음악(May it be, Sound of the Shire)을 배경으로 광활하게 펼쳐지는 대서사시인 반지의 제왕을 통해 우리 자신도 자신만의 운명의 반지를 운반하는 여정에 대해 깊이 생각할 소중한 기회가 될 것이다.

<영화 줄거리 요약>

무려 111번째 생일을 맞은 '빌보 배긴스'는 생일 축하 잔치에 모인 손님들 앞에서 가지고 있던 비밀의 반지를 끼고서 손님들 눈앞에서 홀연히 사라진다. 이 반지는 빌보 자신은 몰랐지만, 악과 어둠의 제왕인 '사우론'이 만든, 세상을 지배할 수 있는 능력을 지닌 '절대 반지'였다. 그 반지는 탐욕으로 인해 인간에서 괴물로 바뀐 '골룸'을 거쳐 '빌보'의 손에 오게 되었고 이제 그 반지를 자신의 양자인 '프로도'에게 넘겨주려고 한다. 절대 반지와 관련된 역사를 치밀하게 연구하던 마법사 '간달프'는 '프로도'에게 봉인된 반지를 주면서, 반지를 탐내는 악마들이 추격해오기 전에 호빗들이 사는 이 마을을 최대한 빨리 떠나라고 재촉한다. 절대 반지를 되찾아 중간계를 지배하고자 하는 사우론이 그 반지의 행방을 알고 추적을 시작했기 때문이다. 프로도와 호빗 친구들은 도중에 마법사 '간달프'의 친구이자 한때 반지의 주인이었던 '이실두르'의 후계자인 '아라곤'을 만나 도움을 받게 된다. '아라곤'과 함께 이들은 '엘론드'가 군주로 있는 요정의 도시인 '리벤델'에서 열린 평의회에 참석하게 되고, 절대 반지를 파괴할 수 있는 유일한 장소인 '반지가 만들어진 모르도르'의 화산으로 떠나기로 결정한다. 반지원정대가 결성되고 호빗 소년 '프로도(일라이저 우드 분)'가 반지 운반자의 임무를 맡기로 한다. 그리고 마법사 '간달프(이안 맥켈런 분)', 네 명의 호빗(프로도, 샘, 메리, 피핀), 난쟁이족 '드워퍼(김리, 존 라이스 데이비스 분)', 요정족 엘프 '레골라스(올랜드 블룸 분)', 두 명의 인간 '아라곤(비고 모텐슨 분)', '보르미르(숀빈 분)'으로 구성된 반지원정대는 절대 반지의 파괴라는 지고한 목적을 달성하기 위해 멀고도 험한 길을 떠나게 된다. 무수한 고초를 겪은 후 마침내 '프로도'는 그의 충실한 친구인 '샘'과 함께 반지를 파괴할 수 있는 모르도르 화산에 도달하게 된다. 그러나 마지막 순간 그토록 순수하고 욕심이 없던 프로도 자신도 절대 반지를 소유하고 싶은 욕망에 굴복하여 화산 틈으로 반지를 던지지 못하고 손가락에 그것을 끼우고 만다. 한편 악의 무리가 시시각각 인간계를 함락시켜가는 절체절명의 상황에까지 접근하게 된다. 그때 운명의 산까지 프로도를 안내했던 '골룸'이 프로도의 손가락을 물어뜯어 반지를 빼앗지만 결국 반지와 함께 화산의 깊은 심연으로 추락하며 반지는 파괴된다. 절대 반지가 파괴된 후 암흑 제왕 사우론에 대적하던 요정계와 중간계의 연합군은 반지 전쟁을 승리로 이끌고, 드디어 중간계(인간계)에는 평화가 찾아오고 아르곤은 곤도르의 왕이 된다.

<관전 포인트>

A. 왜 막강한 존재보다 가냘픈 호빗 소년 프로도가 '반지 운반자'라는 막중한 역할을 맡게 되었나?

절대 반지는 오래 지니고 있을수록 점점 반지의 힘에 영향을 더 많이 받아 여러 가지 증상이 나타나게 된다. 착용자의 몸을 투명하게 한다거나 수명을 연장하는 긍정적인 효과도 있지만, 그 사람의 성격을 추악하고 거칠게 만들며 특히 주변 사람들을 이간질하기도 한다. 반지 원정대의 일원이기도한 백색 도시 미나스티리스의 왕 테네소스의 아들 '보르미르'가 가장 먼저 탐욕의 반응을 보이기 시작해 반지를 뺏으려고 프로도를 공격하기에 이르나, 뒤늦게 정신을 차리고 악의 전사인 오크족 우르크하이와 싸우다 장렬히 전사하게 된다. 프로도는 몸도 작고 힘도 약하지만, 정의감이 강하고 양심이 바르며, 따뜻한 사랑이 있어 어려운 역경에도 부러지지 않고 슬기롭게 대처한다. 본인만이 반지의 운반자라는 막중한 책임감을 가지고, 다른 누군가가 그 짐을 대신 지길 바라지 않기에 고통스럽지만, 끝까지 반지를 운반하게 된다. 현대를 살아가는 우리도 자신이 통제할 수 없는 권력과 돈을 탐내게 되면 결국 골룸같이 불행한 인생을 맞을 수 있음을 새삼 되새기게 된다.

B. 난쟁이 드워프족과 엘프족의 사이가 안 좋았던 이유는?

과거 난쟁이족들이 거대한 용 '스마우그'에 의해 자신들의 거대한 광산 에레보르를 빼앗겼을 때, 동맹 관계였던 엘프족 군대가 이를 완전히 무시하고 군사지원을 하지 않았기 때문이다. 그러나 난쟁이족의 리더인 '김리'와 엘프족의 리더 '레골라스'는 죽을 고비를 여러 번 같이 넘기는 반지원정대의 여정에서 서로의 우정을 확인하게 되고 마침내 화해하게 된다. 자세한 스토리는 <반지의 제왕> 시리즈 이전의 이야기로 구성되었지만, 영화로는 나중에 개봉한 3편의 영화(<호빗 뜻밖의 여정>, <스마우그의 폐허>, <다섯군대 전투>)에서 알아낼 수 있다.

C. 반지의 제왕에 나오는 대표적 마법사 3인은?

@ 회색의 마법사 간달프: 세상의 모든 종족과 어울려 다니며 그들만의 지혜를 습득하고 조화롭게 살아가며, 불꽃놀이와 유머를 즐기는 평화의 마법사

@ 백색의 마법사 사루만: 처음에는 평화를 추구하였으나 결국 악의 세력 사우론과 손잡고 무시무시한 오크족과 나즈굴을 부활시켜 중간계를 위협하는 타락한 어둠의 마왕으로 변신

@ 갈색의 라다가스트: 세상의 모든 새와 동물과 대화하는 평화의 마법사로 간달프를 도와 중간계의 평화를 돕는다.

D. 반지를 성공적으로 파괴한 후 돌아온 프로도는 결국 어떻게 되나?

반지 운반자의 혹독한 운명을 견디고 마침내 악의 반지를 모르도르 화산에서 파괴한 프로도는 반지원정대의 기간에 몸에 입은 여러 번의 치명적인 상처들로 인해 자신이 살던 평화로운 호빗의 고향 샤이어에 오래 머물지 못하고 삼촌인 빌보가 쓴 여행일지를 마무리 짓고는 마법사이자 그의 스승인 간달프와 함께 '발리노르'라고 하는 신의 나라로 떠나게 된다. 하지만 그의 충실한 친구였던 샘은 고향으로 돌아가서 아름다운 여성과 결혼 후 아이를 낳고 행복하게 산다.

E. 〈반지의 제왕〉 시리즈에 나오는 신비한 인물들과 물건들은?

(1) 다양한 인물들:
@ 골룸: 원래는 착한 호빗족의 일원 스미골이었으나 나중에 우연히 발견한 절대 반지를 서로 가지려다가 친구를 살해하고부터는 탐욕의 괴물로 변하는 존재

@ 요정의 나라 군주 엘론드(휴고 위빙 분): 옛날 사우론의 반지 낀 손가락을 베어 중간계를 승리로 이끈 이실두르 왕의 부러진 검 나르실의 파편으로 만든 안두릴 소드를 후계자인 아라곤에 주어 중간계의 정통성을 부여함

@ 엘론드의 딸 요정 아르웬(리브 타일러 분): 아라곤을 깊이 사랑하고 지원하여 마침내 아라곤이 중간계의 왕으로 등극하는 데 지대한 공을 세움

@ 나무요정 거인 앤트: 오크로부터 탈출한 호빗족인 메리와 피핀을

도와 중간계의 강력한 지원군이 됨

@ 고대 괴수 발로그: 반지 원정대는 악천후를 피해 지하 고대왕국 모리아를 지나다가 만난 괴수 발로그와 싸우던 간달프는 발로그의 채찍에 걸려 심연의 지하로 떨어져 사라지게 됨

@ 로한의 왕 세오덴: 헬름 협곡 전투에서 오크족과 싸우다 장렬히 전사하고 그의 딸 이 나라를 이끌게 됨

(2) 신비한 괴물과 물건들:

@ 스팅 검: 악의 전사 오크가 근처에 나타나면 검의 색깔이 순식간에 푸른색으로 변하여 위험을 사전에 알려줌

@ 미스릴 갑옷: 난쟁이족 장인이 만든 엄청 가볍지만 어떠한 무기에도 몸을 보호해주는 신기한 갑옷

@ 나즈굴: 옛날 9명의 인간의 왕들이었으나, 반지의 유혹을 이기지 못해 죽은 것도 산 것도 아닌 존재로 악의 제왕 사우론 밑에서 충성하는 반지의 정령들

@ 거대거미 괴물 쉴롭: 골룸의 계략으로 거미의 독침 공격에 마취된 후 잡아먹히기 직전 극적으로 프로도는 샘에게 구출당함

@ 저주받은 유령군대: 아라곤이 찾아가서 자신을 도와주면 과거의 불명예를 회복시켜주겠다고 설득하여 마침내 오크족과의 전투에 우군으로 참전하여 큰 공을 세우게 됨

<에필로그>

누구나 힘든 운명에 직면할 때는 회피하고 싶거나 남의 탓으로 돌리고 싶을 때가 많다. 영화 <반지의 제왕>에서도 너무나도 힘들고 막중한 임무를 부여받은 호빗 소년 프로도는 그의 친구이자 스승인 간달프에게 "이 반지가 나에게 오지 않았다면, 그리고 이런 일이 일어나지 않았다면"이라고 자신의 운명을 하소연하자, 간달프는 "모든 사람은 자기가 결정하지 않은 그런 일을 겪게 된다. 우리가 할 수 있는 것은 그럴

때 어떻게 할지 결정하는 것뿐이다"라며 프로도에게 운명을 직시하되 개척은 자신만의 의지로 할 수 있다고 용기를 준다. 이 장면에서, 우리 모두도 각자 태어날 때부터 자신만의 운명의 반지를 끼고 살아가게 된다는 것을 알게 되고, 그 운명을 자신의 것으로 인정하고 용기를 가지고 극복해나간다면 스스로가 인생의 진정한 주인공이 되어 원하는 꿈을 반드시 이루는 성공한 '반지 운반자'가 될 것이다.

♫ May It Be - Enya

<프롤로그>

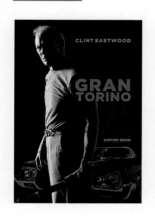

1964년 휘파람과 말채찍 음악을 배경으로 망토 안에 강철판을 달고 악당과의 결투 장면에서 심장에 총을 맞고도 불사신처럼 일어나 악을 응징하는 전설적인 영화 <황야의 무법자/ A Fistful Of Dolla, 1964>에서 '마카로니 웨스턴(이탈리아에서 만든 서부극의 총칭)'의 영웅으로 활약했고, 시니어가 되면서 연출가, 감독으로 성장하여 역사에 남을 빛나는 캐릭터를 쌓아온 '클린트 이스트우드'는 그의 많은 영화에서 미국적 정의와 가치관이 무엇인지를 가장 잘 보여주고 있다. 1960~1970년대쯤에 선풍적 인기를 끌었던 소위 '머슬카'로 연비 따위는 신경 쓰지 않고 생산된, 액셀을 조금만 밟아도 차 앞부분이 훌쩍 들려버리는

그런 느낌의 무겁고 튼튼한 차로 '포드'에서 생산된 '그랜 토리노'는 단순한 자동차가 아닌 참전용사인 주인공이 직접 생산했던 미국의 자존심이자, 전통적인 보수적 가치를 지키기 위해서는 헌신해야 한다는 것을 보여주는 '시대의 아이콘'이었다. 영화 <그랜 토리노/Gran Torino, 2008>를 통해 급속한 산업화와 노령화로 나이 든 세대의 존재감과 역할이 사라져가면서, 현대사회의 이슈인 계층 간, 세대 간, 민족 간 갈등의 다양한 사회적 문제를 지혜로운 경륜과 깊은 책임감으로 해결할 시니어들의 역할과 리더십을 재조명해보게 된다.

<영화 줄거리 요약>

주인공 '월트 코왈스키(클린트 이스트우드 분)'는 한국전쟁 참전용사였다. 아내를 먼저 보낸 그는 개 한 마리와 둘이서 외롭게 살아가고 있다. 성격도 까칠하다 보니 자식들은 물론 주위 사람들과도 살갑게 정을 나누지도 못한다. 그러던 중 옆집에 아시아계 소수인종 '몽'족 사람들이 이사를 오자, 인종 차별적 짜증을 내기까지 한다. 그러던 어느 날, 그 집에 사는 청년 '타오'가 갱단의 협박에 못 이겨 월트가 애지중지하는 자동차 '그랜 토리노'를 훔치러 왔다가 왕년에 전쟁터에서 훈장까지 받은 월트의 즉각적 위협 대응에 달아난다. 결국 '타오'는 자신의 부모님에게 이끌려 죗값으로 '월트'의 집에서 일 봉사를 하면서 반성하는 기회를 얻게 된다. 처음에는 불편했던 월터는 따뜻한 인간미를 지닌 옆집 가족들과 정을 쌓아가게 되고 특히 나쁜 길로 빠질 수 있는 어린 청년인 타오에게 일도 가르치고 일자리도 소개해주면서 우정을 쌓아가게 된다. 하지만 아시안계 갱단들은 타오가 자신들의 범죄 활동에 동조하지 않자, 벼르고 벼르다가 결국 타오의 누나인 '수'를 납치하여 성폭행하게 된다. 이를 보고 타오는 복수를 다짐하면서 월트에게 도움을 호소한다. 이에 월트는 몇 시간만 있다가 자신의 집에서 같이 출발하자고 안심시킨 뒤, 모종의 결단을 위해 자신의 주변을 정리하기 시작한다. 그리고 시간 맞춰 찾아온 타오에게 "앞날이 창창한 너의 일생을 이런 일로 망쳐버릴 수는 없다. 난 이미 손에 피를 묻혔고, 난 이미 더럽혀졌으니까 혼자 가야 한다"라고 하며 자신의 집 지하실에 타오를 가둔 뒤 혼자서 갱단의 아지트로 찾아간다. 월트는 갱단의 아지트 앞에서 큰소리로 그들을 자극하면서 주변 이웃들이 목격하도록 유도한 후 자신의 양복 안주머니 속에 손을 넣는 제스처를 취하자, 갱단들은 총을 빼는 줄 알고 월트에게 총을 난사하게 되면서 월트는 최후를 맞이하게 되고, 주민들의 신고를 받고 달려온 경찰에게 갱단들이 일망타진되면서, 타오 가족과 이민자들의 동네는 평화를 되찾게 된다. 월트는 과거, 비록 전쟁이라는 특수 상황이었지만 사람들을 죽인 죄책감에 평생을 힘들게 살아온 아픈 경험을 다시 어린 청년 타오에게 물려주고 싶지 않았고, 결국 스스로 목숨을 희생하여 숭고한 가치를 지키게 된다. 그는 죽기 전 남긴 유서에서 모든 재산은 성당에 기부하고 "마지막으로 내 1972년 식 그랜토리노는 내 친구 타오에게 주도록 하겠다. 하지만 첫째, 히스패닉(중남미계 미국 이주민) 새끼들마냥 차 지붕 뜯어내지 말 것, 둘째, 레드넥(미국 남부 하위계층 백인노동자)처럼 거지같은 불꽃 모양 도장하지 말 것, 셋째, 아시아 변태처럼 뒤꽁무니에 말 같지도 않은 스포일러 달지 말 것. 그랬다간 진짜 너 죽고 나 죽는 거야. 이것들만 지키겠다면 이 차는 네가 몰아도 된다"라며 시니컬하지만 유머러스한 따뜻한 우정을 소년의 마음 속에 깊게 남기고 떠나게 된다.

<관전 포인트>

A. '클린트 이스트우드'는 어떤 사람인가?

어느새 90세를 앞둔 클린트 이스트우드는 배우이자 감독으로서 영화계의 살아있는 전설이다. <황야의 무법자>로 1960년대 '마카로니 웨스턴'의 아이콘이 되었고 1970년대 <더티 해리> 시리즈의 마초

형사로 인기를 누렸다. <어둠 속에 벨이 울릴 때, 1971>로 감독에 데뷔했으며, <버드, 1988>이후 영화 작가로 인정받았다. <용서받지 못한 자, 1992>와 <밀리언 달러 베이비, 2004>로 두 번의 아카데미 작품상과 감독상을 받았다. <승리의 전쟁, 1986>부터 까칠한 참전용사 캐릭터를 몸소 선보인 그는 <라스트 미션, 2018>으로 꺼지지 않은 열정을 보여주었다.

B. 주인공 월트가 이웃 청년에게 새로운 삶을 부여하기 위해 자신의 마지막 미션을 실행하기 전 한 행동은?

이웃 청년 타오가 누나의 복수를 부탁하면서 전쟁에도 참전하고 무공훈장도 받았지 않았냐고 하면서 같이 가자고 하자, 월트는 "그 훈장은 너 같은 어린 소년병을 죽인 대가로 받은 훈장이다"라고 하면서 60년도 더 지난 전쟁에서 받은 트라우마를 어렵게 털어놓는다. 그리고는 자신의 주변을 정리하기 시작한다. 양복을 새로 마련하고, 이발과 면도를 하고, 평생 안 갈 것 같던 성당에 가서 고해성사도 한 후, 타오를 자신의 집 지하실에 가두고는 혼자서 갱단의 아지트로 찾아가게 된다.

C. 주인공 월트가 갱단의 아지트를 찾아가서 노린 목적은?

월트는 자신이 이미 과거에 참전한 전쟁터에서 많은 살인을 하여 몸과 마음이 병든 상태임을 알고, 새롭게 인생을 시작하는 아시아계 이민자 청년 타오에게 깨끗하고 희망적인 미래를 열어주기 위해 혼자서 갱단을 찾아가서 자극했고, 결국 양복 속에서 라이터를 꺼내는 순간 갱단들이 총으로 오인하고 난사하여 최후를 맞이하게 된다. 결국, 월트는 악의 뿌리를 자신의 살신성인 방식으로 몰아냈고, 청년 타오에게 새로운 삶을 선물하게 된다. 영화의 마지막 장면에서 월트가 선물한 차 '그랜 토리노'를 타오가 운전하면서 미래로 향해 달려가는 모습은 큰 감동을 준다.

D. 월트가 자기 죽음을 예견하고 자신의 부인이 생전 희망했던 성당
   에서 고해성사한 내용은?

평소, 신학대학을 막 졸업한 27세의 젊은 신부가 삶과 죽음 같은 심
오한 인생사에 대해 뭘 알겠는가 하고 무시하던 월트는 마침내 부인
이 원하던 대로 성당에 가서 신부에게 3가지 고해성사를 하게 된다.
첫째, 부인 몰래 다른 여자에게 키스한 적 있다. 둘째, 차를 팔고서
세금을 내지 않았다. 셋째, 자기 아들들에게 정을 주지 않았고 그것이
가장 마음에 걸리는 부분이라고 하자, 신부는 "그게 다입니까?"라며,
평소 자신이 생각한 월트는 비사교적이며 심술 맞고 고집불통의 나쁜
늙은이라고 생각했는데 의외로 공정한 가치관과 따뜻한 배려심을 가
진 선량한 시민의 한 사람으로서 누구보다 정직하고 모범적으로 살아
온 데 대해 깜짝 놀란다.

<에필로그>

자동차인 '그랜 토리노'는 주인공이 지키고자 했던 정의롭고 공정한
자신만의 소중한 가치관을 상징하는 물건이었고, 이것을 이민자 청년
타오에게 자신의 죽음을 통해 희망과 평화의 상징물로 승화시켜 선물했
다. 월트 자신도 과거 폴란드계 이민자의 한 사람이었지만 미국을 사랑
하고 지키는 한 시민이 되었고, 이제 그 막중한 권한과 책임을 동시에
이민자인 청년에게 물려줌으로써 계층 간, 세대 간, 인종 간 사회적 갈
등을 봉합하는 큰 의미를 보여주고 있다. 젊은 시절 카우보이와 탐정
역할로 많은 폭력물의 주인공이었던 '클린트 이스트우드'는 나이가 들면
서 참회하는 마음으로 사람들의 마음을 따뜻하게 변화시킬 수 있는 영
화를 만들려고 노력했고, 본인이 직접 살아있는 연기를 하면서 인간성
회복을 극대화하는 데 노력하였다. 젊어서는 '황야의 무법자'로 살았지
만, 나이 들어서는 사회의 가치를 지키기 위해 헌신하는 시니어의 역할

을 다하는 '클린트 이스트우드'처럼 오늘을 사는 우리도 사라져가는 시니어(어르신) 세대의 사명과 역할에 대해 생각해본다.

멋진 인생을 살고 싶은
그대에게 포스(force)가 함께하기를!

스타워즈 시리즈

<프롤로그>

인생을 살다 보면 악의 무리를 향해 제다이 기사의 푸른 광선검을 휘두르고 싶을 때가 있다. 또한 결정하기 힘든 일이 있을 때는 현자인 '요다'처럼 포스(force)를 발휘하고 싶을 때도 있다. 두 가지 모두를 상상력으로 충족해주는 영화가 바로, 스페이스 오페라(우주에서 펼쳐지는 모험, 서사시 스타일의 SF 액션 어드벤처)인 <스타워즈>이다. 1977년 5월, '조지 루카스'가 연출한 <스타워즈>의 등장은 새로운 SF 시대를 열었다. <스타워즈>라는 프랜차이즈 영화의 출현은 세계적 문화 코드가 되었고 SF에 대한 선입견을 바꾸어놓았다. 전 세계 박스오피스에서 7억 7,500만 달러를 돌파하며 할리

우드를 대표하는 블록버스터로 자리매김했다. <스타워즈> 시리즈는 1977년부터 시작된 '루크 스카이워커' 중심의 '오리지널 3부작', 1999년부터 시작된 '아나킨 스카이워커'의 비극을 다룬 '프리퀄(prequel: 오리지널 영화에 선행하는 사건을 담은 속편) 3부작', 그리고 2015년부터 시작된 '레이' 중심의 새로운 세대가 등장하는 '시퀄(sequel: 전편과 이어지는 다음 이야기) 3부작'의 총 9편의 에피소드로 구성되어있다. '오래전 멀고 먼 은하계(A long time ago in a galaxy far, far a way…)'에서 시작된 <스타워즈>의 긴 여정에 함께 탑승하여 '평화를 위한 모험, 우주보다 큰 사랑, 정의를 향한 우정을 실천해가는 포스(force)'를 배워보자.

<영화 줄거리 요약>

무려 9편의 방대한 에피소드로 구성된 우주 대서사시 <스타워즈> 시리즈를 재밌게 보는 데는 두 가지 방식이 있다. 하나는 에피소드 순서(영화상의 시간)에 따르는 것이고, 또 하나는 영화 제작 및 개봉 순서인 에피소드 '4-5-6-1-2-3-7-8-9'를 따라가며 보는 것이다. <스타워즈> 시리즈의 매력은 독특한 캐릭터에 있다. 낭만적인 모험을 즐기는 선장 '한 솔로'로부터 은하계 최고의 악당 '다스 베이더'에 이르기까지, 수많은 이야깃거리를 낳기에 충분하다. 충직한 털북숭이 외계인 '츄바카'는 실제로 루카스가 <스타워즈> 각본을 쓸 때 곁을 지켰던 반려견 '인디애나'였다. 6편(오리지널 시리즈 3부작＋프리퀄 3부작을 에피소드별로 간략히 정리해본다. 시퀄 3부작 <깨어난 포스, 2015>, <라스트 제다이, 2017>, <라이즈 오브 스카이워커, 2019>)도 감상을 추천한다.

@〈에피소드 1 - 보이지 않는 위험/The Phantom Menace, 1999〉: <에피소드 6 - 제다이의 귀환, 1983> 개봉 16년 만에 제작한 영화로, 은하계 무역항로를 독점하려는 무역 연합이 '파드메 아미달라(나탈리 포트만 분)' 여왕의 나부 행성을 공격하자 피신하던 일행은 사막 행성 '타투인'에 잠시 정박하다가 우연히 노예 소년 '아나킨(제이크 로이드 분)'을 만난

다. 제다이 '마스터 콰이곤(리암 니슨 분)'은 강력한 포스를 보유한 아나킨이 "포스의 균형을 맞출 예언" 속의 아이라고 확신 후 제다이의 길로 안내하게 된다. 영화에서 제다이 기사 콰이곤과 오비완(이완 맥그리거 분)의 카리스마가 돋보인다. 개성이 다른 두 남자의 버디 무비처럼, 침착한 스승과 열혈 제자는 멋진 호흡을 선보인다. 에피소드 1편은 오리지널 <스타워즈, 1977>의 판타지, 모험, 액션 등의 다양한 장르 요소를 그대로 따른다. 강건족의 수중도시, 강건족과 무역 연합 드로이드의 전투, 속도감을 자랑하는 포드 경주, 제다이 콰이곤, 오비완과 어둠의 전사 '다스몰'의 대결이 압권이다. 또한 파드메를 처음 본 아나킨은 뜬금없이 "천사인가요?"라고 묻고 파드메는 "재미있는 소년"이라고 반응한다. 이 장면은 훗날 이들이 운명적 사랑에 빠질 것을 암시한다. 에피소드 1편은 전 세계 박스오피스에서 10억 달러를 돌파했고, <스타워즈>의 새로운 탄생을 자축하기에 부족함이 없었다.

@ <에피소드 2 – 클론의 습격/Attack of the Clones, 2002>: 정체불명의 '두쿠 백작'의 음모로 수천 개의 태양계가 공화국을 떠난다고 선언을 하고, 한정된 수의 제다이 가사들은 은하계의 평화와 질서유지에 힘든 상황이다. 제다이 기사 오비완의 도움으로 권좌를 되찾은 아마딜라 여왕의 보디가드로 젊은 제다이 수련생 '아나킨 스카이워커(헤이든 크리스턴슨 분)'가 오면서, 은하계의 운명이 뒤바뀔 금지된 사랑이 시작된다. 수백 개의 행성과 강력한 연맹을 포함한 분리주의의 움직임은 은하계의 새로운 위협으로 등장하고 클론 전쟁의 발발과 공화국 멸망의 시작을 초래한다. 2편에서는 클론 군단의 탄생이나 제다이와 드로이드의 전투가 영화의 스펙터클을 화려하게 부각했고, 지팡이를 짚고 느릿느릿 다니던 '마스터 요다'가 광선검을 뽑아들거나 '두쿠 백작(크리스토퍼 리 분)'과 초능력 대결을 벌이면서 그의 본색을 드러내는 장면은 경이롭다.

@ <에피소드 3 – 시스의 복수/Revenge of the Sith, 2005>: 클론 전쟁이 시작되었던 때로부터 3년이 지나고 팰퍼틴 의장(황제)과 제다이 사이의 불화는 더욱 커져 클론 전쟁은 더는 걷잡을 수 없게 격화된다. 자신이

제다이가 될 것임을 확신하던 아나킨은 제다이 기사 자격을 줄 수 없다는 기사단의 결정에 실망하고, 스승인 오비완과의 갈등도 더욱더 깊어만 간다. 그때 악의 화신 '다스 시디어스(이언 맥디아미드 분)'는 절대적인 힘을 갖게 해주겠다며 아나킨을 유혹하자 점점 어둠의 힘에 끌리고, 결국 용암이 끓는 화산 한가운데에서 자신의 아버지와 다름없는 오비완과 결투를 벌이다가 결국 아나킨은 치명적 중상을 입게 된다. 악의 화신 '다스 시디어스'는 아나킨을 데려가 검은 갑옷을 입히고 거친 숨소리를 내는 무시무시한 사이보그 '다스 베이더'로 재탄생시킨다.

@〈에피소드 4 – 새로운 희망/A New Hope, 1977〉: 제국의 첩보원들에 의해 쫓기면서 '레아 공주'는 민족을 살릴 수 있고 은하계의 자유를 되찾아줄 수 있는 '죽음의 별 설계도'를 가지고 고향으로 향하다 해적 총통 '모프 타킨'에게 납치된 것을, 밀수를 전문으로 하는 우주선 '팰콘'의 선장 '한 솔로(해리슨 포드 분)'와 그의 충직한 동료 유인원 외계인 '츄바카(피터 메이휴 분)'가 구해준다. 제국군의 집요한 추적으로 대공습이 펼쳐지지만 적을 모두 섬멸하고 팰콘호는 공화주의자들이 사는 혹성 '야빈'에 무사히 도착한다. 레아 공주는 '로봇 C – 3PO'의 컴퓨터에 입력시킨 정보 회로를 가동시켜 죽음의 별 비밀 설계도를 분석하도록 명령한다. 그 결과 '데드 스타'의 심장부에 있는 약점을 찾아내는 데 성공하고 치열한 전투 끝에, 루크는 솔로 선장의 도움으로 포스 능력을 이용해서 정확한 폭탄 공격에 성공하고 죽음의 별은 가루가 된다.

@〈에피소드 5 – 제국의 역습/The Empire Strikes Back, 1980〉: 죽음의 별을 파괴하는 데는 성공했지만, 제국군은 반란군을 은하계 막다른 곳으로 몰아낸다. 루크 스카이워커가 이끄는 '자유의 투사들'은 제국의 무서운 스타함대를 피해 얼음으로 뒤덮인 '호스 행성'에 새로운 비밀 기지를 마련한다. 젊은 스카이 워커를 찾으려고 혈안이 된 악의 군주 다스 베이더 총통은 우주의 구석구석에 수천의 원격조정 탐색선을 보낸다. 한편 루크는 제다이 기사이자 철학자이면서 8백 살이 넘은 나이를 가진 요다가 있는 습지대의 혹성 '다고바'로 가서 철저한 훈련을 받으며 최고

의 제다이로 거듭나려고 한다. 에피소드 5편의 핵심은 다스 베이더와 루크의 만남에 있다. 다스 베이더는 루크에게 "내가 네 아버지다(I am your father)"라는 충격적인 얘기로 루크를 어둠의 세력으로 끌어들이려 유혹하지만, "아니야, 그건 사실이 아니야!"라고 울부짖던 루크는 이를 거부하고 탈출한다. 이 과정에서 다스 베이더에게 팔을 잘리고 위기에 처한 루크는 포스의 힘을 이용해 쌍둥이 남매인 레아 공주에게 도움을 청해 구조된다.

@ 〈에피소드 6 - 제다이의 귀환/Return of the Jedi, 1983〉: 반란군을 돕다가 우주의 악당 두목 자바의 방에·냉동 장식물로 간혀있던 '한 솔로(해리슨 포드 분)' 선장은 더욱 강해진 제다이 루크에게 구조된다. 루크는 은하 제국의 황제를 쓰러뜨리기 위해 스스로 다스 베이더를 찾아가게 되나, 사악한 황제가 루크를 죽이려고 하자 베이더는 자신을 희생해 아들을 구해낸다. 결국 다스 베이더는 권력과 영원한 삶 대신 기꺼이 아들을 선택한 것이다. "한 번이라도 너를 내 눈으로 직접 보고 싶었다"고 고백하는 다스 베이더는 마스크를 벗고 과거 파드메 여왕과 사랑을 나누던 순수했던 아나킨으로 돌아와 죽음을 받아들인다. 즉 그의 부성애가 은하계를 구한 셈이다. 영화의 엔딩은 훈훈하게 아나킨, 요다, 오비완의 영혼이 등장하는 장면으로 훈훈하게 마무리된다. 제다이 기사들은 '포스와 하나가 된 것'이며 평화와 안식을 택한다.

<관전 포인트>

A. 〈스타워즈〉에서의 핵심 캐릭터의 특징은?

@ 아나킨 스카이 워커(헤이든 크리스턴슨 분): 한때 촉망받는 제다이 기사였지만, 어머니의 비참한 죽음으로 내면의 두려움과 분노가 증오와 탐욕으로 변해 어둠의 포스에 잠식당한다. 스승 오비완 케노비와의 결전에서 치명적 상처를 입은 뒤, 신체를 복원해 무시무시한 제국

사령관 '다스 베이더'로 재탄생한다. 아들 루크를 어둠의 편으로 회유하려 하지만, 마음 깊은 곳엔 아직 부성애가 남아있다.

@ 파드메 아미달라(나탈리 포트만 분): 카리스마 넘치는 나부 행성의 여왕이나 아나킨과의 피할 수 없는 위험한 사랑에 빠지고, 공화국의 멸망과 더불어 '루크와 레이 쌍둥이 남매'를 출산하다 비극적으로 숨을 거둔다.

@ 루크 스카이워커(마크 해밀 분): 선량하고 모험심 넘치는 청년으로, 사악한 은하 제국에 맞서 반란군의 마지막 희망인 제다이 기사로 성장해간다. 제국 시대가 끝나고 평화의 시대가 찾아왔지만, 여전히 잠재한 어둠의 포스는 그의 말년을 가혹한 운명에 몰아넣는다.

@ 레아 오르가나(캐리 패셔 분): 상냥하고 강단 있는 얼데란 행성의 공주로, 불리한 전세에도 불구하고 제국에 맞서 용맹하게 반란군을 이끈다. '한 솔로'와 티격태격 부딪치지만, 서서히 깊은 사랑에 빠져든다. 제국이 패망한 뒤에도 신공화국의 저항군 사령관으로 어둠의 세력 '퍼스트 오더'에 맞서는 여장부이다.

@ 한 솔로(해리슨 포드 분): 수완 좋은 밀수꾼이자 능글맞은 바람둥이로 늘 자기 이익을 우선시하던 그가 우연히 루크와 레아의 여정에 동참하면서 반란군의 영웅으로 변모해간다. 레아 공주와 결혼해 아들 '카일로 렌'을 낳지만, 그가 어둠의 편인 '퍼스트 오더'의 사령관으로 들어가는 비극을 막지 못한다.

@ 요다: 제다이 기사단의 정신적 지주이자 지혜로운 스승으로 공화국이 멸망한 후 기나긴 은둔 생활에 들어가지만, 루크를 훈련하며 마지막 희망을 품는다.

@ 콰이곤 진(리엄 니슨 분): 오비완 케노비의 스승으로 제다이 기사단의 엄격한 규율에 얽매이지 않고, 자유롭게 포스를 수련했던 제다이 마스터다.

@ 오비완 케노비(이완 맥그리거 분): 매사에 신중한 성격으로, 아나킨과 루크 부자를 출중한 제다이 기사로 훈련한 현명한 스승이다.

@ 츄바카: '한 솔로' 선장의 파트너이자 팰콘호의 부조종사, 복슬복슬한 털로 뒤덮인 큰 덩치만큼이나 푸근하고 순박하지만 뭔가 불만이 있을 때는 아이처럼 소리를 내며 쉽게 화를 낸다.

@ R2-D2: 기체 수리와 해킹에 특화된 로봇으로 매번 아군을 위기에서 구출해내는 작은 영웅. 다재다능한 데다 귀여움마저 갖췄지만, 고집이 무척 세고 종종 심술도 부린다.

@ C-3PO: 수백만 개 언어에 능통한 통역 전문 드로이드. R2-D2의 둘도 없는 단짝으로 오랫동안 함께 모험한다. 호들갑스러운 성격에 겁도 많지만, 가끔 꾀를 발휘해 상황을 반전시킨다.

@ 다스 시디어스(이언 맥 디아미드 분): 어둠의 포스를 추구하는 시스족의 군주. 오랜 시간 공화국 의장 '팰퍼틴'으로 위장했다가 클론 전쟁의 혼란을 틈타 제다이 기사단을 학살하고 마침내 제국의 황제로 등극한다. 간교하고 비열한 성격으로 '다스 베이더'를 앞세워 은하계를 집어삼키려는 악의 화신이다.

B. <스타워즈>를 완성하는 또 하나의 인물은?

오케스트라의 웅장한 연주로 영화의 감성을 풍성하게 만든 영화 음악계의 거장 '존 윌리엄스'는 영화 사상 가장 위대한 OST 작곡가로 평가받고 있다.

<에필로그>

어린 시절 만화책을 볼 때 그림은 크고 지문은 적은 시원시원한 것을 좋아하다가, 나이가 들면서 인생의 지혜와 철학적 스토리가 가득 찬 고우영 화백의 걸작 『삼국지』, 『일지매』 같은 만화로 취향이 변해가듯이, <스타워즈> 시리즈는 스토리의 장대함과 캐릭터의 다양함에 깊이 빠져들게 되는 신비한 매력이 있다. 우리나라에서는 유독 크게 흥행하지 못한 이유가, 1980년 제작된 <에피소드 5편 제국의 역습>의 수입가격

이 비싸 개봉되지 않아 스토리 전개가 이어지지 못했고, 판타지 영화에 쉽게 공감하지 못하던 기성세대들의 현실적인 감상 방식 때문이라는 분석에 놀라게 된다. 아직 <스타워즈> 시리즈를 못 본 사람이라면 이 영화를 통해 "한때 가장 촉망받던 제다이, 아나킨 스카이워커가 어떻게 악의 화신 다스 베이더로 변해가는지?" "막강한 악의 제국에 대항하기 위해 비록 결점이 있는 구성원들이지만 힘을 합쳐 어떻게 평화를 쟁취해나가는지?" 등 현실 세계에서는 배울 수 없는 특별한 포스(force: 우주를 지배하는 힘의 근원)를 배울 수 있길 기대한다. May the force be with you!

♫ Star Wars - Main Theme

혼돈의 정오(High Noon),
정의로운 보안관을 기다린다!

하이 눈
High Noon, 1954

<프롤로그>

급속하게 변해가는 삶의 방식 속에서 자신이 속
해있는 사회와 조직의 공익보다 개인의 행복과
자유로움을 더 추구하는 시대에 살고 있다. 하지
만 개인도 사회가 안전해야 편안하고 행복한 삶
을 유지해나갈 수 있는 것이다. 다양한 인종이
모여 사는 미국 사회가 지속해서 번영을 유지해
오고 있는 이유 중의 하나도 개인의 자유를 존중
하되 공익을 해치는 경우에는 엄중하게 경고하고
바로잡는 시스템이 있기 때문일 것이다. 지구상
선진국들의 번영은 개인의 이익보다는 공익을 먼저 생각하는 선공후사
(先公後私)의 정의감이 자율적으로 지켜지는 가운데 개인의 안전과 행복
이 보장되는 나라들이다. 현대를 살아가는 우리가 영화 <하이 눈/High

Noon, 1954>의 보안관 '게리 쿠퍼'처럼 책임져야 할 것을 저버리지 않고 실천하는 보안관이 된다면 그 결실은 곧 자신과 가족의 행복으로 연결될 것이다.

<영화 줄거리 요약>

흔히 골드러시로 대변되는 미국의 서부 개척시대, 와일드 웨스트(Wild West)라고 불리던 그 시대에는 총잡이와 카우보이, 무법자, 현상수배범, 리볼버 권총, 윈체스터 육 연발 장총 등이 시대의 특징으로 영화(서부극)에서 많이 그려지고 있다. 그 시절 대표적인 정의의 아이콘으로 그려지던 것이 마을의 치안을 책임지던 '보안관'이다. 그런 보안관들의 정의구현 정신으로 미국은 오늘날 번영을 이루었을 것이다. 보통 서부 영화 속의 주인공들은 대부분 슈퍼 히어로적인 모습을 보여줬다. 희대의 악당을 만나도 항상 여유 있는 자세와 표정으로 일대일 결투에서 언제나 신기에 가까운 권총 솜씨로 승리하는 결말을 보여주고 있던 것이 대부분이었다. 그러나 영화 <하이 눈>은 그런 천편일률적인 서부 영화의 모습을 보여주지는 않는다. 1870년 서부의 작은 마을 '헤이드리빌'의 어느 일요일 아침, 3명의 무법자들이 마을 역에서 서성거리며 시계를 바라보고 있다. 이들은 자신들의 보스 '프랭크 밀러(이안 맥도날드 분)'가 탄 기차가 12시 정오에 도착하는 것을 기다리고 있는 것이다. 공교롭게도 이날은 보안관 '윌 케인(게리 쿠퍼 분)'이 5년 임기의 보안관 직에서 은퇴하여 아름다운 신부 '에이미(그레이스 켈리 분)'와 결혼식을 올리고 마을을 떠나 새로운 보금자리로 떠나는 그날이다. 그러나 오늘 공교롭게도 5년 전 그에게 체포되어 투옥된 밀러가 석방되어 부하들을 데리고 피비린내 나는 복수를 하러 오고 있다. 이미 보안관 직을 사임한 윌케인에게 더 이상의 공식적인 책임은 없지만, 그는 살인마 밀러가 마을에 오면 큰 피해를 줄 것을 예감하기에 깊은 고뇌에 빠지게 된다. 영화는 악당들이 도착할 예정인 정오까지 1시간 동안 일어나는 상황을 실제 상영 시간과 일치시키면서 박진감 있게 보여준다. 목숨을 건 결투의 시간을 앞두고 마을의 정의를 지키기 위해 임기가 끝난 보안관 직을 오늘 하루 더 수행해야 할지, 아니면 아름다운 약혼녀 에이미와 평화로운 새 삶을 찾아 훌훌 떠나야 할지를 고민하며 힘들어하는 주인공 게리 쿠퍼와 주변 인물들에게 초점이 맞춰지고 있다. 결국 보안관 케인은 정의를 지키기 위해 약혼녀에게, 죽기를 작정한 유서를 써놓고 모든 주민이 방관자로 숨은 쥐죽은 듯 조용한 거리로 나선다. 마을 사람을 찾아가 함께 악당들과 맞서자고 간청하였으나 아무도 응하지 않고 모두 뒷걸음친 후였기 때문이다. 드디어 정오의 기차는 도착하고 이글이글 내리쬐는 황야에 무법자들이 모여든다. 마침내 정오를 알리는 종소리와 함께 나타난 밀러와 악당들, 보안관 케인은 결연한 각오로 혼자서 온몸을 던져, 마을의 지형지물을 최대한 활용하여 다수의 악당과 숨 막히는 총격전을 통해 간신히 악당들을 제압하게 된다. 케인이 목숨을 걸고 자신의 책임을 완수한 순간, 그제야 숨어있던 마을 주민들이 우르르 몰려나온다. 케인은 정의의 상징인 '보안관 배지'를 미련 없이 집어던진 후 유일하게 자신과 같이 총을 잡고 위기에서 자신의 목숨을 구해준 사랑하는 '에이미'와 함께 마차를 타고 마을을 떠나게 된다.

<관전 포인트>

A. 이 흑백 서부 영화를 미국 사람들이 가장 사랑하는 이유는?

이 영화에서 주인공 보안관 케인은 자신의 임기를 성공적으로 마친 상태였고, 사랑하는 약혼녀와 멀리 떠나갈 수도 있었지만, 위기에 처한 마을을 방관하지 않고, 혼자서 많은 악당과 목숨을 건 결투를 벌이는 장면에서 정의감을 중요시하는 미국 사회에서 공인으로서 솔선수범하는 자세가 귀감이 되면서, 미국 대통령들이 취임 선서 전에 이 영화를 다시 한 번 볼만큼 리더가 되기 위한 책임감을 재무장하게 해준다고 한다. 영화 포스터에도 나와 있듯이 "A man who was too proud to run!(정의감이 강하여 도망갈 수 없었던 사나이)" 명예로운 리더를 상징하는 영화로 각인되어 있다.

B. 보안관으로 열연한 게리 쿠퍼가 영화 <하이 눈>에서 아카데미 남우주연상을 받은 배경은?

고뇌하면서도 신념을 목숨보다 더 소중하게 생각하는 정의의 보안관으로 나와, 리더가 지녀야 할 책임감을 온몸으로 보여주었기에, 다른 서부 영화의 슈퍼 히어로 같은 주인공과는 다른 인간적인 '보통 영웅'을 잘 표현한 평가를 받게 되었다. 미국에서는 게리 쿠퍼의 모습을 담은 44센트짜리 우표도 발행될 만큼, 이 영화에서 보여준 게리 쿠퍼의 모습에서 미국을 상징하는 보안관의 강한 향수를 가지고 있다.

C. 보안관의 종류는?

미국 경찰제도는 연방 보안관(U.S.MARSHAL), 보안관(SHERIFF), 경찰(POLICE) 등으로 구분된다. 미국의 기본행정 단위는 군(COUNTY)인데, 이 군의 사법경찰관을 보안관(SHERIFF)이라 한다. 즉 보안관은 주민 또는 시민들의 선거에 의해 선출된 최고직의 선출직 사법경찰관이다. 대도시에서의 우리식으로 표현한다면 경찰 최고책임자를 보안관이라고 한다. 하이눈에 나오는 '케인'은 MARSHAL로 나온다. 연방 법원의 법 집행이나 업무를 취급하고, 법원 명령을 받고 도주, 탈출, 죄수 이동 인도 호송 등을 책임지는 사법경찰관이다. 이는 주마다 경찰업무가 다르고 주별로 업무 협조가 안 될 경우가 많아 이들이 연방 보안관업무를 수행한다. 영화 <도망자/The Fugitive, 1993>에서 살인범 누명을 쓴 외과 의사 '해리슨 포드'를 뒤쫓던 보안관 '토미 리 존스'는 도주자를 잡는 경찰인 연방 보안관(U.S.MARSHAL)이다.

D. 주인공 보안관의 약혼녀로 나온 '그레이스 켈리'는 어떤 배우인가?

미국 펜실베이니아주 필라델피아 명문가 출신으로 뉴욕에서 미국극예술 아카데미에서 연기 수업 후 브로드웨이 무대와 텔레비전 드라마에서 활동하다가 영화 <하이 눈>, 존 포드 감독의 <모감보/Mogambo, 1953>, 히치콕 감독의 <다이얼 M을 돌려라/Dial M for murder, 1954>, <이창/Rear Window, 1954> 등에 출연하였고 1956년 절정의 인기를 누리고 있던 가운데, '모나코 왕 레니 3세'와 결혼하여 세계의 이목을 끌었다. 1982년 9월 모나코 근교의 여름별장에서 자동차를 운전하면 왕궁으로 돌아오던 도중에 갑작스러운 발작으로 교통사고를 일으켜 53세로 안타깝게 세상을 떠났다.

E. 미국의 정의를 상징하던 보안관의 복장에서 나타나는 특징은?

게리 쿠퍼의 사진에서도 나타나듯이 멋진 카우보이모자, 보안관을 상징하는 별 모양의 배지, 그리고 법의 수호자를 나타내는 금으로 된 회중시계, 젠틀맨을 나타내는 조끼와 타이, 그리고 항상 손쉽게 악당을 향해 뽑을 수 있는 권총이 돋보인다. 리더는 최적의 역할 수행을 위해 절제된 외모와 복장이 중요함을 보여준다.

<에필로그>

1990년대 초 각종 강력범죄의 온상이었던 뉴욕시에 '줄리아니' 시장이 취임하자마자, 지하철역 낙서를 청소하는 등 범죄 발생 환경의 사전 제거 활동을 통해 현재는 뉴욕이 밝고 활기찬 세계적인 관광지가 된 것은 유명한 일화이다. 최근 각종 범죄는 CCTV가 해결한다는 말이 있을 정도로 경찰 등 공권력이 해결할 수 없는 으슥하고 구석진 곳에서 지능적으로 발생하고 있다, 우리가 세상을 지키는 보안관이라는 생각으로 어릴 적 '바른 생활' 시간에서 배운 기본적인 것들(음주/난폭운전 등 교통

질서 지키기, 양보하는 문화, 반려동물 챙기기, 지하철에서 전화 예절, 공공장소에서 담배 피우지 않기)을 생활 속에서 솔선수범한다면, 이 세상은 더 밝고 행복한 곳으로 크게 발전해나갈 것이다. 특히 어른들은 어린이들이나 청소년들의 거울인 만큼 일거수일투족에서 선생님이라는 자세로 모범을 보여줘야 한다. 결국, 중요한 것은 개인적 이익보다 공익을 우선시하는 선공후사(先公後私) 정신으로 정의를 지키는 보안관 마인드를 가진 사람들이 많아질 때, 우리가 사는 사회는 더 안전하고 편안한 삶의 보금자리가 될 것이다. 아카데미 주제가상을 받은 <하이 눈>의 주제곡 <Do not forsake, oh my darling(나를 버리지 마오, 내 사랑)> 노래에서 "I only know I must be brave(내가 아는 건 불의에 맞서 용감해야 한다는 것뿐)"처럼 스스로 책임져야 할 것들을 저버리지 않을 때, 일상의 소중한 행복을 향유할 수 있을 것이다!

♫ Do not forsake me, oh my darling - Frankie Laine

<프롤로그>

전 세계에서 가장 유명한 스파이 '제임스 본드'는 60년 전 '이언 플레밍(제2차 세계대전 영국 해군정보부 소속 장교 출신)'의 첩보소설 『카지노 로얄』(1953)을 통해 세상에 나왔다. 1964년 그가 56세로 숨을 거둘 때까지 007시리즈 12권의 장편과 2권의 단편 모음집을 쓴 이언 플레밍의 '007'은 할리우드 영화와 만나며 자기 복제를 거듭했다. 미소 강대국 간 냉전의 시대를 먹고 자란 007은 냉전이 끝난 지금은 세계 테러 집단의 응징 구도로 건재하다. 과거 낭만적인 영국 신사에서, 땀 냄새 물씬 풍기는 근육질의 스파이로 변신했고, 첨단 무기 대신 맨몸의 액션을 선보이며 사랑 앞에서는 로맨티시스트로 변신하고, 흔들리

는 정체성을 고민하는 리얼한 현실에 발붙인 스파이로 변신하기까지, 007시리즈는 무려 60년을 이어오며 24편을 선보인 메가 히트 상품으로 자리매김했다. 제임스 본드는 영화 역사가 만들어낸 가장 매력적인 캐릭터 중 하나이다. 총소리와 함께 붉은 피가 화면에 흐르면서 '몬티 노먼(Monty Norman)'의 경쾌하고 스릴 넘치는 제임스 본드 테마곡과 함께 시작되는 007시리즈를 통해, 당신만의 특별한 제임스 본드가 되어 위기일발의 삶을 주도해 보자.

<영화 줄거리 요약>

007시리즈는 1962년 제1탄 <007 살인번호/Dr. No, 1962>를 시작으로 지금까지 24편이 만들어졌다. 오늘은 스페이스 셔틀이 화제가 되었던 11탄 <007 문레이커/Moonraker, 1979>에 대해 리뷰해보겠다. 미국에서 영국으로 공수 중이던 문레이커(우주왕복선)가 공중에서 탈취당하는 사고가 생긴다.

조사를 맡은 007 제임스 본드(로저 무어 분)는 문레이커를 개발, 제조한 장본인인 드랙스(Drax)가 배후의 인물임을 알아낸다. 이미 드랙스 산업기지에 위장 취업한 CIA 요원 '굿헤드'와 연합으로 조사하던 중 드랙스가 성경에 나오는 '노아의 방주'를 흉내내, 인간만을 죽이는 독가스로 지구를 깨끗이 청소한 뒤 선택받은 젊은 남녀들로 신인류 제국을 건설하고 자신이 황제가 되려는 야망을 갖고 일을 벌이고 있다는 것을 알아내게 된다.

007과 굿헤드는 드랙스 몰래 그들 틈에 숨어서 드랙스 우주기지로 날아간다. 지구의 레이더 방해 장치를 파괴하여 지상의 지구방위대에 이곳의 존재를 알린 007은 발사된 독가스 캡슐 제거에 안간힘을 쓴다. 기지에 접근한 지구방위대와 드랙스 군대의 치열한 우주 전투가 벌어진다. 그 틈에 007은 도망가는 드랙스를 쫓아 그를 우주로 날려버린다. 폭발하는 우주기지를 뒤로 한 채 007과 굿헤드는 지구를 향해 날아가는 살인 독가스 캡슐을 쫓아가 간신히 파괴한다. 세계의 평화를 지켜낸 안도의 한숨을 내쉰 007과 굿헤드는 지구로 귀환하는 문레이커 우주선 안에서 '007시리즈 특유의 낭만적인 사랑'으로 해피엔딩을 알린다.

<관전 포인트>

A. 제임스 본드의 탐구?

30년 전 007로 불리는 '제임스 본드(James Bond)'는 영국 작가 이언 플레밍(Ian Fleming)의 작품에 나오는 가상의 영국의 첩보원 이름이다. 여기서 '00'은 영국 비밀 정보국 MI6에서 허가해준 살인면허를 의미하는 것이며, '7'은 살인면허를 가진 일곱 번째 요원이라는 뜻이다. 소설에 따르면 제임스 본드는 1922년생이며 영국 스코틀랜드 출신이다. 그는 영국의 사립 명문 고등학교인 이튼스쿨과 옥스퍼드 대학 법학과를 나왔으며 영어, 프랑스어, 독일어 등 외국어를 능통하게 구사한다. 사격술, 격투기에 능해 첩보원으로서의 자질도 뛰어나지만, 매력적인 외모와 화술을 가졌다. 세계평화를 위해 악당과 싸우다가 오늘 당장 죽을 수도 있지만, 바텐더에게 보드카 마티니를 주문할 때는 "Shaken, not stirred(젖지 말고 흔들어서)"라는 낭만적이고 감각적인 명대사를 날린다. 백절불굴의 냉정한 스파이지만 사랑을 아는 로맨티시스트 제임스 본드에게 푹 빠지게 하는 시리즈별 타이틀 음악도 매우 인상적이다. 특히 1963년 개봉한 <위기일발/From Russia with love>에서 '매트 먼로(Matt Monro)'가 부른 주제가는 아직도 많은 사람의 사랑을 받고 있다.

B. 제임스 본드 역을 한 주인공들은?

현재까지 모두 6명의 제임스 본드가 탄생하였다. 영화별 주인공을 살펴보면 @ 1편: 살인번호(Dr. No, 1962) - 숀 코너리 @ 2편: 위기일발(From Russia with love, 1963)-숀 코너리 @ 3편: 골드 핑거(Gold finger, 1964)-숀 코너리 @ 4편: 썬더볼 작전(Thunder ball, 1965)-숀 코너리 @ 5편: 두 번 산다(You live twice, 1967)-숀 코너리 @ 6편: 007과 여왕(On her Majesty's secret service, 1969)-조지 라젠비 @ 7편: 다이아몬드는 영원히(Diamonds are forever, 1971)-숀 코너리 @ 8편: 죽느냐 사느냐(Live and let die, 1973)-로저 무어 @ 9편: 황금 총을 가진 사나이(The man with Golden gun, 1974)-로저 무어 @ 10편: 나를 사랑한 스파이(The spy who loved me, 1977)-로저 무어 @ 11편: 문레이커(Moonraker, 1979)-로저 무어 @ 12편: 유어 아이스 온리(For your eyes only, 1981)-로저 무어 @ 13편: 옥토퍼시(Octopussy, 1983)-로저 무어 @ 비공인 편: 네버 세이 네버 어게인(Never say never again, 1983)-숀 코너리 @ 14편: 뷰튜어 킬(A view to a kill, 1985)-로저 무어 @ 15편: 리빙 데이라이트(The living daylights, 1987)-티모시 달튼 @ 16편: 살인면허(Licence to kill, 1989)-티모시 달튼 @ 17편: 골든 아이(Golden eye, 1995)-피어스 브로스넌 @ 18편: 네버 다이(Tomorrow never die, 1997)-피어스 브로스넌 @ 19편: 언리미티드(The world is not enough, 1999)-피어스 브로스넌 @ 20편: 어나더 데이(Die another day, 2002)-피어스 브로스넌 @ 21편: 카지노 로얄(Casino royale, 2006)-다니얼 크레이그 @ 22편: 퀀텀 오브 솔러스(Quantum of solace, 2008)-다니얼 크레이그 @ 23편: 스카이 폴(Sky fall, 2012)-다이얼 크레이그 @ 24편: 스펙터(Spectre, 2015)-다니얼 크레이그 @ 25편: 본드 25(Bond 25, 2020년 개봉 예정)

C. 007이 세계 최고의 젠틀맨 아이콘으로 자리매김한 이유는?

영화 역사상 최고의 대사에 뽑힌 말은 배우 숀 코너리가 1962연작 <007 살인번호/Dr. No>에서 멋지게 자신을 소개했던 "내 이름은 본드, 제임스 본드(The name's Bond, James Bond)"였다. 자신을 당당하게 소개하는 이 말은 본드가 세계평화를 지키는 정의의 파수꾼으로서 리더십과 어떠한 위기상황에서도 신속하고 정확한 판단력 그리고 링에 오르는 권투선수가 최상의 몸과 마음의 컨디션을 유지하는 것과 같은 완벽한 자기 관리력을 통한 최적의 상태로 미션을 수행해 낼 수 있는 자신감의 발로라고 할 수 있다.

심지어는 스파이의 신분으로 적진에 뛰어들어 악당에게도 자신의 이름을 당당하게 밝히며 적을 압도하는 모습에서 많은 사람은 주인공 007의 투명하고 용감한 자신감을 좋아하게 된다. 이 대사는 이후 '로저 무어'에서 '피어스 브로스넌'까지 제임스 본드 역을 맡은 배우들이 애용하는 대사로 반복되며, 시리즈 내내 주인공의 자신감을 가장 잘 표현하는 대사로 자리매김하게 된 것이다. 이러한 007의 인간적 매력으로 제임스 본드가 착용하고 나와 유명해진 오메가 씨마스터 와치(Omega Seamaster Watch) 시계나 애스턴 마틴의 자동차, 하이네켄 맥주, 항공사 버진 애틀랜틱, 보드카 스미노프 등은 영화가 개봉되면 전 세계 패션을 끌어내는 강력한 힘을 가지고 만들었다.

그 힘은 007 영화가 단순한 오락 영화가 아니라 시대의 트렌드를 선도하는 스토리와 상상력을 가지고 있기 때문이다. 이 영화에 스폰서하려는 세계적인 명품기업들이 줄을 서고 있는 이유이기도 하다. 보통 한편에 20개 협찬사가 총 4,400만 파운드(약 940억 원)의 물품을 협찬하고 있다고 한다. 결국 007 시리즈는 단순한 엔터테인먼트 산업뿐만 아니라 패션산업과 더불어 자동차 등 기간산업에 영향을 주는 초감각적 패션리더로 자리 잡고 있다. 패션 감각을 갖춘 007의 개인 무기는 고전적 권총 '월터 PPK'로 자신의 스마트한 이미지와 무기에만 의존하지 않는 당당함을 보여준다.

D. 첨단 병기를 통한 무한한 상상력?

007 가방 속의 최첨단 병기, 잠수함, 쾌속선, 오토바이, 우주왕복선,

손목시계를 이용한 강력한 전자석, 자동차에 장착된 각종 미사일 등 007 영화에는 다양한 신병기들이 영화를 보는 동안 흥미진진한 상상력을 충전할 수 있게 해준다. 특히, 1979년에 개봉된 <문레이커>에서는 미항공우주국(NASA)에서도 아직 발사해보지 못했던 우주왕복선(space shuttle)의 아이디어를 실제로 적용했다는 것은 대단한 창의적 발상이라고 할 수 있다. 실제로 이 영화를 본 NASA의 과학자들이 자신감을 얻어 2년 뒤인 1981년 4월 12일, 최초의 우주왕복선인 '콜롬비아(Colombia)호'를 발사하였다는 얘기도 있다.

<에필로그>

"제임스 본드가 여왕의 집무실로 향하고 있다. 거침없는 걸음걸이나 묵직한 포커페이스에는 베테랑 요원의 여유와 임무에 대한 경외심이 가득하다. 여왕이 본드의 에스코트를 받으며 헬기에 오른다. 빅벤과 윈스턴 처칠 동상을 거치더니, 런던 브리지 한가운데를 통과해 올림픽 메인 스타디움 상공으로 날아오른다. 갑자기 여왕과 본드가 헬기에서 뛰어내린다. 존 배리의 007 테마곡이 흐르고, 8만 관중이 하늘을 바라본다. 영국 국기가 그려진 두 개의 낙하산이 어둠 속에서 하늘거린다." 2012년 런던올림픽 개막식에서 보여준 엘리자베스 2세와 다니엘 크레이그가 참여한 대니 보일 감독의 특별 영상이다. 영국이 낳은, 세상에서 가장 유명한 스파이, 본드는 영국 신사의 품위와 특수 요원의 강인함을 갖춘 상징적인 인물이다. 세계 곳곳을 돌며 임무를 수행하지만, 그의 존재는 보란 듯 '영국적'이다. 실제로 이언 플레밍은 철저히 자신의 경험을 토대로 007 시리즈를 집필했다. 런던 상류사회에서 나고 자란 그는 자신의 취향과 성격, 인생의 중요한 순간들을 캐릭터에 고스란히 녹여냈다. 당신도 뜨거운 열정과 로맨틱한 사랑으로 위기일발의 삶을 헤쳐나가는 불사조 '제임스 본드'이다!

♫ From Russia with love - Matt Monro

진정한 용기는 위기 속에 피어난다!

커리지 언더 파이어

Courage Under Fire, 1996

<프롤로그>

영화 <커리지 언더 파이어/Courage Under Fire, 1996>는 진실에 관한, 진실에 이르기까지의 과정을 통해 '진실은 용기와 희생이 동반한다'는 사실을 보여준다. '위급한 상황에서의 용기, 실수를 인정하는 용기, 정의와 불의의 갈림길에서의 선택'이 쉽지 않다는 것을 우리는 안다. 하지만 후회 없는 삶을 살기 위해서는 자신이 마주친 문제를 직시하고 인정하는 용기가 필요하며, 이런 용기를 통해서만이 새로운 세계로 나아갈 수 있는 진정한 자유의 문이 열릴 수 있다.

<영화 줄거리 요약>

1991년 1월, 세계의 이목은 '걸프전(Gulf War)'에 집중되어있었다. 걸프전에 투입된 미 육군 기갑 대대의 대대장 '나다니엘 설링 중령(덴젤 워싱턴 분)'은 '알 바스라' 지역에서 수행된 <사막의 폭풍 작전>에서 칠흑 같은 야간 공격 작전 중 적군의 T-54 탱크라고 믿었던 물체에 포격을 명령하게 된다. 그러나 포연이 사라진 순간 그가 발견한 것은 폭파된 아군의 탱크 잔해와 자신의 부하 여러 명이 화염 속에서 시체로 뒹구는 모습이었다. 진상조사에 착수한 미국 국방성은 이 사건을 '아군의 오발'로 무마하고 '설링 중령'을 복귀시켜 '국방성의 훈장 및 포상업무 부서'에 배속시킨다.

설링 중령에게, 전장에서 전사한 '카렌 월든 대위(맥 라이언 분)'의 미국 최고 명예훈장(Medal of Honor) 자격 여부를 심사하라는 명령이 온다. '부상자 구출용 헬리콥터 블랙호크의 조종사'였던 '월든 대위'는 치열한 전투 상황 속에서 목숨을 아끼지 않고 임무를 완수한 용기로, 이 상의 수여 대상자 명단에 올라와있었다. 상부에서는 "너무나 확실한 공로이니 자격 여부 심사는 대충하고 명예훈장 수여를 빨리 승인하라"고 재촉한다. 그러나 '설링 중령'은 부상자 구출 작전 도중 '월든 대위'가 행한 행동에 대해 구출팀 대원들의 상반된 진술에 서서히 거부할 수 없는 흥미와 의혹을 품기 시작한다. 설링 중령은 자신이 확신을 가질 수 없는 불확실한 보고서의 제출을 거부한다. 그는 자신이 알아낸 사실을 책임자인 '허쉬 버그 장군'에게 말하지만, 훈장 및 포상 위원회의 지시에 순순히 응하지 않으면, 그가 내린 '오발 명령'에 대해 육군 내사 과에서 진행 중인 수사로부터 그를 보호해줄 수 없다는 무언의 압력을 받는다.

촌각을 다투는 절망적인 상황에서 설링 중령은 '월든 대위의 전사에 대한 진실'을 밝혀내야 함과 동시에 자신의 소신과 명예를 지켜야 하는 2가지 문제를 동시에 해결해나가야 했다. 그 젊은 여조종사에 관한 과거의 사실들을 추적하는 과정에서 설링 중령은 자신이 걸프전에서 겪었던 악몽이 되살아나 괴로워한다. 헬리콥터 조종사 '월든 대위'는 위기 상황에서도 단 한 명의 부하조차 버리지 않으려고 노력했고, 심지어 자신을 배신하던 부하들을 끝까지 지켜주려 목숨을 바쳤다는 놀라운 사실을 확인하게 된다. 그녀는 진정한 군인이었고, 용기 있는 사람이었다. 결국 설링 중령은 월든 대위에 대해 조사하는 과정에서, 진정한 용기가 무엇인지를 깨닫게 되고, 자신이 전장에서 내린 오발 실수를 인정하고 전사자의 가족을 찾아가 용서를 구하는 용기를 얻게 된다.

<관전 포인트>

A. 진정한 용기를 보여주는 3가지 명장면은?

(1) 블랙호크 헬리콥터 조종사였던 '월든 대위'가 적진에 불시착하여 부상한 상태에서 구조헬기가 왔을 때, 자신의 부하들을 모두 대피시키고 자신이 끝까지 남아 시시각각 공격해오는 적군을 향해 권총을 쏘는 장면에서 한 아이의 엄마이면서도 부대의 리더로서의 강한 책임감을 배울 수 있다.

(2) 기갑 부대 대대장이던 '설링 중령'은 조사과정에서, 월든 대위가 전쟁의 화염 속에서 보여준 진정한 용기(Courage under Fire)를 발견해내고는, 자신도 용기를 내어 자신의 오판으로 전사한 부하 장병인 '보일러 중위'의 집을 찾아가서 그 부모들에게 "아들이 전사한 것은 바로 자신의 오발 명령으로 발생한 명백한 실수였음을" 눈물로서 고백하고 참회의 용서를 구하는 장면에서 진정한 용기를 느낄 수 있다. (진상조사 결과 피격당한 아군 전차의 피아 식별 장치의 오작동이 원인으로 밝혀졌음.) 그런 진정한 고백에 병사의 부모들은 설링 중령이 전쟁이라는 특수한 상황에서 판단하여 발생한 사고임을 인정하고 그의 용기 있는 고백을 받아들이고 기꺼이 용서하게 된다.

(3) 미국방성에서는 마침내 설링 중령이 조사한 결과에 대해, 월든 대위의 진정한 용기를 인정하여 최고 무공훈장인 명예훈장을 수여할 것을 결정하게 된다. 한편 전장에서의 죽음을 예감하고 평소에 자신의 어린 딸을 돌보던 자신의 부모에게 쓴 월든 대위의 편지가 살아남은 병사의 손을 통해 유언처럼 전해지게 된다. 마침내 대통령이 월든 대위의 어린 딸에게 최고의 명예훈장을 수여하게 되는 장면에서 깊이 감동할 수 있다.

B. 설링 중령이 헬리콥터에서 살아남은 4명의 병사를 대상으로 월든 대위의 전사를 조사하던 과정에서 발견하게 된 진실은?

@ 블랙호크 헬리콥터 조종사 월든 대위를 여성 조종사라고 무시하며 적에게 투항하자고 선동하는 부하들의 항명을 저지하다가, 문득 참호 바로 뒤에 적이 들이닥친 것을 발견하고 권총을 발사하자, 부하들은 자신들에게 쏘는 것으로 오인하여 월든 대위에게 총을 쏘아 부상을 입히게 된다.

@ 근처의 아군 구조 헬리콥터가 도착하자, 망설이는 부하들에게 "먼저 중상을 입은 부조종사를 데리고 구조헬기로 간 후, 다시 자신을 데리러 올 것"을 명령하게 된다. 부하들을 구조헬기에 안전하게 모두 태울 수 있도록 부상한 몸으로 사력을 다해 다가오는 적을 향해 권총을 발사하면서 엄호하고 있을 때, 구조헬기 조종사는 구조헬기에 모두 탑승한 병사들에게 '월든 대위의 생사'를 묻자, 월든 대위에게 항복을 강요하며 하극상을 보인 것이 귀대 후 군사재판에서 큰 벌을 받게 될 것을 두려워한 나머지, 월든 대위는 전사했다고 비겁한 거짓말을 하게 되고, 그 말에 구조헬기는 이륙하면서 몰려오는 적들에게 네이팜탄을 쏟아부어 월든 대위는 화염에 휩싸이며 장렬하게 산화하고 만다.

@ 귀대한 후, 투항을 선동하다 M16 소총으로 월든 대위에게 중상을 입힌 병사는 죄책감으로 달려오는 기관차에 자동차를 세우고 스스로

목숨을 끊게 되고, 어떤 병사는 자신의 죄책감과 비겁함에 약물중독으로 폐인이 되어가면서 마지막 양심으로 설링 중령에게 모든 진실을 고백하게 된다.

C. 미국 명예훈장(Medal of Honor)은 어떤 의미의 훈장인가?

미정부가 자국민 용사에게 수여할 수 있는 미군 최고의 무공훈장이자 최고의 명예로 수혜내용을 보면 그 진가를 더욱 실감할 수 있다.
@ 훈장 수여자는 계급에 상관없이 장성급 장교, 상원의원, 대통령이 먼저 수여자에게 거수경례한 후 백악관에서 대통령이 직접 수여
@ 훈장은 미국 연방 정부(Federal government) 아래 보호를 받고 거래가 금지되어 있어 가짜를 제작 판매하거나 수혜자라고 속이는 등 메달의 명예를 훼손하는 행동을 보이는 자에게는 연방정부에서 고소, 10만 달러까지 벌금을 물릴 수도 있고 1년간 징역을 구형할 수 있음)
@ Family name과 본인 이름이 미국 역사에 길이 남음
@ 월 1,237달러를 평생 보장
@ 평생 의료 혜택
@ 은퇴 시 남들보다 10% 상향된 은퇴 연금을 받게 됨
@ 자국 내 어딜 가더라도 최고의 예우와 존경을 받음

D. 걸프전은 어떤 전쟁인가?

1990년 8월 이라크의 '사담 후세인' 대통령이 유전 확보를 목적으로 쿠웨이트를 무력으로 점령하였고, UN은 이를 침략 행위로 보고 쿠웨이트 땅에서 이라크군의 철수를 요구하지만 이를 비웃듯 쿠웨이트를 속국화하고 통치권을 행사하게 된다. 이에, 1991년 1월 미국을 중심으로 한 34개국 68만여 명으로 다국적군이 구성된다. 다국적군은 이라크를 공격하고자 페르시아만에 집결하게 된다. 1991년 1월 17일 시작된 대공습 "사막의 폭풍 작전"으로 이라크는 초토화되었고 2월 28일 다국적군이 압도적으로 승리하며 전쟁이 종료되었다.

<에필로그>

영화 속의 주인공처럼, 우리 중의 소수는 누군가의 생명을 위해 자신을 희생할 수 있는 용기를 가지고 있다. 사람들은 일상생활, 심지어 급박한 전투상황에서 신비하게도 부지불식간에 별다른 거부감 없이 그런 사람을 따르게 된다. 그렇지만 이러한 유대감 강한 결속은 결국 죽음과 같은 절체절명의 실제상황을 통해서만 시험받고 증명을 받는다. 실제로 그런 순간이 왔을 때 과연 진정한 용기로 행동할 수 있을까 자문해본다. 하지만 분명한 것은 '나로부터의 변화'를 통해 스스로에게서 문제를 찾아 진정한 용기를 통해 자신이 인생의 주인공으로 달려 나가야 한다는 것이다. 축구에서는 손흥민, 이강인 선수가 주인공이지만 내 인생의 주인공은 바로 나 자신이기 때문이다!

먼저 화해의 악수를 내민다면,
언젠가 큰 힘을 주는 친구로 돌아온다!

리멤버 타이탄
Remember The Titans, 2000

<프롤로그>

오늘도 뉴스에서는 층간소음으로 서로를 상처 입히는 사건, 도로에서 양보하지 않는다고 카우보이 식으로 자동차를 들이받는 사건, 만나 주지 않는다고 데이트폭력을 행사하는 사건 사고들로 가득 차있다. 과연 화해하기 어려운 상황에 부딪혔을 때, 도저히 해결방법이 없는 것일까?

현대인들은 살아가면서 인간관계에서의 다양한 갈등과 이해관계 속에서의 여러 가지 문제에 부딪힌다. 그럴 때면 잠시 현실에서 벗어나 혼자만의 성찰을 위한 3B 방식(@ Bus: 버스나 지하철 같은 대중교통 속에서의 문제해결 방법 몰입, @ Bath: 샤워나 목욕을 하면서 고민거리에 대한 집중적 분석, @ Bed: 잠자리에 들기 전이나

기상 후 현안에 대한 계획정리)의 시간을 가지면서 문제의 본질적 분석과 그에 맞는 합리적 솔루션을 찬찬히 찾아내보자. 혼자서 영화를 보면서 생각을 정리하고 의외의 아이디어를 얻는 것도 좋은 방법이 될 수 있다.

<영화 줄거리 요약>

영화 <리멤버 타이탄/Remember The Titans, 2000>은 미국 버지니아주 알렉산드리아에서 일어났던 실화를 바탕으로 만든 영화이다. 버지니아에서는 고교 미식축구가 단연 최고의 인기 스포츠이다. 사람들에게 있어서 고교 미식축구란 삶의 한 방식 그 자체이자 경의와 숭배의 대상이다. 시즌의 플레이오프 게임이 있는 날은 크리스마스를 포함한 그 어느 공휴일보다도 더 흥분된 축제 분위기가 연출된다. 버지니아주 알렉산드리아 주민들에게도 마찬가지이다. 1971년까지는 알렉산드리아에서는 '흑백 통합학교'가 없었지만, 학교 위원회에서는 인종차별을 완화할 목적으로 백인학교와 흑인학교를 하나로 합쳤고, 그 대표적 학교는 이 지역의 자랑인 'T.C. 윌리암스 고등학교'였다. 이 학교의 미식축구팀 '타이탄스(그리스신화에 등장하는 거인의 신)'는 흑백선수가 뒤섞이며 치열한 갈등 상황이 전개된다.

이러한 잠재적 불안과 불만이 있는 가운데, 워싱턴 정부는 사우스캐롤라이나 출신 흑인 '허만 분(덴젤 워싱턴 분)'을 T.C. 윌리암스 고교 '타이탄스' 팀의 헤드코치로 임명하는데, 그가 전임 백인 헤드코치인 '빌 요스트(윌 패튼 분)'를 자기 밑의 코치로 두려고 하자, 윌리암스 고교의 학생, 교사, 학부모들은 크게 반발하면서 일촉즉발의 분위기에 놓이게 된다. 하지만 '허만 분' 감독의 강력하지만, 합리적인 리더십으로 피부색의 장벽을 뚫고 서서히 뭉치게 된다. 특히 허만 분과 조감독 요스트는 함께 일하는 과정에서, 그들 사이엔 풋볼에 대한 열정 이상의 공통점이 있다는 것을 발견하게 된다. 즉, 두 사람에게는 스포츠 리더로서의 성실함과 명예심은 물론 투철한 직업의식이 마음속 깊이 자리 잡고 있었다.

엄청나게 다른 여러 가지 배경에도 불구하고 이들 두 감독은 분노와 갈등으로 구성된 흑백선수들을 정신적 육체적으로 교화시켜나가면서 마침내 다이나믹한 승리 팀으로 완성해나간다.

두 감독이 맡은 타이탄스가 각종 시합에서 연전연승을 기록하자 흑백갈등으로 분열되어있던 알렉산드리아 주민들의 냉랭한 분위기도 눈녹듯 변하기 시작한다. 중요한 것은 피부색이 아니라 그 안에 숨겨져 있는 영혼이라는 것을 사람들이 깨닫기 시작한 것이다. 타이탄스의 무패행진으로 마을 전체가 축제 분위기에 취해있을 무렵, 팀의 주장인 '게리 버티어(라이언 허스트 분)'가 대형 트럭과의 교통사고로 하반신 불구가되는 큰 위기를 맞게 된다. 팀 전원이 충격에 빠진 가운데 주 챔피언 결정전이 열리게 되고, 상대는 전설적인 감독 '에드 헨리'가 지휘하는 '마샬 팀'으로, 맞붙은 타이탄스는 초반엔 고전을 면치 못하지만, 특유의 투혼과 팀워크를 발휘하여 후반전의 전세를 뒤집기 위한 혼신의 힘을 쏟아붓는다. 타이탄스의 이러한 협동 정신으로 주장선수가 없는 상황에서도 팀을 버지니아주 대회의 우승으로 이끌었을 뿐 아니라, 편견과 편협함으로 분리되었던 알렉산드리아를 하나로 뭉치게 했다. 비록 세월이 흘러 역사가 '분 감독과 요스트 조감독' 같은 영웅들을 기억하지 못할지 모르지만, 버지니아는 언제까지나 엄청난 갈등을 극복하고 최고의 승리를 쟁취한 '타이탄스를 기억할(Remember the Titans)' 것이다.

<관전 포인트>

A. 흑백갈등을 넘어 팀워크를 통해 한 방향으로 팀을 이끌기 위해 분 코치가 했던 특단의 노력은?

합숙 훈련 중 이른 새벽 폭풍 구보로 도착한 곳은, 과거 남북전쟁 시절 게티즈버그의 치열한 전쟁터이자 병사들이 묻혀있는 묘지였다. 분 코치는 "여기서 죽은 5만 명의 병사가 전하는 증언이 들리는가? 난

원한을 품고 내 형제를 죽였다. 내 증오가 가족을 망쳤다. 죽은 자의 충고를 받아들이지 못한다면 여기에서 비극은 다시 반복될 것이다. 이 숭고한 땅에 두 발을 딛고 있으면서도 마음을 합치지 못한다면 우리 역시 망가질 것이다. 이들과 똑같은 모습으로!" 진정한 적군은 미식축구 경기에서의 다른 팀들이며 추구하는 것은 영광된 우승 트로피인데, 같은 팀 선수들끼리 피부색이 다르다고 경원시하는 소모적인 갈등이 얼마나 어리석은 행동인지를 호소하자, 선수들은 상호 간의 어두웠던 마음의 벽을 허물고 마침내 화합이라는 단결된 모습으로 변화하기 시작하였고 결국 팀이 우승을 가져오는 결정적 계기가 된다.

B. 이 영화를 보면서 뜨거운 감동의 눈물을 흘리게 되는 장면은?

@ 과거 치열한 갈등으로 서로 죽일 것 같이 미워하던 팀의 백인 리더 '게리 버티어'가 큰 교통사고를 당해 하반신 마비로 선수 생활이 어려워진 가운데, 병원을 찾아온 흑인 리더 '줄리어스'에게 간호사가 가족 외에는 면회가 안된다고 막자, 중상을 입고 침상에 누워있던 게리는 "보고도 몰라요? 얼굴이 닮았잖아요. 우린 형제예요"라고 하면서 줄리어스를 뜨겁게 포옹한다. 줄리어스는 "우리 서로 늙어서도 나란히 붙은 집에 살자"고 하면서 뜨거운 우정의 눈물을 흘리며 진심으로 위로와 화해를 하는 장면에서 피부 색깔은 아무런 문제가 되지 않는다는 것을 실감하게 된다.

@ 지역 '명예의 전당' 선정을 관장하는 백인 이사들이 흑인인 허만 분 감독을 축출하기 위해 부감독인 요스트 코치를 '올해의 명예의 전당'에 올리려고 경기를 조작하는 음모를 꾸미자, 평소 비록 흑인이지만 탁월한 리더십을 통해 최고의 팀을 만들어가는 허만 분 감독을 존경하던 요스트 코치는 스스로 '명예의 전당'에 오르는 것을 포기하고 허만 분 감독을 끝까지 지키게 되는 장면. 한편, 타이탄스 팀이 승리를 쟁취하게 된 원동력 중의 하나는 자존심 강했던 허만 분 감독과는 달리 요스트 코치는 선수들 서로가 인정하고 합심하여 자율적으로 문

제를 해결하게 하는 부드러운 리더십을 발휘하여 허만 분의 부족한 부분을 보강해 팀워크를 최고로 만들어갔다.

C. 강팀을 만나자 팀 작전대로 안 되고 분열이 생겼을 때 만들어낸 타이탄스의 전략은?

선수들 스스로 생각해낸, 독특한 팀 노래와 춤을 추면서 몸과 마음의 긴장을 풀며 입장하는 것이었다. 그래서 마음에서 올라오는 두려움을 이기고 이미 챔피언이 된 듯 승전고를 울리는 입장 퍼포먼스는 관중들도 같이 즐기게 되면서 타이탄스 팀의 트레이드마크가 된다. 또한 선수들이 합숙캠프와 타이트한 경기 기간에 자신들이 좋아하는 음악을 즐기게 해줌으로써 운동 중 정신적으로 육체적으로 힘든 상황을 극복할 수 있는 묘약으로 제공하기도 한다. 이 영화의 주제곡 Marvin Gaye의 <Ain't No Mountain high enough>도 유명하다.

<에필로그>

영화에서 인종차별을 극복하고 팀의 존속을 유지해 결국에는 전국 고교 풋볼 리그에서 13전 무패의 경이적 기록까지 가게 되는 데 필요한 것은, 각자의 실력이 아니라 '서로를 이해하고 상대방의 차이점을 인정하고 받아들인 노력'이라는 것을 보여준다. 우리는 어려운 일에 부딪히면 그 해법을 스스로에게서 찾기보다는 다른 사람이나 다른 외부 요인에서 찾으려는 경우가 많다. 내 안의 문제를 가까운 사람이나 여건에 전가하는 것이 편하기 때문일지도 모른다. 하지만 결국 문제의 해결은 자신이 스스로 그 문제를 현실 그대로 직시하고, 받아들인 후 서로의 가슴을 활짝 오픈한 소통의 장을 통해 답을 찾아 나가야만 한다. 그러려면 가끔은 산책과 명상을 통해 혼자만의 비움과 치유의 시간이 절대적으로 필요하다. 그런 시간을 통해 절대 화해할 수 없었던 사람이, 힘들 때 가장 큰 힘이 되는 친구가 될 수 있다는 것을 깨닫게 될 것이다.

지금의 큰 역경도
먼 훗날 '옛 추억'이 된다!

유브 갓 메일
You've got mail, 1998

<프롤로그>

영화 <마션/The Martian, 2016>에서, 구조대로부터 무려 140만 마일(225,308,160km)의 행성에 고립된(Help is only 140 Million Miles away) 우주탐사대 대원 '마크'는 절체절명의 상황에서도 긍정적이고 낙천적인 마인드로 자신이 가진 모든 과학적 역량과 경험을 동원하여 지구로의 귀환을 모색한다. 인생의 긴 여정에서 누구나 절망하고 좌절하며 포기하고 싶을 때가 많다. 이때 작은 것에서 큰 희망을 발견하고 스스로 용기를 주면서 나아간다면 결국 시간이 지난 후 '하나의 옛 추억으로 웃으며 얘기할 수 있는 날'이 반드시 올 것이다.

<영화 줄거리 요약>

1990년 '미국항공우주국(NASA) 아레스 3 탐사대'는 화성을 탐사하던 중 모래폭풍을 만나게 되고 사고로 팀원인 '마크 와트니(맷 데이먼 분)'가 사망했다고 판단하여 그를 남기고 떠난다. 하지만 극적으로 생존한 그는 남은 식량과 과학적 지식을 총동원해 화성에서 살아남는 노력을 하게 되고, 지구에 자신이 살아있음을 알리게 된다. 구조대 우주선과의 거리는 225,308,160km로 가늠조차 되지 않는 망망대해 속 어딘가에 놓인 마크는 절체절명의 상태로 우주의 미아로 고립되었지만 "나는 절대 여기서 죽지 않을 거야"라는 긍정적이고 낙천적인 신념으로 문제를 해결해나가게 된다.

시작은 남은 식량의 개수를 세는 것으로 단계적 미션을 해결해나간다. 구조대가 오려면 최소 4년이 걸릴 텐데 가진 식량과 자원은 고작 31일 치뿐이다. 식물학자였던 마크는 자신의 모든 과학적 지식과 경험을 총동원하여, 부족한 식량문제를 해결하기 위해 인류 최초로 화성에 감자 재배를 시도하고, 지구와 통신할 수 있는 유일한 방법인 '패스파인더'를 찾아내어 지구와 교신에 성공한다. 시간이 흐를수록 여러 위기와 직면하게 되는 마크의 상황처럼 지구의 NASA 본부와 구조대 사이에도 "다섯 명의 목숨을 담보로 도박을 할 순 없다"는 중대한 이슈로 갈등이 깊어진다.

그러나 결국 모든 지구인의 간절한 염원대로, 지구로 귀환 중이던 5명의 우주인은 만장일치로 그들의 친구를 구하기 위해 중국이 비밀리에 개발에 성공한 우주선의 도움을 받아 지구에서 보급품을 받고 다시 화성으로 561일간의 여정을 떠나게 된다. 한편 마크도 구조선과 합류하기 위해 3,000km 떨어진 곳에 상승용 우주선이 있는 곳으로 가기 위해 이동용 로버를 개조 후 태양광 에너지를 13시간 충전한 후 4시간 이동하는 방식으로 도킹 장소로 이동하게 된다. 우주 공간인 스페이스에서 도킹하기 위해서는 한 치의 오차도 없어야 하며, 속도를 높이기 위해 상승 우주선을 최대한 가볍게 최소 필요한 것만 남겨두고 앞 캡슐과 창문 등 모든 것을 버리고 심지어 우주복을 찔러 공기를 빼내기까지 한다. 마침내 탐사 우주선 '헤르메스호'가 마크가 탄 상승선을 원격조정하여 극적으로 구조 우주선에 탑승하여 지구로 귀환하게 된다.

<관전 포인트>

A. 영화 <마션>의 실제 촬영지는?

영화를 보면 실제 화성으로 착각할 정도인데, 감독인 '리들리 스콧'은 실제 '무인 로봇 큐리오시티'가 전송한 화성의 사진들을 참고하여 화성과 가장 비슷한 환경을 가진 '요르단의 와디 럼' 사막을 배경으로 했고, 실제 휴스턴의 NASA 본부를 대여하여 영화의 50% 이상을 촬영하여 사실감을 높였다.

B. 마크가 구조대가 올 때까지 버티기 위해 식량을 조달한 방법은?

추수 감사절용으로 보관된 특식 감자를 발견하고, 안정적 식량을 재배하기 위해서 토양, 비료, 관리 시스템이 필요했는데, 토양은 화성의 것을 이용했고, 비료는 동료 대원들이 남긴 인분을 재활용(독한 냄새로 쓰리엠 제품의 귀마개를 코마개로 활용)하였고, 탐사 기지의 시스템을 이용해 대기 구성물질과 기온, 기압 등 지구와 유사한 환경을 조성했다. 문제는 물이었는데, 마크는 물을 확보하기 위해 '촉매반응'과 '연소반응'을 활용하였다. 물은 수소와 산소로 구성됨을 응용하여 탐사기지의 산소공급 장치를 통해 화성의 이산화탄소에서 산소를 얻고, 발사체 연료인 하이드라진을 이리듐과 반응시켜 수소와 질소로 불리하고 불을 피워 산소와 수소를 물로 만들어 이용하게 된다.

C. 마크는 어떻게 지구의 NASA에게 자신의 생존을 알렸나?

마크는 지구와 연락할 수 있는 수단으로 전력 문제로 작동이 멈춘 '패스 파인드'를 찾아서 배터리를 교체한 후, 360도 회전하는 두 개의 눈을 통해 아주 원시적인 16진법 코드로 지구로 스틸사진(Are you receiving me?)을 보내서 NASA 본부와의 교신(We're coming for you Watney)에 성공하게 된다.

D. 영화 <마션>의 OST는?

영화에서 주인공 마크의 심정 <난 살아남을 거야>를 노래한 Gloria Gaynor의 <I will survive>이다. 한국에서도 가수 '진주'가 <난 괜찮아>라는 노래로 번안하여 부르기도 하였다. 그 외에도 도나 썸머의 <Hot Stuff>, 아바의 <Waterloo>에서도 절실한 상황을 잘 묘사해준다.

E. 지구로 귀환한 '마크'가 NASA의 후배 우주인들에게 전하는 "우주에서 살아남는 방법"의 요지는?

"화성에 홀로 남겨졌을 때 죽게 될 거란 생각을 했느냐? 당연히 그런 생각을 했지, 우주에서는 자신의 마음대로 되는 것이 하나도 없어. 한 순간에 모든 것이 틀어지면서 '아! 이제 끝이구나' 하는 생각이 드는 순간이 있을 거야. 그 순간 모든 걸 포기하고 죽음을 받아들일 수도 있지만, 그게 아니라면 무슨 일이든 시작하면 돼. 그게 다야. 우선 일을 시작하고 문제를 하나씩 풀어나가면 되지. 그렇게 문제를 하나씩 풀어가다 보면 언젠가 반드시 살아 돌아갈 수 있을 거야!" 그의 마음속에는 항상 "난 집으로 돌아가기 위한 노력을 포기하지 않았다"라는 신념과 믿음을 잃지 않았기에 기적적으로 귀환하게 된 것임을 강조한다.

<에필로그>

영화 <마션>에서 주인공의 긍정적이고도 낙천적인 사고방식이 결국 작은 희망을 불씨를 살려 기적 같은 성공을 만들어낸 것을 보며, 우리가 큰 위기에 처했을 때, 어떤 방식으로 받아들이고 대처해나가느냐에 따라 결과가 크게 달라질 수 있음을 알게 된다.

마크는 홀로 남겨진 절망적 상황에서도 감자를 키우며 자신이 화성 최고의 식물학자라고 자부심을 주기도 하고, '패스 파인드'로 지구와의 교신에 성공하자 최초로 달 착륙에 성공한 아폴로 11호 선장 '닐 암스트롱'보다 자신이 더 낫다고도 시답잖은 농담도 하며, 기지가 폭발된 후에도 애써 지은 식량은 날아갔지만 탐사대장이 남긴 끔찍한 디스코 음악 목록은 여전히 살아남았다고 푸념하는 장면에서, 험난한 인생길에서 스스로 다시 시작할 수 있는 용기를 주는 여유롭고 풍부한 유머가 어떤 지식보다도 중요하다는 것을 깨우쳐준다.

영화 <바람과 함께 사라지다>에서 여주인공 '스칼렛 오하라'는 전쟁의 화마에서 사랑하는 남편도 떠나고 모두 타버린 농장을 보면서도, "내일은 내일의 태양이 뜰 거야(Tomorrow is another day)"라며 좌절하지 않고 다시 도전하는 강인한 의지를 보여주었듯이, 우리도 비록 포기하고 싶을 만큼 힘든 상황에서도 할 수 있는 것을 찾아 최선을 다하다 보면 분명 역전의 기회가 올 것을 믿으며 힘을 내서 살아가야 한다!

신념 있는 삶은 용감한
심장(Brave heart)에서 시작된다!
브레이브하트
Braveheart, 1995

<프롤로그>

영화 <브레이브하트/Braveheart, 1995>에서,
주인공 '윌리엄 월레스'는 오직 스코틀랜드의
자유를 위해 높은 이상과 정의로움이 가득한
용감한 심장이 이끄는 대로 살다 죽는다. 개인
의 행복과 안락함이 우선시되는 현실 사회에서
는 그런 용기의 발휘는 쉬운 것은 아니다. 하지
만 먼 훗날 역사에 남는 위인들은 당장의 안락
함에 타협하지 않고 뜨겁게 뛰는 심장의 소리
를 따라 사사로운 속셈 없이 달려가는 사람들
이었다. 현대를 살아가는 현대인들도 가끔은 심장에서 보내는 뜨거운 소
리(Brave heart)를 따라 자유롭게 생각하고 신념 있게 행동함으로써 자신
의 삶을 더 숭고하고 고결하게 만들어가야 한다.

<영화 줄거리 요약>

13세기 말엽(1280년) 스코틀랜드와 잉글랜드 왕가는 서로 대립하고 있었다. 스코틀랜드의 왕이 후계자 없이 죽자, 포악한 이교도로 악명 높던 잉글랜드 왕 '롱생크'가 스코틀랜드를 차지하게 된다. 스코틀랜드의 귀족들은 왕위를 차지하기 위해 서로 싸웠고, 롱생크는 작위와 영토라는 욕망의 미끼로 그들을 조정하는 데 성공했다. 그러나 잉글랜드의 전제 군주 '롱생크'는 서서히 스코틀랜드 백성을 무참히 살해하는 등 폭정을 시작하게 되고, 인종청소의 일환으로 반항심 강한 스코틀랜드인의 종자를 몰살시키기 위해, 결혼 첫날밤 신부를 잉글랜드 지주가 차지할 권리를 주는 '프리마 녹테(초야권)'라는 제도를 부활하여 스코틀랜드 백성에게 큰 치욕과 좌절감을 주게 된다. 이러한 금수만도 못한 제도를 피해 마을 청년 '월레스(멜 깁슨 분)'는 사랑하는 처녀 '머론(캐서린 맥콤맥 분)'과 비밀 결혼을 올리고 사랑을 키워간다.

그러던 어느 날 월레스는 자신의 신부를 욕보이려는 군인을 죽이고 달아나게 되고, 급기야 신부는 잉글랜드 군인에게 죽임을 당하게 된다. 이 사건을 계기로 어릴 적 아버지와 형을 잉글랜드 군인에게 잃은 월레스는 저항군의 지도자가 되어 잉글랜드와 전쟁을 시작하게 된다. 월레스는 '타탄 격자무늬 킬트(Kilt: 스코틀랜드의 남자가 전통적으로 착용한 치마형 하의) 복장'과 얼굴에는 파란색의 물감으로 강인한 전사의 의지를 채색하고 용감하게 돌격하여 수적으로 절대 우세한 잉글랜드군을 파죽지세로 누르며 점점 '롱생크' 왕을 압박해나간다. 롱생크 왕은 무능한 자기 아들 대신 뛰어난 프랑스 출신 세자빈 '이사벨 공주(소피 마르소 분)'를 파견하여 월레스와의 협상을 시도하라 명한다.

이때 영특한 이사벨 공주는 순수하고 열정적인 반군 지도자 월레스의 애국심과 뜨거운 열정에 사랑을 느끼게 되고, 잉글랜드의 간교한 계략(앞으로는 협상을 뒤로는 야습)을 알려준다. 잉글랜드의 계략을 알게 된 월리스는 협상 대신 전쟁에서 연승을 거두게 된다. 하지만 스코틀랜드 최고의 귀족인 '부르스 백작'은 나환자인 자신의 교활한 정치인 아버지의 사주를 받아 백작들을 회유하여, 월레스를 잉글랜드에 바치는 대가로 자신들은 권력과 영토를 나눠 가지게 된다. 이런 계략에 속아 평화적 협상을 위해, 귀족 회의에 단신으로 참석한 월리스는 잉글랜드 군인에게 체포되어 런던의 롱생크 왕에게 압송된다. 충성서약을 하면 살려준다는 회유에도 굴복하지 않고 갖은 고문 속에서도 "Freedom(자유)"을 외치며 장렬한 죽음을 맞이하게 된다. 월레스의 죽음에 정신을 차린 '브루스 백작'과 백성들은 그의 정신을 이어받아 잉글랜드와 '베노번 전투'에서 대승리를 하며 스코틀랜드의 독립을 쟁취하게 된다.

<관전 포인트>

A. 스코틀랜드 저항군 지도자 월레스가 '스털링' 전투에서 백성들을 이끈 연설은?

'스털링' 전투에 앞서 수적으로 열세인 상태에 기가 죽고 겁이 난 스코틀랜드 반란군들의 마음이 흔들리기 시작한다. 귀족들의 싸움에 죽을 수 없다고 뒤돌아서서 집으로 가려고 하는 상황에 월레스는 "스코틀랜드의 자손이여! 난 윌리엄 월레스요. 여러분은 폭정에 도전하고자 정의의 칼을 뽑았소. 여러분은 자유인이요! 자유인으로서 싸우러 온 거요. 저 훈련된 잉글랜드 병사들을 상대로 싸우다 죽을 수도 있소. 하지만 도망치면 당분간은 살 수 있겠지만 세월이 흘러 죽게 되었을 때, 오늘부터 그때까지의 시간을 맞바꾸고 싶을 거요. 이 단 한 번의 기회를 얻어 다시 적에게 외치고 싶을 거요. 목숨을 빼앗을 수 있지만, 자유를 빼앗진 못할 거라고!"라고 외친다. 이 연설에 감동한 백성들은 칼과 창을 높이 들고 환호하면서 죽을힘을 다해 전투에 임하여 대승을 거두게 된다.

B. 월레스가 부패한 귀족들에게 한 얘기는?

욕망의 부패에 빠진 스코틀랜드의 귀족들은 윌리엄 월레스에게 작위를 주고 잉글랜드와 타협하자고 하자, 월레스는 "우리가 비록 이번 전쟁에서 이겼지만, 여러분들이 뭉치지 않는 한 그들은 다시 올 거요. 나는 잉글랜드를 공격해서 그들을 무릎 꿇게 할 거요. 롱생크 왕이 주는 작은 은혜에 눈이 멀어 하나님이 주신 더 좋은 것을 못 보고 있는 거요. 그게 우리의 차이점이요. 당신들은 우리가 뭔가 해주길 기대하고 있지만, 오히려 당신들이 우리의 자유를 위해 뭔가 해야 하오. 난 그 자유를 위해 싸울 거요!"라며 단호히 귀족들의 회유를 거절하고 전장 속으로 달려간다. 가증스럽게도 스코틀랜드의 귀족 '모네에', '로클란', '브루스'는 윌리스를 돕는 척하다가 함정에 빠뜨려 잉글랜드 왕에게 바치게 된다.

C. 월레스가 사형 직전 이사벨 공주에게 한 말은?

월레스의 애국심과 용맹함을 존경하던 이사벨 공주는 사형 집행 전 찾아와 롱생크 왕에게 충성을 맹세하고 자비를 얻어 목숨을 구하라고 애원하자, 월레스는 "롱생크에게 맹세하면 난 죽은 거나 마찬가지요. 사람은 언젠가는 죽소. 목숨이 붙어있다고 살아있는 것은 아니요"라며 스코틀랜드의 자유를 위해 신념을 꺾지 않고 죽어간다. 공개처형 후 그의 사지는 갈기갈기 찢겨서 머리는 런던 다리에 걸렸고, 팔과 다리는 영국의 네 군데 변방에 경고용으로 걸리게 되나, 이를 계기로 분노한 스코틀랜드의 백성들은 더욱 뭉쳐 독립운동에 나서게 된다.

D. 월레스를 사랑했던 잉글랜드의 세자빈이 롱생크 왕에게 전한 얘기는?

병상에 누워있던 롱생크 왕에게 세자빈 이사벨은 "지금 내 배 속에 자라고 있는 건 월레스의 아이이며, 당신의 핏줄은 당신 아들과 함께 끊긴다. 당신 아들도 왕좌에 오래 있진 못할 거다"라며 잔혹한 고백을 하게 된다. 결국, 포악했던 롱생크 왕은 충격으로 사망하게 된다.

E. 윌리엄 월레스는 스코틀랜드 민족에게 어떻게 각인되고 있나?

윌리엄 월레스는 스코틀랜드의 영웅으로 추앙받는 실존 인물로, 그의 사후 556년이 된 1861년 6월 24일 스코틀랜드의 스털링에서는 그를 기리는 90m 높이의 기념비가 만들어졌다. 윌리엄 월레스에 대한 기록과 일기 등은 스코틀랜드의 '그래스고'에 사는 윌리엄 기사의 후손들에 의해 지금도 지켜지고 있다. 이 후손들은 영화 촬영 기간에도 제작진과 동고동락하며 영화의 역사적인 배경에 대해 조언했으며, 전투 장면에서는 직접 엑스트라로 출현하기도 했다.

F. 영화의 촬영은 어떻게 진행되었나?

1994년 6월 6일 시작한 영화의 촬영은 스코틀랜드의 가장 높은 벤네비스산, 유럽에서 최고의 강우량을 기록하는 글렌네비스계곡, 아일랜드의 중세 유적지인 트림성 등에서 이루어졌다. 트림성은 목조 건축물로 훼손되었는데 제작진이 약 12주에 걸쳐 공사하여 웅장한 성으로 변신시켰다. 멜 깁슨이 감독, 주연을 동시에 맡아 화제가 되었다. 1996년 제68회 아카데미 시상식에서 베스트 픽처, 감독, 촬영, 분장, 특수효과 등 5개 부문에서 수상했다.

<에필로그>

잉글랜드 왕의 모진 고문 속에서도 '자비(mercy)'라는 말로 구차하게 생명을 구하지 않고, 자신의 용감한 심장(Brave heart)이 이끄는 대로 스코틀랜드의 '자유(freedom)'를 갈구한 '윌리엄 월레스'는 죽어서도 많은 사람에게 용기와 신념을 주어 결국 잉글랜드로부터 스코틀랜드의 자유를 쟁취하게 했다. 우리도 살아가면서 개인의 속셈보다는 심장이 전하는 정의와 양심의 소리에 귀를 기울이고 용기 있게 행동하는 신념이 필요한 순간이 온다.

당신의 특별함은(A Few Good Men)
다른 사람의 존중에서 시작된다!

어 퓨 굿 맨
A Few Good Men, 1992

<프롤로그>

미국의 모든 해병대원은 일반 군인 이상으로
특별하다는 신념 때문에 해병대 내에서는 별
도의 특수부대를 조직하지 않을 정도이며, 소
수정예를 의미하는 "We're looking for A Few
Good Men"을 모병 시 구호로 사용할 정도로
자존심이 강한 집단이다. 이들에게 있어서 명
예는 목숨보다 소중한 덕목이기에 이런 자존
심은 손쉽게 오만으로 왜곡되곤 한다. 영화
<어 퓨 굿 맨/A Few Good Men, 1992>에
서는 왜곡된 조직 논리는 이를 무의식적으로 추종하는 병사들에게 얼마
나 위험한 영향을 끼치는지 사실적으로 보여준다. 결국, 수단과 방법을
가리지 않고 얻는 명예보다는 행동하는 양심이 이기는 결론에 도달하게

된다. 자신이 특별한 존재가 될 수 있는 것은 다른 사람의 진정한 인정과 존중에서 비롯된다는 것을 결코 잊어서는 안 될 것이다.

<영화 줄거리 요약>

군기가 엄정한 쿠바의 관타나모 미군 해병대 기지에서 관심 사병이던 '산티아고 일병'이 '도슨 상병'과 '다우니 일병'에게 폭행을 당해 사망하는 사건이 발생한다. 이 사건은 즉각 워싱턴에 보고되고 가해자 측 변호사로 신참 군법무관인 '대니얼 캐피 중위(톰 크루즈 분)'가 선임된다. 캐피는 열정은 없고 야구에만 빠져 지내는 인물로 캐피와 함께 변호를 맡은 '갤로웨이 소령(데미 무어 분)'은 매번 캐피와 충돌하며 엄정한 변호를 촉구한다. 사건 수사 과정에서 캐피 중위도 배후에 뭔가 있음을 직감하고 검사 측의 협상안(우발적 살인으로 2년 형으로 합의)을 거절하고 본격적인 변호에 나선다.

도슨 상병과 다우니 일병은 자신들의 직속 상관인 '켄드릭 중위(키퍼 서덜랜드 분)'의 명령을 받고 산티아고 일병에게 '코드 레드(기합)'를 주다가 사건이 발생했다고 주장하지만, 켄드릭 중위나 관타나모 기지의 전설적 사령관이며 오만한 전쟁영웅 '제셉 대령(잭 니콜슨 분)'은 자신들이 코드 레드 명령을 내렸다는 사실을 부인하고 두 병사에게 모든 책임을 전가한다. 캐피 중위와 갤로웨이 소령은 사건의 배후를 집요하게 추적하지만 군에서 막강한 힘을 가진 제셉 대령은 관련된 공문서(전출명령서, 관제탑 근무일지)를 모두 조작하고 증거를 치밀하게 인멸하여 변호인들을 궁지로 몰아넣는다.

하지만 캐피 중위는, 오만한 성격을 가진 제셉 대령을 재판장에 불러내어, 그의 특유한 자존심을 건드는 전략으로 약을 올리며 냉정하게 역공하여 결국 그가 스스로 '코드 레드(가혹행위)'를 통해 병사를 죽음에까지 내몰았다는 '자백'을 받아내게 되고, 끝까지 발악하던 제셉대령을 법정 구속시킨다. 이 재판에서 캐피 중위는, 도슨 상병과 다우니 일병의 면죄부는 받아내지만, 상사의 명백한 불법 명령에 대해 거부하지 않은 행위와 위기에 처한 동료 병사를 지켜주지 못하고 죽음으로 내몬 그들의 양심 불량에 대해서는 불명예제대 명령으로 군에서 퇴출하게 된다. 이 사건 이후 군대 내에서 암암리에 저질러지던 가혹행위는 큰 개선을 가져오게 된다.

<관전 포인트>

A. '코드 레드(Code Red)'란?

자신들을 특별한 소수정예 부대라고 생각하던 미국 해병대에서는 역량이 떨어지는 사병을 강인한 병사로 키우기 위해 '코드 레드'라는 얼차려(가혹행위)를 주게 된다. 하지만 사람의 체력과 정신력에는 각자 차이가 있다는 것을 인정하지 않고 심한 얼차려를 주다가 결국 산티아고 일병이 사망에 이르게 된다. 하지만 관타나모 기지의 사령관인 제셉 대령은 이러한 병사의 사망은 훈련과정에서 생기는 당연한 일로 여기며 일말의 죄책감도 느끼지 않는다.

B. 관타나모 기지의 부사령관인 마킨슨 중령이 재판에서 증언하기 전 자살한 이유는?

관타나모 기지의 사령관인 제셉 대령과는 달리 양심이 강했던 마킨슨 중령은 비록 상사의 명령으로 병사의 죽음에 대한 진실은 숨기고 있었지만, 군사재판에서 해병대의 비리를 증언해야 하는 상황에서, 갈등을 느끼고 스스로 목숨을 끊음으로써 병사들에 대한 사죄와 상사에 대한 보호를 동시에 지키려 한 것이다.

C. 가해자의 변호인으로 나선 주인공 캐피 중위는 어떤 사람인가?

신참 해군 군법무관인 다니엘 캐피 중위는 하버드 법대를 졸업하고 법무부 장관을 지낸 아버지를 둔 스펙이 좋은 인물이었지만, 임관된 뒤 9개월 동안 44건의 사건을 검사 측과 협상만을 통해 마무리할 정도로 변호에 대한 열정은 없고 야구에만 빠져 지내는 인물이었으나, '코드 제로' 사건을 맡으면서 해병대 내의 근본적인 인간 경시 시스템에 분노하여 결국 자신과는 상대도 되지 않는 골리앗 전쟁영웅 '제셉 대령'을 상대로 전쟁을 벌이게 된다.

D. 재판에서 극적으로 면죄부를 받은 도슨 상병과 다우니 일병이 법정을 퇴장하면서 한 행동은?

재판과정에서 평소 자신들의 신조인 '부대, 해병, 하나님, 조국'을 위해 상관의 명령을 이행하다가 동료의 목숨을 앗아가는 사고에 휘말렸지만, 막상 위기에 처하자 아무도 자신들을 보호해주지는 않고, 기대치 않게 자신들이 경멸했던 신참내기 군법무관 캐피 중위가 자신들을 위해 도저히 넘을 수 없었던 전쟁영웅 제셉 대령을 논리적으로 제압하고 자신들을 보호해주자, 재판장을 나가면서 장교에게 하는 거수경례(Officer's Salute)를 하면서 최고의 존경심을 표시한다.

E. 제셉 대령의 오만함이 묻어나던 그의 증언 내용은?

곧 막강한 '국가안보 회의' 위원이 될 제셉 대령은 자신을 구국의 영웅으로 착각하고 있었다. 계속되는 캐피 중위의 심문에 화가 머리끝까지 난 제셉대령은 "넌 진실을 감당 못 해. 우리는 무장 경비와 벽으로 둘러싸인 곳에서 살고 있다. 누가 그곳을 지키겠나? 내 책임이 얼마나 막중한지 너희들은 몰라. 산티아고를 동정하며 해병을 욕하지만, 그의 죽음은 안 된 일이지만 다른 목숨을 살렸어. 나는 괴상하고 괴팍하지만 내가 있기에 당신들이 사는 거야. 당신들은 명예, 신조, 충성 같은 말들을 장난할 때나 쓰지만, 우린 그게 생명이야. 내가 지켜준 자유의 이불을 덮고 자는 사람에게 내 임무 수행에 대해 길게 얘기할 필요를 못 느끼네. 감사나 표하고 돌아가게. 아니면 총을 들고 보초를 서든지!"라고 독설을 퍼붓는 제셉 대령에게 캐피 중위가 다시 코드 레드 명령을 추궁하자, 마침내 오만의 극치였던 그는 "그래 제대로 맞혔군. 내가 명령했다!"라고 하면서 무의식중에 범죄를 인정하게 된다.

<에필로그>

영화 속 두 병사는 자신들의 신조인 '부대, 해병, 하나님, 조국'을 위해 상관의 명령을 이행하다가 동료의 목숨을 앗아가는 사고에 휘말리지만, 정작 오만한 상관은 이들의 행위를 감싸주지 않는다. 재판과정에서 결국 이들은 명예보다는 인간의 양심이 더욱 소중하다는 것을 깨닫게 된다. 자신이 특별하고 소중한 존재(A Few Good Men)라고 생각한다면, 자신을 도와주고 지켜준 다른 사람들의 희생과 사랑이 있었음을 쉽게 잊어서는 안 되며, 자신도 다른 사람들의 행복을 위해 진심으로 최선을 다해 돕는 마음과 적극적 실천이 결국 자신을 더욱 특별하고 소중한 사람으로 만들어준다는 것을 깊이 인식해야 한다.

큰 고통의 운명(Ben-hur)
속에 위대한 삶의 경주가 있다

벤허
Ben-hur, 1959

<프롤로그>

지구 곳곳에서 인간적인 따뜻한 배려와 성숙한 품격이 사라지고 서로 지켜야 할 마지막 선까지 넘나드는 위기의 시대, 공감의 리더십까지 실종된 혼돈(chaos)의 상황이 계속되고 있다. 고전 영화 <벤허/Ben-hur, 1959>에서 유대 청년 벤허가 삶의 엄청난 시련을 통해 얻은 영감과 리더십으로 신의 섭리를 깨닫고 그것을 실천했듯이, 이 혼돈의 시대에서 우리는 어떻게 올바른 삶을 깨닫고 어떻게 행동하여 삶의 치열한 경주에서 위대한 승리를 할 수 있을 것인가?

<영화 줄거리 요약>

서기 26년 로마 제국 시대, '유다 벤허(찰턴 헤스턴 분)'는 예루살렘의 제일가는 부호이자 귀족이다. 어느 날 로마에서 신임 총독이 부임하고 벤허의 옛 친구인 '멧살라(스티브 보이드 분)'가 주둔 사령관(호민관)으로 온다. 멧살라는 벤허에게 로마에 반역하는 유대인의 검거에 협조해달라고 요구하며 함께 일할 것을 권유하지만, 유대민족의 자부심을 가진 벤허는 이를 거부하게 되면서 멧살라와 적이 된다. 다음 날 벤허는 여동생 '티자'와 집 옥상에서 신임 총독의 부임 행렬을 지켜보다가, '티자'의 실수로 오래된 기왓장이 무너져 총독이 탄 말을 놀라게 하여 총독이 말에서 떨어지면서 다치게 된다. 멧살라는 벤허 가족이 무고한 줄 알면서도 유대인들에게 본보기를 보이기 위해, 그에게 총독 암살 음모를 꾸민 반역죄를 적용하여, 벤허는 노예로 팔려가고 어머니 '미리암'과 동생 '티자'는 잔혹한 지하 감옥에 갇히게 된다. 가족의 생사도 모른 채 4년간이나 로마의 전함(갤리선)에서 노를 젓는 노예로 고된 삶을 이어가던 중 벤허가 타고 있던 선단이 마케도니아 해적선의 습격을 받게 되고, 로마의 집정관인 '퀸투스 아리우스(잭 호킨스 분)'가 물에 빠진 것을 벤허가 구해준 공로로 그는 노예의 신분에서 해방되고 아리우스의 양자가 되면서 부와 명예를 얻는 수직상승을 하게 된다. 하지만 자유인이 된 벤허는 귀족의 상징인 반지를 돌려주고 멧살라에 대한 복수와 가족들의 행방을 찾기 위해 고향인 예루살렘으로 돌아가고 집안의 집사 딸인 '에스더(하야 하라릿 분)'와 사랑의 재회를 하게 된다. 아랍 족장이며 부호 '일데림'의 도움으로 예루살렘에서 열리는 전차 경주에 참여한 벤허는, 여러 가지 야비한 방법으로 자신과 다른 경쟁자들을 해코지하고 우승을 차지하려던 멧살라를 누르고 우승을 차지하게 된다. 멧살라는 자신의 꾀에 빠져 마차에 깔려 중상을 입게 되고, 화해하려고 찾아간 벤허에게 "인생의 경주는 계속된다고 비웃으면서, 벤허의 어머니와 여동생이 죽지 않았고 장기간의 지하감방 생활로 나병에 걸려 동굴 속에 살아있다"

고 또다시 벤허에게 마지막까지도 고통을 주며 죽는다. 이런 사실을 알고 있던 '에스더'의 간곡한 권유로 벤허는 나사렛에서 설교하던 예수를 만나게 되고, 로마군에 의해 십자가를 매고 골고다 언덕으로 힘겹게 걸어갈 때, 벤허는 로마군의 채찍을 맞으면서도 물을 건네게 되는데 놀랍게도, 자신이 나사렛에서 노예로 끌려갈 때 자신에게 물을 주던 은인이 예수라는 것을 알게 된다. 예수가 숨을 거두고, 벤허의 어머니와 누이의 나병이 낫게 되는 기적을 목격한 벤허는 예수에 대한 믿음을 통해 마음속의 깊은 복수심을 치유하게 되면서, 그의 친구 멧살라도 결국은 로마제국의 잔인한 통치에 물든 희생자로, 모든 문제의 근원은 인간을 타락시킨 로마에 있음을 깨닫게 되고 로마의 실정에 대항해나가게 된다.

<관전 포인트>

A. 오늘날 다시 조명되는 벤허의 리더십 특징은?

(1) 따뜻한 인간미: 벤허는 자신의 거느리는 노예들을 가족들처럼 따뜻하게 대했고, 긴 시련의 여정에서 돌아와서 집사(노예)의 딸 '에스더'와 결혼하게 된다.

(2) 깊은 공감 능력: 전차경주대회에 나가기 전, 아랍인 부족장 '일데림'의 가장 뛰어난 4마리의 백마를 자신의 자식처럼 대화하며 "너흰 좋은 친구들이야! 사람도 너희만 같았으면…. 잘 기억해둬, '알타이르' 9바퀴를 도는 거야 알겠지? '알데브란', '리겔' 너도 들었지? 9바퀴야 알겠지? 나의 빠른 친구! 첫 바퀴에서 이기면 안 돼, 마지막 바퀴에서 이겨야 해. 혼자 이길 순 없어. 친구들과 협력해. 안정적인 '안타레스' 넌 바위처럼 견고하지. 넌 우리의 닻이야"라며 가족으로 받아들여준 말들에게 감사하며 사랑으로 최강의 팀으로 만들어 대회에서 우승하여 아랍인과 유대인의 영웅이 된다.

(3) 포기하지 않는 신념: 자신이 전함의 노예로 있으면서 로마의 장

군을 구해 그의 양자가 되어 부와 명예를 가지게 되었지만, 귀족의 상징인 반지(인장)를 돌려주고 상속자의 지위를 포기한 후 자신의 동족인 유대로 돌아와서 자신의 신념을 지키며 묵묵히 정의를 실천한다.

(4) 목표를 향한 집념: 친구의 모함으로 자신과 가족이 비참한 신세로 몰락하였지만, 벤허는 4년간의 긴 세월 동안 전함의 노예로 배를 저으며, 사실을 바로잡기 위해 고통을 견디어냈고 마침내 모든 것을 바로잡게 된다.

(5) 어려운 자를 구하는 베풂: 골고다 언덕으로 무거운 십자가를 지고 걸어가는 예수에게 로마군의 채찍을 맞아가면서도 물을 건네는 베풂을 통해 결국 예수의 기적으로 가족들의 나병이 낫게 되고, 자신도 모든 원수를 용서하고 새로운 사람으로 태어난다.

B. 천문학적 제작비를 투자하여 제작할 수 있었던 원동력은?

MGM사는 1951년 제작된 <쿼바디스>가 제작비 850만 달러에 1,250만 달러의 이익을 거두었고, 1956년에 제작된 <십계>가 흥행에 성공하자 용기를 내어 1,500만 달러 투입, 10년의 제작 기간과 10만 명의 출연 인원 등의 방대한 제작에 착수하였다. 이 영화의 하이라이트는 전차 경주대회인데 15분간의 전차 경주 장면을 위해 1만 5천 명이 4개월간 연습했다는 기록을 남겼다. 전차경주의 내용은, 아테네, 시리아 등을 대표하는 각 지방의 출전자들 9명의 경주가 시작되고, 우승 후보로는 화려한 경력의 로마를 대표하는 '멧살라'로 사납게 생긴 흑마가 이끄는 전차 바퀴 옆에 드릴의 날 같은 날카로운 쇳조각을 붙여 경쟁자들의 전차를 망가트리고 비겁하게 채찍으로 상대를 제압하던 멧살라는 결국 전차에서 떨어져 온몸이 말발굽에 짓이겨져 중상을 입게 되고, 벤허는 이 경주의 우승으로 로마인들의 교만한 코를 납작하게 하였고, 한순간에 유대인들의 영웅이 된다.

C. 벤허는 어떻게 노예 생활에서 탈출하게 되나?

41번의 죄수 번호로 4년간이나 로마의 전함에서 노 젓는 노예로 생활하던 벤허는 평소 함대사령관(집정관) '아리우스'가 하는 전투 훈련에서 최고속도로 항진할 때도 유독 벤허는 이글거리는 눈빛으로 끝까지 노를 젓는 것을 보고 뭔가 비범한 인물이라고 생각하여, 마케도니아 해적 전함과의 전투가 시작되기 직전에 벤허의 다리에 묶인 쇠사슬을 풀어준다. 전투가 시작되면서 사령관의 배가 불타 아리우스가 바다에 빠진 것을 벤허가 구해주게 되고, 해전에서 로마가 승리하면서 아리우스는 벤허를 죽은 자기 아들 대신 양아들로 삼고 모든 부와 명예를 주게 된다. 그러나 벤허는 멧살라에 대한 복수와 가족을 찾기 위해, 모든 것을 반환하고 그의 고향 예루살렘으로 돌아가게 된다.

D. 영화 <벤허>의 수상 기록은?

1959년 아카데미 11개 부문(작품상, 감독상, 남우주연상, 남우조연상, 촬영상, 미술상, 녹음상, 음악상, 특수효과상, 의상 디자인상, 편집상)에서 수상하였다. 이 기록은 영화 <타이타닉, 1997> 및 <반지의 제왕: 왕의 귀환, 2003>의 11개 부문 수상 타이기록을 가지고 있다.

E. 아카데미상 남우주연상을 받은 '찰턴 헤스턴'은 어떤 배우인가?

'찰턴 헤스턴(Charlton Heston: 1923~2008)'은 스스로 "다른 세기에 속한 얼굴을 가졌다"라고 말할 만큼 191cm의 건장한 체격에 조각 같은 턱과 숱 많은 갈색 머리카락으로 이어지는 긴 이마, 짙은 눈썹과 가느다란 입술 선, 밝은 햇살 아래 뜻을 헤아릴 수 없는 찡그린 표정을 짓는 미남 배우이다. 영화 <십계/The Ten Commandants, 1956>에서 그를 '모세' 역으로 발탁한 드림 감독은 "그가 미켈란젤로의 모세 조각상과 기이할 정도로 닮았기 때문이다"라고 했으며, 또한 서사극의 영웅이 견지해야 할 강인한 육체, 불굴의 의지, 근엄한 아버지의 모습을 고루 갖춘 적임자로 칭송받았다. 대형시대극인 <엘시드/El Cid, 1961>, <고통과 환희/The Agony and the Ecstasy, 1965>, <혹성탈출/Planet Of The Apes, 1968> 등에도 출연하였고, 민권운동 등 사회생활에서도 큰 존경을 받아 2003년에는 미국 시민에게 수여하는 최고 훈장인 '대통령 자유 메달'을 받기도 하였다.

<에필로그>

영화 <벤허>에서 유대 지방의 명문 귀족 가문의 외아들 벤허가 한순간 친구의 모함으로, 4년간이나 로마 해군 전함의 노를 젓는 노예 신세로 전락하지만, 이런 뜻밖의 시련은 벤허에게 훗날 더 큰 사람이 되어 세상을 바꾸는 운명의 초석이 됐듯이, 현대를 살아가는 우리도 인간의 순수함과 묵묵히 고통을 견디는 일 그리고 높은 이상을 향한 로열티로 비록 혼돈의 시대지만, 쉽게 분노하고 남을 말을 함부로 하고, 이기적이고 탐욕스러운 성품 대신 용서, 화해, 사랑의 메시지를 담은 영광의 빛으로 세상을 밝게 비추는 사람으로 나아가야 한다.

위기를 극복할 당신만의 최종병기는?

최종병기 활
War of the Arrows, 2011

<프롤로그>

[병자호란: 인조반정으로 왕위에 오른 인조와 척화파 신하들은 국제정세의 변화에 따른 외교 실패로, 결국 1636년 청나라의 태종이 12만 대군을 이끌고 쳐들어와 치욕적인 항복을 맞이하게 된 사건. 인조는 강화도로 피신 후 45일간 맞서다가 결국 청 태종에게 삼전도에서 이마에 피를 흘리는 3배 9고두(항복의 표시로 상복을 입고 3번 큰절을 하고 9번 땅바닥에 머리를 꽝꽝 박아 절하는 소리가 단위에 앉아있는 청 태종의 귀에 들리도록 하는 굴욕적인 청의 인사방식)로 항복하고 엄청난 배상금과 함께 소현세자와 봉림대군, 척화파 신하들과 20만 명의 백성을 청에 인질로 보냄]

영화 <최종병기 활/War of the Arrows, 2011>에서 예나 지금이나 나라의 지도자가 권력과 명분만을 중요시하며 오락가락할 때, 백성들의 안위는 바람 앞의 등불이었고 무고한 시민들은 엄청난 고통을 당하게 되는 것을 보여준다. 하지만 울분에 찬 목소리만으로는 공격하는 바람을 이겨낼 수 없기에, 영화의 주인공처럼 꾸준히 자신만의 최종병기를 연마하여 위기를 돌파해야 한다.

<영화 줄거리 요약>

부모님이 역적으로 몰려 살해당한 후, 남매인 '남이(박해일 분)'와 '자인(문채원 분)'은 개성에 있는 아버지의 친구 김무선의 집에 피신해 성장하게 된다. 그로부터 13년 후인 1637년, 여동생 자인은 김무선의 아들 '서군(김무열 분)'과 혼례를 치르게 되는데, 혼례 당일 남이는 누이의 행복을 기원하며 마을을 떠나게 된다. 이때, 삼전도에서 조선의 왕을 굴복시키고 개선하던 청나라 군사들이 이 마을을 무자비하게 덮쳐 마을 사람들은 물론, 자인과 남편마저 끌고 가고 만다. 이를 뒤늦게 알게 된 남이는 여동생을 구하기 위해 청군을 추격한다. 남이는 아버지가 남겨준 활에 의지하여 청군의 심장부로 거침없이 전진한다. 한편 포로가 된 여동생 자인은 청나라 왕자가 수청을 강요하는 절체절명의 상황에서 오빠인 남이가 야습하여 왕자를 인질로 동생 부부를 먼저 도피시킨 후, 자신은 시간을 번 후 청나라 왕자 도르곤을 제거한 후 가까스로 탈출하여 동생과의 접선 장소로 향한다. 하지만 청나라 왕자의 삼촌이자 청군의 정예부대 대장 '쥬신타(류승룡 분)'는 이를 갈며 정예부대인 니루와 함께 남이를 추적해온다. 남이는 귀신과도 같은 신묘한 활 솜씨로 청군 정예병을 하나하나씩 저격하기 시작하여 마지막에는 쥬신타까지 쓰러뜨리게 된다. 그러나 도착한 접선 장소에는 동생이 없었고 죽은 줄 알았던 쥬신타가 여동생의 목에 칼을 겨누고 있었다. 쥬신타는 의기양양하게 남이에게 "바람마저 널 도와주지 않는구나"라고 굴복을 요구하자, 남이는 찰나적으로 적을 간파하고 화살을 겨누고는 망설임 없이 쥬신타의 목을 향해 활을 쏘게 된다. 목에 '애기살'이 명중한 쥬신타에게 남이는 "두려움은 직시하면 그뿐, 바람은 계산하는 것이 아니라 극복하는 것"이라는 말을 남기고 자신도 숨을 거두게 된다. 누이 자인과 남편은 배에 남이의 시신을 태우고 자신들을 지켜주지 못했던 조선으로 떠나게 된다.

<관전 포인트>

A. 남이가 신궁의 실력을 갖추게 된 배경은?

인조반정 등 급변하던 조선 사회에서, 자신의 부모님이 졸지에 역적으로 몰려 살해당하고 자신과 여동생이 개성의 아버지 친구 집에서 피신해 살면서, 남이는 자신과 가족을 지켜줄 것은 최종병기뿐임을 깨닫고 아버지가 남겨주신 활로 "태산처럼 받들고 호랑이의 꼬리처럼 말아 쏴라" 방식으로 기량을 지속해서 연마하여 신궁이 되었다.

B. 누이동생의 혼례식 후 그 동네를 떠나던 남이가 다시 돌아오게 된 이유는?

누이의 행복을 기원하며 역적의 가족이라는 것을 숨기려고 떠나던 길에서 청군의 왕자 도르곤을 호위하던 쥬신타의 본부대와 마주치게 되었고, 남이를 만만히 알고 추격하던 청군 병사가 남이의 활에 즉사하자, 대장 쥬신타는 보통 인물이 아님을 눈치채고 그를 뒤쫓다가 활을 쏘게 되는데, 그 활은 남이의 화살통에 명중하여 남이는 낭떠러지로 추락하게 되고, 이를 본 청군들은 그가 사망한 줄 알고 돌아가지만 남이는 살아남아 동생을 구하기 위해 청군을 추격하게 된다.

C. 남이가 뒤쫓던 쥬신타의 정예부대를 제압할 수 있었던 전략은?

어릴 적부터 남이는 화살의 제작, 지형지물의 응용 등에 대해 오랫동안 연마했기에, 쥬신타의 첫 번째 정예병에게 애기살(날아오는 방향을 예측할 수 없는 곡사를 사용하는 데 효과적인 활로, 촉만 없을 뿐 화살을 부러뜨려 응용하여 적을 저격하는 데 효과적인 활)을 발목에 쏘아 넘어지게 한 후, 그를 구하기 위해 달려온 다른 병사가 부상병을 안는 순간, 청군이 쏜 무시무시한 파괴력을 가진 '육량시'라는 화살을 재이용하여 두 명을 동시에 관통시켜 사살한다. 또한 같은 방식으로 다른 병사와 쥬신타 장군을 동시에 쏘아 자빠뜨림으로써 두 명모두 사살한 줄 알았는데, 쥬신타는 화살이 깊지 않아 기사회생하게된다.

D. 쥬신타에게 쫓기던 남이가 상처를 입고 도피하던 중 쓴 전략은?

평소 호랑이가 자주 나타나던 산길에 일부러 자신의 피를 묻히며 도피하자, 남이의 생각을 모르고 쫓아오던 청군 병사가 피 냄새를 맡은 호랑이에게 잡아먹힌다. 이것은 평소 사냥 등으로 지형지물을 많이 알던 남이의 예리한 전략이 적중한 사례이다.

E. 남이가 청군을 뒤쫓아 가던 중 젤 먼저 만난 것은?

남이의 동생은 이미 청군의 왕자 호위부대와 같이 떠났고, 포로로 잡힌 동생의 남편과 남이가 살던 동네의 사람들이 압록강을 건너기 위해 대기하던 중, 남이가 들이닥쳐 청군을 공격하자 백성들도 같이 합세하여 청군을 제압하게 된다. 이 전투 후 남이는 동생의 남편 '서군'과 같이 누이를 찾아 다시 길을 떠나게 된다.

<에필로그>

영화 <최종병기 활>에서는, 예나 지금이나 힘이 없는 사람은 위기 상황에서 굴욕적인 처우를 받을 수밖에 없다는 것을 깨닫게 된다. 주인공은 자신의 처지가 역적의 신분으로 추락했을 때, 포기하지 않고 최종

병기인 활을 연마하여, 결국 자신과 가족을 지키고 존엄성을 회복하게 된다. 최근 약육강식의 국제정세 속에서 고통받는 현실이, 병자호란, 임진왜란 같은 시대적 상황과 오버랩되고 있다. 이럴 때 각자의 분야에서 자신만의 최종병기를 연마하여 시시각각 불어오는 어떠한 위기의 바람도 극복해나갈 힘을 길러야 한다. 특히 나라의 지도자들은 삼전도의 굴욕이 재현되지 않도록 선공후사(先公後私)의 정신으로 각고의 노력과 솔선수범이 필요한 막중한 시기이다.

인생을 값지게(earn this) 사는
것이 세상을 구하는 길이다!
라이언 일병 구하기
Saving Private Ryan, 1998

<프롤로그>

아카데미상 5개 부문(감독상, 촬영상, 편집상, 음향편집상, 음향 효과상)을 수상한 영화 <라이언 일병 구하기/Saving Private Ryan, 1998> 에서, 전쟁의 잔혹한 참상이 벌어졌던 2차 세계대전 노르망디 상륙작전 당시의 리얼한 전쟁 실상을 보면서 전쟁을 조금이라도 실감하는 리더라면, 동맹국의 방위비를 무역협상하듯 네고하는 그런 자세는 상상하기 힘든 것이라는 생각이 든다. 2차 세계대전 종전 이후 심각한 냉전이 사라지면서, 사람들은 전쟁의 엄청난 재앙과 인간성 상실에 대한 기억이 서서히 사라진 것 같다. 하지만 우리들 곁에는 항상 일촉즉발의 전쟁 가능성이 도사리고 있음을 아무도 부인하지

못할 것이다. 자신의 입장과 주장만 내세우면서 막연히 잘되리라고 생각하는 방심은 사소한 곳에서 큰 갈등의 불씨를 점화하는 만큼 친구, 가정, 노사, 국가 간 서로 소통하고 배려하며 양보를 통해 갈등 해소를 하여 크고 작은 전쟁 가능성을 막아내야 한다.

<영화 줄거리 요약>

세계 제2차 세계대전의 중요한 분수령이 될 1944년 6월 6일 프랑스 노르망디 상륙작전(일명 사상 최대의 작전: The longest day), 오마하 해변 상륙선에 대기하던 병사들은 한 치 앞도 내다볼 수 없는 긴장된 상황과 두려움에 무기력을 감출 수 없다. 상륙선 문이 열리자마자 독일군의 MG－42 기관총에 수많은 연합군은 바다를 붉은 피로 물들이며 쓰러져 갔다. 다행히 '밀러 대위(톰 행크스 분)'가 이끄는 제2 레인저 대대는 몇 번의 죽을 고비를 넘기고 독일군 기관총 포대를 무너뜨리고 상륙에 성공한다.

한편 미 국방성에서는 "아이오와주의 한 집안 아들 넷 중 세 명이 이미 전사한 어머니를 위해, 마지막 남은 막내아들 '프랜시스 라이언 일병(맷 데이먼 분)'을 찾아서 집으로 돌려보내라"는 매우 특별한 명령이 밀러 대위 부대에 하달된다. 부대원들은 1명 때문에, 8명이나 되는 병사들의 목숨을 잃을 수도 있는 무모한 작전에 큰 불만을 가지나 밀러 대위는 딜레마를 이겨내고 묵묵히 명령 수행을 위해 움직인다. 라이언 일병을 찾아가는 여정에서 독일군과의 간헐적인 전투로 '가파조 일병' 등 전우들이 전사한 가운데 독일군으로 인해 고립된 '라멜' 외곽 지역의 101공수 사단에서 극적으로 작전 중인 라이언 일병과 조우한 밀러 대위는 그를 모국으로 귀향시키려 하나, 뜻밖에도 라이언 일병은 귀향을 거부하고 끝까지 전우들과 싸우려고 한다. 마지막으로 밀러 대위는 호바스 상사의 제안을 받아들여 '라이언과 함께 연합군의 기갑부대가 들어올 수 있는 머드레 강의 다리 사수 작전'을 펼치기로 한다. 그러나 막강한 독일군 탱크와 보병사단으로 인해 밀러 대위의 부대원은 몰살을 당하고, 밀러 대위도 자신의 부하 '업햄 상병'이 고집을 부려 풀어준 독일군이 쏜 총에 맞게 된다.

뒤늦게 나타난 연합군의 '대전차 공격기 P−51 머스탱 폭격기'가 독일 탱크를 부수면서 전투는 끝이 난다. 살아남은 라이언 일병에게 밀러 대위는 "꼭 살아 돌아가서 값지게 살아라"라고 당부한 뒤 장렬한 죽음을 맞이한다. 종전 후 50년의 세월이 흘러, 라이언 일병은 노인이 되어 자신의 일가를 모두 데리고 밀러 대위가 묻힌 국립묘지에 와서 전쟁 당시의 비극과 자신에 대한 그들의 숭고한 희생을 되새기며 "대위님께서 하신 말씀을 매일 생각했죠. 최대한 잘살려고 노력했고 그런대로 잘살아왔습니다. 최소한 대위님의 눈에… 대위님의 희생이 헛되지 않아 보였기를 바랍니다"라고 뜨거운 눈물을 흘리면서 거수경례를 한다.

<관전 포인트>

A. 스티븐 스필버그 감독이 이 영화에서 보여주고 싶었던 것은?

스필버그 감독은 이 영화 도입 초반부 15분간에 프랑스 오마하 해변에 상륙하는 병사들의 모습과 상륙 후의 비참함을 실제 상황과 똑같이 보여줌으로써 전쟁의 참상을 통해 절대로 다시는 전쟁이 있어서는 안 된다는 것을 일깨우고 싶어 했다. 그래서 직접 손으로 카메라를 들고 병사들과 움직이며 촬영한 입자 거친 화면과 철저한 고증을 통해 1,000명이 넘는 엑스트라가 동원되었고 그중 20~30명은 실제로 팔, 다리가 없는 장애인들로 컴퓨터 그래픽 없이 특수분장을 통해 당시의 참상을 재현하여 더욱 사실적인 장면을 표현했다. 바다가 병사들의 피에 물드는 비참함을 재현하기 위대 6천 리터의 붉은색의 가짜 피를 풀기도 하였다. 이 영화를 관람하던 참전용사들은 "그때와 달랐던 것은 냄새뿐이었다"라며 PTSD(Post−traumatic stress disorder:

외상 후 스트레스 장애: 신체적인 손상과 생명의 위협은 받은 사고에서 심적 외상을 받은 뒤에 나타나는 질환)를 호소하여 미국 보훈부에서 대대적인 정신과 카운슬링을 펼치기도 했을 정도다.

B. 부하들이 한 사람을 위해 8명이나 되는 자신들이 위험한 작전에 투입되는 것에 강한 불만을 표시하자 밀러 대위는 어떻게 대처하였나?

위험한 적지에 한 명의 병사를 구하러 가는 도중, 전우들이 계속 전사하게 되자 직설적인 레이번 일병이 "자기 자식 찾다가 병사들이 죽었으니 라이언 엄마가 참으로 좋아하시겠어요?"라고 강하게 반발하자, 호바스 중사는 권총을 꺼내 들고 하극상의 레이번을 제압하려고 한다. 이때, 밀러 대위는 부하들의 감정을 이해하고 자신에 대한 비밀을 얘기하며 그들을 진정시키게 된다. 즉, "자신은 참전하기 전 펜실베이니아 시골 마을의 영어 선생이었으며, 자신이 살인할수록 고향에서 점점 멀어지는 것 같다"라며 "전쟁 중 임무 수행은 불가피하나, 인간임을 포기하지는 말자"라고 부대원들을 진정성 있게 설득한다.

C. 라이언 일병이 뜻밖에도 고향으로 돌아가는 것을 거부한 이유는?

천신만고 끝에 만난 라이언 일병은 고향에 돌아가라는 밀러 대위의 명령에 "이건 말이 안 됩니다. 왜 저만 집에 가는 겁니까? 동료들도 똑같이 고생하는데 말입니다. 이곳에 있는 형제들과 남았다고 전해주십시오. 어머니도 진심으로 이해하실 겁니다"라며 강력하게 거부하게 된다. 라이언 일병의 강한 거부에 진퇴양난에 빠진 밀러 대위에게 호바스 중사는 "라이언과 함께 남아 다리를 사수하고, 우리도 여기 남아 함께 싸워 기적처럼 살아남으면, 그럴 수 있다면, 당당히 집으로 돌아갈 수 있겠죠!"라며 중재안을 건의하고, 이를 받아들인 밀러 대위는 라이언 일병과 함께 연합군 기갑부대가 들어올 수 있도록 '마드레강 다리'를 사수하게 된다.

D. 영화에서 업햄 상병의 모습에서 보여주는 메시지는?

전쟁을 전혀 경험하지 못했던 업햄 상병은 금번 임무에 투입되기 전에 행정병이었다. 그러다 독일어를 할 줄 안다는 이유로 특공대의 수색조에 차출당하게 된다. 처음에는 독일군 포로를 제네바 협정에 맞게 처리하는 등 가장 인간적인 모습을 보여주며, 그를 살려준다. 그러다 마지막 독일군과의 생사를 건 전투에서 기관총에 사용될 탄약을 전달하는 임무를 맡게 된 업햄 상병은 아군의 기관총 진지로 독일군이 달려 들어가는 것을 보고도 트라우마에라도 걸린 것처럼 겁에 질려 아무것도 못 하고 결국 총알이 떨어진 아군들이 독일군에 의해 죽음을 맞이하게 된다. 아군이 전투에서 승리 후, 자기를 알아보고 자기가 적극 의사 표현을 해서 살려주었던 독일군 포로를 쏘는 모습에서 자기 자신에게 화를 내는 모습이자 전쟁으로 피폐하게 변하는 사람의 모습을 보여준다.

E. 독일군과의 마지막 격전에서 기관총 총알을 업햄이 전달해야 했던 이유는?

밀러 대위 부대는 '마드레강 다리'를 사수하기 위해 최후의 격전을 준비하는데, 독일군은 타이거 탱크 2대, 팬저 탱크 2대 그리고 50명 보병의 막강한 전력에 비해, 밀러 부대의 무기는 기관총 2대가 전부이다. 그래서 밀러 대위는 기관총의 효율적 활용을 위해, 멜리시 일병과 핸더슨 상병이 기관총 한정, 그리고 건물 높은 곳에 자리 잡은 잭슨 이병과 파커가 한정을 가지고 반격을 준비하게 된다. 이때 멜리시와 핸더슨의 기관총이 노출되어 적 탱크의 포격에 맞으면 끝장이기 때문에 기관총 1정을 계속 위치를 이동해 가면서 2~3정의 몫을 하기 위해 업햄이 멜리시와 핸더슨을 따라다니며 여분의 탄약을 운반하기로 한 것이다.

F. 가파조 일병의 죽음으로 힘들어하며 부관에게 밀러 대위가 한 말은?

밀러 대위는 부하들의 사기를 떨어뜨리지 않기 위해서, 부하들이 볼 때는 냉정한 모습을 보이지만, 혼자 있을 때는 죽은 자기 부대원을 떠올리며 부관 호비스 중사에게 "상관의 명령은 곧 나의 생명과도 직결되는 문제지만, 라이언을 한 트럭 갖다줘도 베치오, 카파조랑 바꾸진 못해"라며 눈물을 흘리며 괴로워한다. 그러면서 "부하가 죽을 때마다 자신에게 말하곤 해, 그의 죽음으로 2, 3 아니 10명의 목숨을 구한 거라고, 어쩌면 100명일지도 모르지"라며 자기 합리화를 통해 상실의 고통에서 벗어나려고 하나, 그의 손은 극심한 전투의 스트레스로 덜덜 떨고 있었다.

G. 밀러 대위가 마지막으로 라이언에게 남긴 말은?

밀러 대위는 총에 맞아 죽어가면서도 라이언의 귀에 "라이언 꼭 살아서 돌아가. 값지게 살아야 해(Earn this)!"라고 유언을 남긴다. 이 말에서 밀러 대위는 자신과 자신이 사랑하던 부대원 '잭슨, 웨이드, 카파조, 멜리시, 호바스 중사, 레이번' 등의 희생으로 생존한 라이언이 자신들의 몫까지 훌륭하게 살아주기를 간절히 바랐기 때문이고, 이에 라이언도 많은 식구를 거느리며 열심히 인생을 살게 되고, 전쟁이 끝나고 50년 후 밀러 대위가 묻힌 국립묘지에 와서 "대위님이 다리에서 하신 말씀을 매일 생각했죠, 최대한 잘살려고 노력했고 그런대로 잘 살아왔습니다. 최소한 대위님의 눈에⋯ 대위님의 희생에 헛되지 않아 보였기를 바랍니다"라며 눈물을 흘리며 거수경례를 하게 된다.

<에필로그>

영화에서 스티브 스필버그 감독은 전쟁의 참혹함을 보여주기 위해 바닷가에 6천 리터의 붉은 가짜 피를 풀었다고 한다. 전쟁은 정말 너무

나도 무서운 것이지만, 차츰 전후 세대들에게 잊혀가는 전쟁의 무서움을 영화를 통해서 체감할 수 있기를 바라며, 지금 세계를 이끌어가는 지도자들도 자신의 정치적 이념이나 자국의 이익에만 연연해하지 말고 인류평화와 인간성의 회복에 집중하길 간절히 염원한다. 우리 자신이 과거 누군가가 치열하게 피 흘리며 희생해서 구해준 존재이기에, 자신의 가족, 친구, 직장, 국가에서 소통과 양보를 통해 갈등과 전쟁에서 이 세상을 구하는 값진 삶의 주역이 되어야 할 것이다.

당신의 꿈을 채찍질
(Whiplash)하는 것은 무엇인가?
위플래쉬
Whiplash, 2014

<프롤로그>

[위플래쉬(Whiplash): 단어의 원뜻
은 '채찍질'로, 영화 속에서 밴드가
연주하는 재즈곡의 제목이다. 중간
부분 드럼 파트의 〈더블 타임 스윙〉
주법으로 완성된 질주하는 독주 부
분이 일품으로 꼽힌다.]

영화의 마지막 10분, 주인공의 드
럼 연주가 시작되고 악보 음표를 둘로 쪼개서 엄청난 속도로 연주하는
<더블 타임 스윙> 주법이 이어진다. '이렇게 영화가 끝나는구나' 하는
생각과 '이대로 영원히 끝나지 말았으면' 하는 생각이 동시에 교차하게
되고, 주인공의 드럼 스틱은 스네어와 심벌을 두들기는 게 아니라 관객
의 심장과 머리를 두들기고 있다. 사람들 대부분은 부자로 백세까지 살

고 싶어 한다. 그러나 언젠가, 한때 가슴에 품었던 말들을 대신해주는 마법의 채찍을 꺼내 잊힌 꿈들을 되살려보자!

<영화 줄거리 요약>

아카데미상 3개 부문(남우조연상, 편집상, 음향믹싱상)을 수상한 영화 <위플래쉬/Whiplash, 2014>에서 최고의 드러머가 되기 위해서라면 무엇이든 할 각오가 되어있는 음악대학 신입생 '앤드류(마일즈 텔러 분)'는 우연한 기회로 누구든지 성공으로 이끄는 최고의 실력자이지만 또한 동시에 최악의 폭군인 '플렛처(J.K. 시몬스 분)' 교수에게 발탁되어 그의 밴드에 들어가게 된다. 폭언과 학대 속에 좌절과 성취를 동시에 안겨주는 플렛처의 혹독한 교육방식은 천재가 되길 갈망하는 앤드류의 집착을 끌어내며 그를 점점 광기로 몰아넣게 된다.

최고 연주자가 되려는 음대 입학생과 그를 조련하는 선생의 이야기를 다룬 이 영화는 음악 영화가 아니다. 최고를 위해서는 악마가 되기를 망설이지 않는 선생과 인생을 걸고 최고에 집착하는 학생을 두고, 관객을 벼랑 끝으로 몰았다가 풀밭에 뉘었다가 다시 폭풍 속에 집어던지는 격정의 드라마다. '위플래쉬'는 재즈 곡명이면서 채찍질이란 뜻도 있기에, 플렛처는 제자의 뺨을 때리고 거짓말을 하고 관객 앞에서 모욕을 주며 채찍질한다. 드럼 연주를 중단시킨 뒤 "이번에 박자가 빨랐냐 느렸냐(Rushing or Dragging?)"를 다그치는 선생 앞에서 아마추어 드러머는 발가벗겨진 채 광장에 선 듯 무기력하다. 정작 선생 자신이 피아노로 연주하는 유일한 곡은 얄밉게도 템포 느린 <보사노바 발라드>다. 이 영화 최고의 카타르시스는 맨 마지막 10분에야 시작되지만, 그전에도 자신이 좇는 꿈을 향해 가는 주인공의 집념을 볼 수 있다.

<관전 포인트>

A. 주인공의 드럼연주자에 대한 집념을 느낄 수 있는 장면은?

(1) 주인공이 가족과 '뮤지션이 된다는 것'에 대해 논쟁하는 장면이다. 미식축구 선수인 사촌이 43야드짜리 터치다운을 성공시켜 MVP가 된 것을 다들 축하하자 주인공이 쏘아붙인다. "3부 리그 잖아요. 2부도 아니라고요." 그때 드럼에 빠진 아들이 한심해보인 아버지가 "34세에 빈털터리가 되고 술과 마약에 취해 죽는 게 성공이라고 할 수는 없지"라며 색소포니스트 '찰리 파커'를 빗대 한마디 하자 주인공은 이렇게 대꾸한다. "나는 서른넷에 죽어도 사람들이 두고두고 이야기하는 그런 사람이 될 거예요. 부자에 맨정신으로 살다가 아흔 살에 죽어도 아무도 모르는 그런 사람이 되진 않을 거라고요!"

(2) 오랜 연습과 한계까지 몰아붙인 연습량으로 이미 찢어져버린 손바닥의 상처를 짓무르면서 드럼에 피를 튀기면서까지 계속 연주를 하고, 콘서트에 가는 길 교통사고에 상처가 났는데도 서브 드러머가 자신의 자리를 뺏을 것이 두려워 피를 뚝뚝 흘린 채로 콘서트장에 뛰어 들어가는 모습

(3) 여자친구에게 너와 함께 있어도 드럼만 생각이 나고, 나는 드럼으로 위대해지고 싶다며 여자친구에게 이별을 고하는 모습

B. 영화 속 명대사는?

@ 최고를 꿈꾸는 사람에게, 세상에서 제일 쓸모없고 가치 없는 말이 '그만하면 잘했어'야(There are no two words in the English language more harmful than good job).

@ 난 한계를 넘는 걸 보고 싶었어, 내 제자 중 제2의 파커는 없었어.

@ 찰리 파커는 '조 존슨'이 그의 머리에 심벌을 던질 때까지 아무에

게도 알려진 사람이 아니었다(Charlie Parker didn't know anybody until Jo Jones threw a cymbal at his head).

C. 전설적 색소포니스트 '찰리 파커'는 누구인가?

34세로 요절한 미국의 비밥 모던 재즈의 창시자. 색소폰 연주자 및 작곡가로 유명하다. 루이암스트롱, 듀크 엘링턴과 함께 가장 영향력 있었던 재즈 뮤지션이다. '조 존스'가 그의 연주가 마음에 안 든다며 심벌을 던지자 모욕감을 느낀 찰리 파커가 피나는 노력 끝에 최고의 뮤지션이 되었다고 한다.

D. 광기의 교수로 열연한 'J.K 시몬스'를 연상시키는 배우는?

최고의 드러머를 만들기 위해 미친 듯 조련을 하던 플렛처를 보며 연상되는 배우는 영화 <사관과 신사/An Officer And A Gentleman, 1982>에서 해군항공사관후보생들을 혹독하게 조련하는 교관 '폴리 상사(루이스 고셋 주니어 분)'이다. 최고에 도달하기 위해서는 보통의 평범한 방식으로는 도달하기 힘들다는 메시지를 준다.

E. 이 영화를 보며 생각나는 책은?

정민 교수의 저서 『미쳐야 미친다』(2004). 조선 시대 지식인의 내면을 사로잡았던 열정과 광기를 탐색한 글로, 남이 손가락질을 하든 말든, 출세에 보탬이 되든 말든, 혼자 뚜벅뚜벅 걸어가는 정신을 가졌던 이들, 이리 재고 저리 재지 않고 절망 속에서도 성실과 노력으로 일관한 삶의 태도를 가지고 있던 사람들의 이야기이다.

F. 영화의 마지막 장면에서 앤드류가 보여주는 것은?

가혹행위가 알려져 학교에서 해임된 플렛처는, 앤드류에게 카네기홀에서 재즈밴드를 지휘할 때 드러머로 와달라고 초대한다. 하지만 연주 당일 플렛처가 예정에 없던 새로운 곡 <업스윙잉>을 지휘하여 앤드류는 연주를 망치지만, 투지에 찬 눈으로 다시 무대에 올라가서 플렛처의 허락 없이 재즈 빅밴드를 장악하며 큐를 넣고 <캐러밴>을 열광적으로 연주하기 시작한다. 또한 <캐러밴>의 연주가 끝났음에도 드럼 솔로 연주를 멈추지 않고 손가락엔 피를 흘리면서 광기에 빠져든 연주로 플렛처는 물론 아버지까지도 제2의 찰리 파커가 되었음을 확인한다.

<에필로그>

영화 <라라 랜드/La La Land, 2016>도 감독했던 30대의 젊은 '데이미언 셔젤'은 두 영화에서 사랑과 꿈을 모두 이루기는 어렵다는 이율배반적 메시지를 주기도 한다. 영화 <위플래쉬>에서 선생과 학생 모두 미쳐 보인다. 그리고 이제는 플렛처와 같은 독선적인 방식은 더는 통하지 않는다. 그러나 이 영화의 주인공들은 관객 가슴 깊은 곳에 오래된 스위치 하나를 딸깍하고 켠다. 영화에서 플렛처는 앤드류의 눈을 찌를 듯 쏘아보면서 되풀이해서 묻는다. "너는 누구냐?" 잠시라도 저만큼 무엇인가에 미쳐본 적이 있는가. 아무도 납득하지 못하지만, 나만의 확신을 하고 천 길 낭떠러지까지 자신을 밀어붙인 적이 있는가. 낭떠러지는커녕 계단 하나 내딛지 못하고 군중 속에 파묻혀 good job의 칭찬에 안주하지 않았는지 스스로 질문을 생각해본다. 새로운 2020년이 다가오고 있는 시점에서 잊힌 꿈을 스스로 위플래쉬(채찍질)해볼 수 있는 좋은 시점이다. 등산길에서 남들보다 쉬는 시간이 길어졌을 때 선두와의 간극은 엄청나게 멀어져 결국 정상의 자리를 내어줘야 하듯이, 남들이 쉽게 가질 수 없는 꿈을 가지기 위해서는 남들과 다른 시간, 고통의 노력은 필연적이다.

극한의 전투에서 당신의
탱크(Fury)를 사수하라!
퓨리
Fury, 2014

\<프롤로그\>

[퓨리(Fury): 미군M4 셔먼(Sherman)전차의 애칭(분노, 격분의 의미)으로 2차 세계대전 중 무려 5만 대나 생산되어 미군뿐 아니라 연합군이 공통으로 사용한 주력 전차다. 기계적 신뢰성을 높이고 전투력도 평균 이상 되는 우수한 전차였다. 특히 전쟁을 승리로 이끈 전차이기 때문에 미국에서는 초등학교 교과서에도 등장하고 있다. '퓨리'는 영국 '보빙턴 전차박물관'의 귀중품으로, 매년 6월경 한 차례 열리는 공개행사인 '탱크 페스트(Tankfest)' 때마다 일반인에게 선보이고 있다.]

영화 \<퓨리/Fury, 2014\>는 전차전에 집중한 영화다. 전쟁 영화에서 소품 혹은 조연이던 탱크는 \<퓨리\>에서 핵심 주인공이 된다. 탱크

<퓨리>는 바로 우리가 살아가는 '일터'와 같은 개념으로 생각된다. 그 탱크 안에서 5명의 전투원이 끈끈한 전우애와 팀워크로 뭉쳐서 엄청난 위기를 지혜와 용기로 치열하게 극복해나가는 것을 보고, 우리도 각자가 처한 극한 환경 속에서 위기를 극복하여 자신과 공동체의 소중한 탱크(Fury)를 지켜야 한다.

<영화 줄거리 요약>

영화 <퓨리>는 제2차 세계대전이 거의 끝나가던 1945년 4월, 나치 독일의 심장부로 진격하게 된 미군 탱크부대원들이 겪는 끔찍한 전투의 모습을 실감나게 펼친다.

탱크 <퓨리>와 완벽한 호흡으로 수많은 전투에서 승리를 이끌어 전장의 영웅으로 불리는 미군 전차부대의 리더인 전차장 '컬리어 하사, 일명 워 대디(브래드 피트 분)'와 냉철한 포수 '바이블(샤이아 라보프 분)', 진격의 운전병 '고르도(마이클 페나 분)', 다혈질 장전수 '쿤애스(존 번탈 분)', 그리고 입대한 지 8주 된 신병 '노먼(로건 레먼 분)'은 한 팀이다.

그들은 <퓨리>라는 애칭의 M4셔먼 탱크를 타고 베를린의 교차로를 사수하지 못할 시에는 연합군으로 가는 보급품이 끊겨 사단이 전멸해버리고 마는 절체절명의 상황에서 "무슨 수를 써서라도 적을 막아야 하는 상부의 막중한 명령"을 수행하게 된다.

전세는 이미 연합군의 승리로 기울었지만, 종말을 앞둔 독일군은 어린이, 여자까지 투입해 마지막 발악을 하는 상황이다. '워 대디'가 속한 전차부대는 독일군 티거 전차의 기습 공격을 받아 대부분 탱크와 동료를 잃게 되고, 마지막 '워 대디'가 전차장으로 있는 <퓨리> 한 대만 남게 되어 수백 명의 독일군 SS 친위대 병력과 맞서게 된다.

<관전 포인트>

A. 전쟁의 리얼리티를 높이기 위해 준비한 것은?

죽음의 공포와 싸우는 전차부대원들의 전투 장면들은 관객마저 긴장과 공포 속으로 몰아넣게 된다. 적을 죽이고 자신은 살아남으려고 혼신을 다하는 전차병들의 모습을 전차 내, 외부에서 자세히 보여준다. 독일군 전차 등장 장면에서는 현재 기동 가능한 것으로는 유일한 영국 '보빙턴 전차박물관'의 티거(Tiger) 전차(2차 세계대전 당시 독일군이 개발해 운용한 전차로, 압도적인 성능으로 군사 마니아들 사이에 이름이 높음)를 가져다 촬영했다.

B. 전쟁의 참상을 보여주기 위한 장면은?

전쟁터의 참상들은 행정병 출신의 전쟁 초보자인 '노먼'의 시선으로 주로 전달된다. 탱크 캐터필러(무한궤도)에 짓이겨지는 시신들, 전투 중 온몸에 불이 붙자 고통에서 탈출하기 위해 권총으로 자살하는 병사, 독일 시민들이 나치 친위대에 협력하지 않는다는 이유로 처형되어 "나는 조국을 도망쳤습니다"라는 팻말을 건 목이 길거리에 내걸린 끔찍한 풍경들까지 낱낱이 보여준다. 이런 절망적인 모습은 뛰어난 리더십과 압도적인 카리스마로 전차부대를 이끄는 리더 '워 대디'의 면모와 대비된다.

C. 마지막 전투에서 '워 대디'가 보여준 리더십은?

들려오는 독일군의 군가(친위대는 적지에서 행군한다)를 듣고 '워 대디'는 직감적으로 '최정예 SS 친위대'임을 알고 마지막 임무를 완수하려 하나, 부하들은 탱크를 버리고 도망가자고 제의한다. 그러나 워 대디는 "이 탱크가 내 집이야, 나 혼자라도 싸울 테니 너희는 돌아가"라며 최후항쟁을 다짐하는데, 가장 어린 노먼이 전차에 올라타서 자신도 같이 싸우겠다고 하자 모든 전차원들도 동참하게 된다. '워 대디'를 비롯한 모든 전우가 전투에서 숨지고 극적으로 생존한 노먼에게 뒤늦게 도착한 지원부대원은 "당신은 진정한 영웅이야"라고 얘기하자 "어제 있었던 일들은 꿈일 거야, 모두 죽지 않았을 거야, 모두 나와 같이 있을 거야"라며 전우들을 애타게 그리워한다.

D. 전쟁 초보자인 노먼은 어떻게 변해가나?

북아프리카 전투에서 최고의 부조종수를 잃고, 보충된 행정병 노먼 이등병이 배치된다. 노먼은 첫 참전 전투에서 어린 독일 병사를 보고 사격을 하지 않자 그 병사의 공격에 아군 소대장의 차량이 불타면서 소대장이 전사하고 만다. 이에 워 대디는 포로로 잡힌 독일군을 사살하라고 시킨다. 따를 수 없다는 노먼에게 전쟁터에서 죽이지 않으면 너와 너의 전우가 죽게 된다는 사실을 가르친다. 진격 중에 접수한 마을에서 워 대디의 배려로 노먼은 '엠마'라는 소녀와 잠시 사랑을 나누지만, 독일군의 무차별 공습으로 엠마는 숨지고 만다. 이러한 전쟁의 참혹함 속에서 순수했던 노먼은 점점 전쟁의 화신으로 변해가고 있었다.

E. 마지막 결전에서 '워 대디'의 전략은?

대전차 지뢰에 캐터필러가 터져 더는 움직일 수 없는 탱크 <퓨리> 안에 숨어서, 마치 전차가 격파당한 것으로 위장하고, 독일군 시체에 미군의 군복을 입혀 미군 전차 요원으로 보이게 한 다음, 시신 위에 석유를 뿌리고 불을 붙인 뒤 아군의 보급선을 공격하기 위해 진군해오는 독일 친위대가 최대한 가까이 올 때까지 숨을 죽여 기다린다. 전차 안에서 최후의 전투를 위해 남은 술 한 병을 팀원들과 나눠 마시고, 노먼에게 전쟁 머신이라는 별명을 붙여주며 전의를 다진다. 마침내 지나던 독일 SS 부대가 탱크의 해치를 여는 순간 전차 밖으로 수류탄을 던지는 것을 시작으로 모든 화력을 동원하여 SS 부대에 기습공격을 가한다. 탄약이 다한 후 치열한 백병전이 벌어지면서 워 대디를 비롯한 전차원들은 장렬하게 전사하고, 워 대디가 명령한 대로 노먼은 탱크 하부에 있는 해치를 통해 탈출하게 된다.

<에필로그>

이 영화에서 탱크 <퓨리>는 단순한 전차가 아니다. 바로 '워 대디'를 비롯한 5명의 전차 대원들의 '집'이고 '직장'이고 '삶의 터전'이다. 마지막 장면에서 리더 '워 대디'는 모든 대원이 절망과 공포에 휩싸여 있을 때 자신은 "우리 사전에 후퇴란 없다. 이 탱크가 내 집이다(This is my home)!"라고 하면서 자신 혼자 탱크에 남아 끝까지 임무를 수행하겠다고 외친다. 이 장면에서 현재를 살아가는 우리가 현재의 여건과 주어진 공간의 소중함을 얼마나 깊게 인식하고, 역경을 피하지 않고 치열하게 이 진지를 사수하는 노력을 다했나를 생각하게 된다. 탱크 <퓨리>는 다시 한 번 한계를 뛰어넘는 치열함으로 재무장하여 우리가 지켜야 할 소중한 삶의 공간임을 일깨워준다. 워 대디의 "이상은 평화롭지만, 역사는 폭력적이다(Ideals are peaceful, History is violent)"라는 말처럼 현실 속에서 막연한 낙관주의가 아닌 자신과 소중한 것들을 지키기 위한 실체적인 노력은 엄중한 것이다.

서태호의
영화로
보는 삶

제3부

창의와 상상

우리가 슈퍼맨보다
배트맨을 더 좋아하는 이유?

배트맨 시리즈

<프롤로그>

누구나 어릴 적부터 자신만의 슈퍼 히어로로서의 삶을 꿈꾸며 성장한다. 성인이 된 후에도 현실에서 성취하지 못하는 꿈과 정의 구현을 자신만의 슈퍼 히어로로 대신 카타르시스를 느끼는 경우가 많다.

범죄와 부패, 탐욕의 가상 도시 고담시(구약 성서에 나오는 악의 도시 소돔과 고모라를 딴 이름)에서 박쥐 가면 속에서 고독하게 악당들과 벌이는 대결은 영화를 보는 모든 관객들에게 '단순한 모험을 넘어 스스로 철학적인 상념에 사로잡히게 하는 독특한 매력'을 느끼게 한다. 외계의 별에서 온 올마이티한 슈퍼맨과는 달리, 배트맨은 총보다는 주먹으로 피를 흘리며 정의를 구현하기에 사람들은 더 많은 연민과 인간적 동질감을 느끼게 된다. 어릴 적부터 배트맨과 친숙한 많은 사람은 아직도 배트맨 만화의 초판본을 경매를 통해 고가에 수집하는 등 그 인기가 여전하다.

<영화 줄거리 요약>

배트맨의 탄생은 1939년 디텍티브 코믹스(DC 코믹스)의 만화를 통해서였다. 그 전 해에 DC 코믹스가 발행한 『슈퍼맨』이 인기를 끌자 이를 모방한 영웅들이 쏟아졌고 출판사는 이에 대항하기 위해 만화가 '밥 케인'에게 의뢰해 배트맨이라는 새로운 캐릭터를 만들어냈다. 이후 '프랭크 밀러', '앨런 무어' 등 유명 만화가들이 이 시리즈에 참여했다.

배트맨이 세계적으로 알려진 건 90년대 이후, 팀버턴 감독의 영화 <배트맨, 1990>, <배트맨 리턴즈, 1992>에 이어 '조엘 슈마허' 감독이 <배트맨 포에버, 1995>, <배트맨과 로빈, 1997>을 내놓게 되면서부터다. 그 이후 천재 감독 '놀란'이 <배트맨 비긴즈, 2005>, <다크 나이트, 2008>을 내놓고, 이후 <다크 나이트 라이즈, 2012>로 <다크 나이트> 3부작을 완결하였다. 오늘은 <다크 나이트> 3부작을 중심으로 리뷰하려 한다.

1. 〈배트맨 비긴즈, 2005〉

배트맨 역할을 맡은 '크리스찬 베일(터미네이터 미래전쟁의 시작 주인공)'은 역대 배트맨 중 원작자 '밥 케인'의 배트맨과 가장 닮은 인물이라는 평이다. 그 이유는 영웅이면서도 인간적 고뇌를 가진 이중적 모습을 깊이 있게 잘 연기했기 때문이다.

'브루스 웨인'은 어린 시절, 부모님이 길거리에서 피살되는 것을 눈앞에서 지켜본 후 죄의식과 분노로 늘 고통받는다. 복수하고 싶은 욕망에 불타오르지만 명예를 지켜야 한다던 부모님의 가르침 사이에서 갈등하던 그는, 악을 물리칠 방법을 터득하기 위해 고담시를 떠나 홀로 세상을 유랑하게 된다.

　적을 이기려면 적의 세계를 알아야 한다는 생각에서, 브루스는 범죄자들의 소굴에 섞여 생활하며 그들의 습성을 터득해나간다. 그러던 중 '듀커스(니암 니슨 분)'는 브루스에게 '어둠의 사도들' 집단에 가입하라는 제안을 한다. 듀커스가 속해있는 어둠의 사도들은 동양계 무술의 달인 '라스알굴'이 이끄는 범죄소탕 조직, 그러나 브루스는 '눈에는 눈, 이에는 이'라는 함무라비식 강경책으로 응징하는 이들의 방법이, 자신과는 맞지 않음을 깨닫고 돌아온다. 한편 브루스가 떠나있던 동안 고담시는 부패와 범죄로 파멸되어가고 있었다.

　브루스는 악이 점령한 고담시를 되살리기 위해 충성스러운 집사 '알프레드'와 청렴한 경찰 '짐 고든(게리 올드만 분)', 그리고 웨인 기업의 응용과학 전문가 '폭스(모건 프리만 분)'의 도움을 받아 새로운 존재 "배트맨"으로 재탄생하게 된다.

2. 〈다크 나이트, 2008〉

　배트맨이라는 타이틀이 붙지 않은 최초의 배트맨 영화다. 이 영화에서 최고의 스타는 뭐니 뭐니 해도 역대 최고의 조커로 영혼을 바쳐 열연을 펼친 '히스레즈(브로크백 마운틴 주연)'이다. 그는 이 영화를 통해서 고인으로서는 드물게 아카데미 남우조연상까지 받았다. 범죄와 부정부패를 제거하여 고담시를 지키려는 배트맨, 그는 짐 고든 형사와 패기 넘치는 고담시 지방 검사 '하비덴트(아론 에크하트 분)'와 함께 도시를 범죄 조직으로부터 영원히 구원하고자 한다. 세 명의 강력한 리더가 의기투합함에 따라, 위기에 처한 '조커'는 고담시의 모든 악당 두목들이 모인 자리에 보라색 양복을 입고 얼굴에 짙은 화장을 한 괴이한 존재로 나타나서, 자신들의 최대 걸림돌인 "배트맨을 죽이자"는 사상 초유의 제안을 하게 된다. 조커는 어떠한 룰도, 목적도 없는 사상 최악의 악당 미치광이 살인광대로 부상하면서, 배트맨을 죽이고 고담시를 끝장내 버리기 위한 광기 어린 행각으로 도시를 큰 혼란에 빠뜨린다. 조커는 배트맨이 가면을 벗고 정체를 밝히지 않으면 악행을 멈추지 않겠다며 점점 배트맨을 조여온다. 한편 배트맨은 낮에는 기업의 회장으로, 밤에는 가면을 쓴 범죄 응징자로 낮과 밤의 정체가 다른 자신과 달리, 법을 통해 도시를 구원하겠다는 '하비덴트'야말로 진정한 해결사가 아닐까 고민하게 된다. 희대의 악당 조커를 막기 위해 직접 나서서 영원히 자신의 존재를 감춘 밤의 기사가 될 것인가, 하비덴트 검사에게 모든 걸 맡기고 이제 가면을 벗고 이중생활의 막을 내릴 것인가, 갈림길에 선 그는 사상 최강, 운명을 건 대결을 펼치게 된다.

3. 〈다크 나이트 라이즈, 2012〉

배트맨이 조커와의 대결을 끝으로 세상에서 모습을 감춘 8년 후, 고담시 지방검사 하비덴트의 죽음에 대한 책임(고담 시민들의 오해)을 떠안은 배트맨은 모든 비난을 감수하며 은둔 생활을 하고 있었다. 그러나 범죄방지 하비덴트법으로 인해 한동안 평화가 지속하던 고담시를 한 방에 날려버릴 수 있는 중성자 폭탄으로 무장하고 고담시의 파멸을 예고하면서 등장한 괴이한 마스크를 쓴 잔인한 악당 '베인'이 등장한다. 악당 베인은 배트맨이 스스로 택한 유배 생활에 종지부를 찍게 만들지만, 다시 돌아온 배트맨에게 베인은 결코 만만한 상대가 아니다.

자신을 거부한 사람들의 고통을 지켜볼 것인가, 정의의 수호자로 나설 것인가. 배트맨은 자신의 목숨을 걸고, 승패를 알 수 없는 마지막 전투를 시작한다.

<관전 포인트>

A. 배트맨의 진정한 적은 누구인가?

무지막지한 힘을 휘두르는 마스크를 쓴 '베인'일까, 아름다운 도둑 '캣우먼'일까, 아니면 자신을 도와주려던 정체불명의 '백만장자 여성 기업가'일까?

영화에서 크리스토퍼 놀란 감독은 주인공 배트맨을 통해 "괴물을 잡으려고 괴물이 되는 것은 과연 올바른가?"라는 존재론적인 질문을 끊임없이 던지면서 스스로 고뇌하는 영웅을 만들어낸다.

B. '다크 나이트 라이즈'에서 배트맨은 누구도 탈출하지 못했던 지하 동굴 감옥에서 어떻게 탈출할 수 있었을까?

악당 '베인'에게 허리가 부러진 배트맨은 엄청난 깊이의 지하 동굴 감옥에 던져지게 된다. 몸을 추스른 후 탈출하기 위해 동굴에 매달려 있는 밧줄을 이용해 여러 번 탈출을 시도했으나, 상처만 더 깊어지고 탈출에 실패하고 만다. 이때 이 동굴 감옥에서 수십 년간을 갇혀 지내던 한 죄수가 하는 말을 듣게 되는데 "오랜 옛날 유일하게 탈출했던 어린 소년은 밧줄 없이 오직 자신만의 힘과 전략으로 동굴을 기어서 올라갔고 결국 탈출했다"라는 내용이었다. 마침내 배트맨은 혼자만의 힘으로 그 동굴에서 탈출에 성공하여 악당이 탈취해간 중성자 폭탄을 제거하기 위해 죽을힘을 다해 사투를 벌이게 된다. 여기서 결국 인생을 살면서 겪게 되는 시련은 자기 스스로 시행착오를 거치면서 해결 방법을 찾아 극복해야 한다는 교훈을 준다.

C. 배트맨도 혼자서 이 세상을 구하지는 못한다. 진정한 파트너가 필요한 것이다. 이때 새롭게 등장하는 영웅은?

영화에서 배트맨은 고담시를 살리기 위해 중성자 폭탄을 안고 바닷속으로 뛰어들고 이어서 그를 기리는 장례식이 열린다. 한편 배트맨을 돕던 고아 출신 경찰 '존 블레이크(조셉 고든 분)'는 자신이 자란 보육원에서 자신의 풀네임이 '로빈 존 블레이크'라는 것을 알게 되면서 배트맨의 기지로 발길을 옮기게 되고, 배트맨을 이어서 정의의 사도가 되는 '로빈'으로 변신하게 된다.

<**에필로그**>

    오늘을 사는 현대인들은 누구나 마음속에 자신의 결핍을 채워줄 자신만의 강력한 히어로를 가지고 싶어 한다. 배트맨도 낮에는 평범한 신사 웨인이지만 밤에는 정의의 사도가 되듯이 말이다. 최근 뉴스에서는 편의점에서 김밥을 몰래 훔쳐 먹던 취업준비생인 청년에게 2만 원을 주면서 올바르게 살아가라고 격려했던 경찰관에 관한 내용이 전파를 탔다. 경찰관의 격려에 감동한 청년은 얼마 후 취직에 성공하였고 음료수와 돈을 들고 감사한 마음을 전하러 경찰서를 찾아왔다고 한다. 배트맨의 마스크를 쓰지 않아도 우리 곁에서 자신의 역할을 묵묵히 다하는 경찰관은 멋진 영웅이나 마찬가지이다. 현실 속에서 남을 배려하고 보이지 않는 곳에서도 공공질서를 지키면서 자신이 할 수 있는 정의와 사랑을 실천한다면, 그 순간 당신은 멋진 배트맨이 되어있을 것이다.

유레카! 문제의 답은 시공간을 초월한 사랑에서 찾아라

인터스텔라
Interstellar, 2014

<프롤로그>

일상생활에서 일기예보와 함께 미세먼지 정보가 중요한 시대가 되었다. 언제까지나 우리에게 묵묵히 깨끗한 공기를 제공해줄 것만 같았던 지구는 올바른 사용설명서를 경고하면서 위기의 미래 예고편을 보여주는 것일 수 있다. 현대사회에는 대기오염 문제 외에도 저출생, 고령화, 취업난, 다양한 사회적 갈등, 정신적 질환 등 해결해야 할 어마어마한 문제들이 둘러싸고 있다. 지금 우리가 가지고 있는 모든 것들을 소중하게 가꾸지 않으면 언젠가는 돌이킬 수 없는 큰 불행으로 다가설 수 있다. 마음의 문을 활짝 열고 사랑과 지혜로 소통하고 배려한다면 우리에게 닥친 문제들의 '답'을 찾을 것이다. 늘 그랬듯

이!' 영화 <인터스텔라/Interstellar, 2014>에서 시공간을 초월한 사랑으로 답을 찾아가는 여정을 살펴보자.

<영화 줄거리 요약>

'크리스토퍼 놀란' 감독의 SF(Science Faction) 영화 <인터스텔라>가 미래 세계의 이야기를 그리는 것으로 착각한다면 오산이다. 앞날의 얘기를 하려는 척하지만, 사실은 현재에 대한 문제를 성찰하려는 이야기이다. 약 3시간이라는 긴 시간 동안 망망대해의 우주 이야기를 펼치는 이 영화를 보면서 지금 나에게 당면한 여러 가지 문제에 대한 고민을 새로운 각도에서 조망하고, 많은 것들과 소통하게 되는 방법을 배우게 된다. 영화는 어느 가까운 미래를 배경으로 한다. 우리가 지금 전전긍긍하듯 세계 경제는 붕괴한 지 오래고 식량 위기도 도래한다. 질서를 유지하던 군대 따위도 해체됐다. 전쟁할 능력이 없기 때문이다. 하물며 미래의 헛된 꿈을 좇던 NASA(미우주항공국) 따위는 존재를 감췄다. 지구는 곧 종말을 고할 듯 위태위태한 모습이다. 한때 전설적인 우주 파일럿이던 '쿠퍼(매튜 매커너헤이 분)'는 아내를 잃고 장인과 아들, 딸과 황폐해진 지구 최후의 경작 가능 식물인 옥수수밭을 일구며 살아간다. 그런데 그것도 쉽지가 않다. 시도 때도 없이 살인적 황사가 덮치고 '지구 최후의 날' 같은 불길한 징조가 하루가 멀다고 벌어진다. 어느 날 '쿠퍼'는 딸아이 방의 열린 창문 사이로 불어 닥친 황사 바람 때문에 책장에서 바닥으로 떨어진 물건들의 특이점을 발견하고 딸 '머피(멕켄지 포이 분)'와 그 신비한 좌표가 가리키는 곳으로 차를 몬다. 신기하게도 도착한 그곳은 인근 지역에서 비밀리에 임무를 수행 중인 NASA 기지였고, 과거 쿠퍼가 NASA에서 우주 조종사를 할 때 멘토였던 '브랜든 박사(마이클 케인 분)'를 만나게 된다. 브랜든 박사는 현재 서서히 멸망해가는 지구를 대체할 새로운 행성을 발견하기 위한 연구작업을 오랫동안 극비리에 진행하고 있음을 실토하고 '쿠퍼'에게 인류가 정착할 새로운 은하계를 찾아 떠날 우주선의 선장을 제안한다. 어린 딸을 두고 떠나야 함에 망설이는 '쿠퍼'에게 브랜든 박사는 딸을 위해서라도 새로운 행성을 찾아 떠나줄 것을 간곡하게 부탁하자 '쿠퍼'는 언제 돌아올지 알 수 없는 미지의 세계로 가지 말라고 애원하는 딸 '머피'를 뒤로하고 NASA의 촉망받는 과학자이며 브랜든 박사의 딸 '아멜리아(앤 해서웨이 분)' 등 다른 과학자들과 함께 은하계와 은하계의 사이에 있는 웜홀을 넘어, 전혀 예측이 불가능한 우주의 공간으로 날아가게 된다. 어마어마한 우여곡절 끝에 '쿠퍼'는 우주 블랙홀을 지나 미지의 세계인 5차원에 도착하여, 3차원의 세계인 지구에 남겨진 딸과 영혼이 담긴 절체절명의 소통을 통해 "블랙홀의 양자 에너지 원리(4차원, 5차원의 세계를 넘나들 수 있게 하는 중력을 극복하는 공식을 풀게 됨)를 전달하여" 인류 구하기라는 엄청난 미션을 완성한다. 구조대에 의해 다시 현재의 세계(3차원의 세계)로 돌아온 '쿠퍼'는 딸과의 교신이 성공했고 그 결과 멸망해가던 지구인들은 새로운 행성인 토성으로 무사히 이주하여 현재 행복한 삶을 누리고 있게 된 것을 확인하고, 자신이 떠날 때 어린 소녀였지만 이미 자신보다 많이 늙어 곧 임종을 앞둔 늙은 딸과의 재회로 감격의 뜨거운 눈물을 흘리게 된다. 하지만 '쿠퍼'는 지구를 구한 영웅이었지만 이곳에 머무르지 않고 자신을 도와 미션을 돕던 브랜든 박사의 딸 '아멜리아'가 미아로 남겨진, 에드몬드 박사가 발견하고 기지를 건설해놓은 제3의 행성을 찾아 길동무 '인공지능 로봇 타스'와 함께 우주선을 타고 다시 미지의 우주로 떠나게 된다.

<관전 포인트>

A. 지구의 멸망으로 새로운 행성을 찾아 떠나는 우주인들의 2가지 컨틴전시 플랜은?

산소와 사람이 살아갈 식량을 재배할 토양이 있는 행성을 찾기 위해 이미 12명의 과학자가 우주로 떠났고, 그곳이 사람이 살 수 있다는 희망적인 행성일 때 지구로 신호를 보내기로 약속한 3곳의 행성으로 찾아가던 '쿠퍼' 일행은 브랜든 박사가 제시한 2가지 컨틴전시 플랜을 가지고 떠나게 되는데, 첫째는 행성을 성공적으로 찾아 모든 지구인을 순차적으로 이주하는 것, 둘째 여의치 않으면 우주선에 실린 인공수정이 가능한 배양액을 통해 새로운 지구인을 만드는 것이었다.

B. '쿠퍼'가 블랙홀을 지나 수집한 양자 에너지 원리를 지구에 있는 딸에게 어떻게 전달할 수 있었나?

'쿠퍼'는 딸인 '머피'가 어릴 적부터 과학적 영감이 뛰어나 많은 지식적 교감을 하던 중 초자연현상으로 같이 NASA의 임시기지를 발견하게 된다. 그래서 자신이 지구를 떠나올 때 자신과 딸이 하나씩 기념으로 가진 시계를 통해 '모스부호 방식'의 교신으로 자신이 수집한 양자 에너지 원리를 딸에게 송신하여 딸인 머피가 해석 후 성공적으로 행성 이주를 완성하게 된다. 우리는 서로 특별한 사이에서 이루어지는 다양하고도 신비한 소통의 방식이 있다는 것과 그것은 서로 진정으로 사랑하는 사이에서 가능함을 깨닫게 된다.

C. 미리 우주의 여러 행성으로 탐사를 떠났던 과학자를 찾아 떠난 '쿠퍼' 팀이 겪은 첫 번째 위기는?

계속 유효한 신호가 잡히는 토성 근처의 미스터리한 웜홀을 지나 가장 가능성이 큰 행성의 바다에 '아멜리아 박사'와 같이 착륙한 쿠퍼 선장 팀은 거대한 파도를 만나 한 명이 사망하고 가까스로 본선에 돌아오게 된다. 그러나 이미 지구의 시간으로는 23년이라는 어마어마한 시간을 허비한 상태였고, 지구에서 보내온 녹화된 딸의 비디오를 보니 브랜든 박사는 사망했고, 자신은 이미 중년의 여인이 되어 아직 희망 없는 연구를 계속하고 있다는 슬픈 얘기에 쿠퍼는 그리움과 좌절감에 오열한다.

D. 가능성이 남은 마지막 2개의 행성 중 선택을 해야 하는 상황에서 '쿠퍼'가 선택한 것은?

우주선의 연료가 얼마 남지 않은 절체절명의 상황에서 아직 신호가 오는 2개의 행성 중 쿠퍼는 결국 '만 박사(맷 데이먼 분)'가 있는 행성을 향해 가게 되나, 인류가 살 수 없는 불모지 행성임에도 자신이 지구로 복귀하기 위해 만 박사가 꾸며낸 엄청난 계략임이 밝혀지고, 심지어 구조대원들을 모두 없애고 혼자서 지구 귀환선으로 돌아가려고 하다가 결국 폭발하여 사망하게 된다.

E. 쿠퍼가 지구를 구하기 위하여 죽음을 무릅쓰고 선택한 중대한 결단은?

블랙홀만이 4차원, 5차원의 세계를 넘나들 수 있게 하는 중력의 비밀을 푸는 해답을 줄 수 있다는 전제하에 선장인 쿠퍼는 자신이 직접 '인공지능 로봇 타스'와 우주 공간으로 탈출하여 블랙홀 속의 수평선을 통과하여 양자역학 에너지의 정보를 수집 후 지구로 보내려는 결사의 선택을 하게 되고 남은 '아멜리아 박사'는 마지막 남은 행성으로 가게 한다. 결국 쿠퍼는 블랙홀을 통한 5차원 세계로 이동에 성공하여 그곳에서 3차원에 있는 딸과의 교신을 통해 지구를 구할 정보를 송신하게 된다.

F. 영화에서 지구에서의 가장 행복한 삶을 상징하는 장면은?

맑은 하늘 아래에서 사랑하는 가족, 친구들이 함께 맛있는 것을 먹으면서 자기가 좋아하는 팀을 응원하며 야구를 관람하는 장면인데, 지구가 살인적 황사로 서서히 황폐해지면서 그런 즐거움은 사라지고 만다. 나중에 쿠퍼와 딸이 찾아낸 인류의 새로운 터전인 토성의 '쿠퍼 스테이션'에서 잠에서 깼을 때 창가로 보인 소년들이 파란 하늘 아래에서 야구를 하는 모습에서 다시금 큰 행복감을 느끼게 된다.

G. 인터스텔라를 더욱 재미있게 보기 위한 3대 영화는?

크리스토퍼 놀란 감독은 이 영화를 만들기 위해 과학자들과 많은 교류를 하며 Scientific Fiction(공상과학)이 아닌 Scientific Faction(역사적 실존 인물의 이야기에 작가의 상상력을 덧붙여 새로운 사실을 재창조하는 문화 예술 장르)이라는 사실에 입각한 영화를 만드는 데 노력하였다고 한다. <인터스텔라>를 보다 깊게 이해하고 재밌게 보기 위한 영화로는 <콘택트/Contact, 1997>, <그래비티/Gravity, 2013>, <스타트렉 시리즈/Star Trek, 2009, 2013>를 추천한다.

<에필로그>

영화에서는 거창하게 인류라고 얘기할 것도 없이, 이 험난한 세상살이에서 어떻게 자신이 생존해낼 것인가를 묻고 있다. 그 생존의 방식은 결코 최첨단의 물리 방정식을 통해 발견해내는 것이 아니라 '그건 바로 사랑이다'라는 것을 일깨우고 있다. 목욕하다가 넘쳐흐른 물을 보면서 '아르키메데스'가 부력을 발견하고 벌거벗고 외쳤던 "유레카!(알아냈다)"처럼 말이다(유레카는 무엇인가를 발견했을 때 소리쳐 외치는 말인데 영화 후반부에서 미래세계의 아빠 '쿠퍼'로부터 메시지를 받은 '머피'가 지구를 구할 영감을 발견하고 나서 NASA 연구원들의 머리 위로 연구자료를 뿌리며 외치는 말이기도 하다). 영화는 우리는 현재인 3차원에 살지만 언젠가 4차원, 5차원의 세계를 발견하게 될 것을 암시하며, 현재의 우리들은 미래세계의 존재가 될 수 있고 미래에 갔던 우리는 다시 현재로 돌아오게 된다는 것을 시사하기도 한다. 이 영화를 통해 우리가 직면한 다양한 문제의 답을 현실인 3차원에서만 찾을 것이 아니고 미래인 4차원과 5차원에서도 찾아보는 창의적 시도가 필요할 것이다. '현재의 나의 문제'를 남이 아닌 바로 '미래의 나'가 풀어낼 수 있다는 것이다. 영화에서 얼마 남지 않은 지구를 대신한 새로운 행성을 찾기 위해 절치부심하던 과학자가 외치던 시에서, 오늘 하루도 삶의 소중함을 되새긴다. "그대여, 순순히 어두운 밤을 받아들이지 마오. 저무는 하루에 소리치고 저항해요. 분노하고, 분노해요. 사라져가는 빛에 대해!"

어릴 적 동심으로 돌아가서
잊힌 꿈과 사랑을 만나보자!

이웃집 토토로
となりのトトロ, 1988

<프롤로그>

미래의 별들인 아이들의 동심을 포용하고 미래의 무한한 꿈을 키워주는 우주는 바로 부모라는 말이 있다. 하지만 문명이 발달할수록 현실적인 가치관을 아이들에게 적용함으로써 순수한 상상력을 통한 행복감은 점점 작아지는 세상이다. 일본의 만화가 미야자키 하야오 감독은 <이웃집 토토로/となりのトトロ, 1988>를 통해 아이들이 순수한 관점에서 느끼는 감정을 어른들도 똑같이 느낄 기회를 준다. 영화를 통해 아름다운 상상의 나래를 폈던 어린 시절 엄마의 품, 다양한 정령이 사는 숲속으로 돌아가 지금 사는 현실에서 잊힌 꿈, 사람에 대한 사랑, 자연과의 소통을 재생시켜보자.

<영화 줄거리 요약>

영화 <이웃집 토토로>의 이야기는 아름다운 숲속에서 시작된다. 어린 자매 '사츠키(11세)'와 '메이(4세)'는 아픈 엄마가 병원에서 퇴원 후 조용하고 공기 좋은 곳에서 요양할 수 있도록 아빠와 함께 도쿄 근처 시골의 낡고 오래된 집으로 이사를 하게 된다. 그러던 어느 날 언니인 '사츠키'가 학교에 간 동안 마당에서 혼자 놀던 '메이'는 귀여운 털 뭉치 동물을 발견하고 그 동물을 따라 숲으로 들어간다. 커다란 나무 옹이구 멍 속으로 빠진 메이는 또 다른 거대한 동물을 발견하고, 겁도 없이 이 거대한 동물의 푹신한 배 위에서 낮잠에 빠진다. 메이는 이 거대한 동 물의 큰 하품 소리에 어울리는 '토토로'라는 이름을 붙여준다. 다음 날 비 오는 밤에 아빠를 마중 나가기 위해 우산을 들고 메이와 함께 버스 정류장에 나간 사츠키도, 토토로를 만나게 되고 비를 맞고 있는 토토로 에게 우산을 빌려주면서 토토로와 우정을 나누는 친구가 된다. 어느 날 병원에서 돌아오기로 했던 엄마가 병세가 위중해지면서 돌아오지 못한 다는 전보를 받은 메이가 불안감과 그리움을 견디지 못하고 결국 무작 정 엄마를 찾아 나서게 되고, 동생을 잃어버리고 노심초사하던 사츠키 는 숲속 정령 '토토로'에게 도움을 요청하자, 친절한 토토로는 고양이 버스를 대절하여 길을 헤매던 메이를 찾아주고 어머니가 계시는 병원으 로 데려다주게 된다. 동심이 사라진 어른들에게는 보이지 않는 '토토로 와 고양이 버스'이기에, 메이는 병실 창밖에서 어머니가 많이 회복한 모 습을 확인 후, 자신이 딴 옥수수 껍질에 편지를 써서 어머니의 병실 창 문에 두고 집으로 돌아오게 된다. 엄마를 사랑하는 아이들의 진심이 통 했던지 엄마가 얼마 후 건강하게 퇴원하여 아이들이 있는 집으로 돌아 오게 되자 아이들은 마음의 평화를 되찾는다.

<관전 포인트>

A. 미야자키 하야오 감독이 영화에서 강조하고 싶었던 2가지 철학은?

2차 세계대전에서 패망한 1950년대 일본의 도시는 황폐해져있었고, 어머니도 병들어 무척 외롭고 암울했던 시대적 상황에서 '미야자키 하야오 감독'은 2가지 철학을 가지고 있었는데 첫째, 주인공 두 자매의 아버지를 순수한 고고학자로 등장시켜, 문명의 발달로 인한 탐욕으로 생기는 전쟁보다는 농경사회를 동경하는 자연친화주의(자연과 인간이 하나이며 서로 소통하고 살아야 한다는 철학)를 추구하여, 어른들에게는 다소 황당할 수 있는 다양하고도 신비한 등장인물(검댕이 마쿠로 쿠로스케 도깨비, 숲속의 정령 토토로, 고양이 버스 등)을 통해 인간성 회복을 말하고 싶어 했다. 특히 토토로는 잠이 많고 겁도 많지만 사소한 것에도 즐거워하는 성격으로 아이들의 전형적인 특징과 닮아, 동심을 일깨우는 상징물로 등장한다. 둘째, 미야자키 하야오 감독은 실제로 어린 시절 어머니의 오랜 병원 생활로 엄마 곁에서 제대로 자라지 못하면서, 어머니에 대한 짙은 그리움과 슬픔을 간직하였다고 한다. 결국 이 세상의 모든 중심은 어머니를 통해 만들어지고 어머니를 통해 꿈이 이루어진다는 것을 얘기하고 싶었을 것이다.

B. 주인공 두 자매의 아버지가 동심을 키워주는 장면은?

가난한 고고학자인 아버지는 서재에서 번역 일을 하고, 초등학생인 언니가 학교에 가면 혼자 숲에서 놀던 4살 소녀 메이는 저녁에 아빠에게 "낮에 숲의 정령 토토로를 만났다"는 얘기를 하자, 아빠는 평소 자신도 귀신이 사는 집에 살고 싶었다고 얘기하며, 딸의 얘기를 무시하지 않고 "숲의 주인을 만났나 보다"라고 인정하고 공감해준다. 이런 아빠의 동심에 대한 이해는 아이들의 순수한 상상력과 사랑을 키워주게 된다. 미야자키 하야오 감독은 영화 속 아버지의 모델을 실제로 일본인들에게 존경받던 고고학자 '후지모리 에이지'라는 사람을 인용했고, 영화 속에서 숲속을 향한 아버지의 서재에 걸린 그림과 책 등도 실제로 후지모리가 쓰던 것과 같은 소품을 그렸다고 한다.

C. 둘째 딸 메이가 엄마에게 가져다준 소중한 선물은?

동생 메이는 동네 이웃 '카자'의 할머니가 키운 옥수수를 직접 따서, 오랫동안 집에 돌아오지 못하는 어머니에게 선물로 가져다드리고 싶어 하고, 급기야 약속한 날짜에 돌아오지 못하는 엄마를 찾아 결국 혼자서 먼 길을 떠나게 된다. 미야자키 하야오 감독은 일본 패망 이후 경제적으로 어려웠던 시절, 옥수수를 통해 농업의 중요성과 척박한 섬에서의 식량의 소중함을 일깨워주기도 한다. 결국 전쟁 이후의 참혹한 상황에서, 인간이 만들어놓은 문명과 전쟁이라는 탐욕 대신에 자연과 조화를 이루며 사는 삶을 그려내기도 했다. 메이가 병원 창가에 두고 간 옥수수를 보며 엄마는 기운을 차려 집으로 돌아오게 된다.

D. 이웃집 토토로의 서정적 분위기를 크게 느끼게 하는 음악은?

미야자키 하야오 감동의 애니메이션 영화 <미래소년 코난, 1978>, <바람 계곡의 나우시카, 1984>, <원령공주, 1997>, <센과 치히로의 행방불명, 2001>, <하울의 움직이는 성, 2004>에서는 평화, 사랑, 자연친화주의가 아름답게 흐르고 있고 그에 걸맞은 음악이 서정적 분위기를 더하고 있다. 이웃집 토토로의 주제가를 작곡한 천재 '히사이시 조'는 동심을 사로잡는 음악을 작곡하였다.

E. 토토로가 호출하면 오는 고양이 버스는?

아이처럼 천진난만한 토토로지만 특별한 능력을 지니고 있는데 그것은 고양이 버스를 부를 수 있는 것이다. 토토로가 고함을 치면 고양이 버스가 쏜살같이 달려오고 토토로는 그것을 타고 어디든 쉽게 이동할 수 있다. 버스처럼 몸통에 달린 문이 열리면 탑승할 수 있는데 버스 내부는 푹신한 털로 뒤덮여있고 의자들이 있다. 고양이 버스는 다리가 12개 있으며 고양이 얼굴과 꼬리를 지니고 있다. 이마에는 행선지를 표시하는 전광판이 있어 다음 목적지를 표시한다. 메이를 태우고 엄마가 있는 병원으로 갈 때는 '시치코쿠산 병원행'이라고 표시한다.

F. 유년 시절의 공상을 가장 잘 표현한 장면은?

아이들은 토토로가 선물로 준 씨앗을 마당에 심고 싹이 날 때를 기다린다. 깊은 밤 토토로가 마당으로 찾아오고 사츠키와 메이는 씨앗이 빨리 자라게 해달라고 기도를 하고, 숲속의 정령 토토로가 신비한 고함을 지르자 싹을 틔운 씨앗은 쑥쑥 자라 커다란 나무가 된다. 아이들은 토토로의 몸에 붙어서 함께 팽이를 타고 하늘을 난다. 처음에 무서워하던 아이들도 야간 비행을 즐기며 마을을 내려다본다. 사츠키는 "우리가 바람이 된 거야"라고 메이에게 말해준다. 실컷 비행한 토토로와 아이들은 녹나무 꼭대기에 앉아 오카리나 피리를 분다. 아침에 잠에서 깬 아이들은 씨앗이 싹을 틔운 것을 발견하고 어젯밤의 일들이 꿈이 아니라는 것을 알고 기뻐하게 된다.

<에필로그>

미야자키 하야오 감독의 영화 <이웃집 토토로>뿐만 아니라 애니메이션 영화 브래드 버드 감독의 <라따뚜이/Ratatouille, 2007>나, 존 라세터 감독의 <토이 스토리/Toy Story, 1995> 같은 철학이 깃든 작품들은 어린이들에게는 재미와 상상력을 주지만, 동시에 어른들에게는 큰 영감을 주곤 한다. 그것은 어른들이 생각할 수 없는 순수한 세계를 보여주어 현실 속에서 잊힌 자신의 꿈과 사랑을 재발견해주는 기회를 주기 때문이다. 영화 <이웃집 토토로>를 통해, 어릴 적 밤에 뒷마당에 있던 화장실에 가면 나올 법한 달걀귀신, 욕심 많은 혹부리 영감에게 새로운 혹을 선사하던 도깨비방망이를 회상해보고, 모든 무서운 것들에게서 나를 보호해주고 꿈을 북돋아줬던 어머니의 큰 사랑을 기억에서 소환하여, 현재는 회색의 빌딩 숲속에서, 치열한 경쟁 사회 속에서 바래진 인생의 본질적인 행복과 꿈이 무엇이었는지 생각해보면서 영화 노랫말에서 "비 오는 날 버스정류장에서 흠뻑 젖은 토토로를 만난다면 당신의 우산을 빌려주세요"처럼 아름다운 동심의 시절로 돌아가 잊힌 꿈과 사랑을 만나보자!

♫ My Neighbor TOTORO - Theme song

전쟁은 항상 우리 삶 가까이에 있다

터미네이터
The Terminator, 1984

<프롤로그>

과거에는 영화, 텔레비전 등 모든 미디어의 프로그램은 2차 세계대전, 한국 동란, 베트남전 같은 전쟁 영화나 다큐멘터리로 가득 채워져있었고, 그 영화를 통해 전쟁의 엄청난 참상과 인류의 불행을 간접적으로나마 체감할 수 있었다. 하지만 2차 세계대전 이후 강대국 간의 냉전체제가 종식되면서 현재까지는 중동전 같은 국지전 외에는 평화의 기조가 유지되고 있다. 하지만 여전히 핵보유국들이 핵을 무기로 경제 시장에까지 파워를 과시하고 있고, 많은 나라에서는 끔찍한 테러가 거의 매일 일어나고 있는 현실이다. 우리나라도 과거 임진왜란, 병자호란 등 참혹한 전쟁 속에서 백성들은 도탄에 빠졌고 그 후에도 뼈아픈 36년간 일본의 강점기를 지나자마자 민족 간

의 전쟁인 6.25를 겪었고 아직도 적대적 대치상황에서 많은 이산가족이 상봉하지 못하는 엄청난 전쟁의 고통을 안고 살아가고 있다. 비록 세계는 이념에 의한 전쟁은 잠잠해졌지만 식량, 에너지, 종교 등의 선점을 위한 일촉즉발의 전쟁 가능성은 언제나 진행되고 있고, 미래 통제를 벗어나는 인공지능과 외계인과의 전쟁 가능성도 배제할 수는 없다. 지금은 자취를 감춘 2차 세계대전 같은 전쟁을 소재로 한 영화 트렌드에서 제임스 카메론 감독은 영화 <터미네이터/The Terminator, 1984>를 통해, 인류를 위협하는 소재로 쓰인 자연재해나 행성의 추락 같은 것과는 차원이 다른 핵전쟁이나 인간과 기계와의 전쟁 같은 미래 전쟁의 가능성이 있는 소재를 다루면서 인간의 탐욕과 오만으로 벌어질 수 있는 무서운 인재를 경고하고 있다.

<영화 줄거리 요약>

2029년 로스앤젤레스(Los Angeles), 핵전쟁의 잿더미 속에서 기계들(The Machines)이 일어섰다. 기계들은 인류를 말살하기 위해 수십 년간 치열한 소탕전을 벌였다. 그러나 마지막 전투를 위해 예비된 시점은 미래가 아닌, 암흑의 미래를 만들고 있는 인류가 살고 있는 지구의 현재, 바로 오늘 밤일 수 있다.

1997년, 인간이 만든 '인공지능 컴퓨터 전략 방어 네트워크(스카이넷)'가 자신의 지능을 갖추고는 인류에게 핵전쟁의 참화를 일으켜 30억이라는 인류를 잿더미 속에 묻어버린다. 그리고 남은 인간들은 기계의 지배를 받아 시체를 처리하는 강제노역에 동원된다. 이때 비상한 지휘력과 작전으로 인간들을 이끌던 사령관 '존 코너'는 반기계 연합을 구성, 기계와의 전쟁을 시작하면서 상황은 반전된다. 이에 기계군단은 존 코너의 탄생 자체를 막기 위해, 2029년의 어느 날, 타임머신에 '터미네이터(아놀드 슈왈제네거 분)'를 태워서 1984년의 L.A.로 보내게 된다.

이 터미네이터는 총으로도 끄떡도 하지 않는 신형 모델 101로서 인간과 똑같이 만든 유기적인 침투용 사이보그였다. 이 정보를 입수한 저항군 '존 코너' 역시 '카일 리스(마이클 빈 분)'라는 젊은 용사를 보내 그녀(미래 존 코너의 엄마)를 보호하게 한다. 식당에서 일하던 '사라 코너(린다 헤밀턴 분)'는 영문도 모른 채 터미네이터에게 쫓기기 시작하고, 자신을 구하기 위해 미래에서 온 저항군 '리스'에게서 자신에게 닥친 엄청난 운명을 알게 된다. 그것은 바로 자신이 낳을 아이가 미래 핵전쟁 생존자인 인간을 리드하게 된다는 것과 그 운명을 두려워한 나머지 타임머신을 타고 미래에서 온 터미네이터가 그녀를 죽이려 한다는 것이다. 리스와 터미네이터의 아슬아슬한 결투로 터미네이터는 피부조직이 불에 타서 해골이 드러나는 순간까지도 집요하고 끈질기게 추적해온다. 리스와 사라는 함께 도망하면서 운명적인 사랑에 빠지게 된다. 마지막으로 리스는 사라를 보호하기 위해 자신을 희생하는 대폭발을 유도하지만, 터미네이터의 추적은 계속된다. 위기일발의 상황에서 사라는 용기와 기지를 발휘하여 압축기로 터미네이터를 찍어 눌러 사라지게 한다. 터미네이터와 저항군인 리스가 죽은 몇 달 후 사라는 지구의 인간성을 회복해줄 리스의 아이를 가지게 되고, 미래의 지구를 이끌어갈 훌륭한 전사로 키우기 위해 멕시코로 떠나게 된다.

<관전 포인트>

A. <터미네이터> 시리즈의 주요 구성은?

총 5편으로 구성되어있다.

@<터미네이터 2: 심판의 날/Judgment day, 1991>: 인류와 기계의 전쟁이 지속되는 가운데 스카이넷은 인류 저항군 사령관 존 코너를 없애기 위해, '형태의 변신과 자기 치유까지 가능한 액체 금속형 로봇인 T-1000(로버트 패트릭 분)'을 과거 시간대의 어린 존 코너에게 보내고 저항군은 존 코너를 지키기 위해 구형 터미네이터를 개종한

T-101(아놀드 슈왈제네거 분)을 급파한다.

@〈터미네이터 3: 라이즈오브 더 머신/Rise of the machine, 2003〉: 10여 년 전 미래로부터 파견된 강력한 T-1000의 살해 위협에서 벗어난 미래의 인류저항군 지도자 '존 코너'는 엄마인 '사라 코너'가 죽은 뒤 은둔의 길을 택해 다가올 위협에 준비하며 홀로 살아가고 있었다. '스카이넷'은 '더 발전된 형태인 암살자 터미네트릭스, 일명 T-X(크리스티나 로켄 분)'를 개발하여 과거로 파견한다. T-X는 섹시하고 아름다운 외모와 함께 냉혹하고 잔인한 성격을 가진 최첨단의 여성 기계 로봇이다. 상상을 초월하는 강력한 T-X에 맞서 존 코너가 살아남기 위해 믿을 수 있는 것은 유일한 지원군인 전투 병기 구형 터미네이터 T-800(아놀드 슈왈제네거 분)뿐이다.

@〈터미네이터: 미래전쟁의 시작/Salvation, 2009〉: 21세기 초, 군사 방위 프로그램으로 제작된 네트워크 '스카이넷'은 자각력이 생겨 인류가 자신을 파괴할 것을 예상하고 인류에 대한 핵 공격을 감행했다. 살아남은 자들은 이를 '심판의 날'이라 불렀으며, 처참하게 파괴된 2018년 지구에는 기계 군단과 인간 저항군 사이의 악몽 같은 전쟁이 계속되고 있었다. 스카이넷은 인류 말살을 위해 터미네이터 군단을 만들었고, 보다 치명적인 터미네이터를 만들기 위해 인간들을 잡아다 생체 실험에 이용하고 있었다. 이 영화에서 존 코너 역에 명배우 '크리스천 베일'이 출연한다.

@〈터미네이터: 제니시스/Genisys, 2015〉: 인간 저항군의 리더 존 코너의 탄생을 막기 위해 스카이넷은 터미네이터를 과거로 보내고, 이를 저지하기 위해 부하 카일 리스가 뒤를 따른다. 어린 '사라 코너(에밀리어 클라크 분)'를 보호하고 있던 나이 든 터미네이터 'T-800(아놀드 슈왈제네거 분)'은 로봇과의 전쟁을 준비하며 이미 그들을 기다리고 있었다. 시간의 균열로 '존 코너(제이슨 클락 분)' 역시 과거로 오지만 그는 나노 터미네이터 T-3000으로 변해있었다. 이제 인류는 인간도 기계도 아닌 그 이상의 초월적인 존재, 사상 최강의 적에 맞

서 전쟁을 벌이게 된다. 이 영화에서 액체 금속 로봇 T-1000에 한국 배우 '이병헌'이 출연한다.

@〈터미네이터: 다크 페이트/Dark Fate, 2019〉: 새로운 인류의 희망 '대니'를 지키기 위해 슈퍼 솔저 '그레이스'가 미래에서 찾아오고, 대니를 제거하기 위한 터미네이터 Rev-9의 추격이 시작된다.

B. 터미네이터의 히어로인 '아놀드 슈왈제네거'는 어떤 배우인가?

1947년 오스트리아에서 출생한 아놀드 슈왈제네거는 1960년대부터 보디빌더로 활동하여 미스터 유니버스 등 세계 메이저 보디빌딩 대회에서 최다로 우승하면서 현대판 헤라클레스로 등극하였고 영화 터미네이터에서의 흥행 대박 인기를 몰아 공화당 후보로 2003 캘리포니아 주지사에 당선되어 8년간 주지사로 활동을 하기도 했다.

C. 2편에서 터미네이터(아놀드 슈왈제네거)가 어린 존 코너에게 남긴 말은?

1편에서 잔혹한 살인마로 나왔던 T-101(아놀드 슈왈제네거 분)은 2편에서는 존 코너를 돕는 충성스러운 친구로 나오는데, 기계 군단의 초고성능 악당 로봇을 혼신의 힘을 다해 용광로에 태워 없앤 후, 미래의 지도자 존 코너의 정보가 입력된 자신도 제거되어야만 안전이 보장된다고 하면서, 사라 코너에게 용광로에 넣어 제거해달라고 부탁한다. 마지막으로 용광로로 들어가는 장면에서, 슬퍼하는 소년 존 코너에게 "I'll be back(다시 돌아오겠다)"이라는 인간적인 약속과 함께 엄지 척을 하며 떠나가는 모습에서 인간과 로봇의 신뢰와 우정을 느끼게 한다. 비록 기계는 감정을 느낄 수 없지만, 소년 존 코너와 함께한 기록이 딥러닝으로 남아있고 존 코너의 순수한 행동을 보았기에 그를 이해하고 인간적으로 진화한 것이다. 결국 존 코너의 순수한 인간성과 충직한 터미네이터의 도움으로 인간의 욕심이 낳은 심판의 날은 찾아오지 않게 된다.

<에필로그>

영화 <터미네이터>에서 인간의 통제를 벗어난 인공지능 네트워크인 스카이넷이 스스로 지능을 갖게 되면서 시작된 핵전쟁은 결국 인류를 겨냥하여 서로 핵을 발사하면서 멸망시켰고, 겨우 살아남은 소수의 인류는 인공지능 로봇인 터미네이터에 의해 지배당한다는 가설로, 현재를 살아가는 우리에게 많은 시사점을 주고 있다. 여전히 많은 나라가 핵을 보유하고 있고 식량이나 에너지, 무역 같은 경제적 갈등은 언젠가 새로운 미래 전쟁을 촉발할 수도 있다. 내부적으로도 북핵문제 외에도 가정 내에서의 갈등으로 인한 가족의 해체, 노사 간의 갈등으로 인한 산업안전의 파국 등 무서운 전쟁터가 될 수 있다. 이러한 전쟁이 발생할 수 있는 복잡한 요인의 사전 해결방법으로, 갈등 당사자 간의 적극적인 소통을 통한 양보와 역지사지하는 배려, 인류애적 큰사랑일 것이다. 전쟁을 겪어보지 못한 많은 세대가 영화 <터미네이터>를 통해 전쟁의 참상을 조금이라도 이해하고 미래의 위험에 대비하는 경각심을 가지며 적극적인 역할을 할 수 있기를 기대한다. 또한 오피니언 리더들도 미래의 전쟁은 영화 <터미네이터>와 같은 형태로 언제, 어디에서나 우연히 발생할 수 있다는 것을 절대 망각하지 말고, 인류의 번영과 행복을 순식간에 앗아갈 수 있는 무서운 전쟁이 절대로 발생하지 않도록 경계하고 대비해야 할 것이다.

지금 실천하는 작은 용기가
멋진 미래를 만든다!

빽 투 더 퓨쳐
Back to the Future, 1987

<프롤로그>

우리는 미래에 대한 예측을 통해 경쟁에서 우
위를 점하기 위해 큰 노력과 투자를 아끼지 않
는다. 하지만 실제로 미래의 삶은 우리 예측대
로 펼쳐지지는 않는다. 그러나 겸손하고 슬기로
운 사람은 과거의 역사를 통해 미래를 내다보는
통찰력을 발휘할 수 있다. 그러나 가장 중요한
것은 선물같이 주어진 현재(present)의 삶이다.
영화 <빽 투 더 퓨쳐/Back to the Future,
1987>에서 현재는 과거와 미래의 종합예술임
을 명확히 깨닫게 해준다. 과거와 미래의 시간여행을 통해 현재의 멋진
그림을 완성해보자.

<영화 줄거리 요약>

주인공 '마티 맥플라이(마이클 J 폭스 분)'와 괴짜 발명가 '에메트 브라운 박사(크리스토퍼 로이드 분)'가 과거와 미래를 여행하면서 모험을 펼치는 영화 <빽 투 더 퓨쳐> 시리즈는 무한한 상상력을 통해 보여주는 역사적 배경과 창의적 발명품도 흥미롭지만, 주인공이 시간여행 속에서 보여주는 따뜻한 인간미와 사랑 그리고 소중한 인생의 철학에서 많은 깨달음을 얻게 된다.

3편의 영화 중 1편을 중점적으로 리뷰하겠다.

'힐 밸리(Hill Vally)'에 사는 주인공 마티는 로큰롤, 스케이트보드, 그리고 자동차를 좋아하는 명랑 쾌활한 고교생이지만, 사회적으로 성공하지 못한 소심한 아버지 조지와 알코올 중독자 어머니 로레인, 그리고 직장도 못 가진 형과 누나가 있는 유쾌하지 못한 가정에 살고 있다. 평소 멘토처럼 친하게 지내던 천재 과학자 에메트 브라운 박사(외모는 아인슈타인을 닮았고 반려견의 이름도 아인슈타인)가 '스포츠카 드로리안(DeLorean)'을 개조해 타임머신을 만들지만, 에너지원인 플라토늄을 빼돌린 데 앙심을 품은 테러범들이 브라운 박사에게 총을 쏘게 되고, 위험해진 주인공 마티는 급기야 타임머신을 타고 30년 전의 시간으로 이동하게 된다. 1955년으로 돌아간 과거의 동네 모습에서, 극장 간판에는 2류 배우인 로널드 레이건(미래 미국의 제40~41대 대통령)이 보이고 청년 시절의 젊은 아버지와 어머니도 만나게 된다. 그러나 젊은 아버지는 여전히 멍청해 보이고, 무엇보다 어머니가 될 사람은 미래의 아들 '마티'의 활달한 성격에 첫눈에 사랑을 느끼게 되는 예기치 않은 사태가 발생한다. 마티가 다시 미래로 가는 것을 도와줄 사람은 30년 전의 젊은 브라운 박사뿐이었다. 졸업 댄스파티가 열리는 날에 아버지와 어머니가 운명적으로 만났던 것을 기억한 마티는 두 사람을 결합하고자 댄스 파티장으로 간다. 그런데 악당인 '비프 태넌'이 나타나 어머니를 납치하려 하자 이를 보고 분노한 아버지가 미래의 아들인 마티의 강한 리더십 코치와 격려로, 평소의 소심한 성격에서 벗어나 일격을 가해 악당 태넌을 때려눕히면서 자신감을 가진 멋진 남자로 다시 태어난다. 이 사건을 계기로 파티장에서 미래의 부모는 뜨거운 키스를 통해 사랑이 맺어지게 되어 마티의 존재가 사라지게 되는 절체절명의 위기상황은 막게 된다. 하지만 마티의 '미래로의 귀환(Back to the future)'은 아직도 첩첩산중이다. 타임머신을 작동시키려면 시속 88마일의 속도와 미처 못 가져온 플라토늄으로 생성하는 1.2기가와트의 고에너지가 필요하다. 마티는 미래(1985년)에 있을 때, 번개로 시청 시계탑이 부서진 사건 일자를 기억해내고 젊은 브라운 박사와 시청 시계탑에 전선을 연결하고, 시계탑에 맞은 번개의 전기를 동력원으로 타임머신을 타고 극적으로 시간 이동을 하게 된다. 마티는 사고가 난 그 시간에 맞춰 미래로 돌아오지만, 브라운 박사는 다시 테러범들에게 총을 맞고 쓰러진다. 그러나 알고 보니 박사는 방탄복을 입고 있었으며, 그것은 과거에서 떠나기 직전 마티가 준 오래된 쪽지를 통해 자신이 총격을 맞을 것을 미리 알고 대처한 것이다. 다시 현재로 돌아온 마티가 집으로 들어서자, 과거로 떠나기 전 무능했던 아버지는 '저명한 공상과학 작가'로 변신해있었고, 어머니는 알코올 중독자가 아닌 '운동으로 몸이 다져진 멋진 여성'으로, 가족들도 다들 액티브하게 변신해있는 것을 발견하게 된다. 또한 차고에서는 자신이 꿈에도 그리던 스포츠카를 과거의 악당이었던 '비프 태넌'이 하인으로 들어와 번쩍번쩍하게 광택을 내고 있었고, 여자친구 제니퍼가 살포시 다가와 안기면서 천신만고 끝의 시간여행은 성공적으로 완성된다.

<관전 포인트>

A. 주인공 마티의 아버지 조지는 어떻게 소심남에서 멋진 작가로 변신할 수 있었을까?

30년 전 과거로 돌아간 마티는 아버지가 머리는 항상 헝클어져있고 셔츠의 반은 바지 위에 흘러나와, 여자들에게 인기 없는 얼간이 스타일이지만, 항상 공상과학 소설에 관심이 많은 상상력 있는 청년이며, 어머니 로레인을 깊이 사랑하고 있다는 것을 알게 된다. 그래서 마티는 스스로 외계인으로 변장하여 아버지 집에 찾아가서 어머니를 악당 '비프 태넌'에게서 구하라는 특명과 함께 아버지가 확신과 용기를 가지게 하여, 댄스 파티장에서 결정적으로 어머니를 납치하려는 태넌에게 분노의 주먹을 날리게 됨으로써, 어머니는 아버지를 백마를 탄 기사로 생각하고 사랑에 빠지게 된다. 결국 과거 한순간의 용기 발휘가 인생에 자신감을 주는 계기가 되어 아버지는 자신의 강점인 공상과학에 대한 상상력을 살려 SF 소설 작가로 승승장구하면서 미래의 삶까지 바꾸게 된 것이다.

B. <빽 투 더 퓨쳐 2편, 1989>의 내용은?

미래 자기 아이들의 위기를 해결하기 위해 브라운 박사와 30년 후의 미래로 오게 된 마티는 뒤죽박죽된 세상(아버지는 태넌의 총에 맞아 묘지에 묻혀있고 어머니는 비프 태넌과 결혼하여 살고 있음)에 소스라치게 놀라게 된다. 그것은 타임머신의 존재를 알게 된 늙은 악당 태넌이 60년 전으로 돌아가 젊은 태넌에게 '스포츠 게임의 승부 결과(SPORTS ALMANAC 1950-2000)가 담겨있는 잡지(이것은 미래를 예언하는 통계잡지로 작용)'를 몰래 주고 왔고, 이를 악의적으로 이용하게 된 젊은 태넌은 모든 스포츠 게임에 베팅하여 엄청난 갑부가 되면서 도시를 사들여 자신의 무법천지 세상으로 만들게 된다. 이를 바로잡기 위해 마티는 다시 잡지를 전달받기 전의 과거로 돌아가게 된다. 이 영화에서 미래의 정보를 악의적으로 이용하게 되면 엄청나게 위험한 결과를 초래하게 된다는 것을 경고하고 있다.

C. <빽 투 더 퓨쳐 3편, 1990>의 내용은?

마티는 박사가 100년 전인 1885년으로 갔음을 알게 된다. 그의 흔적을 찾아보니 타임머신 '드로리안'은 폐광 속에 숨겨져있었다. 그러나 박사가 서부의 악당 '매드독 태넌'의 총에 맞아 죽었다고 쓰인 비석을 발견하고는, 박사를 구출하기 위해 위험한 시간 여행을 감행한다. 1885년의 서부에 도착한 마티는 드로리안의 고장으로, 자신의 선조인 '세이머스'와 '매기 부부'의 도움을 받게 되고 박사도 만난다. 고장 난 드로리안으로 시간 여행에 필요한 속도를 얻기 위해서 기관차를 이용하려는 위험한 계획이 세워지지만, 박사는 여교사인 클라라와 사랑에 빠져서 그 시대에 남고 싶어 하고 원래 박사가 당하게 되어있던 매드독 태넌과의 결투를 마티가 떠맡게 된다. 마티는 기지를 발휘해 매드독과의 결투에서 이기고, 타임머신을 태운 기관차는 질주하기 시작한다. 박사는 자기를 쫓아온 클라라와 남기로 결심을 하고, 마티는 그들과 작별 인사를 한 후 무사히 1985년으로 돌아온다. 그러나 얼마 후 박사는 기차를 이용한 타임머신을 타고 클라라와 낳은 아이들까지 데리고 마티 앞에 나타나서 "네 미래는 아직 쓰이지 않았다. 정해진 미래는 아무에게도 없단다. 자신의 미래는 스스로 만들어나가는 거야!"라는 말을 남기고 다시 시간여행을 떠나게 된다. 영화 1~2편에서는 '올바른 미래, 정해진 미래'를 보여줬다면, 3편에서는 그것을 넘어서서 스스로 의지를 갖추고 '새롭게 만들어가는 미래'를 보여주고 있다.

D. 2편에서 마티가 희대의 악당 매드독 태넌을 이긴 전략은?

마티는 '클린트 이스트우드'가 주연한 <황야의 무법자, 1964> 영화에서 힌트를 얻어 악당 태넌과의 결투 시 망토 안에 강철판을 달고 나와 총을 맞고도 다시 일어서자 악당이 당황한 사이에 일격을 가해 이기게 된다. 마티의 가장 큰 약점은 그에게 '겁쟁이(chicken)'라는 말을 하면 참지 못하고 욱하는 성격인데, 이 성격은 가끔은 마티에게 용기를 주게 되어 역사를 바꾸는 계기를 만들기도 한다.

E. 2편에 등장하는 상상력이 담긴 제품은 ?

미래로 여행을 가게 된 마티는 미래의 신기한 운동화(나이키)를 보게 되는데, 이 신발은 굳이 손으로 끈을 매지 않아도 자동으로 신는 사람의 발에 맞추어 스스로 끈이 매어져서 최적의 착용감을 가지게 만들어주는 발명품인데, 실제로 나이키에서 '나이키 에어맥스'라는 제품으로 현실화시키기도 했고, 골프화(풋조이)에도 신발 뒷부분에 착용자의 발에 맞출 수 있는 다이얼이 들어간 편리한 제품이 나오는 등 영화 속 상상력을 현실화하는 경우가 많다.

<에필로그>

주인공 마티의 아버지는 고교 시절 얼간이 같은 외모와 소심한 성격으로 친구들에게 조롱받는 입장이었지만, 댄스파티에서 악당 '비프 태넌'을 응징하고 마티의 어머니를 구해낸 용기를 계기로 결혼까지 성공하였고, 그 자신감은 자신의 강점인 작가로서의 역량에 불을 붙여 공상과학 소설 작가로서의 꿈을 이루어 자신의 미래를 180도로 바꾸어놓게 된다. 이 모습은 인생을 살아가면서 실패를 두려워하지 않는 용기의 실천을 통해 얻게 되는 작은 성공 스토리(success story)가 큰 성공을 만들어낸다는 것을 일깨워준다. 지금 당신의 작은 용기가 미래에 엄청난 변화를 가져올 수 있기에 피하지 말고 바로 지금 기회의 주인공이 되어보자!

소통되지 않으면 당신은 외계인!
맨 인 블랙 시리즈

<프롤로그>

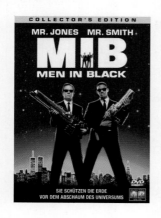

『90년생이 온다』(임홍택 저)에서 기성세대를 대신할 밀레니얼 세대인 90년대생과 소통하기 위한 다양한 방법이 나온다. "그들은 간단하거나 재미있거나 정직하지 않으면 가차 없이 외면한다"라며 꼰대와 호갱(호구고객)을 가장 싫어하고 SNS로 외계어를 날리고 있다. 미래를 리드할 이런 세대와 같이 소통하고 같이 일해야 하는 기성세대들은, 어릴 적부터 점잖은 사람, 진지한 사람이 되라는 가르침 속에 웃음과 장난보다는 품행이 단정하게 자라났다. 그래서인지 모바일 라이프를 즐겨온 '앱 네이티브' 세대들과의 소통이 어렵고, 새로운 비즈니스 개발이나 창의력을 발휘해야 하는 예술문화 같은 부문에서도 반짝이는 힘을 발휘하기가 쉽지 않다. 오늘 미국의 전형적인 코믹

SF(Scientific Fiction) 영화 <맨 인 블랙/Men in black> 시리즈 속에서 상상력과 창의력을 충전하여, 90년대생들과의 소통으로 외계인으로 전락하는 사태를 미연에 방지해보자.

이 영화가 지루하다고 느낀다면 상상력 생성이 잘 안 됐다는 시그널이니 상상력의 기름을 더욱 듬뿍 칠 것을 권한다. 최근 <맨 인 블랙: 인터내셔널, 2019>이 개봉되기도 하였다.

<영화 줄거리 요약>

검은 차에서 내린 검은 선글라스, 검은 양복, 검은 넥타이, 검은 구두로 치장한 그들은 일급 국가 비밀 조직인 MIB(Men In Black). 그들은 온몸을 블랙으로 치장한 채 지구에 정착한 외계인을 감시하고 방어하는 미연방 일급 기밀 조직으로 그들의 임무는 지구인으로 위장한 불법 이민 외계인을 가려내서 추방하는 것이다. MIB는 그들의 조직원을 제외하고는 외부인에게는 완전히 베일에 가려진 채, 지금껏 이민 외계인을 감시하고 불법 거주자를 방어하며 지구의 평화를 성공적으로 지켜왔다.

한편 이민 외계인들은 철저히 지구인의 모습으로 살아가기 때문에 다른 사람들은 전혀 눈치를 못 채고 있었다. MIB의 유능한 요원 'K(토미 리 존스 분)'는 은하계에서 날로 증가하는 지구 이민 외계인들을 감시하는 베테랑으로 MIB 팀은 외계인들의 정체가 혹시라도 지구인에게 드러날 경우, 기억말소장치(뉴럴라이저)를 사용해 일반인들에게 철저히 외계인 추적을 방지하고 있었다.

최고의 콤비 D와 K 요원 중 시니어인 D 요원이 고령화로 인한 잦은 실수로 은퇴를 선언 후 K 요원은 새로운 요원을 선발하는 시험장에서 NYPD(뉴욕 경찰) 출신 '에드워드(윌 스미스 분)'의 외계인에 대한 선천적인 수사 감각을 발견하고 '요원 J'로 명명하고 파트너로 발탁한다.

이 영화에는 외계인, 비행접시 등과 같은 공상과학 만화에서나 나올 법한 스토리 속에서 인간이 상상할 만한 모든 것이 다 나온다. 이 영화를 보면서 픽션물(Fiction)의 황당함을 비평하는 자세보다는 무한한 상상력의 바다에서 기상천외한 보석들을 찾아보는 즐거운 시간을 가지길 바란다. 우리가 세계적 마술사 '데이비드 카퍼필드'의 '자유의 여신상 사라지게 하기' 등의 신기한 마술쇼를 보면서 행복한 상상력을 가득 충전했듯이 말이다. '베리 소넨필드 감독'의 맨 인 블랙 3부작(1편: 1997, 2편: 2002, 3편: 2012)을 리뷰해보겠다.

1. 〈맨 인 블랙 1편, 1997〉

어느 날 평화롭던 지구에 바퀴벌레 외계인 '버그'가 탄 비행접시가 뉴욕에 불시착한다. 그는 인근에 사는 농부를 죽이고 그의 가죽을 뒤집어쓴 뒤 사람으로 위장한 후, 맨해튼의 한 식당에 들어가서, 점심을 먹는 인간으로 위장한 두 명의 외계인 '아퀼리언'이자 평화 회담 차 지구로 온 외교 대사 '로젠버그'와 그 일행을 살해한 뒤 달아나는 사건이 발생한다.

이 사건을 조사하게 된 K 요원은 지역 타블로이드판 지방 신문에 난 농부의 아내가 "남편이 바뀌었다는" 기사를 읽고, 농부의 집으로 가서 직감적으로 외계인 습격 사건의 단서를 찾아낸 뒤 시체 검시소로 가서 로젠버그 대사의 피겨(사람 모양의 인형) 안에 숨어있던 외계인 '아퀼리언'인으로부터 "전쟁을 막기 위해서는 오리온 벨트 안에 있는 은하를 돌려줘야 한다"고 말한 뒤 숨을 거둔다.

한편 맨 인 블랙 본부에서는 아퀼리언족의 전함이 은하를 1시간 이내에 반환하지 않으면 지구를 공격하겠다는 최후통첩을 받은 위기상황이다. MIB 요원 K와 J는 악당 외계인 버그를 추적하여 사투를 벌인 끝에 은하를 찾게 되고 그것을 아퀼리언족에게 돌려줌으로써 지구의 평화를 되찾게 된다.

2. 〈맨 인 블랙 2편, 2002〉

요원 K는 MIB를 떠나 사랑하는 여인과 같이 평범하게 살기 위해 자신의 기억을 '기억말소장치'를 이용해 깨끗이 지워줄 것을 요원 J에게 부탁하고 은퇴하게 된다.

한편, 지구에 잠입한 외계인을 감시하던 MIB 요원 J는 '요원 K'가 MIB를 떠난 후 여러 파트너와 호흡을 맞춰왔지만, 베테랑 K의 빈자리가 크기만 하다. 또 다른 수다쟁이 요원 '프랭크(불도그 강아지)'는 파트너라기보다 오히려 J를 거추장스럽게 하며 말썽만 피울 뿐이다. 그러던 중 25년 전(1978년) MIB에게 당한 복수를 하기 위해 '마이크로 우주선'이 지구에 침입한다. 콜라 캔 크기의 우주선에서 내린 외계 생명체는 섹시한 여성지(빅토리아 시크릿) 모델로 자신을 복제하고 MIB 아지트에 침입한다. 그녀의 이름은 '셀리나(라라 플린보일 분)', MIB 요원 중 일부가 셀리나와 손을 잡게 된 사실을 알게 되는 J, 그러나 때는 이미 늦어 지구는 은하계의 전쟁에 휘말릴 위험에 처하게 된다. 위기에 놓인 지구를 살리기 위해 요원 J는 25년 전 있었던 자르다 행성의 '로라나 여왕'과 '킬로시안 셀리나' 간의 문제 해결을 위해 지금은 우체국장으로 평범하게 살아가는 요원 K의 도움을 필요로 하게 되고 J는 K의 기억을 복구시키려고 평소 알던 외계인을 찾아가서 기억 재생기를 통해 K요원의 기억을 복원해낸다. 지구를 위협하는 셀리나의 위협 속에서 '자르다의 빛'을 지켜야 하는 상황이 전개된다.

3. 〈맨 인 블랙 3편, 2012〉

40년 전 요원 K와의 결투에서 팔이 잘려 달 감옥에 갇혀있던 악당 '보리스(저메인 클레멘트 분)'가 탈옥하게 되고, 자신의 종족이 멸망해서 지구를 침략할 수 없기에, 타임머신을 이용해 과거로 돌아가서 '요원 K'를 암살하게 되자, 미래의 K도 자동으로 사망하게 된다. 그러나 MIB에서는 모든 걸 기억하는 요원 J를 제외하고는 모두 K가 진작에 죽었다고 알고 있는 데다가, 보리스 악당 족이 시시각각 지구를 침공해서 멸망위기에 처하게 된다. J는 과거를 바로잡기 위해 타임머신을 타고 1969년 과거로 돌아가게 되고, 그곳에서 젊은 요원 'K(조쉬 브롤린 분)'와 미래를 볼 수 있는 능력을 지닌 외계인 '그리핀'의 도움으로 달위성 발사대를 통해 위성 꼭대기에 지구를 지킬 방어막을 설치하는 데 성공한다. 하지만 보리스가 쏜 독화살에 도와주던 군인 간부가 K 대신 희생을 당하게 된다. 과거의 오점을 해결한 MIB 팀은 또다시 미래의 지구를 구한 것이다.

<관전 포인트>

A. <맨 인 블랙 1편>에서 외계인 로젠버거 대사가 은하를 숨겨둔 곳은?

악당들이 쉽게 찾지 못하도록 자신이 키우던 고양이 '오리온'의 목걸이에 장착해둔 것을 요원 J가 발견하고 갖은 고생을 통해 은하를 원래 주인인 아퀼리언족에게 돌려줌으로써 우주 전쟁을 막게 된다.

B. <맨 인 블랙 2편>에서 악당 외계인 셀리나가 혈안이 되어 찾아다니던 '자르다의 빛'의 존재는?

K 요원이 25년 전 젊은 시절 '자르다 행성'과 '킬로시안 행성' 간의 전쟁이 있었는데 자르다 행성의 로라나 여왕이 승리를 이끌 수 있었던 '자르다의 빛'을 지구의 MIB에 맡기게 된다. 원래는 지구의 안전을 위해 거절해야 했지만, 공주를 사랑한 K는 원칙을 깨고 제3의 행성인 지구에서 맡게 된 것이며, 자르다의 빛은 공주의 딸 '로라'로 밝혀진다.

C. <맨 인 블랙 3편>에서 MIB 팀을 돕다가 희생당한 군인 간부(대령)는 어떤 사람인가?

악당 보리스에게 요원 K 대신 죽임을 당한 군인 간부는 바로 요원 J (윌 스미스)의 아버지였고, 훌륭한 아버지를 잃은 J를 어릴 적부터 요원 K가 지켜보며 돌봐주다가 NYPD(뉴욕 경찰관)로 훌륭하게 성장한 에드워드를 MIB 요원으로 스카우트하고 자신의 파트너로 발탁하여 육성시키고 보호하게 된다.

D. <맨 인 블랙>에서 상상력을 자극하는 도구(Tool)들은?

@ 다양한 외계인들(머리 두 개 달린 외계인): 하나의 머리가 셀프 인공호흡도 함, 담배 피우는 꼬맹이 외계인들의 액션, 사물함에 거주하는 털북숭이 외계인

@ 첨단 무기: 크기가 대포 같은 무기에서 손가락 크기의 작은 무기들까지 성능은 모두 막강함

@ MIB 특수 자동차: 평소 자율주행 중에는 운전기사 아바타가 운전하다가 요원이 직접 운전으로 전환하면 아바타 기사는 핸들 속으로 신속히 빨려 들어감

@ 지구인으로 변장하여 살아가는 외계인 중 유명인사들(마이클잭슨, 스티븐 스필버그, 실베스타 스텔론, 앤디 워홀, 팀 버튼, 레이디 가가, 저스틴 비버): 모두 외계인이라 해도 믿을 만한 상상력과 강한 개성을 지닌 기인들로 상상력을 자극함

@ 타임머신: 요원 J가 K를 구하기 위해 과거로 돌아가는 타임머신을 이용하게 되는데, 그 기계는 높은 '엠파이어 스테이트 빌딩'에서 점프를 해서 엄청난 속도로 내려오다가 거의 땅바닥 60센티 정도를 남겨두고 재빠르게 사용해야 작동할 수 있어 큰 용기가 필요함

<에필로그>

만화같이 흥미롭고 단순하지만 오히려 즐거움을 주어 보는 이들에게 신나고 밝은 기운을 주는 외계 침공 SF 코믹 무비인 <맨 인 블랙>은, AI 시대를 사는 현대인들에게 더욱 풍부한 상상력 충전과 힐링으로 정신건강 회복과 큰 웃음을 준다. 특히 이 영화를 통해 외계 언어로 이야기하는 90년대생들과 원활한 소통을 준비해야 한다. 요원 J로 열연한 윌 스미스가 엔딩씬에서 선사하는 신나는 힙합과 랩 실력도 보너스로 즐겨 볼 수 있다.

요원 K와 J의 형제 같기도 부자 같기도 한 케미 폭발의 브로맨스 또한 같은 일을 하는 사람들의 끈끈한 우정과 의리를 느끼게 해준다.

　혹시 당신의 친구 중, 꼰대같이 소통이 잘 안 되고 검은 선글라스를 쓴 사람이 있다면 외계인이 지구인으로 변장해서 살고 있는 것은 아닌지 살펴보자!

당신의 운명은 자신의 의지(Minority Report)로
선택할 수 있다(You can choose)!

마이너리티 리포트
Minority Report, 2002

<프롤로그>

다수결에 의한 관행적 선택(Majority Report)에 따르는 것은 편할진 모르지만, 새로운 변화와 혁신을 통한 문제의 정면 돌파(Breakthrough)를 위해서는 자신만의 의지가 담긴 선택(Minority Report)이 필요하다. 영화 <마이너리티 리포트 /Minority Report, 2002>에서는 범죄를 예측해 사전 예방하기 위한 시스템에서 특수한 능력을 갖춘 3명의 예지자를 동력으로 활용한다. 우리가 사는 현실 사회가 점점 고도화되고 있고 예측하기 힘든 상상 이상의 범죄가 발생하고 있기에, 빅데이터와 AI(인공지능)를 활용한 범죄 예방 시스템의 상용화는 가속화될 것이다. 하지만 이런 물리적인 범죄 예방 시스템보다 더 중요한 것은, 끊임없이

새로운 시선을 가지고 더 나은 길을 개척할 수 있는 '인간의 양심과 본성이 발현될 수 있는 전인적인 교육과 올바른 사회적 환경'의 작동이 절실하다.

<영화 줄거리 요약>

모든 자동차가 자율 주행으로 건물 외벽에서도 운행하는, 먼 미래인 2054년 워싱턴 D.C. '범죄예방 수사국'에서는 범죄가 일어나기 전에 범인을 찾아 체포하는 '프리크라임(PreCrime)' 시스템이 개발되어 우발적 살인 범죄율은 사상 최저치를 기록하면서, 워싱턴은 이상적 최첨단 치안 도시로 시민들의 안전을 지켜주는 든든한 존재가 된다. '프리크라임' 시스템은 범죄가 일어날 시간과 장소, 범행을 저지를 사람까지 예측해 내고 이를 바탕으로 '프리크라임' 특수경찰이 현장에 급파되어 미래의 범죄자들을 체포하게 된다. 프리크라임 팀장인 '존 앤더튼(톰 크루즈 분)'은 천부적인 감각으로 미래의 범죄자를 추적해내는 능력을 인정받고 있고 특히 최고 책임자인 수사국장 '라마 버제스(막스 폰 시도우 분)'의 강한 신임을 받고 있다. 특히 '앤더튼'이 '프리크라임'에 최대한의 열정을 기울이는 것은, 6년 전 자기 아들이 유괴되어 행방불명된 아픈 기억을 다른 사람들에게만은 되풀이하고 싶지 않기 때문이었다. 조만간 워싱턴에서의 시범 시스템이 안정적으로 검증된 결과로 미국 전역에 '프리크라임 시스템' 적용이 임박한 가운데, 연방정보국의 법무부 감찰관 '대니 워드 워(콜린 파렐 분)'가 파견되어 시스템에 문제가 없는지를 샅샅이 조사하게 되면서 존 앤더튼과 정면으로 대립하게 된다.

그러던 어느 날 존 앤더튼 자신이 72시간 이내에 누군가를 살해하는 예비 살인범으로 지목되면서 엄청난 충격에 휩싸이게 된다. 앤더튼은 모종의 음모를 파헤치기 위해 미래의 피살자를 찾아 나선다. 그는 홍채 인식을 통해 추적당하는 상황에서 벗어나기 위해 불법시술소에서 '안구 교체 수술'을 한 후 본격적으로 음모를 파헤치는 과정에서, 뜻밖에 음모가 자신의 상사인 수사국장 '버지스'가 꾸민 일이라는 것을 알게 된다. 존은 예지자 3명 중 한 명인 '아가사(사만다 모튼 분)'가 가지고 있는 '소수의견(Minority Report)'을 통해 자신의 결벽을 증명하려고 하지만, 자신이 저지를 범죄 현장에서 자기 아들 '션'을 유괴하고 살해한 범인인 '리오 크로우'와 조우하게 되면서 이성을 잃고 만다.

하지만 그는 예언자 아가사가 "당신은 당신의 의지로 선택할 수 있어요!(You can choose)"라는 호소에 살인을 멈추게 되나, 수사국장 버지스가 돈으로 매수한 범인은 존의 총으로 자살하게 되고, 존은 결국 큰 함정에 빠지게 된다. 존은 이혼한 부인의 도움으로 감옥에서 탈출하여 수사국장의 집으로 찾아간다. 마침 '프리크라임' 시스템의 큰 성공으로 대대적인 파티가 벌어지고 있는 현장에서, 존은 한때 이 시스템을 반대하던 예언자 아가사의 어머니인 '앤 라이블리'를 수사국장이 살해하는 영상을 파티에 모인 모든 사람에게 공개하게 된다. 결국 수사국장은 자살하고, 프리크라임 시스템도 파기되었으며 감옥에 갇힌 '예비 범죄자들'은 모두 풀려나게 된다. 인권을 유린당하면서 기계처럼 범죄 예언만을 하던 3명의 예언자도 한적한 산골에서 자신들만의 삶을 살아가게 된다. 아들의 죽음으로 부인과 이혼했던 존은 부인과 재결합하여 다시 아기를 가지면서 새로운 인생을 시작하게 된다.

<관전 포인트>

A. '프리크라임' 시스템의 창시자가 얘기한 시스템의 약점은?

도망자 처지가 된 '존'이 단서를 얻기 위해 찾아간 프리크라임 시스템의 창시자인 '히네먼' 박사는 "대개는 세 명의 예언자들이 똑같이 미래를 보지만 가끔은 한 명이 다르게 보기도 한다. 소수의견의 리포트(Minority Report)는 파기된다. 그것은 시스템의 완벽성에 흠집이 나면 안 되기 때문이다. 오류의 여지를 인정하면 효율성에 문제가 생기게 된다"라고 하면서 소수 의견은 '아가사'의 몸속에 기록되어있다고 정보를 준다. 존은 프리크라임 수사국에서 아가사를 수조에서 데리고 나와서 몸속에 저장된 '마이너리티 리포트'를 다운로드하려고 하지만 아가사의 기억에는 마이너리티 리포트는 없었다.

B. 수사국장이 아가사의 어머니를 살해한 배경은?

욕망의 굴레에 갇혀있던 '버지스' 국장은 프리크라임 시스템의 성공적 구축을 위해 가장 예지력이 뛰어난 아가사의 도움이 필요했으나, 그녀의 어머니 '앤 라이블리'는 자신의 딸이 영원히 수조 속에 갇혀서 범죄 예방 도구로 쓰이면 인간성 상실의 불행한 삶을 살 수밖에 없기에 필사적으로 반대하자, 일차적으로 살인청부업자를 통해 어머니의 살해를 지시하고 프리크라임 시스템에 의해 청부 범인이 사전에 체포된 직후, 자신이 같은 복면을 쓰고 같은 장소인 물가에 나타나 어머니를 익사 살해하게 된다. 이때 프리크라임 시스템이 작동했지만, 통상 예언자들에게 잔상(환영)이 남는다는 구실을 이용하여 이 기억을 무시하게 되면서 수사국장에게 살해된 어머니의 사건은 미제의 사건으로 남게 된다. 나중에 아가사가 존 팀장에게 잔상을 보여주면서 사건이 다시 파헤쳐지게 된다.

C. 연방정보국 감찰관이 파견되어 프리크라임 시스템을 조사한 배경은?

연방수사국 법무부 감찰관 '대니 워트워'는 프리크라임 시스템의 전국적 확산을 시행하기 전 시스템을 전반적으로 조사하려 파견되었는데, '대니'는 시스템 자체를 의심하지는 않지만, 그것을 토대로 임무를 수행하는 인간의 주관성은 믿을 수 없어 한다. 또한 범죄를 저지르지 않은 사람을 체포한다는 것은 법적 오류를 가진다고도 생각한다. 범죄예방수사국이 범죄를 막게 되면, 결국 범인으로 예정되었던 사람을 범죄자로 보는 것이 타당한가를 계속 의심한다. 또한 예언자들이 항상 100% 정확한 것인지, 범죄의 마지막 순간 인간의 심경변화로 인한 결과가 달라질 수도 있는 상황에서 예단하여 체포하는 것도 석연치 않게 생각한다. 결국 '대니'가 수사국장에게 '프리크라임 시스템에서 범죄의 조작이 가능하다는 것을 지적'하자 자신의 업적인 프리크라임 시스템을 지키려고 수사국장은 '대니'를 잔인하게 살해하게 된다.

D. 영화에 등장하는 첨단 기술은?

지금으로부터 17년 전인 2002년에 제작된 영화인데도 불구하고 벌써 인공지능(AI), 빅데이터, 홀로그램, 사물인터넷(IoT: Internet of Things: 사물에 센서를 부착해 실시간으로 데이터를 인터넷으로 주고 받는 기술이나 환경) 등을 도입하여 시현하고 있고, 홍채 인식을 통한 자동 망막 인증기능의 상용화로 개별 고객에게 맞춤형 서비스가 제공되는 최첨단 마케팅 방식이 도입되어, 스마트시티의 매장을 지날 때면 자신의 망막이 모두 자동으로 스캔되어 자신을 타깃으로 한 맞춤형 광고 영상들이(렉서스 자동차, 기네스 맥주 등) 말을 걸어온다. 결국 그런 첨단 기술들은 편리성은 높였지만, 국가 빅데이터 시스템에 인간의 사적인 영역까지 일거수일투족 낱낱이 기록되고 침범하게 되어, 나중에 존은 도망자의 처지에서 시스템에 자신의 모든 족적이 남겨지게 되어 결국 불법 망막 이식수술을 통해 자신의 안구 대신 다른 사람의 안구로 교체해야 하는 상황까지 가게 된다. 존은 안구 교체 후 원래 자신의 안구를 이용하여 범죄예방수사국에 잠입하여 예언자인 아가사를 빼내오게 되고, 나중에 자신의 부인에게 적출된 안구를 주어 자신이 갇혀있는 감옥에서 탈출할 수 있게 한다. (그리스 신화에 나오는 영웅 '페르세우스'가 메두사의 목을 가지기 위해 '하나의 눈으로 운명을 점치는 세 마녀 그라이 아이'의 눈을 훔쳐 활용하는 것이 연상된다.)

E. 예비 살인자들은 체포 후 어떻게 처리되나?

현장에서 체포와 동시에 머리에 튜브를 쓰게 되고, 그것을 쓰면 외부와 차단이 된다. 머릿속에는 그동안 살아온 인생의 기억이 파노라마처럼 스쳐 지나가게 되고, 결국 자유를 억압당한 무의식 상태로 냉동인간처럼 캡슐에 갇히게 된다. 나중에 체포된 존도 이 감옥에 갇히게 되나, 전 부인의 기지로 이 감옥에서 탈출하게 된다.

F. 수사국장이 마지막으로 자살을 선택한 이유는?

프리크라임 성공 축하 파티장에서 자신의 살해 영상이 공개된 후, 자신 앞에 나타난 존은 국장에게 "무엇을 선택할 것인가? 자신을 죽이면 시스템은 틀리지 않는다는 것을 입증하지만, 대신 감옥에 수감돼야 하고, 죽이지 않으면 시스템이 완벽하지 않음을 입증하게 된다"고 말하자 딜레마에 빠진 국장은 "선택했다"고 말하고 결국 자살하게 된다.

<에필로그>

국어사전에서 '소수 의견'은 다수결에 의하여 의사결정이 이루어지는 경우, 다수의 찬동을 얻지 못하고 폐기된 의견이라고 정의하고 있다. 하지만 우리는 삶 속에서 보아왔듯이, 모든 이슈에서 다수의 의견이 항상 맞는 것은 아님을 경험적으로 알게 된다. 특히 자기 삶의 방향을 정해진 운명에 맡기지 않고, 자유 의지로 삶의 적극적인 주체로서 살아가기 위해서는 기계가 가지지 않은 직관력(Intuition)을 이용한 자신만의 소수 의견(Minority Report)의 발현이 절대적으로 필요하다는 것을 깨닫게 된다. 편하게 다수의 의견(Majority Report)에 무조건 따라갈 것인가, 힘들지만 소신 있는 자신만의 시선을 통해 적극적으로 남다른 운명을 개척해 나갈 것인가? 영화 속 주인공 '존'이 자신의 운명에 순응하지 않고 새로운 길을 선택하여 능동적인 삶으로 나아갔듯이, 당신도 스스로 선택할 수 있다(You can choose)!

인생은 퍼즐을 풀어가는
리얼 게임(real game)이다!
이미테이션 게임
Imitation Game, 2014

<프롤로그>

영화 <이미테이션 게임/Imitation Game, 2014>에서 '현대컴퓨터 과학의 아버지'로 불린 '앨런 튜링'은 수학 천재였지만, 어릴 적부터 자폐증으로 사회와 잘 소통하지 못하고 성 정체성의 핸디캡도 가진 고독한 사람이었다. 하지만 그의 엄청난 노력으로 암호 해독기를 만든 덕분에, 제2차 세계대전에서 1,400만 명의 인명을 구하고 전쟁을 2년 일찍 종전시킬 수 있었다(후세 사학자 추산). 우리는 '가끔은 생각지도 못한 누군가가, 누구도 생각지 못한 일을 해내는 것'을 보면서, 인생은 여러 가지 복잡한 퍼즐을 풀어가며 완성해가는 리얼한 게임(real game)인 것을 깨닫게 된다.

<영화 줄거리 요약>

　매 순간 3명이 전사할 만큼, 사상 최악의 전쟁인 제2차 세계 대전이 한창이던 1939년 런던, 연합군은 독일군의 완벽한 암호체계인 '에니그마(ENIGMA)'를 해독하기 위해 MI6 정보기관 주관으로 각 분야의 수재를 모아 비밀리에 프로젝트 팀을 만들게 된다. 암호해독 팀은 핵심 인물로 영입된 케임브리지 수학과 교수 출신 '앨런 튜링(베네딕트 컴버배치 분)'과 체스 게임 2회 챔피언 '휴 알렉산더', 천재 언어학자 '존 케언크로스'와 앨런이 퍼즐 대회를 통해 직접 선발한 '조안 클라크(키이라 나이틀리 분)'로 꾸려진다.

　하지만 독일의 '에니그마'는 절대 해독이 불가능한 암호 시스템으로 24시간마다 암호체계가 바뀜으로 인해 암호해독 팀은 성공의 문턱에서 자꾸만 좌절되면서, 급기야 팀원들끼리도 불신의 충돌이 일어나게 된다. 특히 비범하고 집요한 천재 '앨런 튜링'은 다른 팀원들은 신경 쓰지 않고 혼자 암호해독에 몰두해 더욱 갈등을 빚게 된다. 하지만 앨런 튜링의 천재성을 이해하고, 그의 고뇌와 외로움까지 감싸주며 그의 암호해독 작업을 적극적으로 돕는 '조안 클라크'의 케어 덕분에 앨런은 점점 마음의 문을 열고 다른 팀원들과도 화해하며 암호해독에 박차를 가하게 된다. 그 과정에서 소련의 첩자로도 몰리기도 하고 프로젝트의 성과가 늦다고 해체의 위기에 처하기도 하는 우여곡절 끝에, 앨런 튜링은 '적의 모든 메시지를 즉시에 해독하는 기계'인 '튜링 머신'의 발명에 성공한다.

　튜링 머신은 모든 독일군과 통신하는 내용을 사전에 알아내어 암호해독은 물론 독일군의 작전까지 사전에 파악하게 만든다. 그 결과 연합군이 '스탈린 그라드, 아르덴, 노르망디 상륙작전' 등 모든 중요 작전에서 대승을 거두게 되며, 작전에서 1,400만 명을 구하고 전쟁을 2년 일찍 종식하는 데 결정적인 역할을 하게 된다. 하지만 그가 그 시대 불법이었던 성 소수자(동성연애자)라는 것이 밝혀지면서 그는 영웅으로 대접받지도 못하고 강제로 화학적 거세라는 형벌까지 받으면서 결국 41세의 젊은 나이로 자살하고 만다. 그가 사망한 지 59년이 지난 2013년, 영국 여왕의 특별 사면으로, 그의 위대한 업적을 기리게 되었다.

<관전 포인트>

A. 독일군 암호체계인 '에니그마(ENIGMA)'를 해독할 수 없었던 이유는?

역사상 가장 완벽한 암호체계로 독일군이 모든 통신에 사용하는 기계 인 에니그마는 24시간마다 암호체계가 바뀌어, 6시간의 구간(Term) 을 제외하고 18시간 안에 해독해야 한다. 암호가 가진 의미의 숫자적 가능성은 1,590억의 10억 배 경우의 수(수학적 계산으로 치자면 2천 만 년간 해야 할 일을 20분 안에 해야 하는 불가능한 일)를 가진 절 대 해독 불가능한 암호체계로, 인간의 머리로는 해독할 수 없었기에, 천재 수학자 튜링은 알고리즘을 사용해 계산을 즉시에 수행하는 '튜 링 기계(일명 크리스토퍼)'를 발명하기에 이른다.

B. 앨런 튜링이 개발한 '튜링 기계'는 어떤 기계인가?

튜링은 알고리즘을 사용해 계산을 수행하는 '튜링 기계(일명 크리스 토퍼: 고교 시절 집단 따돌림의 대상이었던 자신을 구해준 소울메이 트였으나 결핵으로 요절한 친구를 사모해서 붙인 이름)'와 인간과 기 계를 구분하는 '튜링 테스트' 개념을 고안해 인공지능(AI)의 기초를 놓았다. 앨런 튜링은 그 시스템을 이용하여 에니그마 해독을 통해 연 합군의 승리를 앞당긴 전쟁영웅이다. 최근 영국에서는 새로운 고액권 지폐인 50파운드(약 7만 4,000원) 지폐에 천재 수학자이자 '현대 컴 퓨터 과학의 아버지' 앨런 튜링의 얼굴을 넣고 그의 위대한 업적을 기 리게 되었다.

C. 앨런 튜링의 큰 업적에도 불구하고 젊은 나이에 자살한 이유는?

천재 수학자 '앨런 튜링(1912~1954)'은 제2차 세계대전이라는 끔찍한 전쟁에서 1,400만 명을 구해내고 종전을 2년이나 앞당긴 위대한 영웅이었지만, 그가 동성연애자라는 사실이 드러나면서 1951년 당시 체포되어 2년의 징역형과 화학적 거세 형벌 중 선택을 강요받게 된다. 연구를 계속해야 하던 그는 화학적 거세를 선택했고, 고난을 겪다가 1954년 스스로 목숨을 끊고 말았다. 그는 성 소수자이기 전에 천재 수학자로서의 삶과 아픔, 외로움, 그리고 그가 이 세상에 이바지했던 희생과 열정을 많은 사람에게 다시 한 번 생각하게 한다. 앨런 튜링의 위대한 업적은 59년간이나 은폐되어있다가 알려지게 되었다. 영국에서는 2013년 시민들의 청원을 받아들여 엘리자베스 2세 여왕이 앨런 튜링을 특별 사면하게 되면서 그의 업적이 세상에 널리 알려지게 되었다.

D. 암호해독 팀의 한 멤버인 '피터'가 앨런 튜링을 심하게 원망한 이유는?

앨런 튜링은 각고의 노력으로 알고리즘을 통한 암호해독기 '튜링 기계'를 개발하게 된다. 하지만 이 사실을 독일군이 알면 다시 에니그마 시스템을 개조할 수 있기에, 튜링은 지금 진행되는 작전에 피해가 예상되지만 모른 체하면서 연합군을 투입한다. 이때 암호해독 팀 '피터'의 형도 참전하게 되어있었지만, 오랜 전쟁의 조기 종식이 가장 중요한 미션이었기에, 끝내 미리 알려주지 않아 전사하게 되고, 이를 알게 된 '피터'는 강하게 앨런 튜링에게 항의하고 원망하게 된다. 이후에도 '앨런 튜링'은 MI6의 책임자인 '멘지스'와 함께, 독일군이 눈치채지 못하게 어떤 공격을 당하고 막을지 통계적 방식(전쟁에서 이기려면 최소한 얼마나 공격하고, 독일이 의심하지 않으려면 얼마나 당해야 할지를 전략적으로 결정)으로 계산하여 진행하기도 하였다.

E. 암호해독 팀이 마침내 암호해독의 미션을 성공적으로 완수할 수
  있었던 비결은?

암호해독 팀에 차출된, 각 분야에서의 수재들은 각자의 재능만 믿고
소통의 협력이 잘되지 않아 큰 갈등으로 팀의 미션도 제대로 진행되
지 않았다. 그런데 나중에 팀에 합류한, 여성 멤버인 퍼즐 천재 '조안
클라크'의 부드러운 리더십이 큰 역할을 하게 되었다.

첫째, 멤버를 개별적으로 접근하여 칭찬을 통해 존재감을 인정해준
후 자신들의 미션 성공을 위해서는 서로 간의 화합이 중요하다는 사
실을 일깨워 시너지를 창출하였다.

둘째, 과도한 업무로 능률이 약해지자 틈새 시간에 같이 식사나 맥주
를 하면서 스트레스를 풀어주면서 비움의 시간을 통해 충전의 기회를
회복시켰다.

셋째, 혼자서 일하는 방식을 고수하던 앨런 튜링을 수시로 격려하면서
동시에 팀워크를 통해야만 어려운 미션을 해결할 수 있다고 설득하여
팀 시너지를 올렸다. (앨런 튜링은 사과를 사서 하나씩 돌리고, 썰렁한
농담도 하면서 친근감을 표시하여 동료들의 호감을 회복하게 된다.)

넷째, 상부 지휘부와의 긴밀한 소통을 통해 지연되는 프로젝트에 대
한 이유를 설명하고 팀원들에게 힘을 줄 수 있는 인정과 지원을 지속
해서 받아냈다. (앨런 튜링은 권위적인 직속 상관 '데니스턴 중령'이
비협조적이자 직접 윈스턴 처칠 수상에게 편지를 써서 암호해독기계
제작의 지원을 받아내고 팀장 역할도 얻어내게 된다.)

다섯째, 현장의 상황을 수시로 경청하여 자신들의 미션이 탁상공론으
로 흐르는 것을 방지하고 팀원들에게 이 미션이 얼마나 중요한지를
수시로 일깨웠다. (독일군 통신병들을 도청하는 여직원이 술자리에서
하는 사소한 농담을 통해 암호해독의 '경우의 수'를 대폭 줄일 수 있
는 방법, 에니그마 해독에 필요한 명령어는 '하이 히틀러'가 들어간다
는 사실을 포착하게 된다.)

<에필로그>

영화 <이미테이션 게임>은 독일군 암호 시스템 '에니그마'를 풀어
내기 위한 연합군의 영웅담이 아니라, 에니그마를 풀어가는 과정에서
'앨런 튜링'이 그만의 방식으로 시행착오를 겪으며 사랑하는 방법을 배
우고, 사회와 소통하고, 친구들과의 팀워크를 배워나가는 아름다운 여
정을 보여준다. 우리와는 또 다른 시대에 살았기에, 비운의 결말을 맞은
'앨런 튜링'이었지만 한 인간으로서 '에니그마'의 퍼즐뿐만 아니라 자신
의 인생 속 퍼즐도 풀어나간다. 그의 숭고한 업적이 오늘날 재조명되는
것은 마땅히 의미 깊은 일이다. 여주인공 '조안 클라크'가 고통받는 '앨
런 튜링'에게 찾아가 위로하면서 "당신이 평범하지 않기에 세상이 더 나
은 곳이 된 걸요"라는 말처럼 자신은 물론 주변 사람에게도, 크고 작은
퍼즐을 풀어갈 기회를 주어 인류사회에 이바지할 수 있도록 따뜻한 격
려와 관심을 아끼지 않아야 할 것이다.

'쥬라기 공원'에서 당신의
공룡을 소환할 수 있을까?
쥬라기 공원
Jurassic Park, 1993

<프롤로그>

[미국인들이 성경 다음으로 좋아하는 책 '허먼 멜빌(Herman Melville)'의 『모비 딕(Moby Dick)』(1851)이 다시 재조명되고 있다. 과거 모비 딕은 악의 상징에 도전하는 인간 '에이허브 선장'의 의지에서, 현대에는 '자연의 섭리로 바다에서 살아가는 고래 모비 딕에 도전하는 인간의 오만함'을 비판한 소설로 재해석되고 있다.]

1993년 영화 <쥬라기 공원/Jurassic Park>이 상영되었을 때 그 충격은 엄청났다. 6천 5백만 년 전 백악기의 멸종동물인 공룡을 최신복제기술로 되살려 코스타리카 서해안의 한 섬에 테마파크를 통해 큰 비즈니스를 준비했던 백만장자 '존 해먼드'는 식인공룡 '티라노사우루스 렉스'를 철저히 통제할 수 있다고 착각하였지만 결국 엄청난 재앙을 가져오게 되었다.

과거 소나무 송진에 파묻혀 수천 년간 갇혀있던 모기의 핏속에서 DNA를 추출하여 오늘날 모든 종류의 공룡을 되살린 상상력에 혀를 내두르기도 하였다. 결국, 이를 악용한 인간의 욕심으로 인해 멋진 상상력은 자연의 섭리 앞에 무너지게 된 것이다. 인간이 가진 이기적인 소통력과 포용력으로 상상 속의 '모비 딕'이나 '쥬라기 공원에서 당신의 공룡'을 소환하여 같이 공존할 수 있는 지혜가 있을지를 영화를 통해 자신을 성찰해본다.

<영화 줄거리 요약>

백만장자 사업가 '존 해먼드 회장(리처드 아텐보로 분)'은 저명한 고생물학자 '알란 그랜트 박사(샘 닐 분)'와 그의 애인이자 고식물학자인 '엘리 새틀러 박사(로라 던 분)', 수학자 '이안 말콤(제프 골드브럼 분)' 등 전문가들을 코스타리카 연안의 이슬라 누블라 섬으로 초대한다. 섬에 도착하자마자 놀랍게도 거대한 초식공룡 '브라키오사우루스'가 일행 앞에 등장한다. 존 해먼드 회장은 고대 도마뱀의 피를 빤 모기가 갇혀있던 호박 화석에서 공룡의 DNA를 추출한 뒤 양서류의 DNA를 결합해 각종 공룡을 만들었고, 이를 내세워 세계 유일의 테마파크 '쥬라기 공원'을 개장할 계획이다.

살아있는 공룡들에 압도된 전문가들은 1박 2일간 공원에 머물며 안전 진단을 하기로 한다. 존 해먼드 회장의 어린 손자 팀, 손녀 렉스도 공원을 구경하러 섬에 도착한다. 그러나 악당이자 시스템 엔지니어 '네드리'가 미리 외부에서 돈을 받고 공원의 안전관리 시스템을 마비시킨 뒤 공룡 수정란들을 쉐이빙폼(면도거품통)에 넣어 빼돌려 달아나려다가 폭풍우가 몰아치는 기상 상태에서 공룡에게 공격당해 죽고 만다. 이러한 상황에서 시스템이 마비되어 전기 철장이 작동하지 않는 바람에 공룡들은 우리를 탈출하고 만다.

이를 모르고 있던 아이들과 박사 일행은 악명 높은 육식공룡 '티라노사우루스'와 날카로운 이빨이 사나운 '벨로시랩터'에게 습격을 당한다. 이안 말콤 박사는 티라노사우루스를 유인하고 '알란 그랜트'가 아이들을 구해내 도망치자 뒤늦게 차를 몰고 온 '엘 리 새틀러 박사'와 공원 경비대장 멀둔과 함께 간신히 피신한다. 돌발상황에 충격을 받은 존 해먼드 회장이 어떻게든 시스템을 복구하려 노력하는 사이, 따로 떨어진 아이들과 알란 박사 일행은 도움을 요청하러 공원을 헤매다가 영리하고 잔인한 공룡 '벨로시랩터'에게 포위되어 위기는 절정으로 치닫는다. 하지만 다행스럽게도 '벨로시랩터'와 '티라노사우루스'의 격투 사이에서 이들은 극적으로 탈출에 성공한다.

<관전 포인트>

A. 존 해먼드 회장의 안일했던 생각은?

존 해먼드 회장은 유전자 조작으로 암컷 공룡들만 만들어냈다고 자신했고, 공룡들의 번식을 제한하고 통제할 수 있는 '쥬라기 공원'은 완벽한 테마파크이자 보호구역이라고 믿었다. 하지만 이안 말콤 박사는 '카오스 이론'을 통해 작은 변화 하나만으로도 거대한 문제가 생길 수 있다면서, 자연은 자기만의 방식으로 해답을 찾을 거라고 예측한다. 즉 공룡의 DNA와 섞인 양서류의 DNA는 생태환경에 따라 성별을 바꿀 수 있고, 암컷 공룡 중에 성별을 바꾸는 공룡들이 생겨나면서 새끼들이 무차별적으로 태어나게 된다. 이에 통제할 수 없는 혼돈의 자연에 휩싸이게 된다.

B. <쥬라기 공원> 시리즈를 통틀어 가장 리얼한 장면은?

심야에 인간들이 쉬고 있는 텐트 근처로 다가오는 티라노의 발자국 소리에 컵의 물에 잔물결이 생기고 심하게 흔들리면서 시시각각 공포가 엄습해오는 장면.

C. <쥬라기 공원>의 영화사적 업적은?

들려오는 영화 특수효과 분야의 혁신으로 평가받았고, 1994년 아카데미 시상식에서 음향상, 음향 효과상, 시각효과상을 수상하기도 했다. 기술의 혁신성뿐만 아니라 기술이 어떻게 이야기와 결합해야 하는지를 보여준 점에서도 이후 지속해서 재평가되고 있다. 특히 '알란 그랜트 박사'가 이슬라 누블라 섬에서 공룡을 처음 보고 감격의 눈물을 흘리는 장면이 대표적이다.

D. <쥬라기 공원>을 공포 영화로 분류하기도 하는 이유는?

초반부 액션 어드벤처의 성격이 강하지만, 공룡들이 우리를 탈출한 중반 이후에는 무시무시한 공포 영화를 방불케 하는 서스펜스를 자아낸다. 공룡이 등장할 때는 물론이고, 등장하지 않을 때조차 절묘한 편집으로 트라우마를 일으키는 방식이다. 특히 '쥬라기 공원' 최고의 악당인 벨로시랩터 두 마리가 방문객 센터에서 아이들을 사냥하려는 장면이 대표적이다. "육지에서 <죠스> 같은 영화를 만들려고 노력했다"라는 스필버그의 의도가 엿보인다.

E. <쥬라기 공원>과 같은 상상력을 주는 콘텐츠는?

'피터 잭슨' 감독의 <킹콩/King Kong, 2005>이다. 야망에 불타는 영화감독이 미녀 여배우를 캐스팅하여 지도상에 없는 미지의 해골섬을 찾아 나섰다가 전설의 킹콩과 맞닥뜨리게 된다. 간신히 미국 뉴욕으로 이송해온 킹콩과 도심 한복판에서 벌이는 숨 막히는 액션이 펼쳐진다.

F. <쥬라기 공원>의 시리즈 5가지 영화는?

@<쥬라기 공원 2: 잃어버린 세계/The Lost World: Jurassic Park,

1997〉: 쥬라기 공원의 사고로 폐쇄된 지 4년이 흐른 시점. 인젠사의 새 회장은 아직 서식하고 있는 공룡들을 포획하여 캘리포니아 샌디에 이고에 제2 쥬라기 공원을 세울 계획을 한다. 이에 전문 사냥꾼을 파견하게 되고, 이 과정에서 자신의 여자친구 사라 박사를 구하러 간 말콤 박사와 부딪히게 된다. 결국 육식공룡 랩터에 많은 희생자가 난 후, 말콤 박사는 과거 쥬라기 공원의 잔해가 있던 통제실에서 무전 시설로 헬기구조로 탈출하게 되지만, 공룡 사냥꾼 '로랜드 템보(피트 포스틀스 웨이트 분)'에 의해 티라노사우루스가 마취된 상태로 거대한 운반선에 실려 샌디에이고 항구에 도착한다.

@ 〈쥬라기 공원 3/Jurassic Park Ⅲ, 2001〉: 1편에 나왔던 공룡 연구의 최고 권위자인 알란 그랜트 박사는 '벨로시랩터'의 지적 능력에 관한 새로운 이론을 연구하면서 연구비의 부족으로, 재벌 '폴 커비' 부부의 공룡 번식처가 있는 '이슬로 소르나'섬의 가이드를 맡게 된다. 그 섬에 도착하자마자 인젠 연구소에서 비밀리에 개발한 익룡 등 새로운 공포의 공룡과 사투를 벌이게 된다. 그랜트 박사는 공룡들로부터 도망치면서 자신의 연구 과제였던 '벨로시랩터'의 지적 능력을 확인하게 되고, 위기 상황에서 커비 부부의 실종된 아들 '에릭 커비'의 도움으로 위기를 탈출하게 된다.

@ 〈쥬라기 월드/Jurassic World, 2015〉: 쥬라기 공원이 문을 닫은 지 22년, 유전자 조작으로 탄생한 공룡들을 앞세운 <쥬라기 월드> 는 지상 최대의 테마파크로 자리 잡는다. 관객들은 투명한 구체(자이로 스피어)를 직접 운전하며 다양한 공룡들을 더 가까이 다가가서 눈앞에서 구경할 수 있다. 하지만 새롭게 유전자 조작으로 태어난 '인도미누스 렉스' 등 하이브리드 공룡들은 고도의 지능과 공격성을 끝없이 진화시키며 인간의 통제를 벗어나기 시작한다. 물속에 들어있던 '모사사우루스'가 백상아리를 향해 날아오르는 장면이 압권이다. 해군 출신의 벨로시랩터 조련사 '오웬(크리스 프랫)'과 테마파크의 경영자 '클레어(브라이스 달라스 하워드 분)'의 활약으로 위기를 극복한다.

@〈쥬라기 월드: 폴런 킹덤/Jurassic World: Fallen Kingdom, 2018〉:
지상 최대의 테마파크 '쥬라기 월드'가 폐쇄된 이후 화산 폭발 조짐이
일어나자, 오웬과 클레어는 공룡들의 멸종을 막기 위해 이슬라 누블
라 섬으로 떠난다. 한편, 진화된 공룡들을 이용하려는 세력과 거대한
음모가 드러나고, 절대 지상에 존재해선 안 될 위협적 공룡들이 마침
내 세상 밖으로 등장하게 된다.
@〈쥬라기 월드 3〉: 2021년 6월 개봉 예정

<에필로그>

영화 <쥬라기 공원>에서 공룡들을 남겨둔 채 정신없이 섬을 탈출
해 나오는 이들을 통해 인간이 넘어서지 말아야 할 과학과 생명의 경계
는 어디인지 묻는다. 수천만 년 전 '잃어버린 세계'를 억지로 회복시킨
시도는 결국 생명의 진화가 아닌 죽음을 낳는다고 경고하고 있다. 하지
만 많은 사람의 상상의 세계에 살아 숨 쉬고 있는 거대한 하얀 고래 '모
비 딕'과 '쥬라기 공원의 공룡'을 현재에 소환시켜 자연의 섭리 속에서
그들과 소통하고 포용하는 방법을 찾아낼 수 있다면, 우리는 영화
<E.T., 1982>에서처럼 생김새나 소통방식이 다른 외계인과 선입관 없
는 우정을 나누는 모습을 보았듯이 공존할 수 있는 행복한 세계로 함께
나아갈 수 있을 것이다.

가슴 뛰는 자신만의
보물섬으로 출발하자!

보물섬
Treasure Island, 1950

<프롤로그>

[보물섬(Treasure Island): 유명한 『지킬 박사와 하이드 씨(The Strange Case of Dr. Jekyll and Mr. Hyde)』(1886)를 쓴 영국 소설가 '로버트 루이스 스티븐슨'이 1883년 출간한 소설로 『보물섬』은 저절로 흥미를 불러일으키는 분위기는 물론 환상적인 캐릭터와 배경을 지닌 등장인물들로 무장하여 아직도 모방작인 〈캐리비안의 해적〉 같은 영화를 통해 해적에 대한 낭만과 모험심을 불러일으키고 있다.]

월트디즈니에서 제작한 영화 <보물섬/Treasure Island, 1950>에는 숨겨진 보물, 저주, 괴이한 만남, 폭풍우, 선상 반란, 그리고 엄청난 음모 등이 총동원된 환경에서, 어린 소년 짐의 용기 있는 모험과 악당이지만 멋진 '존 실버 선장'과의 우정을 그리고 있다. 더욱 신기한 것은, 이 영화를 보면서 실제로 보는 관객 스스로가 꿈을 찾아 자신만의 보물섬을 찾아 나서는 설렘과 감동을 느낄 수 있는 미완의 분위기를 느낄 수 있어 오랜 시간이 지난 현대에도 잊어버린 꿈과 용기를 불러일으키는 작품이다. 영화 <보물섬>을 통해 당신의 설렘이 가득한 보물섬으로 출발해보자!

<영화 줄거리 요약>

엄마와 함께 항구에서 여인숙을 운영하는 13세의 소년 '짐 호킨스(보비 드리스콜 분)'는 그곳에 머물던 자칭 '캡틴(해적 플린트 선장 휘하의 부선장을 지냄)'이라는 늙은 '빌리 본스'를 돌봐주고 있다. 술주정뱅이던 빌리 본스는 어느 날 찾아온 수상한 장님 해적 '퓨'가 주고 간 검은 쪽지를 받고 정신적 쇼크로 죽기 전, 짐에게 보물 지도를 남기게 된다.

짐은 마을 대지주인 '트렐로니'와 자신의 멘토 격인 의사이자 치안판사인 '리브지'를 찾아간다. 그들은 죽은 빌리 본스는 악명 높던 '플린트 선장'이 이끄는 해적선의 일당이었고 플린트가 속했던 해적단이 보물들을 대서양에 있는 섬에 숨겼다는 사실을 알아낸다. 그리고 세 사람은 부두에서 술집을 하고 있는 '롱 존 실버(로버트 뉴튼 분)'라는 외다리 남자의 도움으로 승무원들을 모으게 되고, 자신도 배의 조리장으로 합류하여 마침내 구색을 갖춘 '히스파뇰라호'는 보물섬을 찾아 항해하기 시작한다.

섬에 가까이 가던 어느 날, 짐은 우연히 존 실버 일행들이 사실 과거 플린트 해적단의 일당이었고 보물이 파묻힌 장소를 확인 후 선상 반란을 일으키려는 음모를 세우고 있다는 것을 알게 된다. 다행히 짐이 사전에 반란계획을 알게 되어 '스몰렛 선장' 등에게 알리면서 무사히 배에서 탈출하여 보물섬에 먼저 도착하지만, 보물을 탈취하려는 해적들과의 치열한 전쟁이 시작된다.

<관전 포인트>

A. 짐의 여인숙에 묵던 '빌리 본스'가 죽게 되는 이유는?

해적 선장 플린트가 숨겨놓은 보물 지도를 훔쳐 달아났던 빌리 본스는 항상 배신한 자신을 찾아올 해적들을 두려워하고 지내다가, 어느 비 오는 날 검은 쪽지(black spot: 까맣게 칠한 종잇조각. 해적들이 상대방에게 의사를 엄중히 전달하는 도구로 사실상 죽음을 알리는 최후통첩)를 전달받자 쇼크로 사망하면서 평소 자신을 친절하게 보살펴주던 소년 짐에게 보물 지도를 맡기게 된다. 해적들이 상대방의 전의를 상실케 하는 검은 쪽지는 상당히 무서운 심리적 전술이라는 생각이 든다.

B. 평소 쾌활하고 친절했던 요리사 존 실버의 정체를 알게 된 계기는?

짐은 오랜 항해로 뱃멀미를 진정시켜주는 사과를 먹기 위해 사과 저장통에 갔으나 바닥에 몇 알 남지 않아 통에 빠지게 된다. 그 통 주변에 몰려든 선원들이 '존 실버(과거 플린트 선장 밑에서 갑판장으로 일했던 해적)'를 중심으로 두런두런하는 얘기 소리가 바로 보물섬에 도착하면 보물을 찾고 다른 일행은 모두 제거한다는 것이었다.

C. 해적에 쫓겨 '히스파니올라섬'에 먼저 오른 짐이 만나게 되는 사람은?

3년 전 플린트 선장의 해적들에게 버려져 홀로 무인도 생활을 하던 전직 해적 '벤 건'을 만나 섬의 지형지물을 안내받는 등 도움을 받게 되어 먼저 보물을 찾게 되었고, 해적들과의 전투에서도 많은 도움을 받게 된다. 벤 건의 도움으로 보물을 '벤 건'의 동굴에 미리 옮겨둔 후, 리브지 선생의 기지로 실버 선장에게 쓸모없어진 보물 지도를 주며 해적들을 안심시킨 후 보물섬에서 탈출하게 된다.

D. 존 실버는 어떻게 되나?

짐을 개인적으로 좋아하던 존 실버는 비록 악당이지만 난폭한 해적에게서 짐을 구해주면서 해적들과도 멀어지게 된다. 해적단과 싸움에서 살아남은 짐과 일행에게서 약간의 은화 몇 자루를 빼내고 자신은 카리브해의 섬으로 탈주하게 된다. 결국, 짐의 일행은 영국으로 귀환하여 보물을 분배하고 나라로부터 상도 받게 되지만, 마음속에는 어깨 위에 올려놓은 말하는 앵무새, 무릎까지 내려오는 영국식 코트, 머스킷 총, 삼각 선장 모자, 노래 <망자의 관(Dead Man's Chest)>, 나무로 된 외다리 등 신비감이 감돌던 '존 실버'와의 추억이 오랫동안 자리 잡게 된다.

[일본에서 만들어진 애니메이션 〈보물섬〉: 철완 아톰(1952)의 작가 '데즈카 오사무' 작으로 원작에는 악역으로 묘사되었던 '롱 존 실버' 선장을 카리스마와 멋이 있는 상당히 매력적인 인물로 재해석하였다.]

E. 소설이나 영화에서 부각되는 맛의 향수는?

짐이 오랜 항해에서 갈증을 달래기 위해 '사과' 한 알에 큰 위안을 받았듯이, 소설 『솔로몬 왕의 동굴』(헨리 라이더 해거트 저, 1885)에서도 탐험가 '앨런 쿼터 매인'과 일행들은 마녀 가굴의 계략에 빠져 동굴에 갇히게 되었을 때, 동행한 '헨리 경'은 자신을 이 동굴에서 빠져나가게 해주는 사람에게는 자신이 소중히 간직한 '고급 치즈'를 주겠다고 하는 장면에서 치즈의 소중함과 특별한 맛을 상상할 수 있다. 오늘 사과 한입을 베어 먹을 때 소년 짐이 느꼈을 망망대해에서의 위안의 맛과 해적들이 부르던 노래 <망자의 관>에서 '럼주(일명 해적(뱃사람)의 술: 서인도제도에서 당밀이나 사탕수수를 원료로 만든 도수가 높은 술로 뉴잉글랜드산 럼이 유명함)'의 맛을 상상해본다.

[망자의 관(Dead Man's Chest): 망자의 함 위에는 열다섯 사람. 얼씨구 좋다, 럼주를 마시자, 그러면 나머지는 악마가 알아서 하겠지.

얼씨구 좋다, 럼주를 마시자.]

<에필로그>

영화 <보물섬>에서 용감한 소년 짐은 무시무시한 해적과의 절체절
명의 대결 속에서도 솔선수범을 통한 슬기로운 대처로 보물을 찾고 귀
환하게 된다. 또한 악당이지만 현명하고 합리적으로 문제를 풀어가던
해적 '존 실버'와의 우정을 통해, 사람은 누구와도 소통하고 포용할 수
있으며, 이를 통해 위기상황을 전화위복의 기회로 만들 수 있다는 것도
배우게 된다. <보물섬>의 작가 '스티븐슨'도 신비한 악당 '존 실버'의
기지와 소통의 역할을 통해 세상에는 절대적인 악당도 절대적인 영웅도
없음을 얘기하고 싶어 한다. 우리도 자신만의 가슴 설레는 보물섬을 찾
아가기 위해서 소년 '짐'과 같은 포기하지 않는 불굴의 용기와 함께 해
적 '존 실버'와 같은 지혜와 타협을 이끌어내는 소통의 기술도 동시에
가져야 할 것이다.

모험의 세계로 이끄는 마법의 채찍!
인디아나 존스 시리즈

<프롤로그>

영화 <스타워즈>, <007> 시리즈와 함께 무한한 상상력과 모험으로 관객들에게 현실에서 청량감과 새로운 가능성을 심어준 영화가 바로 <인디아나 존스> 시리즈이다. '스티븐 스필버그' 감독과 '조지 루카스'가 의기투합하여 내놓은 어드벤처 영화의 대명사이다. 액션과 모험, 스릴, 로맨스, 초현실적인 영역까지 모두 아우르며 마치 롤러코스터를 탄 것처럼 현실적인 벽에 부딪힌 우리에게 오늘도 다시 도전할 수 있는 큰 용기와 희망을 불어넣어 준다. 특히 역사와 문화재에 대한 관심과 미지의 세계에 대한 호기심을 불러일으키는 심미적인 접근과 인간성 회복의 철학을 통해 고리타분한 역사학, 고고학, 언어학, 지리학 등 인문학에 대한 소중함을 흥미진진하

게 탐구할 수 있게 해주기도 한다.

<영화 줄거리 요약>

영화 <인디아나 존스>는 4편이 개봉되었고 5편은 2021년 7월로 개봉이 예정되어있다.

1. 〈레이더스: 잃어버린 성궤를 찾아서/Riders of the Lost Ark, 1981〉

모세는 유대인을 이집트 제국의 압제에서 해방해준 여호와로부터 십계명이 새겨진 석판을 받아 산을 내려온다. 그러던 중 이스라엘 민족이 이집트의 멤피스(황소의 신)로 믿는 동물숭배의 영향을 받아 금 송아지를 '이집트에서 자신들을 구원한 신'으로 믿는 우상숭배에 격분하여 석판을 깨버렸다. 히브리인들은 모세가 하느님으로부터 받은 십계명 석판을 모아 성궤(거룩한 언약의 함)에 넣었고, 가나안에 정착한 후엔 이를 솔로몬 왕이 지은 성전에 모셔두었다. 그 후 이집트의 파라오가 예루살렘을 점령하자, 성궤는 타니스성의 밀실로 옮겨졌는데, 모래 폭풍에 매몰되고 말았다. '인디(해리슨 포드 분)'는 미 정보국의 요청으로, 성궤를 손에 넣으면 세계를 정복할 수 있다는 망상을 갖고 이를 찾아 나선 나치와 대결하며 모험을 하게 된다. 영화 초반 황금 인디오(원숭이)를 얻기 위해 동굴에 들어간 인디가 거대한 돌이 굴러오는 부비트랩(함정)에서 빠져나오는 장면은 압권이다.

2. 〈인디아나 존스와 미궁의 사원/Indiana Jones and the Temple of Doom, 1984〉

상해에서 인디아나 존스는 중국 청나라의 시조인 누르하치의 유골과 보물을 두고 상하이에서 라오 체의 일당과 협상을 벌이다 죽음의 위기에 몰린다. 다행히 쇼걸 '윌리 스콧(케이트 캡쇼 분)'과 꼬마 택시 운전사 '쇼트 라운드'의 도움으로 탈출한 그는 비행기가 추락하는 바람에 인도의 샤만 마을에 불시착하고 예기치 못한 사건에 말려든다. 마을 사람들은 하늘에서 떨어진 인디 일행을 구세주로 여기고, 판콧 궁에 있는 신비의 돌 샹카라를 찾아달라고 부탁한다. 인디 일행은 아이들을 데려다 노동력을 착취하고 산 사람을 제물로 바치는 판코트 궁전의 밀교집단의 손아귀에서 아이들을 구하고 신비의 돌을 찾기 위해 전설의 미궁을 찾아가게 된다.

3. 〈인디아나 존스와 최후의 성전/Indiana Jones and the Last Crusade, 1989〉

인디아나 존스는 보이스카우트 시절인 1912년 도굴꾼이 보물(코로나도의 십자가)을 훔치는 것을 보고 그것을 막으려 하지만 아버지 '헨리 존스(숀 코너리 분)' 박사의 무관심으로 실패하고 만다. 세월이 흘러 아버지처럼 고고학자가 된 인디는 1937년 어린 시절 놓쳤던 보물인 십자가를 포르투갈에서 되찾는다. 자신이 재직 중인 대학교로 돌아온 그는 오래 전에 도착한 아버지의 일기장이 든 소포를 발견한다. 때마침 찾아온 갑부 탐험가 '월터 도노반'은 앙카라 북쪽에서 발견한 반쪽짜리 석판을 보여주며, 헨리 박사의 일기장을 참고해 나머지 반쪽 석판을 찾자고 제안한다. 석판의 반쪽을 찾게 되면 예수가 십자가형을 당할 때 흘린 피를 평소에 예수를 존경하던 '산헤드린 의회 의원 아리마태아 요셉'이 받았다는 거룩한 성배를 찾을 수 있다고 했다. 인디는 아버지 헨리가 성배의 위치에 대한 단서를 찾던 중 나치에게 납치됐다는 소식을 듣고 베네치아로 달려가 아버지를 구해낸다. 오랜만에 다시 만난 부자는 성배를 찾기 위해 좌충우돌하면서 서아시아의 오지 요르단의 페트라로 간다. 성배를 지키던 인자하고 지혜로운 전설의 십자군 할아버지가 수백 년간 지켜온 성배가 화려한 금잔이 아닌 투박한 토기였다는 설정은 거룩한 건 화려하지 않다는 작가의 역설적인 지혜를 말해준다. 총에 맞은 아버지를 구하기 위해 까마득한 낭떠러지 위에서 오직 '믿음(믿음은 바라는 것의 실상과 보이지 않는 것의 증거라는 성경의 문구)' 하나만으로 절벽 아래로 발을 내딛는 순간 착시현상을 이용한 다리가 놓여있어 세 번째 관문을 통과 후 성배로 물을 떠서 아버지의 상처에 부어 살리게 되는 장면에서 많은 교훈을 준다.

4. 〈인디아나 존스와 크리스탈 해골의 왕국/Indiana Jones and the Kingdom of the Crystal Skull, 2008〉

제2차 세계대전 후 냉전이 최고조에 이른 1957년, 인디아나 존스는 친한 동료 '맥(레이 위스톤 분)'과 함께 51구역이라 명명된 미군 비밀기지에서 외계인의 사체를 입수하려는 소련의 특수부대 '이리나 스팔코(케이트 블란쳇 분)' 일당의 추격을 피해 힘겹게 탈출한다. 일상으로 돌아온 인디는 대학에서 고고학을 강의하며 평범하게 지내고 싶어 하나, 탈출 사건과 고고학 연구에 관련해 자신의 교수직을 박탈하려는 정부의 또 다른 압력이 있음을 알게 된다. 어쩔 수 없이 모든 것을 정리하고 대학을 떠나려던 찰나, 그의 앞에 반항기 가득한 청년 '머트 윌리암스(샤이아 러버프 분)'가 나타나 자신의 어머니 '마리온(카렌 알렌 분)'과 인디의 은사인 '옥슬리 교수'가 실종되었으니 찾아달라고 부탁한다. 고고학자를 선망하는 머트는 크리스털 해골과 관련한 여러 가지 비밀을 늘어놓으며 수천년간 풀리지 않은 마야문명의 비밀이자 고고학 사상 최고의 발견이 될 '크리스털 해골'을 찾아 나서자고 제안한다. 인디와 머트 일행은 크리스털 해골을 찾아 페루 마야문명의 전설 도시로 향하게 되고, 그들의 행방을 수소문하던 소련군대의 수장 이리나 일당 역시 크리스털 해골에 얽힌 미스터리를 풀어 세계를 정복할 야욕으로 그들을 쫓는다.

<관전 포인트>

A. '인디아나 존스'라는 이름의 유래는?

스필버그와 공동작업을 하던 조지 루카스 감독이 기르던 개 이름에서 따왔다. '인디아나 스미스'라는 조지 루카스의 의견을 조정하여 스필버거 감독이 최종 '인디아나 존스'로 확정 지었다고 한다. <인디아나 존스>의 음악은 스필버그의 영원한 음악적 동반자인 '존 윌리엄스'가 작곡하여 경쾌하면서도 모험에 대한 흥분과 설렘을 불러일으키는 메인 테마곡인 팝과 클래식을 절묘하게 결합하여 대규모 오케스트라 관현악의 웅장한 사운드로 널리 사랑받고 있다.

B. 인디아나 존스의 트레이드 마크인 중절모와 채찍은 어떻게 가지게 되었나?

영화 3편 <인디아나 존스와 최후의 성전>에서 보이스카우트 시절 도굴꾼을 뒤쫓다가 악당 고고학자에게서 중절모를, 서커스 기차에서는 사자를 길들이는 채찍을 얻게 된다. 두 가지 물건은 인디아나 존스의 트레이트 마크가 되었고, 위기가 닥칠 때 행운을 가져다주는 상징이 되기도 한다.

C. 4편에 등장한 아들은?

4편 <인디아나 존스: 크리스털 해골의 왕국> 편에 등장한 사고뭉치 청년 '머트'는 알고 보니 과거 자신의 옛 애인 '마리온'과의 사이에서 생긴 아들이었다. 머트는 인디처럼 호기심과 모험심이 강한 청년으로 성장하였으나 역시 사고뭉치 스타일이다.

D. 1편에서 성궤의 봉인을 여는 순간 생긴 일은?

1편 <레이더스>에서 성궤를 찾았지만, 독일군에게 빼앗기게 된다. 독일군은 성능을 실험하기 위해 성궤의 봉인을 열어보는데, 여는 순간 성궤에 갇혀있던 영혼들이 나와서 상상도 못 한 신과의 권능으로 독일군들을 모두 뜨거운 열로 녹여 초토화한다. 이런 힘을 미리 알았던 인디와 마리온은 나무에 묶여있으면서도 두 눈을 감고 있어 화를 면할 수 있게 되었다. 즉 '소돔과 고모라'성이 멸망할 때 뒤를 돌아보면 소금기둥이 되는 장면과 비슷하다.

E. 4편 〈크리스털 해골의 왕국〉에서 외계인과 만난 소련군 이리나는 어떻게 되나?

외계인의 지식을 얻어 세계정복을 꿈꾸던 소련군 이리나는 소원대로 외계인과 조우하고 그들의 지식을 받아들일 수 있게 되지만, 그건 인류의 한사람이 감당하기에는 너무나도 방대한 것이었기에 결국 파멸한다.

F. 〈인디아나 존스〉 시리즈에 나오는 신비한 물건들의 행방은?

온갖 고생 끝에 클라이맥스에 이르렀을 때 목표에 집착했던 악당들은 모두 목숨을 잃게 되고 인디아나 존스도 결국은 목표물을 손에 넣지 못한다. 찾기는 하지만 거대한 비밀이나 힘을 쓰지 못할 상황에 놓이게 된다. 결과적으로 목표물은 영화 내내 관객의 궁금증을 유발하지만, 결말을 이루는 핵심요소가 아닌 일종의 심리적 상징물이며 영화는 막강한 힘을 가진 유물보다 더 소중한 인간성의 회복 같은 도덕적이고 철학적인 교훈을 보여주게 된다. 성궤(미 정보국이 압수해 51구역에 보관), 상카라의 돌(2개는 소실, 1개는 마을 사람들에게 반환), 성배(갈라진 땅속으로 소실), 크리스털 해골(외계인에게 환원, 실제 보물은 외계인의 지식)

G. 프리퀄 TV 시리즈 〈영 인디아나 존스〉는?

93세의 노인이 된 인디아나 존스의 회상으로 시작되는 〈영 인디아나 존스〉는 10살의 어린 인디아나 존스가 1900년대 초반 아버지 헨리와의 여행에서 벌어진 모험에서부터 10대 후반 청년기에 제1차 세계대전을 겪으면서 싹튼 사랑과 추억, 스파이 활동 등을 담은 TV 드라마로, 총 44개의 에피소드 프리퀄(오리지널 영화에 선행하는 사건을 담은 속편)로 구성되어있다.

<에필로그>

영화 <인디아나 존스>가 대중문화에 끼친 영향은 대단했다. 허구성이 명백한 판타지를 현실적인 영역으로 끌어들이면서 속도감 넘치는 이야기로 포장하여 유치함을 잊어버리게 만든 영화는 이후 제작된 모험영화 <킹 솔로몬/King Solomon's Mines, 1985>, <로맨싱 스톤/Romancing the stone, 1984>, <구니스/The Goonies, 1985>, <미라/The Mummy, 1999>, <툼 레이더/Tomb Raider, 2001>, <내셔널 트레져/National Treasure, 2004>에 절대적인 영향을 미쳤다. 비록 위험과 고통이 따르는 여정이지만 한 번밖에 없는 인생이기에, 오늘 매일 반복되는 각박한 삶 속을 탈출하여 자신만의 용기와 상상력의 캐릭터를 두르고 후회 없는 모험의 길로 떠나보자!

준비됐나요?(Stand by),
그럼 전진(forward)하세요!

스탠바이 웬디
Please Stand By, 2017

<프롤로그>

마니아 수준을 넘어선 '특정 분야의 전문가' 한 가지를 광적으로 좋아하고 열중하는 사람을 '덕후'라고 부르기도 한다. 영화 <스탠바이 웬디/Please Stand By, 2017>에서 발달장애를 겪고 있는 주인공 웬디는 영화 <스타트렉>에 대해 모르는 것 하나 없는 엄청난 팬이다. 그녀는 영화 속 반은 인간(어머니는 지구인)이고 반은 외계인(아버지는 벌컨족)의 몸인 1등 항해사 '스팍'이 감정을 가슴으로 느끼지 못하는 것을 보며 자신도 스팍과 같은 영혼의 결핍이 있는 존재로 생각한다. 우리는 살아가면서 훌륭한 롤모델을 찾아 따라하려고 하지만 실제로 자신과 일체적, 동질성을 가지고 영혼을 위로하는 대상은 의외

로 가까이서 나를 지켜보고 있을지도 모른다. 영화에서는 두렵다는 이유로 아무것도 하지 않으면 당신의 우주는 그렇게 좁아져가고, 어렵다는 이유로 다가가지 않으면 서로를 이어주는 길은 사라져가며, 바쁘다는 이유로 해야 할 일을 미루면 목적지를 잊어버릴 수 있다는 것을 가르쳐준다. 준비가 되었다면 망설이지 말고 앞으로 전진하는 용기를 발휘하라!

<영화 줄거리 요약>

영화 <스타트렉>에 대해 모르는 것 하나 없는 엄청난 팬인 '웬디(다코타 패닝 분)'는 파라마운트 영화사에서 우승금 10만 달러를 걸고 실시하는 '스타트렉 스페셜 편 시나리오 공모전' 소식을 듣고 글을 쓰기 시작한다. 수정에 수정을 거듭한 끝에 드디어 427페이지의 시나리오가 완성되었지만, 우편으로 부쳐서는 마감 날인 2월 16일 17시까지 도착하기는 어려운 상황이다. 웬디는 직접 샌프란시스코에서 출발하여 로스앤젤레스에 가서 전달하기로 결심하고 강아지 '피트'와 함께 생애 가장 먼 600km의 여정을 혼자 출발한다.

전반적인 발달장애(자폐증)를 겪고 있는 웬디가 사라졌음을 안 재활센터 '스코티(토니 콜렛 분)' 원장선생님과 언니 '오드리'는 무작정 로스앤젤레스 방향으로 웬디의 행방을 찾으러 나선다. 웬디를 추적하는 과정에서 재활센터 카일 선생은 자기 아들을 통해 웬디가 길에서 분실한 시나리오가 자신이 건성으로 생각했던 <스타워즈>가 아닌 <스타트렉>이라는 것을 알게 되면서 얼마나 자신이 아들과 웬디와의 소통에서 일방적이었는지 반성하게 된다.

또한 언니는 동생에게 자신의 아기도 만지지 못하도록 했었는데, 동생이 자신의 삶을 개척하기 위해 얼마나 노력하고 용기 있는 삶을 살아왔는지를 깨닫게 되면서 깊이 감동하게 된다. 천신만고 끝에 영화사에 도착하여 시나리오를 접수한 웬디는 비록 영화사의 심사에서 시나리오가 채택되지는 않지만, 큰 자신감을 얻고 다시 서먹했던 언니가 보낸 웬디를 인정하는 초대장 '루비(언니의 딸)가 널 보고 싶어 해'를 받게 되면서 따뜻한 재회를 나누게 된다.

<관전 포인트>

A. 웬디가 발달장애아로 재활센터에 있게 된 배경은?

어릴 적 싱글맘인 엄마가 언니와 웬디를 양육하다가 돌아가시고 언니 또한 결혼하여 동생을 부양할 여건이 되지 못한다. 그리하여 웬디는 재활센터로 보내지게 되었지만, 사실은 웬디는 언니의 집에서 조카인 루비를 돌보면서 가족이라는 따뜻한 울타리에서 살고 싶어 했다.

B. 스탠바이 웬디의 의미는?

재활센터 카일 선생은 웬디가 격한 흥분상태가 되면 항상 "Please Stand By"라고 웬디를 준비된 상태로 진정시키려 했다. 그래서 항상 요일별로 다른 색깔의 옷을 입고, 샤워하고, 번잡한 마켓가로는 절대 가지 않고, 매뉴얼에 따라 아르바이트를 하는 웬디는 반복되는 일상에 지쳐있었다.

C. 웬디가 홀로 로스앤젤레스 영화사로 가다가 만난 동지는?

실종자로 신고된 웬디를 찾은 로스앤젤레스 경찰은 두려움에 무작정 숨어든 웬디를 잡으려는 여자 경찰과 달리, 웬디의 가방에 '스타트렉 마크'를 알아보고, '클링온어'를 사용하여 자신이 동지임을 밝히고 웬디에게 손을 건넨다. 이에 웬디는 순순히 밖으로 나와 경찰관을 믿고 차에 타게 된다. 아마도 그 경찰도 영화 <스타트렉>의 덕후였을 것이며, 소크라테스가 얘기한 "목수에겐 목수의 언어로 얘기하라"라는 것을 실천하는 소통의 달인임이 분명했다.

D. 마트에서 사기를 당할 뻔한 웬디를 도와준 할머니의 철학적 멘트는?

할머니는 손자가 보고 싶지만 떨어져 사는 이유를 묻는 웬디에게 "남의 짐이 되긴 싫거든, 각자 삶이 있는데 좀 더 지나면 거기 낄 자리가 없어지지"라며 누구나 자신이 하고 싶은 대로 살 수는 없는 현실적 철학을 얘기해준다.

E. 영화사에 제출한 시나리오의 결과는?

웬디가 고생 끝에 제출한 시나리오는 영화사에 채택되지는 않았지만, 웬디에게는 큰 자신감을 느끼게 하는 계기가 되었다. 또한 언니와 주변 사람들과의 관계도 크게 개선되어 자존감을 가진 한 사람으로서의 존재감을 되찾게 되었다. 영화사에서 웬디에게 보낸 불합격 통지서에서도 상당히 따뜻한 말로 위로하는 말(귀하가 이번에는 채택되지 않았지만, 앞으로 열심히 쓰다 보면 언젠가 채택될 만큼 재능과 가능성이 뛰어난 작가라고 생각하니 건투를 빈다)이 보기 좋았다.

F. 파라마운트 영화사에 도착했을 때 웬디가 겪게 되는 일은?

길에서 만난 아기를 동반한 가족에게 돈을 빼앗겨 버스 짐칸에 몰래 타는 등, 먼 길을 돌아 영화사에 시나리오를 제출하려 한다. 하지만 담당자는 우편접수만 된다는 고집을 피우고 이를 참다못한 웬디는 "당신은 작가가 글을 쓸 때 얼마나 고민하고 정확한 말을 쓰기 위해 노력하는지 아느냐?"고 강하게 반문하면서, 응모함에 자신의 원고를 던져 넣고 웃으면서 돌아 나오는 장면에서 통쾌함을 느끼게 한다.

G. 웬디 역의 '다코타 패닝'은 어떤 배우인가?

'다코타 패닝(Hannah Dakota Fanning)'은 7세 때 <아이 엠 샘/I am Sam, 2001>이라는 영화에서 지적장애로 7살 지능을 가진 아버지 샘(숀 펜 분)과 아역으로 출현하여 감동을 주면서 세계인이 사랑하는 스타가 되었고, 뱀파이어 영화 <트와일라잇 브레이킹 던/The Twillight Saga: Breaking Dawn, 2012>에서 제인 역으로 열연했다.

<에필로그>

모든 일에 사사건건 관찰과 제지를 받던 웬디가 드디어 마지노선이 던 '마켓가'를 건너 온전히 혼자의 힘으로 먼 여정을 통과하여 자신의 시나리오 원고를 제출함으로써 자신의 작은 우주에서 탈출하여 한 사람의 자존감을 지닌 사람으로 다시 태어나는 것을 볼 수 있어 무척 공감이 가는 스토리였다. 살아가면서 많은 실수와 실패를 할 수밖에 없는 긴 여정에서 자신만의 역경을 극복하는 계기를 통해 다시 삶을 이어갈 수 있는 용기와 자신감을 가질 수 있는 것이다. 자신의 한계에 갇히지 말고 더 큰 삶의 우주로 가기 위해, <스타트렉>에서 스팍이 얘기했던 "함장님, 논리적인 결론은 단 하나 전진입니다(Captain, there is only one logical direction in which to go: Forward!)"처럼 앞으로 힘차게 나아가라! [스타트렉(Star Trek): 미국의 대표적인 TV SF 드라마 시리즈로, 23세기를 배경으로 커크 선장이 이끄는 우주 연합함선 엔터프라이즈(USS Enterprise)와 그 승무원들의 모험을 줄거리로 담고 있다. 스타트렉은 '진 로든베리'가 기획하여 1966년 9월 8일, NBC에서 첫 방송전파를 탄 이후 트레키(Trekkie: 스타트렉에 열광하는 팬들)라는 거대한 팬덤 문화를 형성하기도 하면서 여러 편의 영화로도 제작되어 흥행에 성공하였다. 〈스타트렉〉의 가상의 우주에서는 지구의 인간 외에 벌칸, 클링온, 로뮬란 등의 다양한 외계인들이 등장하며, 에피소드는 주로 인간관계와 모험, 정치적, 윤리적 문제에 대한 소재를 중심으로 이끌어지며 가상의 다양한 문화와 기술이 소개되어 현대의 거대한 컬트 현상으로 발전하였다.]

제4부

진정한 행복

지금 내가 나일 수 있는 마지막
시간이라면 무엇을 할 것인가?

스틸 앨리스
Still Alice, 2015

\<프롤로그\>

과학적 발달로 생활은 훨씬 편리해졌고, 물질적으로도 더욱더 풍요로워진 현대를 살아가는 우리지만, 마음속엔 항상 채워지지 않는 상대적 결핍과 복잡한 인간관계에서의 갈등으로 정신적 고민이 가득한 경우가 많다. 하지만 알츠하이머 같은 무서운 질병에 걸려 기억이 사라진다면, 지금의 고민은 자신의 존재감을 인식할 수 있는 행복한 증거이기도 할 것이다. 영화 \<스틸 앨리스/Still Alice, 2015\> 를 통해서 여전히 당신이라는 고귀한 존재감이 있을 때, 도전하고 베풀고 사랑을 실천해보자.

<영화 줄거리 요약>

　미국 명문 콜롬비아 대학의 존경받는 언어학 교수이자, 세 아이의 엄마, 그리고 사랑받는 아내로 행복한 삶을 살던 '앨리스 하울랜드(줄리안 무어 분)'는 어느 날 갑자기 이상한 증상이 나타나기 시작한다. 강의 도중 익숙한 단어가 생각나지 않고, 조깅하던 중 정신이 멍해져서 길을 잃어버리기도 하고, 매일매일 해왔던 평범한 음식 조리도 애써 기억해 내야만 레시피가 생각날 정도이다. 찾아간 병원에서는 청천벽력 같은 진단 결과가 나온다. 바로 '조발성 알츠하이머', 즉 50세라는 젊은 나이에 찾아온 불치의 기억상실 유전병이다.

　가족들은 갑자기 닥친 그녀의 불행을, 배려라는 명목으로 그녀를 점점 외톨이로 만들게 된다. 반면, 평소 자신의 말을 듣지 않아 사이가 좋지 않았던 둘째 딸은 평소와 다름없이 의견을 나누기도 하고 때로는 다투기도 하면서 앨리스를 발병 전의 엄마로 평범하게 대해준다. 다른 가족들처럼 무조건적인 배려와 친절보다 둘째 딸의 평소와 같은 보살핌은 앨리스에게 자신을 정리할 시간을 찾게 해준다. 어느 날 알츠하이머 협회에서 특별강사로 초대되어 연설하게 된 앨리스는 딸 '리디아(크리스틴 스튜어트 분)'의 충고대로 3일간 준비한 현학적이고 딱딱한 연설문 대신 그냥 그녀 자신의 투병 이야기를 진솔하게 전하게 된다. "제가 고통받는다고 생각하지 마세요, 전 애쓰고 있습니다(I am not suffering, I am struggling). 이 세상의 일부가 되기 위해서, 예전의 나로 남아있기 위해서죠. 순간을 살라고 자신에게 말합니다. 제가 할 수 있는 것은 순간을 사는 것과 자신을 너무 다그치지 않는 것입니다. 상실의 기술을 배우라고 스스로를 밀어붙이지 않는 것입니다." 한때 사회적, 가정적으로 완벽했던 앨리스 교수의 솔직한 연설에 많은 알츠하이머 환자들은 큰 감동과 위안을 받게 된다.

　마침내 집안의 화장실도 신속히 찾지 못해 옷에 실수하게 되는 등 점점 앨리스의 증세가 심해지자, 가족들도 자기 삶의 길로 떠나버리고 (의

대 교수인 남편은 새로운 직장을 찾아 미네소타로 떠나고, 첫째 딸도 자신이 낳은 쌍둥이 육아에 전념하게 된다.) 평소 가장 애를 먹이던 둘째 딸이 앨리스의 곁에서 투병 생활을 묵묵히 돕게 된다.

이 영화는 슬픔과 안타까움보다는 기억이 사라져가는 자신에 대해 고민하며 병과 싸워가는 앨리스의 투병 스토리를 통해, 우리들도 언젠가 겪을 수 있는 상황을 미리 생각해볼 수 있게 하는 소중한 시간을 준다. 또한 스스로 판단하고 행동할 수 있는 시간이, 인간으로서의 존재감과 존엄성 유지에 소중한 의미가 됨을 생각하게 한다.

<관전 포인트>

A. 앨리스가 알츠하이머 협회에서 연설할 때 실수하지 않기 위해 취한 행동은?

"얼마 후면 모두 잊힐 자신의 연설이지만, 모든 걸 잃고 기억은 없어져도 나는 예전의 내 모습을 잃지 않기 위해 애쓸 것입니다"라고 하면서 앨리스는 연설문의 말을 반복하지 않기 위해 형광펜으로 한 줄 한 줄 덧칠하면서 연설을 하게 된다. 그 모습을 본 청중들은 한때 최고의 석학이던 앨리스의 현실적 애환과 투지에 뜨거운 감동의 눈물을 흘리게 된다.

B. 마지막까지 앨리스의 곁에서 케어해주게 되는 사람은?

평소 엄마의 바람대로 사회적으로 명문 대학을 나와서 훌륭하게 성장한 큰딸과 아들과는 달리, 둘째 딸 리디아는 대학 진학보다는 고집스럽게 자신이 하고 싶은 연극배우 일을 배우며 삶을 가꾸어간다. 그런 점에서 결국 엄마 앨리스와 가장 닮은 열정과 순수성을 지닌 딸이라고 할 수 있다. 앨리스의 병이 깊어지자 아버지는 자신의 새로운 일을 찾아 떠나게 되지만, 리디아는 자신이 애써 일군 LA 스튜디오의 일을 접고 뉴욕의 엄마 곁으로 와서 끝까지 엄마의 진정한 친구가 되어준다.

C. 앨리스가 알츠하이머병에 걸린 후 가장 두려워한 것은?

보호자 전화번호가 적힌 '기억상실자'라는 팔찌를 차게 된 앨리스가 가장 두려워한 것은 "행복한 추억, 사랑하는 사람들과의 기억까지도 모두 잃어버릴 수 있다는 사실"이었다. 앨리스는 "남편을 처음 만난 그 날 밤, 제가 쓴 첫 책을 손에 들었을 때, 아이를 가졌을 때, 친구를 사귀었을 때, 세계여행을 했을 때, 제가 평생 쌓아온 기억과 제가 열심히 노력해서 얻은 것들이 이제 모두 사라져 갑니다"라며 두려워한다.
우리도 스스로가 알츠하이머 같은 무서운 질병에 걸려 기억이 사라질 수도 있음에 두려움을 느끼지만, 사랑하는 가족이나 친구가 병에 걸려 나와의 기억을 잃어가는 상황일 때도 큰 슬픔을 느끼게 될 것이다.

<에필로그>

영화 <스틸 앨리스/Still Alice>에서는 사회적으로 성공하고 가정적으로도 행복했던 사람도, 한순간 알츠하이머 같은 질병으로 평생을 쌓아온 지적 업적과 행복했던 추억조차 모두 사라져버릴 수 있다는 것을 일깨워 주면서, 우리는 평소 사랑하는 사람들과 소중한 기억들과 함께 작지만 주어진 소중한 선물들을 즐기고 아낌없이 나누면서 살아가야 할 것으로 생각한다.

여전히 스스로 생각하고 스스로 도전해나가는 '나 자신'의 존재로 살아갈 수 있는 지금이 가장 행복한 순간이다.

이 영화를 보면서, 최근 탤런트 김혜자 씨가 알츠하이머병에 걸린 할머니로 열연한 드라마 <눈이 부시게>에서 했던 마지막 감동적 대사를 떠올려본다.

"후회만 가득한 과거와, 불안하기만 한 미래 때문에 지금을 망치지 마세요. 오늘을 살아가세요!"

지금 내 곁에 있는 사람이
가장 소중한 사람이다!

아름다운 세상을 위하여
Pay It Forward, 2001

<프롤로그>

지난 강원도의 산불로, 재해민들에게 많은 분들이 성금을 기부했는데, 그중에서 일본 록밴드 'X 재팬'의 리더 '요시키' 씨는 1억 원을 기부하면서 "평소 친분이 있는 배우 이병헌 씨가 1억 원을 기부한 것에 공감해, 작지만 재해를 입은 지역 주민들에게 힘이 되고 싶다"는 메시지를 보냈다.

이렇듯 한 사람이 좋은 일을 하면 도미노 현상처럼 좋은 일들이 일어나서 마침내 팍팍한 세상을 환하게 밝혀준다는 스토리가 있는 영화가 오늘 소개하는 <아름다운 세상을 위하여/Pay It Forward, 2001>이다. 이 영화에는 <식스 센스>로 할리우드의 신동이라고 불리는 '헤일리 조엘 오스먼트'와 영화

<유주얼 서스팩트>, <아메리칸 뷰티>로 아카데미상을 받은 '케빈 스페이시', 영화 <왓 위민 원트>, <캐스트 어웨이>의 주인공 '헬렌 헌트' 등 최고의 연기파 배우들이 열연하면서, 상처받은 영혼들이 치유해가는 과정을 통해 작은 사랑이 마침내 세상을 바꾸어나가는 감동을 주고 있다.

<영화 줄거리 요약>

영화는 한 기자가 한밤에 사건 취재를 하던 중, 빗길에 자신의 자동차가 고장 나서 쩔쩔매고 있는 모습으로 시작한다. 지나가던 고급 재규어를 탄 신사가 멈춰 서고 아무 대가 없이 자신의 자동차 키를 기자에 건네주며 묵묵히 걸어가자, 기자는 한 번도 경험하지 못한 예상 밖의 큰 도움에 너무나도 놀라서 도움을 준 이유를 물어본다. 도움을 준 신사는 자신도 한때 엄청 어려운 상황에서 누군가가 아무 대가 없이 도움을 주고 나서 "만일 당신이 언젠가 어려운 사람을 보게 되면 아무 대가 없이 도움을 주길 희망한다"라는 말만 남기고 사라졌다는 것이다. 이 기자는 이런 경이로운 스토리의 원천을 찾기 위해 취재를 나서게 된다.

어릴 적 폭력적인 아버지로부터 화상을 입어 얼굴 흉터만큼이나 마음속 깊이 상처를 안고 사는 2급 화상 장애인이자 중학교 사회 선생인 '오이지 시모넷(케빈 스페이시 분)'에게 있어서 가장 중요한 것은 질서 의식이다. 그는 모든 것은 정돈되어있어야 하며 그렇지 않을 때에는 참을 수 없어 하는 이상한 성격의 소유자이다. 한편, 가정 폭력을 일삼는 남편을 둔 '앨렌느 맥키니(헬렌 헌트분)'는 혼자서 11살 아들 '트레버(할리조엘 오스먼트분)'를 키우며 살아가는데, 아들의 양육비를 벌기 위해서 라스베가스의 칵테일 종업원 일 등을 하며 정신없이 바쁘게 살아가지만, 삶의 비전을 발견할 수 없으며 또한 알코올 중독자이기도 하다. 그녀에게 있어서 무엇보다도 큰 문제점은 아들에게 새로운 삶을 안겨주고 싶어 하는 것이지만, 마음대로 되지 않는다는 점이다. 어느 날 학기 초 중

학교 1학년 사회 선생님인 '오이진'은 '트레버'의 학급에 새로운 숙제를 내주는데, 숙제의 테마는 "인간성 상실의 시대에 세상을 바꿀 만한 아이디어를 내고 실천에 옮길 것!(Think of an idea to change our world and put it into action!)" 즉, "주위를 둘러보고 자신이 좋아하지 않는 무엇이 있으면 고쳐라"이다. 이제 트레버는 이 숙제를 진지하게 실천하기 위해 나서고, 상처받은 두 영혼 오이진 선생님과 어머니 앨렌느는 트레버를 통하여 새로운 희망과 사랑을 발견해나간다.

트레버가 선택한 세상을 아름답게 변화시킬 방법은 영화 제목 <Pay It Forward>에도 나오는 '먼저 도움 주기'인데 포스터에도 나와있지만 한 사람이 다른 세 사람에게 아무 대가 없이 '도움 주기'를 하면 그 도움을 받은 세 사람을 각각 다시 세 사람에게 도움 주기를 베풀어서 기하급수적으로 도미노처럼 도움 주기가 퍼져 결국은 이 세상이 모두 도움 주는 아름다운 세상이 된다는 내용이다. 트레버 본인은 먼저, 길거리에 있는 노숙자를 집으로 초대하여 자신의 돼지 저금통을 깨서 맛있는 음식을 제공하고, 외로움으로 술에 취해 사는 어머니에게 오이진 선생님을 소개해주고, 학교에서 왕따를 당하는 친구를 사력을 다해 구해주는 초실행적 도움 주기를 실천한다.

그러나 어느 날 트레버는 자신의 마지막 도움의 대상인 동급생 '애덤'을 지켜주려고 하는 순간 불량 학생의 칼에 찔려 안타깝게도 목숨을 잃게 된다. 기자가 트레버를 찾아 인터뷰한 영상이 미국 전역에 방송되고 이 소식을 들은 많은 사람은 트레버의 집 앞으로 구름처럼 모여들어 촛불 추모를 하며 트레버가 온몸으로 보여주려고 한 '사랑의 실천'을 진심으로 그리워한다.

이것은 세상이 '트레버'의 '도움 주기'로 서서히 아름답게 변해가고 있다는 증거였다.

<관전 포인트>

A. 주인공이 '도움 주기'를 시작한 이유는?

기자가 '도움 주기'를 시작한 이유를 묻자 "세상이 실제로 변할 수 있는지 알고 싶었어요(I just wanted to see if the world would really change)"라고 말하며 세상을 의심 없는 순수한 눈빛으로 바라보던 주인공 '트레버'의 눈동자를 잊을 수 없다.

B. 도움 주기의 선순환 사례는?

'트레버'가 구제해준 마약 노숙자 '제리'는 다리 난간에서, 우연히 세상을 비관하여 자살하려는 한 여인을 보고 "나랑 카페에서 커피라도 한잔하면서 얘기해요. 당신은 소중한 사람이니 죽어서는 안 돼요"라고 말하면서 자살하려는 여인을 살려내는 장면에서 트레버의 "도움 주기"가 결국 사람을 살리게 되는 선순환의 결과를 만들어낸다.

C. 주인공 소년의 인간적인 면은?

삶에 찌든 어머니와 사회 선생님을 엮어주기 위해, 주인공 트레버는 데이트에 나가는 어머니에게 옷차림, 화장까지 코치해주면서, 심지어 겨드랑이에 향수까지 뿌려주는 모습에서 웃음과 인간미를 물씬 풍긴다.

D. 세상을 바꿀 수 있는 실천을 찾아내라는 사회 선생님의 과제를 받고 트레버가 한 첫 번째 일은?

바로 '따뜻한 사랑을 가진 관찰'이었다. 학교에서 집으로 돌아가는 길, 싸움꾼으로 보이는 친구들로부터 왕따를 당하고 있던 친구를 '관찰'하고, 길거리에서 주운 빵을 허겁지겁 먹고 있는 노숙자 '제리'를 '관찰'하며, 지독한 외로움을 술로 잊으려 애쓰는 엄마를 '관찰'했다. 그리고 그들에게 가장 필요한 게 무엇일지, 그냥 슬쩍 돕는 것이 아니라 현재의 처지를 뒤바꿀 만한 도움은 무엇인지 통찰력을 가지고 고민한 후, 가장 필요한 '도움 주기'를 시도한다.

이때의 도움은 단지 주린 배를 채울 수 있는 빵이나, 고통을 잊을 수 있는 술이 아니라, 현재를 바꿀 만한 '큰 도움'이어야 한다. 물론 그런 도움을 받았다고 해서 그 사람이 쉽게 변화하지 않는다는 것을 11살 중학생 '트레버'도 이미 알고 있다. 트레버는 "사람들은 어떤 변화에 대해서 너무 겁을 많이 먹는 것 같아요. 처지가 아무리 나빠도 익숙해져있는 사람들은 바꾸기 힘든가 봐요. 그래서 결국 포기해서 자신한테 지는 거죠. 두려움 속에서 시간 낭비하지 마세요. 용기를 가지세요!" 그렇지만 또 알고 있다. 고통에 익숙한 사람들을 변화시키는 일은 어렵지만, 자전거 고치는 일보다 중요한 일이라는 것을, 그리고 쉽게 포기하기엔 세상이 그리 거지 같지만은 않다는 것도 말이다.

<에필로그>

내 곁에 있는 가족과 동료 그리고 이웃들의 어려움이 뭔지 적극적으로 관찰하여 찾아내고 내가 할 수 있는 '도움 주기'가 뭔지 생각하고 실천한다면 스스로가 가지고 있는 무한한 능력을 발견해내서 자신감과 성취감을 가질 수 있을 것이다. 물론, 그 능력으로 아름답고 소중한 인간관계를 함께 만들어나갈 수 있을 것이다. 영화 속에 나온 마음을 사로잡는 카피처럼!

"When someone does you a big favor, don't pay it back. pay it forward!(누군가가 당신에게 큰 도움을 준다면 빚을 갚으려고 하지 말고 또 다른 어려움에 처한 사람에게 조건 없는 도움을 주라!)"

누군가 당신을 기억하는 한(remember),
당신의 삶은 영원하다!

코코
Coco, 2017

<프롤로그>

멕시코의 고유 명절 '죽은 자의 날(Day of the
Dead)'은 10월 31일부터 11월 2일까지 3일간
이며 마지막 날인 11월 2일은 국가적 공휴일
이다. 멕시코는 죽음에 대해 굉장히 긍정적
이미지를 갖고 있는데, 죽고 난 이후의 세계
에 대해서도 행복하고 아름답게 그리고 있다.
우리나라에서 죽은 이들을 엄숙하게 추모하
는 제사 문화와는 달리 화려한 색깔로 장식한
해골과 촛불로 무덤을 장식하고 죽음의 꽃이
라 불리는 마리골드(금잔화 꽃)를 뿌려 집으로 찾아오는 길을 마련해주
고 영혼이 머물다 갈 자리라며 베개와 담요를 놓고 기쁜 축제 분위기
속에서 진행한다. 멕시코 어린이들은 어릴 적부터 해골을 무서워하지

않고 하나의 친구 같은 존재로 생각하여 죽은 자의 날에 다양한 해골 가면을 쓰고 축제를 즐긴다. 사실 우리의 얼굴 안에도 해골이 들어 있는 것을 잊고 사는 셈이다. 현생에서 아무리 부자이고 권력이 높은 사람도 죽으면 며칠 만에 재가 되어 사라지는 것을 알면서도 과도한 욕심을 내고 베풀 줄 모르고 살아가는 이치와 비슷하다. 애니메이션 영화 <코코/Coco, 2017>를 통해 언젠가 '죽은 자들의 세상'에 입문했을 때 가끔은 자신을 아름답게 떠올릴 사람들이 있어, 죽어도 영원히 살아있는 존재로 기억되길 기대한다.

<영화 줄거리 요약>

집안 대대로 신발을 만드는 집안에서 태어난 소년 '미구엘', 그러나 신발을 대대로 만들게 된 배경에는 엄청난 사연이 있다. 과거 미구엘의 할머니의 할머니(고조할머니)인 '마마 이멜다'는 사랑하는 남편과 귀여운 딸 '코코'와 함께 행복하게 살고 있었다. 가족은 노래를 좋아하고 음악을 사랑해서 항상 집안에는 음악이 끊이질 않았다. 그러던 어느 날 코코의 아버지는 좀 더 유명한 뮤지션이 되고 싶다며 가족을 등지고 집을 떠나게 되고, 당장 딸을 먹여 살려야 하는 '마마 이멜다'는 신발 만드는 기술을 배워 생계를 꾸리게 되었다. 대대로 구두 명장의 가업을 이어가게 된 것이다. 그리고 음악 때문에 가족을 등지고 다시는 얼굴도 비치지 않았던 코코의 아빠는 제사상에 사진 한 장 올리지 못해 '죽은 자의 날' 축제에도 초대받지 못하는 안타까운 신세가 되었고, 이 집 식구들 사이에선 음악은 금기시될 정도의 트라우마를 남기게 되었다.

한편 선천적으로 음악을 사랑하던 미구엘은 훌륭한 뮤지션이 되는 것이 꿈으로, 가족 몰래 혼자만의 비밀 다락방에서 자신이 직접 만든 기타를 연주하며 가장 존경하는 전설의 가수 '에르네스토 델라 크루즈'의 비디오를 반복해서 보며 노래를 따라하는 게 가장 큰 행복이다. 어느 날 '죽은 자의 날' 명절 준비를 하던 중 실수로 '마마 이멜다' 할머니의 사진이 들어있던 액자가 깨지면서 뒤에 접혀있던 사진에서 '델라 크루즈'의 기타를 보게 된다. 그날부터 미구엘은 전설의 가수 '델라 크루즈'가 자신의 할아버지라고 믿고 그의 기념관에서 기타를 훔쳐 동네에서 열리는 경연대회에 출전하려고 한다. 하지만 그 기타를 만지는 순간 그는 '죽은 자의 세계'로 순간 이동하게 된다. 다시 현생(산 자들의 세계)으로 돌아가기 위해서는 해가 뜨기 전에, 돌아가신 선조의 축복이 있어야 한다는 말에 죽은 자의 세계에서 만난 '마마 이멜다' 할머니에게 부탁하지만, 그녀는 아직도 자신과 딸을 버리고 가출한 남편을 원망하면서, "만약 미구엘이 다시는 음악을 하지 않겠다면 축복을 내려 현생으로 돌려보내겠다고" 하는 조건부 제안에, 미구엘은 음악을 절대 포기할수 없기에 자신의 할아버지인 전설의 가수 델라 크루즈를 만나 축복을 받아 현생으로 돌아가려고 작심하게 된다.

그 과정에서 만난 '헥터'라는 떠돌이 영혼의 도움을 받아 마침내 델라 크루즈를 만나게 되고, 자신이 손자임을 밝히나, 사실은 그는 미구엘의 할아버지인 '헥터'를 독살한 사악한 친구임이 밝혀지게 된다. 미구엘이 델라 크루즈에 의해 동굴에 갇혀 현생으로 돌아갈 수 없게 된 절체절명의 상황에서 마마 이멜다 할머니와 자신의 진짜 할아버지 헥터의 노력으로 현생으로 돌아오게 된다. 한편 '죽은 자의 세계'에서는 델라 크루즈 자신이 친구인 헥터를 죽이고 명곡들을 탈취하여 유명한 가수가 되었다는 것이 실수로 생방송되어, 헥터는 마침내 명예를 회복하게 되고 가족들도 오해를 풀게 된다.

1년 후 돌아온 '죽은 자의 날'에는 코코 할머니가 찾아낸 '헥터' 할아버지의 사진 덕분에 헥터, 이멜다 그리고 최근에 돌아가신 코코 할머니가 함께 이승으로 내려와 가족들과의 축제를 즐기게 되고, 미구엘도 가족들의 인정 속에 뮤지션으로 성장하게 된다.

<관전 포인트>

A. 악당 가수 델라 크루즈가 헥터를 독살한 이유는?

유명해지기 위해 가족을 등지고 집을 나온 헥터는 오래가지 않아 가족들의 소중함을 깨닫고 다시 집으로 돌아가려고 한다. 헥터는 작곡 실력도 뛰어나 좋은 노래를 많이 가지고 있어서 친구였던 델라 크루즈는 집에 돌아간다는 헥터가 마음에 들지 않는다. 헥터의 음악이 탐이 났던 델라 크루즈는 헤어지기 전 마지막으로 술을 한잔하자며 술에 독을 타 헥터를 독살하고, 낮에 먹은 소시지가 상해서 죽은 것처럼 위장한 후, 자신은 헥터의 기타와 곡을 훔쳐 대히트를 치고 유명인이 된다. 헥터는 가족의 품으로 돌아가지 못하고, 자신의 모든 것을 빼앗겼으며 가족들에게마저 원망을 받는 가장으로 기억되고 있었다.

B. 영화 <코코>의 배경인 멕시코 문화를 완벽히 구현하기 위해 제작 진이 노력한 것은?

픽사를 인수한 제작사 디즈니에서는 3년간 멕시코 전역의 박물관, 시장, 광장, 교회, 묘지 등 다양한 지역을 방문하고, 지역 주민들을 직접 만나 그들이 좋아하는 음색과 즐겨듣는 음악, 일상생활과 전통에 대해 인터뷰를 하여 가장 멕시코다운 정서를 창출해내었다. 또한 멕시코의 유명한 초현실주의 화가 '프리다 칼로(Frida Kahlo)'의 원숭이 그림을 적용하여 영화에 접목하기도 했고, 1930년대 멕시코 시티 출신의 아티스트 '페드로 리나데스'에 의해 탄생한 상상 속의 동물(나비의 날개를 한 당나귀, 황소의 뿔을 가진 수탉, 독수리의 머리를 가진 사자 등의 동물이 "알레브리헤(Alebrijes)"라고 외치는 소리를 듣고 만든 멕시코를 대표하는 전통예술)을 영화에서 "각 영혼들을 저승과 이승 사이에서 호위하는 영혼의 인도자이자 영험한 힘을 지닌 신비한 동물로 활용하기도 하였다.

C. 영화에서 사람은 3번 죽는다고 하는 내용은?

영화에서 사람은 숨이 멎는 순간 생물학적으로 죽고, 장례식에 온 조문객들이 떠나갈 때 사회적으로 죽고, 그 사람을 기억하는 마지막 사람이 죽으면 그때 진정한 죽음을 맞이한다고 한다.

D. 영화 <코코>에서 나온 유명한 곡은?

코코가 어릴 적, 아버지였던 헥터가 사랑하는 딸을 위해 작곡하고 자주 불러주었던 노래이며, 나중에 치매에 걸린 코코 할머니가 손주인 미구엘과 같이 잊혔던 아버지의 사랑을 되살려내는 따뜻한 촉매제가 되기도 한다. 90회 아카데미상 주제가상을 받기도 했다.

<에필로그>

신라 시대 원효대사가 당나라로 유학을 하러 가던 여정에서 하룻밤 머문 동굴에서 목이 말라 떠먹은 물이 너무 달아 감로수라고 여겼으나 아침에 해가 밝아 보니, 죽은 자의 해골로 썩은 물을 먹었다는 것을 알고 경악했지만, 모든 것이 생각의 관점에서 이루어진다는 것을 크게 깨닫고 유학을 포기하고 신라로 돌아와 많은 업적을 이루었다는 것을 역사에서 보았듯이, 현생에서 최선을 다해 산 후 언젠가 맞이할 죽음도 관점에 따라서는 슬프게만 생각할 필요가 없고 일종의 축복일 수도 있다는 것을 영화 <코코>에서는 시사하고 있다. <코코>의 OST에서 "날 기억해줘 슬픈 기타 소리를 들을 때마다, 내가 너와 함께 있다는 걸 알아줘"처럼 죽은 자의 진정한 무덤은 산자의 가슴속이라는 것을 깨닫게 된다. 죽음 뒤에도 삶이 이어진다는 긍정적인 믿음을 가진 멕시코 주민들의 문화에서 보듯이, 우리는 자신을 사랑하는 사람들의 기억을 통해서만이 영원히 존재할 수 있음을 알게 된다. 생로병사의 인생길에서, 성찰을 통해 자신의 영혼을 정화하면서 감사와 배려의 실천으로 영원한 삶을 만들어갈 수 있을 것이다.

♫ Remember Me - Miguel

하고 싶은 것이 있다면
지금 당장 실행하라!

캐스트 어웨이
Cast Away, 2000

<프롤로그>

행복의 조건은 무엇일까? 로또 당첨, 멋진 자동차, 회사에서의 승진, 큰 아파트…. 그러나 세상사는 생각처럼 쉽게 돌아가지는 않는다. 의외로 행복은 자신의 마음속에 있다. 큰 불행을 겪어본 사람은 지금의 권태로운 생활이 엄청난 행복임을 안다. 가끔은 멀리 있는 행복에 목말라 하기보다는 현재 자신이 가지고 있는 작지만 수많은 소중한 것들을 수시로 꺼내보고 확인하면서 이를 통해 행복을 느껴보는 시간이 필요하다. 영화 <캐스트 어웨이/Cast Away, 2000>를 통해서 바빠서 잊고 있었던 것들을 노트에 적어보는 시간을 가져보길 바란다. 보고 싶은 사람이 있으면 지금 당장 전화해서 목소리를 들어보자. 그 사람이 내일까지

기다려준다는 보장은 없다.

<영화 줄거리 요약>

세상에서 가장 바쁜 사람인 양 전 세계를 돌아다니며 시간에 얽매여 살아가는 남자 '척 놀랜드(톰 행크스 분)'는 글로벌 택배사인 '페덱스'의 직원이다. 그는 여자친구 '캘리 프레어스(헬렌 헌트 분)'와 깊은 사랑을 나누지만, 막상 중요한 시점에는 회사 일로 여유로운 시간을 가지지 못한다. 크리스마스이브에도, 캘리와의 로맨틱한 데이트를 채 끝내지 못한 그에게 빨리 말레이시아행 비행기를 타라는 본사로부터의 배송 호출이 울리고, 둘은 연말을 기약하고 헤어지게 된다. 캘리로부터 그녀의 사진이 들어있는 회중시계를 크리스마스 선물로 받고 그것을 손에 꼭 쥐고 '페덱스' 전용 비행기에 올랐는데, 엄청난 악천후로 인해 착륙하기 직전 항로를 이탈하여 태평양 바다에 불시착하는 사고가 나고, 기내는 아수라장이 되면서 자신을 제외한 모든 승무원은 사망하게 된다.

그의 몸을 때리는 파도, 눈을 떠보니 완전히 생지옥이다. 끝없이 이어지는 해변과 무성한 나무, 높은 암벽, 아무도 살지 않는 무인도에 떨어진 것을 알게 된 '척'은 그곳에서 생존을 위해, 이전의 모든 삶을 잊고 차츰 새로운 환경에 적응하며 외롭게 살아가게 된다. 본인의 의지와 상관없이 무인도에서 원시의 생활로 돌아간 척은 그동안 바쁘게 살아오면서 잊어버렸던 소중한 '행복의 기억'의 퍼즐을 되새김질하게 된다. 언제나 마음만 먹으면 볼 수 있을 것 같았던 사랑하는 사람을 영원히 보지 못하게 된 상황에, 치과 치료가 두려워 차일피일 미루다가 결국 무인도에서 극도의 통증에, 떠내려온 피겨스케이트의 날카로운 블레이드로 어금니를 때려 썩은 치아를 빼고 혼절하는 장면에서, 미리 이가 아프면 즉시 치과에 가야 했음을 뼈저리게 느낀다.

하지만 캘리에 대한 사랑만을 가슴속에 간직한 채 언젠가 그녀를 만날 수 있다는 유일한 희망을 통해 자포자기의 유혹을 참아낸다. 무려 4

년(1,500일)의 세월이 흐르는 동안, 고립된 섬에서 외로움과 두려움의 시간을, 캘리에 대한 간절한 사랑 하나로 버티던 척은, 어느 날 중대한 결심을 하게 된다. 떠내려온 알루미늄판자 하나를 이용해 돛을 만들어 파도를 뚫고 섬을 탈출할 방법을 고안한 후, 자신이 가진 모든 물건(비행기 추락 시 떠내려온 택배 용품들)을 이용하여 뗏목을 만들어 무인도를 탈출하는 것이었다. 마침내 벌거벗은 원시인의 모습으로 거친 파도와 오랜 시간 사투를 벌이다가 기진맥진한 순간 뗏목 옆을 지나는 거대한 상선을 만나게 되어 극적으로 구조되게 된다.

고향의 모든 친구는 당연히 실종된 척이 사망한 것으로 기억하고 있는 상황에서, 나타나자 경악을 금치 못하게 된다. 그러나 척은 자신을 무인도에서 탈출케 한 힘의 원동력인 약혼녀 캘리가, 자신이 그렇게 가지 싫어했던 치과 의사와 결혼하여 아이까지 두고 평범한 주부로 살고 있다는 것을 알게 되었지만, 용기를 내어 폭우가 쏟아지는 밤 그녀의 집을 찾아가게 된다. 그녀는 반갑게 맞이하면서, 자신의 방 한쪽에 놓인 실종된 척에 대한 모든 기사와 지도 등을 보여주면서, 자신의 인생 목표였던 박사학위 학업도 내팽개치고, 끝까지 포기하지 않고 그를 찾는 일에 얼마나 혼신의 힘을 다했는지 보여주자, 척은 그제야 그녀에 대한 일말의 원망을 잊고 4년간 무인도에서 자신을 지켜준 그녀의 행복을 빌며 작별을 고한다. 척은 캘리가 보관하고 있던 픽업트럭에 새로운 친구 '윌슨'을 태우고, 무인도에서 가지고 있던 물품을 주인에게 돌려주는 일을 시작으로 새로운 인생을 포매팅하는 길을 떠나게 된다.

<관전 포인트>

A. 무인도로 표류한 척이 보여주는 변화는?

(1) 하루 24시간을 48시간으로 쪼개 살며 '시간의 섬'에 갇혀 살던 주인공 '척'은 바다와 야자나무만이 유일한 친구인 무인도에서 외로

움을 달래기 위해 떠내려온 택배 물품 중 배구공 '윌슨'에 자신이
불을 피우다 다친 손에 의해 남겨진 붉은 핸드프린팅이 사람 얼
굴과도 같아 보이자, 그 공과 대화하고 만지면서 유일한 친구로
정을 붙인다. 어느 날 자신의 물음에 대답 없는 배구공 윌슨을 바
다로 내팽개치자 배구공은 멀리멀리 떠내려갈 때, 척은 정신이
번쩍 들면서 죽음을 무릅쓰고 헤엄쳐 가서, 유일한 친구 윌슨을
구해내고 외로움이 가장 무서운 것이라는 것을 깨우쳐준다.

(2) 평소 썩은 치아 치료가 두려워 차일피일 미루다가 결국은 무인도
에서 더는 참을 수 없는 통증에, 피겨스케이트 날로 자신의 어금
니를 돌로 내리쳐서 이빨을 빼내는 모습에서 고문의 대명사인 치
과의사의 고마움을 느끼게 해준다.

B. 척이 절체절명의 상황에서도 마지막으로 한 가지 물건을 개봉하지 않고 보관한 이유는?

비행기가 바다에 충돌한 사고로 모든 승무원이 사망하고, 혼자서 간
신히 구명보트를 타고 무인도에 도착한 척은 떠내려온 몇몇 택배 물
건들을 최대한 활용하여 4년간을 버틴다. 하지만 언젠가는 다시 고향
으로 돌아가 사랑하는 캐리를 만나고 자신의 택배 임무를 통해 사명
을 지키기 위한 집념으로 송장(Invoice)이 붙어있던 마지막 택배 물
품은 개봉하지 않고 끝까지 보관하기로 한다. 드디어 척은 바위에
"캘리에게 사랑한다는 말을 하기 위해 이 섬을 떠난다"라는 유언 같
은 각오를 남기고 작은 뗏목에 몸을 맡기게 된다.

C. 무인도에서 외로움을 지켜준 유일한 친구 '윌슨'의 의미는?

죽음보다 힘들었던 4년간의 무인도 생활에서 '척'은 자신의 손바닥 프
린팅으로 생긴 얼굴을 가진 배구공 '윌슨'과 대화와 정을 나누지만 결
국 뗏목을 타고 무인도를 탈출해 오는 여정에서 헤어지게 된다. 그리
고 목숨을 걸고 돌아온 현실 세계에서도 사랑하던 여인도 이미 다른

남자에게로 떠나가버린 후였다. 결국 척은 인생은 무수히 아픈 이별이 숙명으로 이어지지만, 언젠가는 새로운 만남을 통해 다시 살아갈 수밖에 없다는 진리를 깨닫게 된다.

<에필로그>

"부모님이나 사랑하는 사람의 목소리를 듣고 싶다면 지금 바로 전화기를 들어 전화하라!" 공교롭게도 영화 <캐스트 어웨이> 제작 다음 해 발생한 3,000여 명이 희생된 9.11테러가 일어났던 뉴욕의 '그라운드 제로 기념관'에는 테러로 인한 절체절명의 순간 가족이나 사랑하는 사람들에게 긴박하게 남긴 희생자들의 전화 목소리들이 녹음되어있는데, 대부분 "사랑한다, 고맙다, 행복해라" 등의 짧지만 가슴을 찌르는 진실의 목소리가 남아있다. 우리들은 자신에게는 그런 일이 생기지 않으리라 생각하고 살지만, 누구에게나 한 번쯤 그런 인생의 위기는 찾아온다. 영화 <캐스트 어웨이>의 주인공 '척'처럼 여러 개의 공을 저글링하면서 열심히 달려가는 현대인들이 잊고 사는 중요한 것은, 오늘의 행복이 내일도 계속될 거라는 막연한 생각이다. 오늘 우리 곁의 행복에 감사하고, 아픈 말로 상처를 준 친구에게 사과의 말을 미루지 말자. 머리속에 하고 싶은 것은 망설이지 말고 오늘 바로 실행에 옮겨라!

삶의 방식을 결심하기 전
'엿보기(glance)'가 필요하다!

패밀리 맨
The Family Man, 2000

<프롤로그>

과거 텔레비전 프로그램 중 <이휘재의 인생 극장>에서 한 가지 사안을 두고 2가지 상반된 선택을 했을 때 미래가 어떻게 될지 보여주는, 순간의 선택이 엄청난 미래를 바꿀 수 있다는 것을 일깨워주었었다. 이 영화 속 주인공은 "그래 결심했어!"를 외치며 자신의 인생을 결정할 중대한 결심을 하게 된다. 영화 <패밀리 맨/The Family Man, 2000>에서는 인생을 살아가면서 선택을 통해 자기 삶의 방식은 스스로 결정하고 만들어나간다는 것을 깨닫게 해준다. 평범하지만 따뜻한 행복을 지닌 Family Man이 될 것인가? 사회적으로 성공하지만, 고독을 씹는 커리어맨이 될 것인가? 선택은 당신의 몫이지만 인생의 다

른 부분을 슬쩍 '엿보기(glance)'를 통해 슬기로운 결심을 하길 바란다!

<영화 줄거리 요약>

월스트리트 최고의 투자 전문 벤처기업가인 '잭 캠벨(니콜라스 케이지 분)'은 13년 전 사랑하는 연인 '케이트(티아 레오니 분)'와의 사랑의 약속을 뒤로한 채 줄곧 성공만을 위해 달려왔다. 그리고 마침내 뉴욕 맨해튼의 펜트하우스와 꿈의 자동차 페라리 550M, 최고급 양복과 함께 자유분방한 데이트까지, 잭 자신은 성공한 자만이 누릴 수 있는 모든 것을 가졌다고 생각한다.

어느 크리스마스이브, 워커 홀릭인 잭은 모든 사람이 가족의 품으로 돌아가는 그날도 늦게까지 일을 마치고 마지막으로 회사를 나와 텅 빈 도시를 걷다가 우연히 슈퍼마켓에 들어선다. 그곳에서 잭은, 복권을 바꾸러 왔다가, 무시하는 점원의 태도에 강도로 돌변한 거리의 부랑아 '캐쉬'를 만나 뜻밖의 상황에 부딪히지만, 사업가적 수완을 발휘해 위기를 모면한다. 자신이 산 그 복권이 자신의 인생을 완전히 뒤바꿔놓으리란 건 꿈에도 모른 채 자신의 집으로 돌아와 잠을 청한다.

다음 날 아침 크리스마스 캐럴 노랫소리에 잠이 깬 잭은 낯선 침대에 두 아이와 강아지, 그리고 옛 애인 케이트에 둘러싸여 누워있는 자신을 보고 경악하게 되고, 황급히 차를 몰아 자신이 살던 뉴욕의 집으로 돌아간다. 그러나 자신의 펜트하우스와 회사에서 경비원에게 문전박대를 당한 잭은 급기야 자신의 차 페라리를 몰고 나타난 부랑자 '캐쉬'가 어젯밤 잭의 선행을 통해 놓쳤던 인생의 한 부분(잭이 케이트와 함께 하는 삶을 선택했을 때의 인생)을 슬쩍 '엿보기(glance)'할 수 있는 기회를 주는 것이라는 수수께끼 같은 말을 남긴 채 사라진다.

할 수 없이 뉴저지의 집으로 돌아온 잭은, 자신을 외계인으로 여기는 어린 딸의 도움으로 차츰 새로운 생활에 적응해가지만, 화려했던 뉴욕 생활과는 너무나 동떨어진 타이어 가게의 샐러리맨이라는 직업과 화요일의 정기 볼링 모임, 아기 보기, 개 산책시키기 등의 가사를 아내와 분담하는 평범한 소시민으로서의 삶을 살아간다. 때로는 권태로움을 느끼며 가끔씩 일탈의 행동을 보이기도 하지만, 시간이 지나면서 지금까지 알지 못했던 여러 가지 행복(무료봉사 변호사로 13년 전보다 훨씬 성숙하고 매력적인 여성으로 성숙한 케이트가 더욱더 사랑스럽고, 두 아이를 통해 아버지로서의 사랑도 배우는 등)을 깨닫기 시작한다.

그러던 어느 날 타이어 가게에 타이어가 펑크가 나서 들린 월스트리트의 거물 '라시터' 회장의 눈에 띄게 된 잭은 다시 그의 회사 중역으로 스카우트 제의를 받고, 또다시 빛나는 성공과 사랑하는 가족 사이에서 선택의 갈림길에 서게 된다. 하지만 잭은 "난 우리(가족)를 위해 선택할 거야(I choose us)!"라고 결심하며 가난하지만 따뜻한 사랑이 넘치는 가족의 품으로 돌아오게 된다. 그 순간 천사가 준 '엿보기'의 행운의 시간이 끝나면서 다시 펜트하우스의 싱글맨으로 돌아가게 된다.

<관전 포인트>

A. 13년 전 주인공 잭이 연인인 케이트와 헤어진 배경은?

잭은 세계 금융의 중심지 영국 런던의 은행으로 가서 1년간 인턴십을 통해 선진 금융기법을 배워 미국으로 돌아올 계획으로 케이트와 공항에서 재회를 약속하며 헤어지지만, 자신은 오직 성공의 길을 향해 달려가면서 결국 케이트의 존재마저 잊어버리고, 자신의 방식대로 물질적으로 풍요롭고 자유롭게 현대인의 삶을 즐기며 살아가게 된다.

B. 슈퍼마켓에서 만남 부랑자와의 특별한 인연은?

잭은 크리스마스이브, 퇴근길에 잠시 들린 슈퍼마켓에서, 당첨된 238달러의 소액 복권을 바꿔달라는 자신을 무시하는 점원에게 총을 들이밀면서 강도로 돌변한 부랑인' 캐쉬'에게 월가 방식의 협상력으로 200

달러를 주면서 자신이 그 복권을 현금 할인(Cash Discount) 방식으로 구매하게 되자, 부랑자 '캐쉬'는 잭의 선행에 대한 보상으로, 과거에 놓친 잭의 소중한 삶을 잠시 '엿보기'할 수 있는 기회를 주게 된다. 결국 부랑자 '캐쉬'는 크리스마스 시즌 하느님이 착한 일을 한 사람을 돕던 '천사'였다.

C. 몇 주간의 '엿보기' 생활에서 잭이 느낀 것은?

잭은 처음에 맞닥뜨린 모든 것(갑자기 생긴 아내와 자녀, 그리고 타이어 세일즈맨이라는 직업 등)에 당황하며 자신이 불행의 늪으로 빠진 것으로 여기며 힘들어하지만, 시간이 지날수록, 자신이 지난 13년간 성공만을 향해 달려오면서 결코 누릴 수 없었던 따뜻한 가족애와 한 성숙한 남자로서의 행복을 깨닫게 되면서, 과거 사회적 성공만을 추구하던 삶의 방식에서 벗어나게 된다.

D. '엿보기'의 시간이 끝나고 다시 펜트하우스의 성공한 기업가로 돌아간 잭이 결심한 것은?

잭은 뉴저지의 소박하지만 따뜻한 가족애가 넘치던 생활을 잊지 못하고 결국 공항으로 달려가서 프랑스 파리 지사로 떠나려고 하는 연인 '케이트'를 설득한다. 하지만 과거 자신을 버리고 영국으로 떠났던 잭을 원망하며 단호하게 작별을 고한다. 그러나 그녀와 가족을 포기할 수 없었던 잭은, 지난 몇 주간 자신이 같이 살았던 꿈과 같이 아름다웠던 일상을 디테일하게 얘기하자, 진정성에 감동한 '케이트'도 파리행 비행기를 취소하고 눈 내리는 공항 카페에서 '커피 한잔을 하면서' 새로운 사랑의 대화를 시작하게 된다.

<에필로그>

영화 <패밀리 맨>에서, 슈퍼마켓에서 만난 부랑자 '캐쉬'가 잭에게 당신이 지금 필요한 건 없냐고 묻자, 잭은 조금도 고민하지 않고 "난 필요한 게 없다"라고 대답하는 것을 보고, 자신이 가진 사회적인 성공 이외의 것을 가져보지 못한 잭에게는 사랑이 넘치는 가족애의 소중함을 결코 이해할 수 없었을 것이다. 영화는 오늘을 사는 현대인들이 불확실한 미래와 가족해체의 환경 그리고 초 경쟁의 사회에서 살아남기 위해 점차 비혼, 비출산의 새로운 삶의 방식을 선택하면서 급격히 잊혀가는 가족의 소중함을 다시 한 번 생각하게 해준다. 우리는 잭과 같이 천사에게 인생 '엿보기'의 기회를 얻을 수 없기에 평소, 고전과 양서의 독서를 통해 삶의 지혜를 얻고, 음악과 예술을 통해 감성을 키우며, 폭넓은 멘토 그룹을 통해 경험을 얻어 자신만의 '인생 엿보기'에서 슬기로운 결정 기회를 가져야 한다. 결국 삶의 방식은 자신이 최종 결정하는 것이니까!

타버린 포도밭에서도 새싹이 나듯
절망의 인생길에도 희망의 꽃은 핀다!

구름 속의 산책
A Walk in the Clouds, 1995

<프롤로그>

영화 <구름 속의 산책/A Walk in the Clouds, 1995>은 아름다운 포도 농원에서 순수하고 아름답게 살아가는 사람들 속에 우연히 초대된 이방인 제대군인 폴이, 동병상련의 여성을 돕게 되면서 우여곡절 끝에 자신의 인생을 새롭게 찾아가는 내용이다. 우리는 인생의 긴 여정에서 많은 역경과 좌절을 겪지만, 그런 과정을 슬기롭게 극복하게 되는 순간 더 큰 행복이 찾아온다는 것을 모르고 직전에 포기하는 경우가 많다. 이 영화를 통해 어떤 인생이나 살 만한 것이고, 누구에게나 모진 역경의 뒤에는 반드시 희망의 꽃이 핀다는 것을 다시 한 번 일깨워준다.

<영화 줄거리 요약>

2차 세계대전이 끝나고, 3년 만에 고향에 돌아온 참전용사 '폴(카아누 리브스 분)'은 아내의 성화에 못 이겨 돈을 벌고자, 입대 전 했던 초콜릿 장사를 다시 시작하게 된다. '새크라멘토'로 가는 도중 우연히 도시에서 유학 생활을 하다가 사랑하는 남자에게 버려진 후 임신한 몸으로 혼자 집으로 향하는 '빅토리아(아이타나 산체스 지욘 분)'라는 여인을 만나게 된다. 하지만 성격이 엄격하고 보수적인 그녀의 아버지는 멕시코계 이민자 부호로 큰 와인 농장을 경영하는데, 결혼도 안 한 딸이 임신한 사실을 알면 죽임을 당할 것 같아 집에 갈 엄두를 내지 못하는 그녀의 안타까운 모습을 보게 된다. 폴은 동정심이 발동하여 하루만 남편 노릇을 해주기로 약속하고 그녀의 고향 집인 '구름 속의 산책'으로 향하게 된다.

예상대로 모든 가족은 빅토리아의 결혼을 환영해주었지만, 아버지만은 부모의 승낙도 없이 근본도 모르는 백인과 결혼했다고 노골적으로 폴을 당혹하게 하고 냉정하게 대하게 된다. 하룻밤을 보내고 모두가 잠든 새벽에 몰래 떠나려는 폴에게, 인연을 소중하게 여기고 따뜻한 마음을 가진 빅토리아의 할아버지 '돈 페드로 애러곤(안소니 퀸 분)'은 그를 설득하여 포도 수확철 때까지만 머무르기를 청하고, 폴은 어쩔 수 없이 함께 포도 수확을 돕고, 가족의 일원으로 수확에 대한 집안의 감사축제에도 함께 참여도 하게 된다. 외롭게 고아로 자라나면서 지금까지 자신이 느낄 수 없었던 행복과 평안을 잠시나마 누리게 되면서 그는 빅토리아를 점점 좋아하게 된다. 빅토리아의 아버지도 폴의 성실하고 순수한 모습을 보면서 노여운 마음이 점차 사라지게 되고, 마을 축제인 추수감사절에 빅토리아와의 공식적인 결혼 발표를 하게 된다.

하지만 더는 가족들을 속일 수 없었던 빅토리아는 모든 사실을 고백하게 되고, 폴도 잠시나마 꿈만 같았던 행복한 생활을 뒤로하고, 자신의 아내가 있는 샌프란시스코로 돌아가게 된다. 하지만 부인은 이미 다른 남자가 생겨서 폴에게 이혼을 요구하게 되고, 이에 폴은 오히려 부인에

타버린 포도밭에서도 새싹이 나듯 절망의 인생길에도 희망의 꽃은 핀다! 267

게 감사하면서 이혼을 하게 된다. 자유로운 몸이 되자마자 폴은 빅토리아와의 재회를 위해 '구름 속의 산책' 마을로 돌아갔지만, 딸의 거짓에 크게 실망한 그녀의 아버지는 폴에게 화를 내다가, 실수로 아버지가 집어 던진 램프로 인해 포도밭에 불이 옮겨붙어 모든 것이 다 타버리게 된다. 하지만 폴은 어둠 속에서도 포기하지 않고, 다행히 뿌리까지 타지 않은 마지막 포도나무를 찾아내어 포도밭을 재건할 수 있는 희망을 얻게 되고, 절망 속에서 다시 꿈을 찾은 빅토리아 가족들의 축복 속에 두 사람의 사랑은 꽃이 피게 된다.

<관전 포인트>

A. 영화에서 서사적인 영상이 아름다운 장면들은?

멕시코의 드넓은 포도농장이 안개에 싸인 풍경과 달밤의 불빛, 낙조와 어우러진 포도밭, 그리고 화재에 불타는 포도농원 등 영상이 환상적이다. 특히 밤에 기온이 차가워지면 포도의 맛이 떨어지므로 온 가족이 포도나무 사이사이에 불을 피우고 거대한 나비 날개를 만들어 어깨에 달고 더운 바람을 나무에 날려보내는 밤 풍경은 아름다운 축제를 보는 것 같다.

B. 포도 수확하는 날 마을 사람들이 하는 행사는?

포도를 수확하는 날 온 마을 사람들은 수확한 포도를 커다란 통에 넣고 성공적인 와인 생산을 기원하는 의미로 다산을 상징하는 결혼한 여자들이 나무통에 들어가서 포도를 밟아 으깨고, 남자들은 밖에서 악기 연주를 하여 여자들이 포도를 신나게 밟게 하면서 자연스레 마을 축제로 연결된다.

C. 빅토리아 아버지의 실수로 포도밭이 모두 타버린 뒤 '폴'이 한 행동은?

밤새 다 타버린 포도밭을 보며 망연자실한 가족들을 위해 폴은 부랴부랴 지난번 빅토리아의 할아버지가 첫날 자신을 이끌고 갔던 곳(1580년 스페인에서 멕시코로 포도 뿌리만 달랑 들고 와서 심었던 포도나무가 있던 곳)으로 가서 뿌리를 확인하고, 다행히 뿌리 속의 종자 새싹은 타지 않은 것을 발견하고 어떤 재앙에도 다시 일어설 수 있다는 용기를 주게 된다. 빅토리아의 아버지는 눈물을 흘리면서 딸에게 고백한다. "난 두려웠다. 널 잃게 될까 봐 두려웠다. 가족 모두를 달리 사랑하는 방법을 몰랐다. 네가 가르쳐주겠니? 제발 가르쳐다오." 그리고 폴에게 "뿌리야! 자네 가족의 뿌리이기도 하지. 심어보게"라며 폴과 빅토리아에게 화해의 손을 내밀게 된다.

D. 폴이 역경을 헤치고 마지막으로 인생의 행운을 잡은 계기는?

초콜릿을 판매하러 가던 도중 만난 빅토리아의 딱한 처지를 외면하지 않고 그녀의 집까지 동행하여 도우려고 했던 아름다운 마음이 결국, 사랑스러운 부인과 포도농원에서의 의미 있는 삶을 가지게 되는 행운을 잡게 된다. 특히 사고로 포도밭이 모두 타버린 절망의 상황에서도 포기하지 않고 마지막 뿌리를 발견하여 새롭게 포도밭을 일구도록 노력한 것이 사람들로부터 신뢰를 받고, 자기 인생의 새로운 기회도 만들게 된다.

E. 빅토리아의 할아버지가 폴의 인생에 준 영향은?

폴의 순수한 내면을 알아본 빅토리아의 할아버지 돈 페드로는, 하룻밤 자고 새벽같이 몰래 길을 떠나는 폴을 설득하여 포도 수확기까지 자신의 농장에 더 머물러줄 것을 당부한다. 사실은 할아버지는 폴의 순수한 마음을 알아보고는 자신의 손녀인 빅토리아와 좋은 인연이 되기를 진심으로 바랐기 때문이다. 할아버지는 수시로 폴에게 다가가 그가 판매하는 초콜릿을 한두 개씩 먹으며 붙들기도 하고, 폴에게 스페인 세레나데를 가르쳐 자신의 손녀 마음을 얻는 데 도움을 주기도 한다. 할아버지는 건강이 좋지도 않지만, 술을 즐기는 따뜻한 마음을 가진 낭만적 신사이기도 하다.

\<에필로그\>

영화 속 주인공 '폴'은 어릴 적 고아로 외롭게 성장하여, 전쟁에 참전하게 되면서 인생의 역경을 겪게 되지만, 전쟁터에서 돌아와 우연히 정반대의 세상인 평화로운 마을 '구름 속의 산책'에 가게 되면서 새로운 인생을 살게 된다. 누구든 삶의 고통과 힘든 여정을 피해서 살아갈 수는 없다. 하지만 폴처럼 자신의 인생을 피하지 않고 다른 사람의 어려운 상황을 외면하지 않으며 진실하게 살아간다면 행운의 여신은 분명 살며시 당신에게 다가올 것이다. 그런 아름다운 삶을 위해 낙천적인 마음으로 희망을 잃지 말고 살아가야 한다.

악마는 타락한 전문가의
탈을 쓰고 나타난다!

데블스 에드버킷
The Devil's Advocate, 1997

<프롤로그>

이 세상을 이끌어가는 전문가 집단들은 그들의 전문성과 도덕성으로 사람들에게 깊은 존경과 신뢰를 받고 있다. 하지만 가끔은 타락한 전문가는 그런 일반인들의 믿음을 이용하여 악마의 역할을 대신하는 경우가 있다. 영화 <데블스 에드버킷/The Devil's Advocate, 1997>에서는 법을 통해 어디에나 침투할 수 있는, 유능하지만 타락한 변호사가 그런 역할을 맡았다. 사회가 점점 고도화될수록 각 분야에서(법조계, 의료계, 정치계 등) 전문가들의 역할이 중요해지고 있다. 이때 '노블레스 오블리주(Noblesse oblige: 높은 사회적 신분에 상응하는 도덕적 의무)'의 정신으로 사회의 빛과 소금이 될 수 있는 가치관과 사명 의

식이 투철한 전문가들의 출현이 절실하다.

<영화 줄거리 요약>

플로리다의 소도시 갱스빌, '케빈 로맥스(키아누 리브스 분)'는 재판에서 64번이나 연전연승의 무패 행진으로 잘나가는 젊은 변호사다. 물론 변호를 하면서 갈등은 많다. 뻔히 유죄인 것 같은 파렴치한 사람을 위해 양심을 감추고 변호를 할 때가 많기 때문이다. 그의 욕망에 충실한 변론 덕분에 살아난 파렴치범이 많아지고 인기 절정의 변호사로 부상하면서 뉴욕의 대형 투자 회사인 '존 밀튼 투자회사'에서 최고급 아파트와 엄청난 연봉 등 파격적 조건으로 스카우트 제의가 들어온다. 케빈은 '아내 매리 앤(샤를리즈 테론 분)'과 함께 뉴욕으로 향한다. 그곳에서 만난 밀튼사의 회장인 '존 밀튼(알 파치노 분)'은 강렬한 카리스마로 케빈을 순식간에 압도하게 된다.

케빈에게 맡겨진 첫 임무는 '이상한 종교의식을 벌이다 공중위생법으로 기소된 밀튼사의 중요고객을 변호하는 것'으로 케빈은 해박한 법률 상식, 자신만만한 변론으로 첫 재판에서 완벽하게 승소하면서 뉴욕 법조계에 큰 반향을 일으키게 된다. 한편 케빈이 욕망을 좇아 일에만 몰두하는 사이 아내 '매리 앤'은 외로움과 원인 모를 공포감에 빠지게 되고 때론 꿈과 현실을 혼동하는 공황 상태에 이르게 된다. 이미 '양심의 가책'이 없어진 케빈은, 이런 사실을 심각하게 받아들이지 않고 상류사회의 달콤한 유혹에 깊이 빠져들게 되고, 점차 누가 봐도 부도덕한 사건을 맡아 억지 승소를 만들어내며 악의 화신으로 변해가고 있었다.

급기야 현실에 적응하지 못하던 아내 '매리 앤'이 자살하기에 이르자 케빈은 마침내 이 모든 죽음과 공포의 원인이 '존 밀튼' 회장에게 있다고 확신하고 그를 찾아가서 따지다가 상상도 하지 못할 엄청난 사실을 알게 된다. 사실 밀튼은 악마의 화신이었으며, 자신과 같은 욕망에 눈이 먼 인간을 발굴하여 그를 악마의 아들로 만들어 탐욕을 통해 인간 세상을 타락시키는 것이었다. 정신을 차린 케빈은 다시 선량한 변호사로 돌아가려고 애를 쓰지만 '양심의 가책'을 덮어버리고, 쾌락과 본능에 충실한 삶을 사는 인간이 올바르게 살아가는 것이 얼마나 어려운지 알게 된다. 마침내 케빈은 악마의 유혹을 물리치고 '양심에 따라 행동하던 과거'로 돌아갈 극단적 선택을 하게 되지만, 그의 곁에는 또 다른 얼굴로 악마의 유혹이 따라붙는다.

<관전 포인트>

A. 케빈이 자신도 모르게 악마의 변호인이 된 배경은?

케빈은 시골에서 무패의 기록으로 재판에서 이기면서 자만심이 높아졌고, 뉴욕의 대형 투자회사로 스카우트되면서 자신의 능력을 통해 한꺼번에 부와 명예를 가진 상류사회의 일원으로 발돋움하고 싶었다. 가장 소중했던 자신의 부인이 악의 소굴에서 힘들어할 때, 곧 적응할 것이라면서 애써 외면하고 방치함으로써 결국 죽음에 이르게 하였다. 사실 자신이 타락하여 생긴 책임을 악마인 존 밀튼에게 전가했지만, 존 밀튼의 주장대로, 케빈은 자신의 이기심을 채우기 위해 스스로 어긋난 욕심과 탐욕스러운 욕망이 가득한 악마의 변호인(Devil's Advocate)이 된 것이다.

B. 케빈이 존 밀튼에게 자신의 아내를 죽인 책임을 묻자 답한 내용은?

사랑하는 사람의 아이를 낳고 소박하게 살기를 원했던 선하고 아름다운 '매리 앤'이 공포를 견디지 못하고 자살하고 만다. 그 원인이 존 밀튼에게 있다고 본 케빈이 찾아가 추궁하자, 그는 "넌 언제든지 너의 아내를 구할 수 있었지. 그녀가 원한 건 단지 사랑뿐이었다고, 근데 넌 너무 바빴지? 네가 매리 앤을 사랑하지 않은 건 아니야, 단지 더 사랑한 사람이 있었던 거지, 바로 너 자신이야!"라면서 악마답게 책임을 케빈에게 있음을 상기시켰다.

C. 케빈이 마지막에 반성하고 취한 행동은?

악마인 존 밀튼은 "허영은 최고의 기호품이지, 아주 근본적인 거야, 이기심은 원초적인 아편이지. 죄책감은 벽돌 더미와 같아, 별거 없이 그냥 쓰러뜨리면 돼"라고 온갖 궤변으로 케빈을 유혹하지만, 케빈은 악마의 제안을 받아들이지 않고 자신의 '자유의지'를 통한 선택으로, 권총을 들어 자살하게 된다. 그 순간 그는 환상에서 깨어나게 되고, 자신이 첫 양심을 저버렸던 법정에서 다시 눈을 뜨고, 자신이 옹호했던 몰염치한 범죄자의 변호를 포기하며 재판장을 나가버린다. 하지만 기분 좋게 아내와 퇴장하던 그에게 기자가 다가와서 이 일이 완벽한 특종감이자, 스타가 될 수 있는 길이라 알려주며 그를 유혹한다. 관심을 보이며 내일 아침 인터뷰에 응하겠다는 케빈의 대답과 동시에 기자는 악마인 존 밀튼의 얼굴로 바뀌면서 "허영은 내가 제일 좋아하는 기호품이지(Vanity is my favorite sin)"라고 인간의 나약함을 비웃는다. 결국 인간의 욕심은 끝이 없고 같은 실수를 반복하기에 항상 자신을 성찰하여 바른길로 나아가는 노력이 필요한 것이다.

D. 전문가가 타락하면 더욱 큰 악영향을 미치는 이유는?

일반인들은 전문가집단이 사회 각 분야에서 공인된 자격증으로 무장한 전문적인 지식과 그런 힘에 합당한 고도의 도덕성을 가지고 있다고 굳게 믿는다. 타락한 전문가에 의해 쉽게 마음의 문을 열고 수용하는 사람들을 악의적으로 조종하여 큰 피해가 발생할 수도 있다. 전문가에 대한 공인 절차가 인간다운 소명 의식보다, 고도의 기술적 지식으로만 검증하는 프로세스가 더 큰 위기를 불러일으킬 수도 있는 것이다.

  사회적으로 존경받는 전문가가 타락할 경우, 그 사람이 유능할수록 '악마의 화신'이 되어 사회에 미치는 해악은 엄청날 수 있다. 영화 <데블스 에드버킷>에서는 어떤 사람도 욕망의 유혹에서 자유롭지 않다는 것을 알려준다. 그리고 그것을 이겨내고 참다운 삶을 살기 위해서는 부단한 성찰을 통한 자기 수양과 선한 사람들과의 관계를 통해 주변 환경의 지속적 정화가 필요하다는 것도 깨우쳐준다. 특히 많은 사람에게 큰 영향을 주는 전문가집단이라면 존 밀튼과 같은 악마의 유혹이 항상 가까이 있기에 더욱 투철한 도덕의식과 솔선수범하는 공공정신이 필요한 시대이다.

당신을 채워주는(You complete me)
진정 소중한 것은 무엇인가?

제리 맥과이어
Jerry Maguire, 1996

<프롤로그>

영화 <제리 맥과이어/Jerry Maguire, 1996>
에서는 치열한 스포츠 세계의 보이지 않는 음
지에서 성공을 향해 달려가는 에이전트인 '제
리'가 주인공이다. 이 영화는 제리가 스포츠 세
계보다 더 치열하고 비정한 현대사회에서 진정
으로 중요한 가치가 무엇인가를 깨달아가는 과
정을 보여주고 있다. 돈과 명예로도 채울 수
없었던 마음속의 공허함은 오직 '어려울 때 자
신을 믿고 힘이 되어준 사람'으로 채워진다는
것을 알게 된다. 지금 당신의 마음속이 공허하다면, 그 마음을 채워주는
진정 가치 있는 소중한 것들로 채울 수 있게 항상 스스로 성찰하고 돌
아보는 노력의 시간이 필요하다.

<영화 줄거리 요약>

뛰어난 능력과 매력적인 외모까지, 모든 것을 겸비한 스포츠 에이전시 매니저 '제리 맥과이어(톰 크루즈 분)'는 어느 날 스포츠 스타들이 지나치게 성공만을 향해 달려가다가 큰 부상으로 조기 은퇴 또는 범죄에 연루되는 모습을 보게 된다. 그는 회사에 공개적으로, 방대한 고객 숫자나 돈보다는 소수정예 선수들에게 진실한 관심을 통해 가족처럼 보호하고 지켜나가는 진정한 서비스를 제공해야 한다는 제안서를 낸다. 그의 제안서를 확인한 회사는 비현실적 생각을 하는 제리를 해고하게 된다. 평소 제리를 좋아하던 맑은 영혼의 소유자이며 어린 아들까지 돌봐야 하는 미혼모 '도로시(르네 젤위거 분)'와 제리의 책상 위 금붕어 한 마리만이 제리를 따라 새로운 에이전트 사무실로 오게 된다.

하지만 그가 가지고 있던 많은 스타 선수들은, 빈털터리가 된 그에게 전속되는 것을 원치 않았고, 그를 따라온 선수는 작은 키에 말만 떠벌리는 한물간 미식축구 선수 '로드(쿠바 구딩 주니어 분)' 한 명뿐이었다. '로드'는 성품이 순수하고 일과 가족에 대해 열정적이며 재치는 있지만, 한 번도 돈방석에 앉아본 적이 없는 그저 그런 선수였다. 하지만 제리는 그가 슈퍼스타가 될 수 있는 능력이 있다는 것을 믿기에, 그가 가는 곳이라면 어디든지 따라다니며 그를 격려하고 때론 질책하며 최선을 다해 서포트한다. 그리고 평소 자신의 부족한 2%를 채워주는 '도로시'와 그의 어린 아들과도 친해지게 되어 결국 그녀와 결혼하게 된다. 하지만 제리는 계속된 에이전시 사업의 어려움으로 일과 가정생활에서 자신감을 잃어가게 되고, 그것을 눈치챈 도로시가 자신이 짐이 되는 것 같아 먼저 헤어지자고 말하게 된다.

그러던 어느 날, 슈퍼볼을 앞둔 중요한 미식축구 경기에 출전한 '로드'는 무리하게 공을 잡아 점수를 얻으려고 하다가 크게 넘어져서 의식을 잃고 자리에 쓰러지는 사건이 발생한다. 그 순간 경기장은 쥐 죽은 듯 조용해지고, 로드의 시합을 TV로 관람하던 가족들은 그가 돌이킬 수 없는 사고를 당한 것이 아니냐고 걱정을 할 때, 제리는 진심으로 로드의 가족을 챙기며 안심을 시킨다. 그때 기적처럼 로드가 정신을 차리고 일어나고 조용했던 경기장은 축제의 장이 되면서 졸지에 로드는 슈퍼스타로 등극하게 되는 영광을 얻게 된다. 시합 후 기자들과의 인터뷰 자리에서 로드는 가족들에게 전화를 걸어 감동을 눈물을 흘리다가, 자신을 진정으로 아끼고 서포트해준 또 하나의 가족인 제리를 찾으며 뜨거운 눈물을 흘리게 된다. 로드의 성공으로 제리 또한 단독 에이전트를 성공시키면서 갈망하던 성공을 맛보지만, 그의 가슴은 허전함으로 가득 찬다. 무언가가 결여되어있다고 생각할 때, 그것이 바로 그의 곁에서 늘 힘이 되어주던 가족의 빈자리라는 것을 깨닫게 되고 비행기를 타고 집으로 돌아가 도로시와 뜨거운 재회를 하게 된다.

<관전 포인트>

A. 자신이 관리하는 선수인 '로드'가 제리에게 원하던 것은?

다니던 에이전시 회사에서 해고당한 후 유일하게 제리의 에이전트로 남은 '로드'는 작은 키에 떠버리로 평소 주목받지 못하던 미식축구 선수였다. 그런 그는 대가족을 부양해야 하는 책임까지 떠맡고 있어서 항상 돈에 굶주려 있었기에, 제리에게 "Show me the money(떼돈을 벌게 해달라)"고 수시로 주문하였다. 그런 점에서는 속물처럼 보이기도 했지만, 제리는 로드를 통해 많은 것을 배우기도 한다. 그것은 로드의 열정적인 가족을 향한 사랑이었다. 그 모습을 보면서 상대적으로 공허한 자신의 결혼생활을 돌이켜보게 되는 계기가 된다.

B. 시합에서 졸지에 슈퍼스타로 등극한 로드가 보여준 감격스러운 장면은?

늘 시합이 끝나면 몰려드는 기자들 사이에서 인터뷰하는 다른 슈퍼스타들을 질투 어린 시선으로 바라보아야만 했던 로드는 시합 후 탈의실에서 나오는 순간, 수십 개의 카메라 세례를 받게 된다. 그 순간 가장 함께하고 싶었던 사랑하는 가족들에게 전화를 걸어 눈물을 흘린다. 그는 잠시 후 "잠깐만, 한 명이 빠졌어요. 제리 맥과이어! 제 에이전트죠, 당신은 나의 콴이자 영웅이야!"라며 제리와 감격의 포옹을 나누게 된다.

C. 도로시가 참석한 혼자된 중년 여성들의 '남자 씹기' 모임에서 생긴 일은?

도로시는 결혼은 했지만, 일과 사랑에서 혼란을 겪고 있던 제리를 자유롭게 해주기 위해 자신이 먼저 헤어지자고 말한다. 그 후 그녀는 외로움을 달래기 위해 그녀의 언니가 주최한 남자 씹기 모임에 다른 독신녀들과 함께 참석하고 있었다. 별안간 경기에서 이기고 돌아온 제리 맥과이어가 헐레벌떡 집으로 들이닥쳐 도로시에게 "오늘 큰 성공을 거뒀지만 채워지지 않는 구석이 있었어, 당신이 없어서 그래. 당신의 목소리를 들을 수가 없었고, 함께 웃을 수도 없었어. 세상이란 참 비정해, 눈물 나게 비정해, 하지만 아무리 사는 게 힘들어도 당신을 사랑할 거야. 당신이 나를 채워줘(You complete me!)"라고 진심어린 프러포즈를 한다. 그 순간 '도로시'도 "당신이 안녕하며 들어오는 순간 당신을 용서했어요"라고 받아주며 둘은 그전에 느낄 수 없었던 깊은 유대감과 사랑으로 드디어 진정한 하나가 된다.

D. 로드가 항상 얘기하던 '콴(Quan)'은?

로드가 마음속에 종교처럼 가지고 있는 말로, 돈과 사랑과 이 세상 모든 소중한 것들을 의미하는 말로 주술처럼 자주 사용한다. 제리는 평소 좋은 계약이 성사되지 않는 로드의 문제점이, 그의 열정적인 실력에도 불구하고 팀 동료들과 자주 다투며, 불만을 수시로 표출함으로써 팀에서 거부감을 가진다는 것이라고 직설적으로 얘기한다. 처음에는 자신에 대한 비난으로 불쾌해했던 로드는 결국 스스로 그런 약점들을 고쳐나가면서 좋은 매너와 성과를 보여주게 되었고, 마침내 최고 팀인 애리조나 팀과 4년에 1,120만 달러라는 천문학적 금액으로 성공적인 계약을 따내게 된다. 그는 자신을 성공의 터치다운(Touch down)으로 연결해준 자신의 에이전트 '제리 맥과이어'를 향해 "당신은 나의 콴이자 영웅이야"라며 뜨거운 감사의 포옹을 한다.

<에필로그>

최근 대형 연예기획사에 소속된 인기 스타들이 여러 가지 사회적 스캔들에 말려들어 큰 위기를 맞는 모습을 보면서, 이들을 서포트하는 사람들과 가족들이 돈과 명예가 아닌 진정한 가치 있는 길로 인도했었더라면 하는 아쉬움이 남았다. 영화 <제리 맥과이어>에서 제리가 만들었던 '우리가 생각만 하고 말하지 못하는 것들(The things we think, and do not say)'이라는 제안서(Mission statement)에서 "Fewer Clients, less money: 고객을 줄이고 돈보다 인간을 중심으로 일하자"의 모토는 결국, 가족 같은 진정한 파트너십은 자신은 물론 모두에게 아름다운 결과를 만들어낼 수 있다는 것을 보여주었다. 단기적인 성공만을 위해 달리다가 넘어지지 말고, 진정 가치 있는 소중한 것들로 채울 수 있게(You complete me), 항상 스스로 성찰하고 돌아보는 창의적 시간이 필요하다.

영화 <제리 맥과이어>를 보면서, 전설적인 록밴드 '비틀스'와 견주는 BTS(방탄소년단)의 지속적 성공 뒤에, 방시혁 PD의 창의적 철학(음악을 비즈니스로만 보지 않고 새로운 산업으로 혁신하여, 기존 부가가치가 생성되고 확장하는 과정에 변화를 일으켜 매출 증대 및 시장 규모를 확장시키고 시스템을 개선함으로써 구성원과 산업종사자의 삶의 질을 개선하려 한다)을 떠올리게 된다.

현실에서 도망갈 수는(Fugitive) 있지만, 돌아오기는 더 어렵다!

도망자
The Fugitive, 1993

<프롤로그>

누구나 힘든 현실에 부딪히면 도망가고 싶을 때가 있다. 하지만 한번 도망가면 다시 돌아오기는 더욱 어렵고, 언젠가 도망치고 싶었던 그곳이 무척 그리울 때가 있을 것이다. 한때 잘나가던 미국 국적의 한국 가수가 병역을 피하고자 도망갔다가 오랜 시간 돌아오지 못하는 것을 보고, 도망보다 어려운 것이 회귀라는 것을 알게 된다. 영화 <도망자/The Fugitive, 1993>에서는 함정에 빠진 주인공이 다시 자기 자리로 돌아오기 위한 험난한 여정을 보여준다. 이렇듯 지금 도망가고 싶은 현실이 언젠가 그토록 돌아오고 싶어지는 소중한 곳임을 잊지 말아야 한다.

<영화 줄거리 요약>

어느 날 응급 수술을 마치고 집으로 돌아오던 시카고의 저명한 외과 의사 '라차드 킴블(해리슨 포드 분)'은 현관으로 들어오던 중 괴한의 공격을 받는다. 사투 끝에 범인은 달아나고 그의 부인 '헬렌'은 침실에서 숨을 거두고 만다. 공교롭게도 아내는 경찰에 전화하여 '리차드 킴블'이라는 말만 남기고 숨을 거두고, 이 녹음테이프가 결정적인 살인 증거가 되어 킴블은 자신을 부인을 죽인 파렴치범으로 사형 선고를 받기에 이른다. 일리노이 주립 교도소로 향하던 호송 버스 안에서 몇몇 죄수가 탈주를 시도하는 과정에서 버스가 전복되고, 마침 지나가던 열차와 충돌한다. 이 아비규환의 와중에서 킴블은 구사일생으로 버스에서 탈출하여 같이 탄 죄수의 도움으로 수갑을 풀고 혼자 무작정 산속으로 탈출하게 된다.

한편 이 전대미문의 사건은 연방 경찰 '샘 제라드(토미 리 존스 분)'가 맡게 된다. 병원에서 상처를 스스로 치료하고 앰뷸런스로 도망가던 킴블은 보안관 제라드의 헬리콥터에 쫓겨 거대한 댐의 높은 수문 위까지 이르게 된다. 그곳에서 주저 없이 뛰어내린 킴블은 세찬 물살로 인해 댐 구조물에 부딪히지 않고 가까스로 살아난다. 도망자의 신분을 숨긴 채 경찰의 추적을 피해 진범인 '한쪽 팔이 의수인 외팔이'를 찾아 모든 단서가 될 만한 곳을 찾아다닌다. 그러던 중 범죄의 중심이 바로 자신의 대학 동기이자 동료 의사인 '찰스 니콜스(제로엔 크라베 분)'가 출시될 신약 발표를 막으려는 킴블을 제거하여 막대한 리베이트를 차지하려는 속셈이었다는 것을 알아내게 된다.

전철 안에서 자신을 제거하려던 청부살인업자 '사익스'에게 쫓기다 극적으로 그를 제압하고 자신에게 누명을 씌운 악마와도 같은 의사 '찰스'를 찾아가게 된다. 킴블을 추격하던 연방 수사관 '제라드'도 결국 킴블의 누명을 눈치채게 되어 진범을 쫓게 된다. 킴블은 신약 발표회가 진행 중이던 호텔 연회장에서 문제의 제약회사인 데블린사의 이사로 변신하여 신약의 우수성을 발표하던 악당 의사 찰스와 조우하게 된다. 킴블은 많은 사람이 있는 자리에서 임상적으로 문제가 드러난 혈액 샘플과 임상 보고서를 바꿔치기한 사실로 공격하자 찰스는 킴블을 끌고 나가 난투극이 벌어진다. 이때 수사관의 권총을 탈취한 악당 찰스가 제라드 보안관을 쏘려는 순간, 킴블에게 극적으로 저지당하여 살인범은 체포되고 킴블은 제라드 수사관에 의해 도망자의 누명을 풀고 자유를 되찾게 된다.

<관전 포인트>

A. 킴블 박사가 자기 부인의 살인범으로 몰린 여러 가지 정황은?

킴블의 아내 헬렌은 엄청난 재산을 물려받은 상속녀로, 그녀와 결혼한 킴블박사는 만인들의 부러움을 사고 있었다. 사건 당일 헬렌은 킴블 박사가 응급수술 후 돌아올 것을 알고 미리 집 현관을 열어놓았고, 이를 파악한 괴한이 쉽게 침입할 수 있었다. 헬렌은 이미 괴한에게 칼에 찔린 상태로 경찰에 전화했고, 때마침 자신의 남편인 킴블 박사가 들어오자 그의 이름을 부르며 도움을 요청한 것이 오해를 사는 결정적 증거가 된 것이다.

B. 킴블 박사는 어떻게 살인범 '사익스'를 찾게 되었나?

킴블 박사는 괴한과의 격투에서 범인의 오른팔이 의수임을 눈치챈다. 그는 '의수와 의족을 전문적으로 만들고 시술하는 병원(Cook County Hospital)'을 찾아가 보조기구를 착용한 용의자 5명을 검색한다. 한 명씩 찾아가다가 드디어 사익스 집 잠입에 성공한다. 사진을 통해 그가 전직 경찰관이었으며 현재는 문제의 데블린 제약사의 중역을 경호하는 직업을 가지고 있음을 확인하고 그가 진범인 것을 알게 된다.

C. 킴블 박사의 친구인 의사 '찰스'가 어마어마한 사건을 꾸민 이유는?

킴블 박사는 '데블린 제약'의 신약(RDU-90) 임상시험에서 간에 치명적 영향을 주는 부작용을 확인하고 혈액 샘플을 통해 이 약의 출시를 막으려고 한다. 하지만 제약회사에서 엄청난 리베이트를 약속받은 의사 찰스는 킴블만 없애면 신약을 출시하여 자신이 큰 이득을 챙길 수 있기에 킴블에게 부인의 살해범으로 누명을 씌워 제거하려고 하였다.

D. 연방 수사관 '제라드'는 어떻게 킴블 박사가 진범이 아닌 것을 알게 되었나?

'한 건의 미해결 사건도 없는' 늑대의 심장과 독수리의 눈을 가졌다고 소문난 연방 수사관 '제라드'는 도망자 킴블 박사를 추적하면서 킴블이 자신의 부인을 살해한 진범을 잡기 위해 필사적으로 노력하는 모습을 눈치채게 된다. 특히 킴블은 인공 의수를 한 진범 '사익스'의 집을 제보하는가 하면, 공개적으로 신약 발표회가 있는 힐튼 호텔을 찾아가며 경찰에게 동선을 알리는 등, 자신의 누명을 벗고자 노력하는 것을 알게 되고 결국 진범들을 체포하는 데 동조하게 된다.

E. 킴블 박사가 도주 중에도 의사의 도리를 다하게 되는 순간은?

킴블 박사는 병원에서 진범을 추적 중, 응급실에서 대기 중이던 어린 소년이 긴급수술을 받아야 함에도 방치되자, X-레이 확인 후 진단 보고서에 긴급수술을 적어 넣고 수술실로 이송시켜 소년 환자가 신속히 수술받도록 하는 데 기여하기도 한다. 그가 평소 좋은 의사였기에 병원의 연구원들도 그가 비록 중범죄의 혐의를 가진 도망자였지만, 혈액 샘플 등의 중요한 증거를 제공해주어 결정적으로 '찰스'의 악마적인 범죄를 밝혀내는 데 도움을 준다.

　　현대인들은 커다란 현실적 문제와 맞닥뜨리게 되면, 그 상황을 외면하고 도망가고 싶어 하는 경향이 많다. 하지만 언제까지나 그 문제를 피해 도피할 수는 없기에, 자신의 성찰과 진정한 멘토들의 조언을 통해 적극적으로 직면한 문제에 접근한다면 의외로 문제는 하나씩 해결될 수 있다. 또한 그런 역경을 통해 문제 해결의 지혜가 쌓이면 점점 큰 문제를 풀 수 있는 용기가 있는 사람으로 나아갈 수 있다. 한번 도망가기 시작하면 다시는 쉽게 돌아올 수 없다!

삶에는 엔딩이 있기에
일상은 더욱 소중하다!

사랑과 영혼
Ghost, 1990

<프롤로그>

최근 인기리에 방영됐던 드라마
<호텔 델루나>는 저마다의 사연
품고 죽은 영혼들의 한을 풀어주는
특별한 호텔을 배경으로 한다. "죽
음은 끝이 아니고 내가 한 모든 일
에 대가를 치르는 과정을 통해 이
세상의 불공평이 해소된다"는 메시지를 주고 있다. 저마다 가슴에 하지
못한 말을 품고, 저승으로 떠나기 전 잠시 쉬어가는 장소이면서 생애
마지막 위로와 용서가 이곳에서 이루어지기도 한다. 영화 <사랑과 영
혼/Ghost, 1990>은 사후세계의 판타지를 통해 앞만 보고 살아가는 현
대인들에게, 삶을 보다 진실하고 아름답게 살아가야 하는 이유와 일상
의 소중함을 일깨워준다.

<영화 줄거리 요약>

　'샘(패트릭 스웨이지 분)'은 뉴욕 월스트리트 금융회사의 직원이며 그의 연인 '몰리(데미 무어 분)'는 촉망받는 신진 도예가이다. 둘은 뉴욕에 새 집을 장만하고 집 내부까지 하나하나 정성을 들여 리모델링하며 행복하게 살아간다. 어느 날 밤 맥베스 공연을 보고 집으로 돌아가는 길목에서 괴한에 의해 샘은 심장에 총을 맞고 사망한다. 이미 자신의 몸에서 이탈되어 그것을 바라보던 샘의 영혼은 당황하게 되고, 그 사이 하늘에서 자신을 데리고 갈 천국행 빛의 문이 열리게 된다. 하지만 사랑하는 '몰리'와의 갑작스러운 이별을 인정할 수 없었던 샘이 망설이자 문은 닫히게 된다.

　그 후 병원에서 만난 한 유령이 "사람이 죽으면 천국과 지옥으로 가는 판정을 받는데 지옥은 즉시 끌려가지만, 천국으로 가는 경우 잠시 유예할 수 있다"라고 얘기해준다. 샘은 실의의 나날을 보내는 몰리 옆에서 아무런 도움도 줄 수 없음을 안타까워하고 있을 때, 샘의 금융회사 동료이자 친구인 '칼(토니 골드윈)'이 찾아와 몰리를 위로해준다. 하지만 사실 '칼'은 부정한 방법으로 빼돌린 400만 불을 샘의 계좌에 몰래 넣어 세탁 후 빼내려 하다가, 샘이 이상하게 여겨 회사에 신고하려 하자 살인청부업자를 동원해 친구인 샘을 살해하게 하고 그 돈을 가로채려고 했던 파렴치한 인간이었다. 그는 몰리로부터 샘의 계좌 비밀번호를 알아내기 위해 몰리를 위로하는 척 연기했다.

　그 모든 내막을 알게 돼 샘은 길거리에서 영혼과 대화를 할 수 있다는 심령술사(Spiritual Advisor) 간판을 보고 영매술사 '오다매(우피 골드버그 분)'를 찾아간다. 우여곡절 끝에 오다매와 함께 몰리에게 찾아가 자신이 살해당한 것과 친구인 칼의 만행을 얘기하지만, 사기꾼 전과가 있는 오다매를 몰리와 경찰은 믿어주지 않는다. 이에 분노한 샘은 몰리를 보호하기 위해 스스로 해결하기 위한 방법을 찾던 중, 지하철에서 만난 어떤 유령이 물건을 마음대로 움직일 힘이 있는 것을 목격하고 그 괴팍한 유령을 찾아가 천신만고 끝에 방법을 익혀 악당 칼로부터 사랑하는 몰리를 구해내고 애틋한 사랑을 확인한 후 자신은 하늘나라로 떠나게 된다.

<관전 포인트>

A. 영혼의 존재를 믿지 않는 몰리에게 결정적으로 자신의 존재를 믿게 하는 샘의 노력은?

샘은 지하철 유령에게 배운 물건을 움직이는 기술로 동전(집을 리모델링할 때 나온, 인디언이 새겨진 미국의 오래된 행운을 상징하는 동전)을 자신의 손가락으로 집어 올려 몰리의 손에 올려놓자, 그제야 몰리는 눈물을 흘리며 샘의 영혼이 자신의 곁에 머물고 있음을 인정하게 된다.

B. 영매술사로 나온 '우피 골드버그'는 어떤 배우인가?

파라마운트 제작사는 '우피 골드버그' 대신 '티나 터너'를 캐스팅하려고 했으나 주인공 '패트릭 스웨이지'가 제작사에 강력하게 이야기한 덕분에 영화에 출연하게 되었고 영화의 흥행 성공으로 그녀에게 크나큰 명성과 부를 가져다준 영화가 되었다. '우피 골드버그'는 흑인 역사상 처음으로 <바람과 함께 사라지다/Gone With The Wind, 1939>에서 아카데미 여배우 조연상을 받은 '해티 맥대니얼(스칼렛 오하라의 하녀 역 '매미'로 출연)' 이후 51년 만에 흑인 역사상 2번째로 아카데미 여우조연상을 받게 되었다. 그 이후 <시스터 액트/Sister Act, 1992> 등으로 인기 배우의 반열에 오르게 되었다.

C. 영화의 유명한 OST는?

'라이처스 브라더스(Righteous Brothers)'가 부른 <Unchained Melody (1965)>가 주제곡으로 쓰이며 많은 감동을 주었다. 사실 이 노래는 혼혈가수 박일준이 영화가 나오기 전인 1977년에 <오! 진아>라는 곡으로 리메이크하기도 하여 더욱 친근감이 있었다. 노래의 선곡은 영화의 여주인공 '데미 무어'가 추천했다고 한다. 이 노래는 사랑하는 두 연인이 도자기를 빚으며 애정을 확인할 때, 그리고 샘이 마지막으로 이승을 떠나며 몰리와의 이별의 순간을 보여줄 때 배경음악으로 나와 많은 사람에게 아름다운 감동을 주었다.

D. 샘이 하늘나라로 가면서 했던 말은?

평소 샘은 몰리의 사랑한다는 말에 '동감(Ditto)'이라는 말로 대신하여 몰리의 섭섭함을 자아내기도 하였다. 하지만 피살된 후 자신이 얼마나 몰리를 사랑했는지를 알게 된 그는 그동안의 자신의 소신 없었던 행동을 후회하게 되고 이승을 떠나면서 몰리에게 사랑한다고 당당하게 말하며 "참으로 신기하지 몰리, 마음속의 사랑은 영원히 간직해서 가져갈 수 있으니(It's amazing, Molly, The love inside, you take it with you)"라고 말하며 영원한 사랑을 확인한다.

E. 육체가 없던 샘이 몰리를 안아볼 수 있었던 방법은?

영매술사인 오다매의 몸에 빙의하여 몰리를 안아볼 수 있었지만, 그때 소비하는 영혼의 에너지가 너무 커서 한동안 몸을 움직일 수 없기에, 악당과 대결을 할 수 없는 위험한 상황에 빠지기도 한다. 샘은 물건을 움직일 힘을 배우기 위해 지하철에 사는 유령을 찾아가고 그에게서 "우리는 육체를 가지고 있는 게 아니기에 무언가 움직이려면 마음으로 해야 한다. 너의 분노, 사랑, 증오를 네 뱃속에 꾹꾹 밀어넣어서 핵폭탄처럼 터트려라"라는 비법을 전수하게 된다.

F. '칼'이 횡령한 400만 불은 어떻게 되었나?

샘은 오다매를 시켜 은행에 가서 자신의 계좌에 들어있는 400만 불의 돈을 인출하게 하여 불우이웃을 위한 모금 상자에 넣게 한다. 이때 오다매는 아까워서 발발 떨게 되는 모습이 무척 재밌는 장면이다. 한편 악당 칼은 이 돈이 빠져나간 것을 알고 당황해하다가, 샘의 영혼이 컴퓨터 자판을 통해 "너는 살인마(Murderer)"라고 하자 혼비백산하게 되면서도 끝까지 몰리를 인질로 샘의 영혼을 협박하다가 비참하게 최후를 맞게 된다. 그리고 지옥의 검은 저승차사가 무시무시한 괴성을 지르며 칼을 지옥의 문으로 끌고 간다.

<에필로그>

2017년 개봉한 한국 영화 <신과 함께: 죄와 벌, 인과 연> 시리즈는 염라대왕, 귀인, 원귀, 삼차사 등 다소 판타지 같은 요소로 초자연현상이 나왔지만, 많은 사람에게 사후세계에 대한 깊은 관심을 유도하여 1,000만 이상의 관객 수를 기록하기도 하였다. 현대인들의 메말라가는 인간미를 이런 영화를 통해 일깨우고, 언젠가는 선과 악이 판정되고 그에 따른 응징이 이루어질 것이니 착하고 아름답게 살라는 메시지를 주는 것이다. 내일 당장 죽는다면, 나는 어떤 말들로 정의되어질까? 나아가 어떤 말들로 기억되고 싶은가? 삶의 엔딩에서 나를 정의할 말들을 미리 생각해보고 오늘 나의 행동과 정의와의 간극을 메워보는 일, 그리고 더욱 만족스러운 엔딩을 맞이하기 위한 일상에서의 선한 노력이 필요하다.

♫ Unchained Melody - Righteous Brothers

당신을 더 좋은 사람(better man)으로
거듭나게 만드는 사람은?

이보다 더 좋을 순 없다
As Good As It Gets, 1997

<프롤로그>

영화 <이보다 더 좋을 순 없다/As Good As It Gets, 1997>에서는 까칠한 도시의 남자들이 사는 뉴욕을 배경으로 한다. 혼자만의 세상에 갇혀 살아가던 주인공이 누군가를 사랑하게 되면서 '자신이 더 좋은 남자로 거듭 태어나고 싶어질 만큼(You make me want to be a better man)' 생각이 변화되고, 주변의 이웃까지도 돌아보게 되어 마침내 자신 내면의 어두운 불행의 그림자를 치유하게 된

다는 이야기다. 현재 당신이 누군가를 사랑하고 있고 그 사람에게 더 나은 자신을 보여주려고 노력할 열정이 있다면, 당신은 살맛나는 멋진 삶을 만들어 갈 수 있는 행운아(lucky guy)이다!

<영화 줄거리 요약>

　뉴욕의 고급 아파트에 홀로 사는 '멜빈 유달(잭 니콜슨 분)'은 강박증 증세가 있는 유명한 로맨스 소설가이다. 뒤틀리고 냉소적인 성격으로 주변 사람들의 삶을 경멸하며 신랄하고 비열한 독설로 그들을 비난하며 자기도취에 빠져 살고 있다. 그의 강박증은 매우 유별난데, 길을 걸을 땐 보도블록의 선을 밟지 않으려고 노력하고, 사람들과 부딪히지 않으려고 뒤뚱거리기도 한다. 자신이 자주 가는 식당에 가면 언제나 똑같은 테이블에 앉아야 하고, 지나친 결벽증으로 자신이 가지고 온 플라스틱 나이프와 포크로만 식사하여, 이를 지켜보는 사람들은 모두 그를 꺼린다.

　그러나 식당의 웨이트리스인 '캐롤 코넬리(헬렌 헌트 분)'만은 예외로, 언제나 인내심 있는 태도로 멜빈의 괴팍한 성질을 받아주고 정성껏 서빙해준다. 그녀는 천식을 심하게 앓고 있는 어린 아들을 부양하는 미혼모이기도 하다. 그러던 어느 날, 멜빈의 옆집에 사는 게이 화가인 '사이먼(그렉 키니어 분)'이 강도에게 크게 다쳐 병원에 입원하자 그의 매니저인 '프랭크(쿠바 구딩 주니어 분)'는 멜빈에게 반려견 '버델'을 강제로 맡기다시피 한다. 처음에는 결벽증인 자신과는 전혀 어울릴 수 없다고 생각했던 멜빈은 점차 반려견과 친해지게 되고, 특별 간식도 만들어주면서 따뜻한 정을 쌓아가게 된다. 한편, 힘든 생활 속에서도 건강한 자아를 가지고 살아가는 식당의 웨이트리스 '캐롤'에게도 마음을 열고 다가가게 된다.

　그러던 중 파산에 처한 옆집 화가 사이먼이 부모에게 재정적 도움을 요청하기 위해, 캐롤과 함께 고향 집으로 데려다주는 여정에서, 이 세상은 혼자가 아닌, 사람들과 같이 부대끼며 사는 것에서 행복을 느낀다는 것을 배우게 된다. 하지만 멜빈의 치명적 실수로, '캐롤'에게서 "당신과는 잘될 것 같지 않다"라는 마지막 최후통첩을 받는다. 그러자 '멜빈'은 마음을 다해 "당신(캐롤)이 음식을 가져올 때나 테이블을 치울 때, 식당에 오는 사람들은 세상에서 가장 훌륭한 여자와 만나고 있다는 걸 모르고 있지만, 지구상의 오직 한 사람일 수 있는 나만이, 당신이 훌륭한 여자라는 것을 알고 있다는 것이 매우 기분 좋은 일"이라고 고백한다. 그 후 캐롤은 그의 진심 어린 마음을 받아들이고 뜨겁게 키스한다. 멜빈은 비록 행동은 괴팍하지만, 그녀의 아픈 아들을 위해 의사를 보내주고, 캐롤이 식당에서 일하는 일거수일투족을 사려 깊고 따뜻한 눈으로 관찰했기에 그의 진심을 알게 된 그녀로부터 사랑을 얻어내게 된 것이다.

<관전 포인트>

A. 멜빈이 식당에서 캐롤에게 결정적인 실수를 하게 되는 것은?

'멜빈'은 자신의 식사를 가져다주는 캐롤이 "매일 같은 거만 먹으면 건강에 해롭다"라고 걱정해주자, 까칠한 멜빈은 "나나 당신이나 다 죽어, 당신 애도 말이야"라며 그녀의 가장 아픈 부분에 비수를 꽂게 된다. 그녀는 크게 화를 내며 만일 다시 그런 말을 한다면 두 번 다시는 식당에 오지 못하게 한다며 경고를 하게 된다. 이 사건으로 멜빈은 그녀가 걱정되어 그가 아는 유명한 대학병원의 천식 전문가를 그녀의 집으로 왕진을 보내어 아들을 케어해줌으로써, 그녀에게 큰 감동을 주게 된다.

B. 결벽증이 심하던 멜빈이 크게 달라지는 계기는?

옆집에 살던 화가 '사이먼'이 강도를 당하여 병원에 입원해있는 동안, 그의 매니저인 '프랭크'가 반려견 '버델'을 당분간 케어해달라며 '멜번'에게 맡기고 간다. 처음에는 펄쩍 뛰던 멜빈은 강아지의 귀여운 행동에 차츰 정이 들어 베이컨으로 된 특별식도 마련해주고, 강아지의 정서를 위해 피아노도 쳐주면서 소중하게 대해준다. 그러다가 병원에서 사이먼이 퇴원한 후 강아지를 돌려보내야 하자 아픈 이별의 눈물을 흘리면서 차츰 인간다운 따뜻함을 회복해가는 계기가 된다.

C. 우여곡절 끝에 캐롤과 데이트를 하게 되었을 때 그녀를 감동시킨 말은?

멜빈은 어렵게 얻어낸 캐롤과의 데이트 식사에서, 그녀가 까칠한 멜빈에게 "칭찬이란 걸 한번 해봐요"라고 얘기하자, 그는 "사실 자신은 강박증세의 정신질환을 가지고 있어서 의사가 약을 처방해주었지만, 건강에 좋지 않을까 봐 약을 먹지 않았는데, 당신을 만나고 나서 당신이 나를 더 좋을 사람이 되고 싶게 했다"면서 정신과 치료약을 먹기 시작했다고 고백한다. 멜빈은 삶의 목적이 뚜렷해지면서 보다 적극적으로 자신을 치료하는 용기를 냈고, 상대방의 인정을 통해 행복을 추구해나가는 노력을 시작한 것이다.

D. 옆집 사는 화가 '사이먼'을 도와 그의 부모 집에 데려가면서 알게 된 사실은?

어릴 적부터 화가를 꿈꾸던 사이먼은 멜번에게 자신의 어머니를 모델로 누드를 그리다가 아버지에게 들켜 심하게 폭행당한 후, 집에서 쫓겨났다는 슬픈 과거 얘기를 들려준다. 멜빈도 자신의 아버지는 괴팍한 사람이었고, 자신이 피아노를 치다 틀리면 아버지에게 맞았던 일들이 트라우마가 되어 지금까지 자신을 강박적 행동 장애자로 만들었다고 고백한다. 사람들은 누구나 상처를 안고 살아가고 있고 그런 상처를 치유하기 위해서는 주변의 많은 것들에 관심을 가지면서 더욱 아름다운 생각과 경험으로 채워나가야 한다.

E. 평소 혐오했던 이웃 '사이먼'을 돕게 되면서 얻게 된 중요한 말은?

자신의 강박적 행동으로 도저히 캐롤의 마음을 얻지 못할 거라고 포기하려는 멜빈에게, 사이먼은 "당신이 어떤 부분에서 운이 좋은지 알아요? 자신이 누구를 사랑하고 있는지 분명히 알잖아요!"라고 얘기해 준다. 이에 멜빈은 용기를 내어 바로 이른 새벽에, 캐롤을 찾아가게 되고 마침내 사랑을 쟁취하게 된다. 여기서, 누군가가 힘들 때 따뜻한 손길을 내밀면, 그 손길은 언젠가 더 큰 사랑의 손길이 되어 자신의 인생을 바꾸어주는 계기가 됨을 깨닫게 된다.

<에필로그>

최근 장기 저성장 시대(저성장, 고용불안, 취업난, 부의 양극화 등) 트렌드에서 식사는 구내식당에서 싼 것을 먹어도, 커피는 자신이 선호하는 멋진 분위기의 고급 카페에서 작은 사치를 즐기며 치유와 충전의 장소로 활용하는 현대인들이 늘어나고 있다. 영화에서 우리보다 현대화의 어두운 그림자가 20년 먼저 온 뉴요커 '멜빈'이 자신이 자주 가는 식당, 원하는 테이블, 단골 웨이트리스를 고집한 것은, 오늘을 사는 우리에게도 일견 이해가 되는 대목이기도 하다. 이것은 신체적 허기짐보다는 정신적 배고픔의 해소가 더 간절하고 소중하기 때문일 것이다. 날로 각박해지는 현대사회에서 정보나 물질적으로는 풍족해졌을지 모르지만 누구에게나 아픈 기억과 정신적 스트레스를 가지고 살기에, 이를 치유할 방법은 진실한 대화와 사랑을 나눌 수 있는 연인이나 친구가 절실히 필요하다는 것이다. 당신이 그런 사랑하는 사람을 위해 더 나은 사람(Better man)이 되고 싶어질 때, 그때 삶도 더 유쾌하고 에너지가 넘칠 것이다.

티파니(Tiffany)의 반짝이는
욕망 속, 당신의 보석을 찾아라!

티파니에서 아침을
Breakfast at Tiffany's, 1961

<프롤로그>

[티파니(Tiffany & Co)란 '찰스 루이스 티파니'가 친구인 '존 버넷 영'과 함께 1837년 창립한 보석을 전문적으로 제작/판매하는 미국의 명품 쥬얼리 브랜드이다. 뉴욕 5번가에 자리 잡은 상류사회의 상징으로 인식된 장소, 최초로 영화 〈티파니에서 아침을〉에서 부와 행복을 상징하는 요소로 제목에 티파니 브랜드가 들어간 최초의 PPL이다. 2013년 영화 〈위대한 개츠비〉의 여주인공 '데이비 뷰캐넌(캐리 멀리건 분)'

통해 영화의 중요한 소품으로 티파니의 쥬얼리가 다시 적용되었다.]

48년 전 개봉한 영화 <티파니에서 아침을/Breakfast at Tiffany's, 1961>에서 오늘을 살아가는 현대인들도 꿈과 현실의 괴리감, 욕망과 사랑 사이에서 똑같은 모습으로 고민하며 살아가는 것을 보며, 삶은 영원히 풀리지 않는 뫼비우스의 띠처럼 복잡하다는 것을 느끼게 된다. 진정한 행복을 위해, 티파니에서의 반짝이는 욕망을 좇을 것인가 아니면 마음속에 숨겨진 순수한 사랑의 보석을 찾을 것인가 그것은 오롯이 당신 선택의 몫이다.

<영화 줄거리 요약>

뉴욕 맨해튼 5번가의 새벽, 티파니 보석상 앞에 검은 선글라스에 화려한 장신구로 치장한 '홀리 골라이틀리(오드리 헵번 분)'가 노란 택시에서 내리고, 하얀 봉투 안에서 크루아상과 커피를 꺼내 먹으며 열망과 좌절이 섞인 표정으로 쇼윈도에 진열된 보석들을 감상한다. 그녀는 뉴욕의 한 아파트에 홀로 살아가며 부유한 남자들과 만남을 통해 화려한 신분 상승을 꿈꾸는 파티걸이다. 어느 날 가난한 작가 '폴 바잭(조지 페파드 분)'이 같은 아파트로 이사 오면서 이들은 생활을 위해 서로 가식적인 상대와 가짜 사랑을 하는 비슷한 처지로 인해 순수하게 친해지게 된다.

그러나 그녀가 살아온 불우했던 인생으로 인해 그녀의 가치관은 혼란스럽다. 폴은 비록 그녀가 무지개를 좇는 몽상가지만, 내면에는 아름다운 순수함이 자리 잡은 것을 알게 되고 폴은 그녀에게 사랑을 고백하지만, 그녀는 누군가를 순수하게 사랑할 자신이 없어 그를 떠나게 된다. 그녀는 현실적으로 남동생 '프레드'와의 새로운 인생을 위해 목장을 경영하는 브라질의 부호이며 외교관인 '호세'와 결혼을 계획한다. 하지만 남동생은 제대를 앞두고 군에서 교통사고로 사망하게 되고, 생활고를 위해 마피아 두목과의 협조 관계가 폭로되면서 결국 정치적 야망이 컸던 '호세'는 그녀를 버리고 리우데자네이루로 돌아가고 만다.

보석형으로 풀려난 홀리는 리우로 갈 것을 고집하지만, 폴은 택시 안에서 그녀에게 다시 한 번 사랑을 호소한다. 그녀는 자신이 데리고 있던 고양이를 택시 밖으로 버리면서 "난 내가 누군지 몰라요. 난 이 고양이처럼 이름도 없고 누구의 소유도 아니에요. 우린 서로 소유하지 않아요"라며 누군가를 사랑할 수 없다고 밀어낸다. 그에 폴은 그녀에게 "사람들은 서로 사랑하고 서로에게 속하는 거야"라며 택시에서 내려 고양이를 찾아 나서고, 홀리는 그에게서 받은 이니셜이 새겨진 장난감 반지를 보며, 그의 애틋한 마음을 깨닫는다. 그녀는 택시에서 내려 같이 고양이를 찾아 나서고, 마침내 그들은 용기를 내어 비가 쏟아지는 거리에서 뜨거운 포옹을 하게 된다.

<관전 포인트>

A. 영화에서 오드리 헵번이 창가에 기대앉아 부르던 노래는?

<Moon River>라는 노래로 1961년 '헨리 맨시니'가 작곡하고 '쟈니 머서'가 작사한 노래로 아카데미상(작곡상, 편집상, 주제가상)을 수상하였다. 헨리 맨시니는 오드리 헵번을 위해 그녀의 음역대에 맞춰서 작곡했다고 한다. 노래 가사 중 'My huckleberry friend'는 '마크 트웨인'의 소설 『톰 소여의 모험』에 등장하는 캐릭터인 '허클베리 핀'이 아닌 작사가 '쟈니 머서'가 어린 시절 친구들과 함께 허클베리(월귤류 나무 열매)를 함께 따먹으며 놀던 친구를 그리워하는 말이다.

♬ Moon River - Henry Mancini

B. 폴이 홀리를 사랑하게 된 이유는?

비록 신분 상승을 통해 부와 명성을 기대하는 자유로운 영혼이지만, 그녀의 내면에는 누구도 가지지 않은 순수함과 자유분방함이 자리한 것을 알게 된다. 특히 한밤중에 폴의 침대에 스스럼없이 들어와 자신의 신사다움을 믿고 잠이 드는가 하면, 길 잃은 고양이를 따뜻하게 챙기고, 무료하면 창가에 앉아 사슴 같은 눈망울로 기타를 치며 노래는 부르는 모습에 점점 마음을 빼앗기게 된다. 나중에 그녀를 찾아온 그녀의 늙은 전남편에게서 불우했던 어린 시절과 그녀의 남동생과의 사연을 듣고 왜 그녀가 이런 삶을 살고 있는지 차츰 이해하게 된다.

C. 홀리가 밀어낸 폴을 따라 택시에서 내리게 된 배경은?

사랑을 호소하는 자신을 밀어내는 홀리에게 "사람들은 서로 사랑하고 서로에게 속하는 거야. 그게 유일한 행복의 기회니까. 누군가가 우리에 가둘 것을 두려워하고 있어. 그러면서 이미 스스로 지은 우리에 갇힌 거야. 어디로 도망쳐도 자신에게 되돌아올 뿐이야"라며 택시에서 내리면서 장난감 금속 반지를 티파니 보석상에 가서 자신들의 이니셜로 새긴 반지를 주고 떠난 것을 보고, 홀리는 용기를 얻어 자신을 진정으로 사랑하는 두 생명체인 고양이와 폴을 동시에 찾아 나서게 된다. 마침내 폴과 뜨거운 포옹으로 진정한 사랑을 시작하게 된다.

D. 홀리는 왜 고양이에게 이름을 붙여주지 않았나?

홀리는 언젠가는 상류사회로 진출하여 "티파니 같은 느낌을 주는 진짜 집을 구할 수 있으면 그땐 가구도 사고 고양이 이름도 지어주겠다"라며 지금의 삶은 임시적인 생활이라 생각하여 고양이의 이름을 붙이지 않았다. 또한 고양이에게 이름을 붙이는 순간 자신도 정이 깊어져 언젠가 고양이와의 이별이 어려울 것을 두려워 그렇게 한 것도 있다.

E. 홀리가 신사적이고 열정적인 폴을 사랑하면서도 브라질 부호와 결혼하려고 했던 이유는?

어릴 적 고향 텍사스에서 남동생과 고아가 됐고 물건을 훔쳐 위험한 상황에 부닥쳤을 때 어쩔 수 없이 이웃집 농부의 집에 들어가 살게 되었다. 그런 삶에서 벗어나고자 군에 간 동생이 제대하고 난 후 목장을 경영하면서 행복한 삶을 꿈꾸면서 남미의 부자 '호세'와 결혼하여 브라질로 가려고 언어와 문화도 공부한다. 하지만 마피아와의 스캔들로 무산되었고, 설상가상으로 남동생이 제대를 얼마 앞두고 교통사고로 사망하게 되자 홀리는 깊은 상심에 빠지게 되었던 중에 폴의 진정한 구애를 받게 된다.

F. 오드리 헵번의 패션 이미지는?

오드리 헵번은 늘 그렇듯이 패셔너블한 이미지를 선보였다. '지방시(Givenchy)'의 멋진 옷을 입고 인상적인 모자를 쓰기도 하며, 너무나도 잘 어울리는 틀어 올린 머리는 '로마의 휴일'의 커트 머리만큼 전 세계 여성들에게 선풍적인 인기를 얻었다. 영화 촬영 전 감독은 '마릴린 먼로'를 염두에 둔 배역이었으나, 밑져야 본전이란 생각으로 헵번에게 시나리오를 보냈는데, 예상외로 반응이 긍정적이어서 그녀에게 배역이 돌아가게 되었다. 역할 자체가 전형적인 '마릴린 먼로' 배역인데, 오드리 헵번이 보여준 섬세한 기존의 이미지 대비 풍자적이고 진지하게 그려진, 사랑과 물질의 이분법적 특성에서 갈등하는 여인의 연기는 극의 사실감을 불어넣어 홀리의 자기 주체성이 더욱 돋보였다. 먼로가 맡았다면 그런 부분이 결여되었을 것이라고 평론가들은 얘기했다.

[오드리 헵번(Audrey Hepburn: 1929~1993): 벨기에 출생의 오드리 헵번은 2차 세계대전 중 나치의 영향으로 굶어 죽을 위기에 처하기도 했지만, 발레로 다져진 우아한 몸매와 귀엽고 발랄한 외모로 1953년 <로마의 휴일>에 공주로 출연하면서 세계적인 스타로 발돋움하게 되었다. 그 이후 <사브리나>, <티파니에서 아침을>, <마이 페어 레이디> 등에서 세계적인 은막의 스타의 이미지와 함께 프랑스 디자이너 지방시와의 만남으로 '오드리 스타일'이라는 자신만의 패션 세계도 구축해나갔다. 은퇴 후 1988년 유니세프 친선대사가 된 후 그녀는 세계 곳곳의 구호 지역(소말리아, 수단, 에티오피아, 방글

라데시, 엘살바도르 등 50여 곳)을 다니며 굶주림과 병으로 죽어가는 어린이들의 현실을 세상에 알렸다. 그녀는 자신이 평생 쌓은 명성과 인기를 아낌없이 구호 활동을 위한 기금 모집에 이용했지만, 구호 현장에서는 절대 스타로 처신하지 않았다. 그녀는 두 아이를 둔 어머니로서, 죽어가는 어린이들을 바라보며 눈물짓는 인간 오드리 헵번으로서 아이들을 대하고 사랑하고 안타까워했다. 그녀는 1992년 9월 소말리아를 방문하기 직전부터 건강에 적신호가 있었다. 하지만 구호 활동에 전념하다가 뒤늦게 직장암 수술을 받았지만 1993년 1월 63세를 일기로 조용히 숨을 거두었다. 그녀는 자식들에게 유언으로 "기억하라. 한 손은 너 자신을 돕는 것이고 다른 한 손은 다른 사람들을 돕기 위한 것이다"라는 유언을 남겼다.]

<에필로그>

가진 것 없던 젊은 연인들은 어려운 생활을 벗어나기 위해 가식적인 사랑을 하기도 하지만, 많은 시행착오와 갈등을 겪으면서 항상 긍정적인 삶으로 서로의 상처를 따뜻하게 감싸주고 마침내 용기 있게 슬기로운 사랑의 길을 찾아간다. 우리도 삶의 긴 여정에서 수많은 어려움을 겪으면서 티파니에서의 반짝이는 욕망을 터널을 지나, 스스로 진정한 가치관을 지닌 숨겨진 보석 같은 삶의 방식을 선택해나갈 수 있을 것이다. 이 영화를 보면서 1995년 개봉된 영화 <라스베가스를 떠나며/Leaving Las Vegas, 1995>가 떠오른 것은, 설렘 없는 일상에 지쳐 알코올 중독자로 스러져가는 주인공 '니콜라스 케이지'를 보면서 많은 반짝이는 물질(Tiffany)을 가졌다 하더라도 자신의 가치관과 영혼 없이 용기 있게 살아가지 못할 때, 행복은 쉽게 사라져버린다는 것을 깨닫게 한다. 영화 <티파니에서 아침을>에서처럼 갈등과 시련을 극복하고 마음속의 반짝이는 사랑의 보석을 찾아간 주인공들의 용기와 순수함의 소중함을 떠올리게 된다.

인생의 행운(best thing)은
당신을 믿어주는(trust) 사람을 만난 것!

타이타닉
Titanic, 1997

<프롤로그>

[타이타닉호의 침몰: 건조 당시 세
계에서 가장 크고(길이 269m, 폭은
27.7m, 46,328t의 높이 20층으로
증기기관 하나가 3층 가옥 크기) 혁
신적인 기술(이중 바닥과 16개의 방

수격실, 특정 수위가 되면 자동으로 닫히는 문)로 절대 가라앉지 않는 초호
화 여객선으로 만들었기 때문에 일명 '불침선'이라 불리던 타이타닉호.
1912년 4월 10일 타이타닉호는 영국의 '사우스햄프턴'에서 에드워드 스미
스 선장과 2,200명의 승선자를 태우고 프랑스의 쉘부르와 아일랜드의 퀸
스타운을 거쳐 미국의 뉴욕항으로 가다가 4월 14일 밤 11시 40분, 북대서
양의 뉴펀들랜드로부터 남서쪽으로 640km 떨어진 바다에서 빙산에 충돌
해 2시간 40분 만에 침몰하게 된다. 이 사고로 1,513명이 희생되고 생존자

는 불과 711명(영국 상무성 집계)뿐이었다. 전설 속에서만 살아있던 타이타닉호는 1985년 내셔널지오그래픽 해양 탐험가 밥 글라드 박사에 의해 최초 발견되었는데 심해 4천 미터 아래에 선체가 두 동강 나있었고 각 선체는 600m 떨어져있었다.]

지금으로부터 100년이 넘은 타이타닉호의 비극에서도 '일등석과 삼등석의 차별은 전면에 노블레스 오블리주가 숨은 그림처럼 뒷면에 배치되어'있는 것을 보면서 아직도 세계 곳곳에서 지속해서 일어나는 거대 재난 사고는 인간의 오만함에서 비롯되는 것이 대부분임에 안타까운 마음이 든다. 영화 <타이타닉>의 주인공 잭이 "내 인생의 가장 큰 행운은 도박에서 딴 티켓으로 당신을 만난 거야!"라고 했듯이, 당신을 믿어주는 사람들을 위해 자신의 욕심과 욕망 대신 서로 베풀며 사랑하는 마음을 싣고 함께 갈 수 있기를 기대한다.

<영화 줄거리 요약>

아카데미상 11개 부문(작품상, 감독상, 주제가상, 음악상, 음향상, 음향효과상, 의상상, 미술상, 촬영상, 편집상, 시각효과상)에서 수상한 영화 <타이타닉/Titanic, 1997>은 타이타닉호와 같이 가라앉아있는 보물들을 발굴하려던 해양과학자들이 배에서 보석 달린 목걸이(루이 16세의 왕관에 있던 블루 다이아몬드 '대양의 눈물')를 하고 있는 여인의 그림(로즈의 누드 크로키)을 발견한다. 그리고 곧 이 그림 속 주인공이 자신이라고 주장하며 나타난 '로즈 할머니'를 타이타닉호 침몰 참사에서 살아남은 목격자로 참여시키는 내용으로 영화는 시작된다.

1912년 4월 경제적으로 몰락한 귀족 가문의 딸인 '로즈 드윗 부카터(케이트 윈슬렛 분)'는 어머니의 강요로 약혼자인 '칼 헉클리(빌리 제인 분)'와 같이 뉴욕행 타이타닉에 동승하게 된다. 상류사회의 엄격한 규율과 예절의 요구에 숨 막히고 사랑하지도 않는 사람과 결혼해야 하는 자신의 신세에 절망한 로즈는 갑판에서 뛰어내려 자살을 시도한다. 하지만 배가 출발하기 전 도박으로 삼등석의 행운을 얻어 배에 탔던 떠돌이 화가인 '잭 도슨(레오나르도 디카프리오 분)'이 이를 발견해 특유의 재치와 말재주로 가까스로 그녀를 설득해낸다. 이후 성격이 자유분방한 잭에게 호감을 느낀 로즈는 자신의 내면에 있던 개방적이면서도 용감한 본성을 일깨운다. 결혼 예물로 받은 목걸이만을 걸친 자신의 누드 크로키를 부탁하게 된 로즈는 결국 잭과 사랑에 빠지게 되고, 이를 눈치챈 약혼자 칼은 불타는 복수심으로 두 사람을 추격하게 된다.

하지만 더 큰 불행이 타이타닉호를 향해 오고 있었고, 직관력이 뛰어났던 로즈는 이를 느끼고 선원에게 "봄이라 녹은 빙산이 돌아다니는데도 배의 속도가 너무 빠르고, 구조장비도 너무 적어서 사고 위험이 있다"라고 말해주지만 어마어마한 돈을 들여 만든 이 거대한 배는 안전할 것이라고 무시한다. 그러나 4월 14일 밤, 로즈의 직감대로 빙하 충돌사고로 물이 차올라 배가 침몰하게 되고 선원들은 여자와 어린이를 먼저 배에 태우는 약자 우선의 구조활동을 시작하지만, 구조장비가 부족해서 다 싣지는 못한다.

천신만고 끝에 칼의 추격을 따돌리고 배에서 탈출하지만 결국 구명정에 타지 못한 두 사람은 작은 나무 조각에 몸을 의지하고 빙하의 바닷가에서 서서히 얼어붙기 시작한다. 이러한 극한 상황에서도 잭은 로즈만은 살리기 위해 자신은 바닷속에 몸을 담그고, 나뭇조각에는 로즈만을 태우고 "나의 인생에서 가장 큰 행운은 도박에서 딴 티켓으로 당신을 만난 것(Winning that ticket was the best thing that ever happened to me)"이라며 삶에 대한 용기를 주고 마침내 자신은 바다 속으로 사라진다.

잭의 격려 덕분에 안간힘을 다해 버티던 로즈는 지나가던 구명정에 호루라기를 불어 극적으로 구조된다. 할머니 로즈의 엄청난 비극적 이야기를 듣고 해양 과학자들은 당시 그 배에 인간이 타고 있었다는 것과 많은 사람이 희생된 것을 잊고 물질에만 집착했던 자신들을 반성하며 침몰한 타이타닉호의 보물찾기를 포기한다.

<관전 포인트>

A. 잭 도슨은 어떻게 배에 오르게 되었나?

무일푼 화가 잭은 타이타닉이 정박한 영국의 사우스햄프턴 항구 근처의 카페에서 도박하다 운 좋게 삼등석 티켓을 얻어낸다. 그리고 곧바로 절친 파브리지오와 배에 타게 된다. 잭은 우연히 배에서 자살을 기도하던 로즈를 구해주게 되고 결국 그녀와 신분을 초월한 깊은 사랑에 빠지지만 타이타닉의 침몰로 물속에서 얼어 죽는다. 하지만 그는 무미건조하기만 하던 로즈의 인생을 송두리째 바꿔놓은 영원한 연인으로 그녀의 가슴속에 살아있다.

[제임스 카메론 감독은 제작사가 '잭 도슨' 역에 '매튜 매커너희(인터스텔라 주연)'를 추천했지만, 레오나르도 디카프리오를 고집했다. 덕분에 디카프리오는 이 영화로 슈퍼스타로 거듭나게 되었고, 전에 개봉된 <로미오와 줄리엣, 1996>도 다시 흥행에 성공하게 되었다.]

B. 잭이 로즈에게 용기를 주기 위해 한 행동은?

자살을 기도할 만큼 인생에 회의적이었던 로즈를 갑판으로 불러내서 "나를 믿나요? 그럼 눈을 감고 손을 놓아보세요"라며 자신이 그녀를 뒤에서 안고 갑판 앞에 올려주자, 로즈는 "내가 날고 있어요. 잭"이라며 석양빛을 받으며 새처럼 두 팔을 벌려 바닷바람을 맞아 인생의 새로운 길을 열어간다. 결국 자신에게 용기를 준 잭을 사랑하게 되었으며 또한 자신의 약혼자가 준 목걸이만을 목에 건 채 자신의 누드화를 그리게 함으로써 두 사람은 깊은 사랑에 빠지게 된다.

C. 타이타닉호가 침몰 후 세계 최대 해난사고로 기록된 이유는?

타이타닉의 소유주 '부루스 이스메이'는 타이타닉이 좀 더 화제 몰이를 하려면 무조건 빠르게 도착해야 한다며 신문 1면을 장식하기 위해 더 빨리 항해하라고 선장과 배 제작자인 토마스 앤드류를 압박한다. 결국 빠른 속도에 배는 빙산을 피하지 못하고 충돌하여 침몰했으며, 승객 2,200명 중 1,513명만이 생존하고 711명이 희생되었다. 또한 외관을 해친다는 이유로 충분한 구명보트를 갖추지 않았고, 모두 16척의 구명보트와 4척의 접는 보트가 있었지만, 승객의 절반밖에 탈 수 없었다. 게다가 구명정마다 정원인 70명의 1/3도 채우지 않고 보트를 출발시키는 바람에 더 많은 사람이 구조되지 못했다. 마침 10마일쯤 떨어진 곳에 캘리포니아호가 운항하고 있었지만, 이 배는 무선통신을 꺼놓고 있었기에 타이타닉에서 보낸 구조 신호를 듣지 못했다. 사망자 상당수는 최저 요금 객실에 있던 승객들이었으며, 이들에게는 갑판 아래에 그대로 머물러 있으라는 명령이 내려졌다고 한다. 로즈는 구명정에 옮겨 타게 되나, 사랑하는 잭을 두고 갈 수 없어 다시 타이타닉으로 돌아오는 장면에서 사랑의 감동을 보여준다.

[여성 승객 기준 생존율: 일등실(97%), 이등실(84%), 3등실(55%)]

D. 구조된 로즈의 약혼자 칼과 로즈는 어떻게 되나?

신사도가 부족했던 칼은 배가 침몰하면서 아이와 부녀자들을 먼저 배에 태우자, 배에 버려져있던 아이를 자신의 아이라고 속이고 구명정에 타고 뉴욕으로 살아 돌아간다. 한편 로즈는 생존자 명부에 자신의 이름을 '로즈 도슨'이라고 잭의 부인처럼 올려 칼은 그녀를 찾지 못하고 다른 사람과 결혼한다. 하지만 칼은 1929년 미국의 대공황기 주식의 폭락으로 권총 자살을 하게 된다. 로즈는 그녀 방의 사진으로 미루어볼 때 아름다운 처녀로 자란 손녀와 귀여운 강아지, 예쁜 금붕어, 곱고 아름답던 젊은 시절에 찍은 비행기, 말 탄 흑백사진들과 외롭게 살고 있었지만, 잭이 죽으면서 로즈에게 "잘 들어요, 로즈 당신은 꼭 살아야 해요. 여기서 살아남아서 아이도 많이 낳아서 아이들이 자라는 것도 보고 할머니가 된 다음에 편하게 침대에서 최후를 맞이해야죠. 여긴 아니에요. 오늘 밤은 아니에요. 여기서 죽지 말아요. 알아들었어요?"라고 당부한 대로, 비록 침몰 당시 사랑하는 잭을 떠나고 싶지 않았지만, 그곳에 같이 머무를 수도 없었기에(Unable to stay, unwilling to leave) 잭을 타이타닉이 잠든 대서양에 남겨둔 채 필사적으로 살아왔다. 80년이 지난 지금 잭과 아름다운 추억들이 있는 타이타닉으로 돌아와서 그와의 기억을 간직한 보석을 바다에 던지고 지금껏 포기하지 않고 열정적으로 선택하는 삶을 가꾸어왔던 자신도 도슨이 기다리는 세계로 떠나게 된다.

E. 타이타닉에 실제로 존재했던 인물들은?

@ 에드워드 존 스미스: 타이타닉호의 선장이며 침몰 때 승객을 돕다가 선실에 들어가서 조용히 최후를 맞이함

@ 토머스 앤드루스: 타이타닉호의 설계자로 "튼튼한 배를 만들지 못해 미안하다"는 말을 남기고 배에서 죽음

@ 마거릿 브라운: 남편이 금광을 발견하여 부자가 되어 타이타닉에 탑승하게 됨. 구명정을 돌려 생존자를 구하자고 주장한 여인

@ 윌리스 하틀리: 4명의 현악 4중주 악단과 함께 침몰하는 순간까지도 찬송가를 연주하여 승객들에게 용기를 준 바이올리니스트. 시신 수습 과정에서 바이올린 가방을 목에 걸고 있어 부력으로 시신이 수면 위로 올라왔다고 함

@ 이시도어 스트라우스와 아이다 스트라우스 부부: 뉴욕 맨해튼의 메이시 백화점을 소유했고 결혼 41주년을 맞아 독일과 프랑스 등 유럽 여행을 마치고 귀국하던 중 사고를 만남. 일등석 승객이라 구명정에 탈 수 있는 자리가 있었음에도 아이들과 부녀자를 대신 태우게 하고 본인들은 최후의 순간을 맞이한 노블레스 오블리주의 정신을 보여준 부부

<에필로그>

영화 <타이타닉>에서 침몰하는 배에서 탈출하여 얼어붙은 바닷속에서도 서로의 생명을 지키기 위해 노력했던 연인들의 모습에서 안타까움을 느끼게 한다. 또한 1912년 이후 100년 이상이 지난 지금도 계속 발생하고 있는 해양사고의 희생자를 보면서 인간의 오만함에서 비롯된 인재를 극복하기 위해 특단의 관심과 노력이 뒷받침되어야 함을 절실하게 느낀다. 차가운 대서양 바다 속에서 얼어 죽어가던 주인공이 사랑하는 사람을 향해 "아기도 낳고 열심히 살다가 편하게 침대에서 가라"라고 하던 대사와 함께 '셀린 디온'의 <My heart will go on> 노래가 언제까지나 우리의 마음속에 깊이 남아있을 것이다.

♫ My heart will go on - Celine Dion

당신이 선택한 삶의 길
(My way)이라면 후회는 없다!

마이 웨이
My Way, 1972

<프롤로그>

1972년 개봉된 영화 <마이 웨이/My Way(원제: The Winners), 1972>는 '프랭크 시나트라'의 노래로 더욱 기억에 남는 영화다. 우리나라도 앞만 보고 달린 산업화 시대를 통해 OECD 국가의 반열에 들어갈 수 있었던 기성세대와 그런 과정을 모르고 자란 젊은 세대 간의 소통은 결코 쉬운 일이 아니다. 하지만 분명한 것은 일제강점기, 해방, 한국전쟁, 민주화 과정의 격변기를 거치며 사력을 다해 가족들을 부양하는 삶을 산 기성세대들의 여정에서 배울 것과 감사한 점은 인정해야 할 것이다. 기성세대 또한 젊은 세대들과의 합리적 소통을 통해 그들의 시대적 아픔을 공감하고 인생의 멘토로서 책임감을 느끼고 소명 의식과 열정을

다하여 신뢰와 존경의 롤모델이 되도록 노력해야 할 것이다.

<영화 줄거리 요약>

매독스 건설회사의 사장 '윌 매독스(죠 스튜어드슨 분)'는 30년 전 올림픽에서 금메달을 딴 마라톤 선수로 온갖 고난 끝에 현재의 영광을 일군 입지전적인 인물이다. 슬하에 3남 1녀를 둔 가장으로 남들이 보기에는 다복한 가정이지만, 자세히 들여다보면 문제가 많다. 아들들을 기업의 후계자로 키우기 위하여 운동을 통한 엄격한 교육을 하면서 그의 인생관은 오로지 1등을 위해서 앞만 보고 달렸듯이, 항상 1등을 요구하자 자녀들은 아버지 때문에 원치 않는 운동을 하고 1등을 강요당하면서 정신적 중압감을 느끼게 된다. 윌의 부인도 과거 육상 메달리스트 출신으로 아이들의 고통을 이해하지만, 워낙 매독스의 성향이 강해서 뜯어말리지 못한다. 장남 '토니(켄 리치 분)'는 자동차 경주대회에서 우승하기 위해 상대 선수를 매수까지 하게 되고, 밤무대 출신 가수 '질리안'을 사랑하지만, 아버지 윌은 그녀의 신분과 출신에 반대하게 된다. 둘째인 '배리(존 하긴스 분)'는 아버지에게 비교적 순종하며 쾌활한 성격이며 중재자 역할도 잘한다. 아버지의 뒤를 이어 마라톤 선수로 활약하며 대회에서 우승도 하고 있다. 막내인 폴은 매독스가 가장 신뢰하며 회사를 물려주려고 하지만 폴은 자기 힘으로 독립하고자 하는 의지가 강해 집을 떠나서 이탈리아 여자를 사귀며 독립적 삶을 살아간다. 딸인 '산드라'는 아버지 때문에 억지로 수영을 하지만 1등을 못 해 상처를 입는다. 이렇듯 최고만을 강요하는 아버지 밑에서 정신적 압박을 느끼며 살아가던 가족들은 마치 외줄 타기를 하듯 아슬아슬하다. 그러던 중 결국 불행이 닥치기 시작한다. 큰아들은 자동차를 타고 질주하던 중 교통사고로 하반신 마비가 되고, 둘째 아들 베리는 건설 현장의 엘리베이터가 추락하면서 사망한다. 평생 자신을 믿고 따르던 아내 '프랜(마리 두토이트 분)'까지 이 모든 불행이 남편 때문에 일어난 것이라며 남편에게 반기를 든다. 모든 꿈이 깨어진 중년 남자 월은 자신의 지난 인생을 뒤돌아보게 되고, 남은 인생을 어떻게 살아야 하는가를 고민하다가, 비록 늙은 몸이지만 마라톤 대회에 참가를 결정한다. 시합이 열리던 날 오랜 방황을 끝낸 막내아들 폴도 참가하여 부자는 나란히 달리기를 시작하고 폴은 먼저 결승점에 도착하여 우승하게 된다. 하지만 아버지 월은 정신적 육체적 피로감으로 몇 번을 넘어지고 쓰러지면서도 가족들에게 다시 꿈과 용기를 주기 위해 끝까지 포기하지 않고 달려 꼴찌로 결승점에 도착한다. 결승점에서는 그동안 오해와 갈등으로 원망과 회한이 가득했던 월의 가족들이 아버지의 진심을 깨닫고 감동의 눈물을 흘리며 아버지를 용서하고 반겨준다.

<관전 포인트>

A. 영화의 주제곡 <마이 웨이>는 어떤 노래인가?

미국의 유명한 가수 '폴 앵카(Paul Anka)'가 프랑스의 '클로드 프랑소와'가 작곡한 곡 <Comme d'habitude>의 판권을 사서 미국인이 가장 사랑하던 스탠더드 팝의 제왕이며 20세기 미국 팝을 대표하는 '프랭크 시나트라(Frank Sinatra: 1915~1998)'의 인생관(자신의 직업 생애를 돌아보며 모든 것을 겪은 후 아무것도 후회하지 않는 한 남자의 모습으로 그를 그림)을 반영해 가사를 개작해 1968년 12월 30일에 내놓은 곡으로 세계적인 히트곡이 되었다.

♫ Frank Sinatra - Paul Anka

B. 아버지 윌 매독스가 마라톤 대회에 출전한 이유는?

매독스는 자기의 이름을 건 마라톤 대회를 만들고, 첫 대회가 열리는 날 많은 쟁쟁한 선수들이 참가한다. 이미 노년기에 접어든 윌은 자신에게 닥친 시련을 이겨내고 가족들에게 새로운 꿈과 용기를 주기 위해 42.195km를 뛰는 마라톤 대회에 선수로 참가한다. 불행이 닥친 가정이었지만 이러한 윌의 도전에 가족들의 마음도 움직이고 결국 막내아들 폴도 경기에 참여하여 부자간에 뛰게 된다. 서로를 깊이 아끼는 아버지와 아들은 당당하게 경기에 임하고 폴은 결승점에 가장 먼저 도착하여 우승하게 되지만, 아버지 윌은 넘어지고 쓰러짐을 반복하면서 인생의 긴 여정을 마무리하듯 꼴찌로 결승점에 도착하여 가족들의 뜨거운 포옹을 받게 된다.

C. 스포츠 영화가 삶의 감동을 주는 이유는?

스포츠는 치열한 경쟁에서 레이스를 펼치는 인생의 삶과 닮았기에 스포츠를 소재로 한 영화나 소설은 언제나 살아있는 생생한 감동을 주게 된다. 스키를 주제로 한 <저 하늘에 태양이>, 복싱을 주제로 한 <록키> 시리즈, <챔프>, <밀리언 달러 베이비>, 수영을 주제로 한 <필링 러브>, 미식축구를 주제로 한 <리멤버 타이탄>, <조이>, 사이클을 주제로 한 <브레이킹 어웨이>, 육상을 주제로 한 <불의 전차>, 피겨 스케이팅을 주제로 한 <사랑이 머무는 곳에> 등의 영화가 그것이다.

D. 영화에서 시사하는 바는?

최근 방영된 드라마에서도, 불확실한 미래사회에서 자신들의 자녀들은 부, 명예, 권력을 모두 거머쥐고 멋지게 살아가기를 바라는 부모들의 세속적인 목표에 힘겹게 이끌려가는 우울한 청소년들의 인생을 재조명하면서 과연 행복이 무엇인지를 고민하게 하였지만, 여전히 현실

사회 속에서 'SKY 캐슬'은 현재 진행형이다. 영화 <마이 웨이>에서 자녀들이 바라는 것은 현실적인 확실한 미래 보장보다는, 지금 따뜻하고 사랑으로 소통하는 가정과 자신의 소질에 맞는 직업을 찾아 보람을 통해 소확행을 가꾸어나가고 싶은 바람이듯이, 현대를 살아가는 젊은이들의 바람도 마찬가지일 것이라는 교훈을 준다. 시대가 달라져도 변치 않는 가치관의 간극을 줄일수록 행복은 더 가까이 다가올 것이다.

<에필로그>

영화 <마이 웨이>에서 자녀들은 승리자이기 전에 따뜻한 아버지이기를 원했고 1등보다는 자기가 원하는 삶을 원했기에 어려운 시절을 겪어온 아버지가 자녀들의 행복을 위해 자신의 방식으로 소통하자 갈등이 깊어졌지만, 결국 아버지가 자신의 삶을 통해 자식의 행복을 기원했다는 것을 알게 되면서 화해와 사랑이 다시 찾아온다는 것을 보여준다. 과거 헝그리 정신으로 무장한 복싱과 레슬링, 태권도에서 금메달을 따던 시절에서 선진국에서나 꿈꾸던 골프, 수영, 빙상 등 새로운 분야로 금메달의 타깃이 변해가듯이, 산업사회에서 새로운 패러다임 시대로 넘어가는 현대에서 모든 다양한 인간관계의 이정표를 재조명해보고 다양한 계층 간, 사회적, 갈등 속에서 슬기로운 화해와 공존의 길을 찾는 노력이 필요한 시점이다. 소통은 사람과 사람 사이의 공통분모를 찾게 되는 한 차원 높은 대화이며, 그런 소통이 가능하기에 사회는 구성되고 운영될 수 있다. 자신만의 방식을 고집하는 'My way'가 아닌 따뜻한 사랑과 배려로 서로의 아픔을 치유하면서 손잡고 같이 걸어가는 그런 멋진 'My way'를 기대한다.

응답하라 흥남 부두, 여기는 국제시장!

<프롤로그>

[1·4 후퇴: 1950년 10월 25일 중국이 한국전쟁에 본격적으로 개입하면서 한국군과 유엔군이 38선 이남 지역까지 퇴각한 사건을 가리킨다. 1·4 후퇴라는 명칭은 북한군이 서울을 다시 점령한 1951년 1월 4일의 날짜에서 비롯되었다. 당시 퇴각하는(흥남철수작전: 1950.12.15.~12.24.) 한국군과 유엔군을 따라서 북한 지역에 살던 주민들도 대거 남한 지역으로 내려오면서 수많은 난민과 이산가족이 발생했는데, 흥남에서 배를 타고 내려온 피난민만 해도 10만 명에 이른 것으로 알려져있다.]

　영화 <국제시장/Ode to My Father, 2014>은 힘겹고 고달팠던 우리 민족의 현대사를 온몸으로 헤쳐온 사람들의 이야기다. 그중에도 한국전쟁 피난길에 아버지를 잃고 일찌감치 가장의 피할 수 없는 책무를 다하며 평생을 살아온 남자 '덕수(황정민 분)'를 통해 6·25전쟁을 경험하지 못한 젊은 세대에게 희미하게나마 애환의 기억을 소환해주리라 생각한다. 그 옛날, 바람 찬 흥남 부두에서 오늘 국제시장까지의 격동의 시간을 반추하며, 오늘 그리고 내일을 가장으로 살아가야 할 우리에게 좋은 교훈이 될 수 있을 것이다. "응답하라 흥남 부두, 여기는 국제시장!"

<영화 줄거리 요약>

영화는 1950년 12월 가수 '현인'의 <굳세어라 금순아>의 노래 가사처럼, 눈보라가 휘날리는 흥남 부두의 철수와 피난민 생활 등 혹독하고 가난했던 옛 모습과 살아내기 위해 서독의 광산과 베트남의 정글로 떠나야 했던 우리네 아버지, 어머니들의 고단한 삶을 조명한다. 그 모진 세월을 견뎌낸 '덕수'는 가수 '남진'만이 최고의 가수라고 고집하는 호통쟁이 노인이 되고, '말이 안 통한다'며 짜증내는 자식, 손주들을 뒤로하고 자기 방에 들어와 아버지 사진을 보며 과거 흥남 부두에서 생이별했던 시절로 돌아가 그리운 회한의 눈물을 흘린다.

흥남 부두의 철수 장면은 프리비주얼(pre-visual: 초 단위로 정확하게 계산된 동영상 콘티) 작업이 다섯 달이 걸릴 만큼 사실적이며, 미국 전쟁 영화 <라이언 일병 구하기>의 노르망디 상륙작전 같은 느낌을 준다. 아이러니한 것은 <국제시장>에서는 피난민들이 중공군의 반격으로 마지막 떠나는 미군함에 올라타기 위해 목숨을 걸고 악착같이 사다리를 올라탔다면, <라이언 일병 구하기>는 상륙선에서 내려 육지로, 빗발치는 포탄을 피해 고지를 향해 치열하게 달려가는 상황이 다른 점이다.

광산 시퀀스는 실제 한국인 광부가 가장 많았던 독일 뒤스부르크 함보른 광산에서 찍은 것이 아니고, 이미 폐광된 체코 광산과 부산의 한 창고에 지은 수십 미터짜리 갱도 세트를 오가며 찍은 것이라고 한다. 마지막 장면에서 주인공 '덕수'는 다시는 볼 수 없는 아버지를 그리며 "아부지예, 이만하면 잘 살았지예. 근데 진짜 힘들었거든예" 하는 대사에서 격동의 시기를 살며 가장으로서의 강한 책임감 뒤에 피하고 싶었던 애환이 동시에 느껴져서 가슴이 찡함을 느끼게 된다.

<관전 포인트>

A. 영화에서 1·4 후퇴 당시 흥남 부두에서 타고 내려온 기적의 배는?

1950년 12월 23일 흥남 부두에 도착한 '메러디스 빅토리호'는 총 정원이 60명이었고, 이미 47명의 선원이 타고 있었지만, 당시 '아몬드 장군(미 육군 제10군 단장)'의 고문으로 있던 한국인 의사 현봉학 씨의 간곡한 요청으로 '레너드 라루' 선장은 배에 있던 모든 무기를 버리고 피난민을 최대한 태우라고 명령하여 1만 4천여 명(정원의 230배)이 배에 승선할 수 있었다.

B. 덕수가 평생 지키며 살아가는 아버지의 당부는?

덕수가 난리 통에 업고 있던 여동생(막순)을 잃어버리자, 덕수의 아버지 진규는 막내딸을 찾기 위해 남으면서 덕수에게 "시방부터 네가 가장이니까, 가족들 잘 지키라. 어?"라는 말을 하게 되고 덕수는 이 말을 평생 지키기 위해 사력을 다해 살아가게 된다.

C. 덕수가 피난 와서 하게 되는 일은?

덕수는 부산으로 피란 내려와서 고모가 운영하는 부산 국제시장의 수입 잡화점 '꽃분이네'에서 일하며 다섯 가족의 생계를 꾸려나간다. 그러다 남동생의 대학교 입학등록금을 벌기 위해 이역만리 독일에 광부로 떠나 3년간, 광산이 무너지는 아픔을 겪는 등 고생을 하다가 간호사로 나온 평생의 동반자 '영자(김윤진 분)'를 만나게 된다.
[파독 간호사와 광부: 정부는 경제발전을 위한 재정을 확보하기 위해 각국에 차관을 요청했으나 이뤄지지 않았다. 그러던 중 독일에 한국

인 광부와 간호사를 보내면 이들의 임금을 담보로 1억 5,900만 마르크의 차관을 얻을 기회가 생겼고, 이로 인해 1960~1980년 사이 7,900여 명의 광부와 1만 226명의 간호사가 독일에 파견되었다.]

D. 덕수가 독일에서 돌아와 다시 월남으로 가게 된 이유는?

덕수의 성실함을 인정했던 고모는 자신의 '꽃분이네' 가게를 덕수에게 물려주기로 했지만, 갑자기 돌아가시게 된다. 그러나 고모부의 욕심으로 가게를 잃게 될 위기에서 결국 자신의 꿈이었던 해양대 진학을 통한 외항선 '선장'이 되는 길을 접고, 다시 총알이 빗발치는 베트남에 기술근로자로 파견된다.

E. 덕수가 월남에서 구사일생으로 살아 돌아올 수 있었던 배경은?

덕수는 월남에서 기술 근로자로 일하던 중 미군 클럽에 납품하러 갔다가, 월남의 어린 고아를 보고 불쌍하여 자신이 가지고 있던 초콜릿과 약간의 돈을 쥐어주었다. 은혜를 받은 아이는 베트콩이 미군 클럽을 폭발하기 직전에 덕수에게 알려주어 덕수는 구사일생으로 살아남게 된다. 결국 덕수가 6·25전쟁을 통해 전쟁의 아픔을 공감하고 어린 고아에게 따뜻한 동정심을 베푼 것이 생명을 구하게 되는 계기가 된다.

F. 1983년 이산가족 찾기 방송을 통해 덕수가 찾게 되는 가족은?

'패티킴'의 "누가 이 사람을 모르시나요?"라는 가사처럼 TV 방송을 통해 흥남 철수에서 헤어진 피난민들의 생사를 파악하고 살아있는 가족을 찾는 방송에서 덕수는 흥남 부두에서 헤어졌던 막냇동생 '막순'이 미국으로 입양 가서 사는 것을 확인하고 감격의 재회를 하게 된다. 이로써 덕수는 아버지에게 부여받은 가장으로서의 책임(어머니 봉양, 동생들 대학교육, 결혼 지원, 막순이 찾기)을 다하게 된다.

<에필로그>

영화를 본 후 '잠시 타임머신을 타고 과거로 갔다 왔을 뿐인데 이렇게 격세지감을 느낄 수 있나?'라는 생각이 들었으며, 참으로 엄청난 지옥과 같은 국난에서 우리의 아버지, 어머니들의 고생으로 현재의 번영을 이루었다는 깊은 감회가 들었다. 최근, 사회에서 극도의 갈등과 대립으로 엄청난 소모적 비용과 정신적 허탈감을 일으키는 상황을 보면서, 지금으로부터 70년 전 1·4 후퇴, 눈보라가 몰아치는 바람 찬 흥남 부두에서 부산까지 피난 내려와 가족을 건사하기 위해 물불을 가리지 않고 일했고, 산업화의 과정에서 고단한 삶도 마다하지 않고 나라를 다시 일으켜 세계적인 IT 강국을 만든 최고의 자부심으로 미래의 국제시장에서 다시 강자로 자리매김할 수 있게 진지한 성찰과 노력이 필요한 엄중한 시기임을 절실하게 느낀다. 현인의 <굳세어라 금순아>를 들으며 격랑의 삶을 산 사람들의 애환을 기억해본다.

[굳세어라 금순아: 눈보라가 휘날리는 바람 찬 흥남 부두에 목을 놓아 불러봤다. 찾아를 봤다. 금순아 어디로 가고 길을 잃고 헤매었더냐, 피눈물을 흘리면서 일사 이후 나 홀로 왔다. 일가친척 없는 몸이 지금은 무엇을 하나, 이내 몸은 국제시장 장사치기다. 금순아 보고 싶구나! 고향 꿈도 그리워진다. 영도다리 난간 위에 초생달만 외로이 떴다. 철의 장막 모진 설움받고서 살아를 간들, 천지간에 너와 난데 변함 있으랴, 금순아 굳세어 다오. 북진통일 그날이 오면, 손을 잡고 웃어 보자 얼싸안고 춤도 춰보자.]

따뜻하게 안아주는 당신이
이 시대의 진정한 빅 히어로(Big Hero)!

빅 히어로
Big Hero 6, 2014

<프롤로그>

최근 SNS에서 악성댓글의 폭주로 많은 사람이 고통받고 심지어 극단적인 선택을 하는 안타까운 사례가 급증하고 있다. 애니메이션 영화 <빅 히어로/Big Hero 6, 2014>에는 사람을 치유하는 힐링 로봇 '베이맥스(Baymax)'가 수시로 사람들에게 "Are you satisfied with your care(저의 치유에 만족하십니까)?"라고 묻는다. 상대방을 배려하고 소통하는 로봇의 따뜻한 진정성은 각박한 현대를 살아가는 우리에게 많은 것을 시사하고 있다. 당신을 위로하고 치유해주는 누군가가 소중하듯이 당신 또한 유안진 시인의 <그리운 말 한마디>처럼 존중하는 마음으로 따뜻하게 누군가를 안아서 위로하고 치유할 수 있다면

당신은 이 시대의 진정한 영웅이다.

[유안진 〈그리운 말 한마디〉: 그리운 말 한마디 듣고 싶습니다. 누구에게 그리운 말 한마디 들려주고 싶습니다. 말이 무성한 시대에 살고 있으면서도 정작 그리운 말 한마디 찾아내기는 실로 어렵습니다. 우린 누구나 그리운 말 한마디에 목마른 사슴인지도 모릅니다. 그러나 많은 말이 우리를 얼마나 춥고 허기지게 하는지 우리는 잘 압니다. 가슴에 담아두면 보석이 될 말, 저문 거리의 불빛같이 눈물겨운 말 한마디]

<영화 줄거리 요약>

어릴 적 무한한 호기심과 상상력을 불러일으켰던 '데즈카 오사무'의 〈우주 소년 아톰〉에서 인간보다 따뜻한 마음이 아직도 가끔 옛 친구처럼 느껴질 때가 있다. 월트 디즈니사에서 제작한 영화 〈빅 히어로〉는 과거 무쇠로 만든 마징가, 건담과 같은 전투형 로봇과 달리 마시멜로 풍선처럼 부풀어 오른 치명적인 몸매와 탄탄한 탄력을 자랑하는 귀여운 몸매의 로봇 베이맥스가 주인공이다.

미래의 가상도시 샌프란소쿄(샌프란시스코＋도쿄)에서 부모님이 일찍 돌아가시고 이모의 돌봄 속에서 씩씩하게 커가는 천재 소년 형제, 형 '테디(다니엘 헤니: 목소리 연기)'와 동생 '히로'는 나이 차이가 꽤 나지만 장단이 잘맞는 형제다. 말썽꾸러기 동생 히로는 자신이 만든 로봇을 가지고 뒷골목의 로봇 격투기대회에서 위험하게 용돈을 버는 발칙한 생활을 하기도 한다. 영재대학에 다니던 형 '테디'는 동생의 재능을 좋은 곳에 쓰게 하려 자신이 다니는 영재대학에 초대하게 되고, 동생은 이 대학에 입학하기 위해 멋진 발명을 하게 된다.

하지만 악당들이 이 로봇을 훔치게 되는 과정에서 대학연구소에 불이 나고 지도교수인 '캘러한 교수'를 구하기 위해 의롭게 뛰어들었던 형은 안타깝게도 사망하고 만다. 그러나 히로는 형이 남긴 힐링 로봇 '베이맥스'를 통해 형의 진정한 사랑을 깨닫고 마침내 도시를 구하는 멋진 활약을 펼치게 된다. 이 영화에서 다양한 과학적 상상력의 재미와 함께 아무리 획기적인 과학적 발명품이라도 사용자의 철학이 훼손되면 원자 폭탄처럼 인류사회에 큰 해악을 미치게 될 수도 있다는 중요한 교훈도 배울 수 있다.

\<관전 포인트\>

A. 로봇 '베이맥스'는 어떤 특징이 있나?

(1) 안드로이드 로봇: 베이맥스는 치료용으로 개발된 힐링 로봇이다. 동그란 얼굴에 거대한 몸집, 그리고 꼭 안아주고 싶은 푹신한 재질로 지금까지 볼 수 없는 새로운 소프트 형태의 안드로이드 로봇이다. 베이맥스는 입력된 데이터에 따라 자율적으로 움직이며 누군가의 치료가 필요할 때 등장한다. 누군가 다쳐서 '아야'라고 하면 어김없이 뚱뚱한 몸을 휘저으며 나타난다.

(2) 풍선 재질의 비주얼과 낙천적 성격: 전체적으로 둥근 모양을 한 베이맥스는 풍선처럼 부풀어 오른 치명적인 몸매와 탄탄한 탄력을 자랑한다. 기존 히어로 무비에서는 본 적 없는 사랑스러운 비주얼과 귀여운 행동으로 보는 이를 빠져들게 한다. 베이맥스는 처음 보는 것에 호기심이 많고 심하다 싶게 순진하다. 환자를 보살피는 일에 특화되어있어서 남을 돕는 것을 당연하게 여긴다. 낙천적인 성격이며 가끔 엉뚱한 행동으로 웃음을 유발한다.

(3) 눈의 깜빡거림과 아기 펭귄: 베이맥스는 입, 눈썹 등이 없는 단순한 얼굴로 다양한 표정을 드러낼 순 없지만 까맣고 큰 눈을 이용해 나름대로 감정을 전달한다. 머리 기울기와 눈을 두 번 깜빡거리는 것을 통해 혼란스러움을 표현하는 등 간단한 동작만으로도 자신의 감정을 표현한다. 베이맥스는 아기 펭귄의 걸음걸이를 본떴다. 긴 상체와 짧은 다리를 가진 펭귄의 체형을 토대로 고안된

베이맥스는 앙증맞은 걸음걸이와 귀여움으로 시선을 사로잡는다.

(4) 따뜻한 교감과 보이스: 천재 소년 히로의 애완 고양이는 물론 작은 나비조차 그냥 지나치는 법이 없는 베이맥스는 따뜻한 심성으로 히로의 곁에서 그의 말을 들어주며 형처럼 보살핀다. 서로에 대한 이해와 배려 그리고 위험천만한 모험을 겪으며 특별한 우정을 쌓는다. 베이맥스는 내장된 스피커를 통해 의사소통을 할 수 있다. 베이맥스 목소리 연기는 할리우드 코미디 배우 '스콧 애짓'이 맡았고, 감정과 유머가 관객에게 고스란히 전달될 수 있도록 목소리 연기에 혼신의 열연을 펼쳤다.

B. 베이맥스의 헬스케어 매뉴얼은?

치료를 목적으로 만들어진 베이맥스는 환자의 생체상태를 스캔하고 통증 정도에 따라 거의 모든 증상을 치료할 수 있다. 1부터 10까지 고통의 단계를 확인하고 그에 맞는 처방을 내려 환자를 돌보는 헬스케어 매뉴얼도 장착돼있어 그야말로 맞춤형 치료가 가능하다.

C. 애니메이션에도 과학적 검증을 도입한 과정은?

제작진은 카네기 멜런대학, MIT 등 유수 대학을 방문해 베이맥스의 전체적인 이미지에 대한 영감을 얻었다. 각 대학에서는 비닐 재질의 로봇 팔을 연구하고 있다는 사실을 알게 됐고 그를 바탕으로 베이맥스를 고안했다. 부드러운 재질로 구성된 로봇을 통해 아이디어를 발전시켜 힐링 로봇을 만들어낸 것이다.

D. 배터리 충전방식은?

발열되는 기능이 몸에 장착되어있어 따뜻한 온기를 나눠주며 힐링 로봇으로 해야 할 역할을 톡톡히 해낸다. 배터리로 움직이는 베이맥스는 배터리가 떨어지면 움직임이 둔해지기 시작한다. 걸음걸이와 언어도 어눌해지며 우스꽝스러운 상황을 연출한다. 배터리가 방전됐을 때는 충전용 가방에 들어가 충전해야 한다.

E. 베이맥스가 슈퍼 히어로로 업그레이드되는 계기는?

베이맥스는 치료용으로 개발된 로봇이지만, 동생 '히로'가 개발한 '마이크로 로봇'을 훔쳐간 악당 박사와 맞서기 위해 슈퍼 히어로로 업그레이드된다. 최첨단 슈트와 로켓엔진을 장착시켜 비행까지도 가능하게 변신한다.

F. 히로와 베이맥스의 우정을 확인하게 되는 장면은?

위기상황에서 자신의 마지막 남은 에너지로 주인인 '히로'를 구하려고 할 때 히로는 "I'm not giving up on you(나는 너를 포기할 수 없어)"라고 하자, 베이맥스는 "You are my patient, Your care is my only concern(당신은 나의 환자이며 당신의 치료가 나의 유일한 염려입니다)"라며 마지막까지 주인의 무사를 기원하는 장면에서 사랑의 대상이 꼭 인간이어야 하는 것은 아니라는 생각과 우리가 살아가면서 사랑해야 하는 가족, 동료, 일, 보람 같은 많은 소중한 것들을 생각나게 한다.

<에필로그>

일본에서는 노인들의 정신적 질환을 치유하기 위해 다양한 동물 모양의 로봇이 개발되어 치료에 크게 기여하고 있다. 날이 갈수록 더욱 각박해지는 현대사회에서 베이맥스와 같은 힐링 로봇의 개발과 함께, 인간 공동체에서 더욱더 따뜻하게 배려하고 사랑하는 인류애적 문화가 복구되는 노력이 절실하다. 익명성에 숨은 악플의 강한 폭력성으로 소중한 청춘이 극단적 선택을 하는 안타까운 일이 다시는 없어야 한다. 'The pen is mightier than the sword(펜은 칼보다 강하다)'처럼 정보의 전달은 직접적인 폭력보다 사람들에게 영향력이 크다는 것을 다시 한 번

절감하면서, 최근 옛날 가요 중 '윤일로'의 <기분파 인생>의 노래 가사 "남의 말을 너무 하지 맙시다"처럼 남을 경멸하고 비방하는 악성 댓글이나 모함을 자제하고, 서로 칭찬하고 존중하여 힘든 세상을 살아가는 데 힘과 용기를 주는 그런 사회가 되기를 기대한다.

[윤일로 〈기분파 인생〉: 여보소 그런 말씀 행여 하지 마시요. 여보소 남의 말을 너무 하지 마시오. 이래 봬도 내 기분에 저 잘난 맛에 사는 게 인생인데 남의 말을 이러쿵저러쿵하지 맙시다. 여보소 그런 말씀 행여 하지 마시오. 여보소 남의 말을 너무 하지 마시오. 그래 봬도 그 사람도 그 사람대로 뻐기는 인생인데 남의 말을 이러쿵저러쿵하지 맙시다. 여보소 그럼 말씀 행여 하지 마시오. 여보소 남을 말을 너무 하지 마시오. 뭣이 어째 너도, 나도 따지고 보면 똑같은 인생인데 남의 말을 이러쿵저러쿵하지 맙시다.]

인생은 고비마다 통과할
졸업(Graduate)의 순간들이 있다!

졸업
The Graduate, 1967

<프롤로그>

오늘을 살아가는 젊은 청춘들은 치열한 경쟁 속에서 취업, 결혼, 성공의 냉정한 길목에서 좌절하고 힘겨워하고 있다. 그래서 공무원시험을 통한 보다 안정적인 직장, 비혼을 통한 복잡한 인생에 엮이지 않기 위해 생활의 방식을 바꿔나가는 사람이 많아지고 있다. 이 세상을 먼저 살아간 부모님 세대나 주변의 선배들을 보면서 많은 희생과 인내로 살아내는 그런 힘든 세상은 막연하게 두렵게 느껴지는 것이다.

지금으로부터 40년 전인 1967년 개봉한 영화 <졸업/The Graduate>에서는 불안한 미래를 앞둔 주인공 벤자민의 방황을 통해 기성세대의 가치관을 신랄하게 비판하고, 동시에 현실과 이상 사이에서 고뇌하는

미국 젊은이들의 삶과 방황을 느낄 수 있다. 인생의 긴 여정에서 생로
병사와 희로애락의 고비마다 반드시 극복해야 하는 졸업의 순간들이 우
리를 기다리고 있다.

<영화 줄거리 요약>

1960년대 미국 남부 캘리포니아 중산계급 출신의 전형적인 모범생인
'벤자민(더스틴 호프만 분)'이 동부의 대학을 갓 졸업하고 집으로 돌아오
며 부모와 친구들의 대대적인 환영을 받는다. 생각이 많고 수줍음을 타
는 성격에다 불확실한 미래에 대한 불안으로 가득 차있던 벤자민은 순
간의 향락을 좋아하는 미국 중산층을 대변하는 '미세스 로빈슨(앤 밴크로
프트 분)'의 유혹에 빠져든다. 때마침 지방에서 대학을 다니던 로빈슨 부
인의 딸 '엘레인(캐서린 로스 분)'이 돌아오고, 로빈슨 부인의 남편은 두
사람의 관계를 알지 못한 채 벤자민에게 엘레인과 사귀어보라고 권한
다. 그렇게 벤자민과 엘레인이 점차 가까워지자 로빈슨 부인은 질투에
눈이 멀어 딸에게 자신과 벤자민의 관계를 폭로하며 이 모두가 벤자민
의 강요 때문이었다고 거짓 고백을 한다.

엄마의 말을 믿은 엘레인은 절망과 분노를 안고 학교로 돌아가버린
다. 벤자민은 엘레인의 학교까지 쫓아가보지만 로빈슨 부인의 끝없는
방해 공작으로 엘레인은 냉담한 반응을 보일 뿐이고, 급기야 엘레인은
다른 남자와 결혼식을 올리기로 한다. 엘레인의 결혼 소식을 접한 벤자
민은 자신에게도 절실한 목적이 생겼으며 무엇을 해야 하는지를 깨닫고
난생처음으로 자신을 위한 행동에 나서게 된다. 벤자민은 장거리를 달
려 결혼식장에 들어가 사랑하는 여인을 낚아채 도망친다.

달콤한 청춘 영화처럼 포장된 이 영화는 현대를 사는 미국 젊은이들
의 고뇌가 깃들어있는 작품이다. 불안한 미래를 앞둔 주인공 벤자민의
방황을 통해 현실과 이상의 간극을 리얼하게 보여주는 '아메리칸 뉴 시
네마(American new cinema: 1960년대에서 70년대 사이 할리우드의 기존 관행

을 거부한 젊은 감독들이 만든 영화)'의 대표적인 작품으로 평가하고 있다. '마이크 니콜스'는 권위에 대한 적대감, 반사회적 경향, 할리우드 영화의 전통적인 세계관에 대한 공격 등을 앞세우며 젊은 관객의 공감을 이끌어내, 아카데미 감독상을 받는다.

<관전 포인트>

A. 영화에서 벤에게 아버지가 선물한 것은?

아버지는 벤에게 잠수복 장비를 선물한다. 벤은 산소마스크까지 쓰고 폐쇄된 실내풀에 입수하게 되는데, 아무것도 들리지 않고 아무것도 할 수 없는 상황(Sound of Silence)에서 물은 벤에게 주위 사람들의 기대와 미래에 대한 책임감에 둘러싸여 숨 막히는 사회적 중압감의 상징으로 표현된다. 벤은 대학을 졸업했지만, 아직 현실적인 사회에 들어가 치열하게 살 준비가 되지 않은 자신의 불안감을 보여준다.

B. 영화에서 가장 극적인 장면은?

벤자민은 엘레인의 결혼식을 알게 되어, 천신만고 끝에 먼 다른 주의 결혼식장에 도착한다. 그러나 이미 결혼식이 시작되고 있었고 이를 본 벤자민은 결혼식장 유리창을 미친 듯이 두드리며 엘레인을 소리쳐 부른다. 엘레인도 자신이 벤자민을 사랑하고 있다는 사실을 깨닫고 달려 나와 교회의 현관을 십자가로 닫아놓고 같이 탈출하여 지나가는 버스에 오르게 된다.

C. 웨딩드레스를 입은 엘레인과 버스에 탄 벤자민의 표정은?

버스 안에 타고 있던 많은 기성세대의 못마땅한 시선 속에서, 잠시 어색한 웃음 뒤에 곧 어두운 표정으로 바뀌는 장면에서, 비록 사랑은 쟁취했지만 젊은 두 청춘은 앞으로 현실의 길을 헤쳐나갈 자신들의 불확실한 상황에 걱정이 깊어졌으리라 생각된다.

D. 영화에서 주옥같은 음악들은?

시적인 노랫말로 방황하는 청춘 세대의 불투명함을 잘 나타내어 많은
팬의 사랑을 받은 이 영화는 특히 60년대 후반부터 70년대 초반까지
전 세계적으로 인기를 끌었던 듀엣 '사이먼 앤 가펑클(Simon &
Garfunkel)'의 음악으로 더욱 유명하다. <로빈슨 부인(Mrs. Robinson)>,
<스카브로의 추억(Scarborough fair)>, <사운드 오브 사일런스
(The sound of silence)>의 주옥같은 노래들이 삽입되어 영화의 철
학과 품격을 높여주고 있다.

E. 주인공 '더스틴 호프만(Dustin Hoffman)'은 어떤 배우인가?

작은 키에 볼품없는 외모의 무명 배우 '더스틴 호프만'의 등장은 미남
미녀만이 주인공이 될 수 있다는 신체적 조건의 관습을 깨뜨리는 계
기가 되었으며, 더스틴 호프만을 일약 할리우드의 스타로 등극시켰
다. 감독은 더스틴 호프만의 희극적인 표정과 몸짓을 심리적 상황과
함께 독특한 카메라 기법(망원렌즈 사용, 효과적인 동선, 미장센, 편
집기법)으로 잡아내어 60년대를 대표하는 작품으로 남게 되었다. 더스
틴 호프만은 이 영화를 촬영한 이후 <미드나잇 카우보이/Midnight
Cowboy, 1969>, <빠삐용/Papillon, 1973>, <마라톤 맨/Marathon
Man, 1976>, <크레이머 대 크레이머 /Kramer vs. Kramer, 1979>,
<레인맨/Rain Man, 1988> 등 수많은 히트작에 출연하게 된다.

F. 젊은 청춘들에게 있어서 결혼이 부담스럽게 다가온 다른 영화는?

영화 <토요일 밤의 열기/Saturday Night Fever, 1977>에서 주인공
'토니(존 트라볼타 분)'의 친구 '바비'는 갑작스러운 결혼으로 고민이
많은데 이런 고민을 친구들은 진지하게 들어주지 않는다. 결국 바비
는 다리 난간에서 마지막 자신에게 무심했던 친구들을 원망하며 뛰어

내리게 된다. 예나 지금이나 결혼은 준비 안 된 청춘들에게 많은 고민을 주는 인생에서의 큰 변화인 것을 보여준다.

<에필로그>

영화 속 주인공은 미래에 대한 중압감과 이를 강요하는 기성세대의 숨 막히는 굴레 속에서 결코 포기할 수 없는 자신의 인생과 미래에 대한 절박한 심정이 한데 섞여 혼란을 겪는다. 사랑하는 여인과의 탈출을 통해 자신의 의지를 관철하는 첫 관문을 졸업하게 되지만 그들에게는 시행착오를 거쳐 졸업해야 하는 또 다른 관문들이 기다리고 있다. 그러나 그것이 인생의 필연적 여정일 수밖에 없다는 것을 곧 깨닫게 될 것이다. 영화를 통해 현재를 살아가고 있는 젊은 청춘들도, 애벌레와 번데기의 극한 탈바꿈 과정을 통해 자신의 이상을 펼치는 아름다운 나비로 훨훨 날아가듯이, 고통과 어두운 터널을 뚫고 자신의 이상을 실현하는 세계로 비상하기를 기대한다.

♫ The sound of silence - Simon & Garfunkel

크리스마스 캐럴이 울려
퍼지면 3명의 유령이 나타난다!

크리스마스 캐럴
A Christmas Carol, 2009

<프롤로그>

[크리스마스 캐럴(A Christmas Carol): 19세기 영국을 대표하는 소설가로 『올리브 트위스트(The Adventures of Oliver Twist)』(1838)를 통해 셰익스피어에 버금가는 인기를 누린 찰스 디킨스(Charles Dickens)가 1843년 출판한 소설이다.] 초등학교 시절 교과서에 실린 <크리스마스 캐럴>의 다양한 유령의 모습을 보며 '착하게 살아야겠다'는 생각을 했던 기억이 난다. 한 해를 끝낼 무렵 크리스마스 음악이 울려 퍼질 때, 이 영화가 기억나는 것은 그동안 이기적이고 각박하게 살아왔던 자신을 돌아보고 찬바람이 부는 지구촌에서 조금이라도 베풂의 철학을 실천하기 좋은 계절이기 때문이리라. 현대를 살아가는 사람들이 '스크루

지'처럼 늦게라도 참다운 인생이 무엇인지 깨닫고 사랑을 베풀면서 후회 없는 삶을 가꾸어보길 기대해본다.

<영화 줄거리 요약>

[퍼포먼스 캡처(Performance Capture 방식: 배우의 연기를 컴퓨터 카메라로 360도 캡처해서 찍는 기법)로 촬영한 영화 〈크리스마스 캐럴/A Christmas Carol, 2009〉은 고전 소설을 놀라운 연기와 파워풀한 비주얼로 재해석한 영화이다.]

  '스크루지(짐 캐리 분)'는 대단한 욕심쟁이요, 구두쇠였다. 이번 겨울에도 혹독한 추위와 깊은 안개를 몰고 크리스마스이브가 찾아왔지만, 그의 사무실에서 일하는 서기 '밥(게리 올드먼 분)'의 방에는 오직 한 덩어리의 석탄 조각이 타고 있을 뿐이다. 스크루지는 모두가 '메리 크리스마스!'라고 인사하는 말을 귀찮게 여기며, 텅 빈 자기 집에서 일찍 잠자리에 든다. 그날 밤 그에게 예전에 자신의 동업자였던 친구 '마레' 유령이 나타나서 "나는 살아생전에 욕심쟁이에다 구두쇠였기에 쇠사슬에 묶인 채 이렇게 고생하는데, 너도 역시 마찬가지"라고 말하며 "그러나 네게는 구원의 길이 남아있다. 내일 밤부터 하룻밤에 한 가지씩 너의 과거와 현재와 미래를 보는 유령이 나타나 네게 구원의 길을 가르쳐주리라"라고 말한 뒤 사라진다.

  시계가 새벽 1시를 가리키자 첫 번째 유령인 '과거의 크리스마스 유령'이 나타나서 그에게 쓸쓸한 소년 시절과 지금은 없는 착한 누나와 그가 돈 때문에 버린 옛 애인을 보여준다. '현재의 크리스마스 유령'인 두 번째 유령은 그를 자신의 종업원 '밥'과 조카 '프레드(콜린 퍼스 분)'네 집으로 데려가는데, 비록 가난하여 조촐한 파티에서도 성탄을 축하하고 심지어 모질게 대하는 자신을 위해서도 축배를 드는 모습을 보여준다. 다음으로 '미래의 크리스마스 유령'은 스크루지가 차디찬 방에 홀로 죽어있는 모습을 보여주며, 그의 죽음에 대해 마을 사람들은 슬퍼하기는 커녕 오히려 기뻐하는 것을 보고 큰 충격에 빠진다. 스크루지는 유령을 붙들고 필사적으로 자비를 구한다. 크리스마스 아침에 깨어난 스크루지는 회개를 통해, 익명으로 종업원 '밥'네 집에 큼직한 칠면조를 보내고 뒤이어 가난한 사람들을 위해 많은 액수의 돈을 기부하며, 조카네 집으로 달려가 즐거운 크리스마스 만찬에 참석한다. 이 축복받은 크리스마스 이후 그는 완전히 다른 인간으로 바뀌었다. 어쩌면 이다지도 즐거운 크리스마스였는지! 메리 크리스마스!

<관전 포인트>

A. 동업자였던 '마레'의 몸에 쇠사슬이 묶여있었던 이유는?

마레는 "내가 살아있을 때 만든 열쇠, 빗장, 작은 금고, 장부, 증서, 동전 따위가 매달린 쇠사슬(죄의 값)로 나를 묶고 있다. 네 쇠사슬은 나보다 굉장히 무거울 것이다"라고 하며 "욕심의 포로가 되어 묶이고, 이중으로 고랑을 찬 죄인이여! 인생은 한번 그 기회를 잃으면 아무리 오랫동안 후회해도 돌이킬 수 없다는 것을 깨닫지 못하는 자여! 그자가 바로 나였다"라며 한탄한다. 마레는 "잘 들어, 내가 오늘 밤 여기에 온 것은, 너에게는 아직도 나 같은 운명에서 벗어날 기회와 희망이 있다는 것을 가르쳐주기 위해서다"라며 친구에게 마지막 '인생 엿보기'의 기회를 준다.

B. 과거의 크리스마스 유령이 데려간 곳은?

유령은 "너의 행복을 위해서, 네 마음을 고쳐주기 위해서 왔다. 일어나서 나와 함께 가자"라고 하면서 스크루지의 어린 시절로 데려갔다. 그곳에서 자신의 주인이 크리스마스 파티를 열어주었던 일, 지참금이 없다고 버린 자신의 연인이었지만 다른 사람과 결혼하여 행복하게 사는 모습, 지금 조카의 엄마(스크루지의 누나)가 얼마나 스크루지에게 정답게 대했는지를 일깨워준다.

C. 현재의 유령이 데리고 갔던 곳은?

'현재의 크리스마스 유령'은 스크루지를 자신이 냉대하던 직원 밥의 집에 데리고 간다. 그곳에서 조촐하게 크리스마스 파티를 하고 있던 밥의 가족은, 주급이 겨우 15실링의 쥐꼬리만큼 주는 악덕 고용주인 스크루지를 위해 축복까지 하는 다정함을 보여준다. 또한 그의 조카 프레드는 혼자 지내는 스크루지를 걱정하고 안타까워한다. 나중에 회개한 스크루지는 자신이 무례하게 대했던 밥, 프레드, 고아를 위한 모금 단체 신사들을 찾아가 그들에게 필요한 것을 선물하며 용서를 구한다.

D. 조카의 집에서 벌어지고 있던 '스무고개 게임'은 어떤 내용이었나?

크리스마스 파티가 열리고 있던 조카의 집에서 "그것은 살아있는 동물로서, 사람들이 싫어하는 동물이고, 가끔 으르렁대거나 코를 킁킁거리기도 합니다. 때로는 말도 합니다. 그리고 런던에 살고 있으며, 거리를 돌아다닙니다. 그러나 사람들에게 끌려다니는 것도 아니고, 동물원에서 기르는 것도 아니며, 팔려가서 죽는 동물도 아닙니다. 이것은 무엇일까요?"라고 하자, 사람들은 당나귀, 곰, 돼지, 욕심꾸러기라고 대답하다가 마침내 "스크루지 아저씨!"라며 웃음을 터뜨리고 박수를 친다. 하지만 마지막에는 "아저씨 덕분에 재미있게 놀았으니까 아저씨의 건강을 축하하지 않을 수 없는 거야. 스크루지 아저씨, 축하합니다!"라고 쾌활하게 소리쳤다. 이 스무고개 게임을 보면서, 나를 문제로 낸다면 어떤 식의 묘사가 될지 생각해보게 만든다.

E. 미래의 유령이 보여준 것은?

유령이 데려간 곳은 어느 크리스마스 밤에 쓸쓸히 죽은 구두쇠의 시체가 있는 곳인데, 주변의 사람들은 그를 애도하기보다는 조롱하며 비웃기까지 한다. 가족이 없던 그 구두쇠의 재산은 동업조합에 넘어갔고, 장례식에 갈 사람은 한 사람도 없다. 일하던 가정부는 심지어 스크루지의 침대보까지 벗겨 전당포에 팔아넘기며 "그 지독한 영감쟁이가 어째서 살아있는 동안에 사람 구실을 못 했지? 사람 구실만 했더라면 죽어갈 때도 돌봐줄 사람이 하나도 없진 않았을 텐데"라며 악담을 하자 주변에서도 "천벌을 받은 거죠, 뭐. 조금 더 지독한 천벌을 받았으면 좋았을 걸"이라며 더한 험담을 하기도 한다.

F. 스크루지가 3명의 유령이 떠난 후 한 행동은?

실제와 같은 꿈에서 깨어난 스크루지는 살아있는 자신을 발견하고 기쁨에 겨워 춤을 춘다. 그리고 지나가는 소년을 시켜 큰 칠면조를 사서 이름을 밝히지 않고 '밥'네 집으로 보내고, 수염도 깎고 외출복으로 갈아입고 거리로 나가서 사람들에게 크리스마스 축하 인사도 한다. 어제 문전 박대했던 기부금 모집 신사에게는 사과와 함께 큰돈을 기부하겠다고 약속도 한다. 조카의 집에 가서 흥겨운 크리스마스 파티에도 참석하고 종업원 '밥'의 월급도 올려주며 완전히 새로운 삶을 살아간다.

<에필로그>

크리스마스이브에 파티 초대 차 찾아온 조카 프레드에게 스크루지는 가난뱅이 주제에 무슨 크리스마스냐고 타박을 준다. 이에 조카는 "화내지 마세요. 크리스마스는 남에게 친절을 베풀고, 남을 용서하고, 남을 도와주는 즐거운 날입니다. 삼촌, 세상에는 돈벌이가 되는 건 아니지만 기쁜 일이 많아요. 크리스마스도 그런 일 중 하나죠"라며 인간이 살아가는 데 소중한 것이 무엇인지를 간곡하게 알려주지만, 스크루지는 무시한다. 결국 유령이 찾아와 자신을 돌아보는 기회를 얻게 되면서 진정한 인생에 대해 깨닫게 된다. 우리의 주변에도 많이 가지고 높은 자리에 있는 사람들이 더욱 인색하고 탐욕스러운 모습을 많이 보게 된다. 미국의 빌 게이츠, 워렌 버핏 같은 억만장자들은 분명 '찰스 디킨스'의 <크리스마스 캐럴>을 진정성 있게 읽었기에 전 재산을 사회에 기부하는 용기를 보여주었을 것이다. 이번 연말에는 아름다운 목소리의 가수 '팻분(Pat Boone)'의 크리스마스 캐럴 <White Christmas>를 들으며 삶의 의미와 나눔의 행복감을 실천하는 시즌이 되길 기대한다. "베푸는 것이 최고의 행복이다!"

♫ White Christmas - Pat Boone

행복의 나라로 가는
당신만의 주문을 외워보자!
메리 포핀스
Mary Poppins, 1964

<프롤로그>

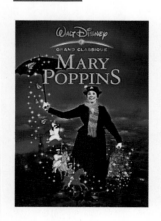

[메리 포핀스(Mary Poppins): 영국의 여성 아동문학가 '파멜라 린던 트래버스'가 1934년부터 1988년까지 총 8권으로 발표한 이 시리즈는 마법사 유모가 선보이는 상상을 초월한 마법들과 아이들의 신기한 모험으로 영국에서 많은 인기를 얻었다. 당시 아이들의 양육은 유모에게 있다고 생각하는 영국의 사회상을 읽을 수 있다.]

메리 포핀스는 어린이들의 순수함을 통해 동심을 잃어버리고 일에만 집착하는 어른들에게 스스로 진정한 행복을 일깨우는 마법을 불러일으킨다. 50년 전인 1964년에 개봉된 이 영화는 컴퓨터 그래픽(CG) 없이 실사와 애니메이션을 합성한 기상천외한 상상력을 보여주어 아카데미상 5개 부문(여우주연상, 주제가상, 시각효과상, 편집상)을 수상했다. 이후 '조앤 롤링'의 <해리 포터> 시리즈가 나왔지만, 날카로운 현실풍자 등 작품성에서 전혀 뒤지지 않는 독특한 판타지 걸작으로, 2006년 11월 시작으로 브로드웨이에서는 <미녀와 야수>, <알라딘>, <라이온 킹>과 함께 4대 뮤지컬로도 많은 사람의 사랑을 받고 있다. (2019년 2월에는 <메리 포핀스 리턴즈>라는 속편도 개봉되었다.) 오늘 주문 "Supercalifragilisticexpialidocious(수퍼칼리프레글리스틱엑스피알리도셔스)"를 외우며 당신의 동심을 일깨워 함께 행복한 나라로 여행을 떠나라!

<영화 줄거리 요약>

1910년대의 런던 체리가 17번지에는 '조지 뱅크스(데이빗 톰 린슨 분)'의 가족이 살고 있다. 말썽꾸러기 제인과 마이클은 무뚝뚝한 아빠와 여성 참정권 운동으로 바쁜 엄마의 애정과 관심을 끌기 위해 언제나 사고를 치고 이를 견디다 못한 유모들은 줄줄이 짐을 싸서 나가버린다. 원칙주의자인 아빠는 엄격하고 단호하며 분별력과 통치력을 가진 유모를 구하기 위해 신문에 광고를 내지만, 아이들이 자신들이 원하는 유모의 모습을 아빠에게 들려주는 순간, '메리 포핀스(줄리 앤드류스 분)'가 바람처럼 그들 앞에 나타난다.

키재기를 하면서 아이들의 성격을 맞춘 메리 포핀스는 모든 면에서 완벽한 자신을 소개하며 카펫으로 만든 만능 가방에서 커다란 모자걸이, 예쁜 거울, 우아한 스탠드 등을 꺼내 난장판이던 방을 순식간에 '방 치우기 놀이'로 만들어 아이들의 마음을 사로잡는다. 아이들은 메리 포핀스와 함께 찾은 공원에서 거리의 화가 '버트(딕 반 다이크 분)'를 만나고, 그가 그린 영국 시골마을 풍경그림 속으로 들어가 푸른 동산과 호수, 회전목마들과 꿈같은 시간을 보낸다.

하지만 아이들은 아빠가 일하는 은행으로 견학을 가서 소동을 일으키는 바람에 아빠 뱅크스는 해고를 당하게 된다. 자신의 남편을 위로하기 위해 남편의 유모였던 악랄하고 폭군처럼 행동하는 앤드루 부인을 초대하자 아이들은 공원으로 도망가서 버트의 도움을 받아 메리 포핀스가 돌아오기를 바라는 꿈을 실은 연을 날린다.

덕분에 아이들 곁으로 돌아온 메리 포핀스는 폭군 유모를 내쫓는 데 성공하고, 아이들과 지붕 위로 올라가 버트와 굴뚝 청소부들과 어울려 즐거운 시간을 보낸다. 버트가 얘기한 "어린 시절은 손가락의 모래알처럼 빠져나가 아이들이 훌쩍 크며 부모 품을 떠나서 사랑을 주려고 해도 상대가 없어진 후라며 아이들이 소중하다"라는 말을 들은 아버지는 가족애를 확인하고 동심으로 돌아간다. 그러자 다시 행운이 찾아와 은행에 복직이 되면서 뱅크스의 가족 모두가 행복해진 것을 확인한 메리 포핀스는 그들과의 이별을 고하며 하늘 위로 유유히 날아간다.

<관전 포인트>

A. 메리 포핀스는 어떻게 뱅크스 집안에 유모로 오게 되었는가?

제인과 마이클이 원하는 유모는 엄격하고 규칙만 따지는 그런 사람이 아니라 장밋빛 뺨에 친절하고 재미있으며 자신들과 즐겁게 놀아줄 그런 유모를 원했다. 하지만 뱅크스는 아이들의 말을 무시하고 확실히 아이들의 예절을 가르칠 수 있는 유모를 찾는 광고를 신문에 내게 된다. 그러나 아이들이 작성한 메모는 어디선가 불어온 바람을 타고 날아가 메리 포핀스에게 전달된다. 다음 날 아침 광고를 보고 찾아온 유모들이 문전성시를 이루지만 갑자기 불어온 강한 동풍에 줄 서있던 유모들은 모두 날아가고 바람을 타고 내려온 메리 포핀스만이 남아 아이들의 유모가 된다.

B. 메리 포핀스는 어떤 배우인가?

한 손에는 원하는 것이면 무엇이든 꺼낼 수 있는 커다란 가방을, 다른 한 손에는 앵무새 손잡이가 달린 검은 우산을 들고 동풍을 타고 날아온 그녀는 새침하고 잘 웃지는 않지만, 속정이 깊고 아이들과 재밌게 놀아주며 노래까지 불러주는 완벽한 유모이다. 말하지 않아도 속마음을 읽고 소원을 들어주고, 행복해지는 주문을 알고 있으며, 하늘을 날아 원하는 곳 어디든 데려다주는 마술사이기도 하다.

C. 완고한 은행가 뱅크스가 원하는 집안 분위기는?

메리 포핀스가 들어온 후부터 집안에는 행복이 넘쳐난다. 하지만 죠지 뱅크스는 왠지 이러한 집안의 변화가 꺼림칙하다. 조금 더 집안의 규율을 세우기 위해 메리에게 주의를 주던 뱅크스. 뱅크스는 자신의 집이 마치 은행처럼 정확하고 투명하게 돌아가길 원했다. 그래서 메리는 아이들이 아빠와 함께 은행을 견학하는 것이 좋겠다고 제안한다.

D. 아이들이 아버지의 은행 견학에서 생기는 사건은?

뱅크스는 자신의 자랑스러운 직장인 은행에 데리고 가는데 거기에서 마이클이 가진 2펜스로 갈등이 일어나게 된다. 자신이 가진 2펜스로 성당에 있는 새들에게 줄 모이를 사고 싶은 마이클에게 쓸데없는 데 돈을 낭비하지 말고 은행에 저금하라고 돈을 빼앗는 은행장의 모습을 본 고객들이 불안해서 돈을 인출하는 사태로 일대 혼란이 일어나고 그 모습을 본 아이들은 놀라서 도망치는 소동이 벌어진다.
이 사건으로 아빠는 은행에서 해고당하지만, 뱅크스가 딸 제인에게 들은 의족 농담을 하자 늙은 은행장이 웃다가 행복하게 죽게 되면서 뱅크스는 다시 은행에 복귀할 수 있게 된다.

E. 줄리 앤드류스는 어떤 배우인가?

영화에서 겉으로는 엄격하고 냉정해보이지만 속정 많고 유쾌한 인물로, 오랜 시간 무대에서 단련된 그녀의 정확한 발음과 시원스러운 가창력은 스크린에서 더욱 빛을 발했다. 마법사 유모를 완벽하게 선보인 줄리 앤드류스는 아카데미와 골든 글로브 여우주연상을 모두 휩쓸며 화려한 영화 데뷔를 하였다. 그 이후 1965년 개봉된 <사운드 오브 뮤직/The Sound Of Music>에서 음악을 사랑하는 말괄량이 견습 수녀 '마리아' 역을 훌륭히 연기하여 가장 사랑받는 스크린의 아이콘이 되었고, 버킹엄궁에서 엘리자베스 영국 여왕으로부터 작위를 받기도 했다.

F. 영화를 더욱 돋보이게 한 음악들은?

아카데미 주제가상을 받은 행운을 주는 굴뚝 청소부들의 합창 <Chim Chim Cheree>와 행복해지는 주문 <Supercalifragilisticexpialidocious>, <A Spoonful of Sugar>, <Feed The Birds> 등 셔먼 형제가 선보인 귀에 쏙 들어오는 음악들은 많은 이들에게 사랑을 받았고 작품이 뮤지컬 무대에 오르는 결정적 계기가 되었다.

<에필로그>

영화 <메리 포핀스>는 물질주의에 대한 환멸과 천진난만했던 과거에 대한 향수를 아름답고 흥겨운 선율로 담아내서, 어린이들은 물론 팍팍한 매너리즘에 빠진 어른들에게도 큰 교훈을 주었다. 우리에게는 메리포핀스와 같은 '가족의 고민과 불화를 해결해주는 마법사'는 없지만, 스스로가 행복을 불러일으키는 주문을 외우면서 자신과 주변 모든 사람에게 행복을 가득 담은 연을 날려보자! 또한 <Chim Chim Cheree>라는 굴뚝 청소부의 노래에서, 세상에는 직업의 귀천이 없고 사람들에게 진정한 행복과 행운을 가져다주는 긍정적인 일이라고 생각하는 직업에 대한 소중한 철학을 실천해보자.

♫ Chim Chim Cheree - Julie Andrews

아름다운 슬픔을 알게 해준
파트라슈와 루벤스!

플란다스의 개
A Dog of Flanders, 1975

<프롤로그>

[플란다스의 개(A Dog of Flanders): 1872년 '매리 루이스 드 라 라메'가 쓴 소설로, '위다(필명)'가 어린 시절 아버지에게 들었던 플란다스 지방의 이야기에서 영감을 얻었다고 한다. 객관적이고도 냉정한 기술을 통해 순수한 소년 '네로'를 죽음으로 몬 당대의 현실을 사실적으로 펼쳐보이며, 그 속에서 인간의 슬픔에 대한 동정과 감동을 이끌어냈다.]

어린 시절 읽었던 『플란다스의 개』에서 헌신적인 파트라슈와 순진무구한 네로의 우정은, 어른이 되어서도 가끔 영혼을 정화해주는 소중한 시간을 준다. 루벤스의 그림을 돈을 받고 보여주던 성당, 코제트 씨의 비위를 맞추고자 네로를 혹독하게 대하는 마을 사람들, 공정하지 못한 심사를 한 미술대회의 심사위원 등을 통해 지금도 계속되는 냉정한 현실을 되새김질하게 한다. 슬프고도 아름다운 네로와 파트라슈의 이야기를 통해 각박한 현실에서 더욱 따뜻하고 은총 가득한 성탄절이 되길 기원해본다.

\<영화 줄거리 요약\>

1870년경 벨기에의 플란다스 지방, 소년 네로와 할아버지는 파렴치한 이동 철물상 주인에게 혹사당한 후 버려진 개 '파트라슈'를 발견한다. 할아버지와 네로의 정성스러운 간호로 건강을 되찾은 파트라슈는 우유 배달 일을 도우면서 한 가족이 된다.

미술에 재능이 있는 네로는 마을에서 제일가는 부자인 '코제트' 씨의 딸 '아로아'와 친하게 지내지만, 코제트 씨는 네로가 부모도 없고 가난하다는 이유로 딸과 만나지 못하게 한다. 할아버지도 죽고, 네로에게 유일한 희망이었던 미술대회 입상이 무산되자 크게 낙심하게 된다.

한편 아로아의 아버지 코제트 씨는 눈이 오는 밤길에 은행에서 빌린 금화 2,000프랑이라는 거액을 분실하고 실의에 빠져있었다. 이에 네로와 파트라슈가 발견하여 돈을 가져다주어 파산을 면하게 된다. 네로는 코제트 씨에게 파트라슈를 잘 부탁한다는 마지막 당부를 하게 된다.

네로는 추위와 허기짐에 지칠 대로 지쳐 혼자서 눈이 오는 크리스마스 밤에 평소 그렇게 보고 싶어 했으나 관람료가 없어 보지 못했던 '루벤스'의 성화가 걸려있는 교회에서 극적으로 그림을 보게 된다. 마지막으로 행복감을 느끼게 되는 네로. 이때 파트라슈는 아로아가 주는 따뜻한 음식을 뒤로한 채 네로가 있는 성당으로 와서 서로의 마지막 온기를 나누게 되고 결국 아름다운 두 영혼은 죽음을 맞아 천사의 품에 안겨 하늘나라로 가게 된다.

1975년 닛폰 애니메이션과 후지TV에서 총 52편의 시리즈로 제작 방영하였다. 1997년에는 극장용 애니메이션 영화가 개봉되었다.

<관전 포인트>

A. 네로의 순수했던 꿈은?

두 살 때 어머니를 잃고, 외할아버지(예한 다스)와 단둘이 우유 배달로 생계를 잇고 있던 10살의 소년 네로는 그림에 대한 천부적인 소질을 지니고 있으며, 가난 속에서도 루벤스와 같은 대화가가 되는 꿈을 잃지 않고 사는 착한 소년이었다.

B. 코제트 씨가 방앗간의 화재사건 이후 한 일은?

코제트 씨의 방앗간 기계가 폭풍우로 망가져 수리해야 함에도 아로아의 아빠는 대충 기름칠해서 하룻밤 돌려주면 괜찮아질 거라는 주변 사람 말에 풍차를 돌리게 된다. 하지만 나무 톱니와 먼지가 마찰을 일으켜 결국 화재가 발생하자, 나쁜 이웃 한스는 평소 부잣집 딸 아로아가 자신의 아들 대신 네로와 친한 것을 시기하여, 네로가 방화범이라고 거짓 소문을 퍼트려 마을 사람들이 네로가 배달하는 우유를 먹지 못하도록 압력을 행사하였다. 그 일로 네로는 할아버지가 돌아가신 후 어려운 생활에 결정적 타격을 받게 된다.

C. 네로가 언제나 보고 싶어 하던 그림은?

네로는 어릴 적 엄마와의 추억이 담긴 안트워프 대성당의 루벤스의 그림 <성모승천>과 <십자가에서 내려지는 그리스도>를 보고 영감을 얻어 위대한 화가가 되고 싶어 하지만, 성당에 은화 2닢의 성금을 내야만 두꺼운 커튼 뒤에 가려진 그림을 볼 수 있었기 때문에 가난했던 네로는 안타깝게도 보지 못했다. 하지만 미술전에서 낙선한 크리스마스이브에 마지막으로 들른 성당 안에서 달빛에 비친 루벤스의 그림을 보며 행복한 미소를 지은 채 파트라슈와 하늘나라로 간다. 영화에서 루벤스의 그림을 볼 때 슈베르트의 <아베마리아>, 네로가 숨을 거둘 때는 찬송가 <내 주를 가까이하려 함은>이 흘러나와 성스러움과 장엄함 그리고 슬픔을 더해준다.

[루벤스(Peter Paul Rubens: 1577~1640): 빛의 화가 '렘브란트'와 함께 바로크 미술을 대표하는 벨기에 플랑드르 지방 출신의 화가. 루벤스의 도시 '안트베르펜'에는 루벤스가 살던 집이 있고 묘지도 있다. 그리고 그 지역에서 가장 높은 첨탑이 있는 성당에는 그가 남긴 위대한 그림 <십자가에 올려지는 그리스도>, <십자가에서 내려지는 그리스도>가 걸려 있다.]

D. 네로가 출품한 미술 실기대회의 결과는?

안트워프에서 개최되는 미술 콩쿠르는 12월 1일에 출품하고 크리스마스이브에 수상자 발표가 있으며, 상금으로 매년 200프랑을 받으면서 그림 공부를 할 수 있다. 네로는 소박하지만, 따뜻함이 있는 할아버지와 네로의 모습이 담긴 작품을 출품하지만, 심사위원들의 편견으로 결국 부잣집 아이의 화려한 유화 그림에 밀려 네로는 낙선하고 만다. 뒤늦게 심사위원 중의 한 사람이 네로의 재능을 높게 평가하고 찾아와서 자신의 견습생으로 삼고자 하지만 이미 때는 늦었다.

E. 아로아가 영국으로 떠나게 되는 이유는?

아로아의 아빠 코제트 씨는 아로아의 교육을 위해 영국에 사는 여동생네로 보내기로 한다. 아로아는 가기 싫다고 버티지만 결국 네로에게 작별 인사도 하지 못하고 영국행 배에 오르게 된다. 하지만 아로아는 향수병이 걸려 결국 다시 집으로 돌아오게 된다. 실제로는 아로아의 아빠가 네로를 단념시키기 위한 옳지 못한 행동이었다.

F. 네로가 자신의 집을 떠나기 전 남긴 편지의 내용은 ?

집주인 한스에게 밀린 집세 대신 정리해놓은 물건들을 받아달라는 것과 아로아의 엄마에게 그동안의 친절에 감사하며 파트라슈를 돌봐달라는 부탁을 하며, 아로아에게는 안녕이라는 슬픈 말을 남긴다. 이 편지를 본 아로아의 아빠는 크게 뉘우치며 네로의 정직함과 순수함에 큰 감명을 받게 된다.

<에필로그>

네로와 파트라슈의 아름다운 우정은 매년 크리스마스이브 시즌에 특히 어른들의 탐욕과 소외이웃에 대한 무관심과 대비되어 아름답게 빛이 나는 이야기이다. 동화가 이처럼 아름답고 순수한 감동을 주는 것은 각박한 세상을 살아가는 현대인들에게 교훈을 주기 위한 슬픈 외침이 아닐까 생각해본다. 마치 아름다운 인어공주가 언니들이 머리카락을 잘라 구해온 칼을 사용하지 않고, 사랑하는 왕자를 살리고 대신 자신은 한 조각 물거품으로 사라졌듯이 말이다. 그런 아름다운 마음들은 언제까지나 인간성 상실의 시대를 살아가는 사람들을 일깨울 이야기로 회자될 것이다. 우린 잊지 않으리 꿈의 그 길을, 파트라슈와 함께 걸었던, 하늘로 펼쳐진 그 길을….

젤소미나, 꺼져가던
양심의 스위치를 켠다!

길
La Strada, 1954

<프롤로그>

1954년 개봉된 영화 <길/La Strada>
은 영혼이 순수했던 여자주인공의
삶을 통해 물질적이고 탐욕의 성향
이 강했던 남자주인공이 깊이 숨겨
진 양심을 깨닫는 고전 영화이다.
어릴 적 이 영화를 이해하기는 힘들
었으나 성인이 된 후 다시 보게 되면서 각박하고 경쟁적인 삶을 살아가
는 현대인들에게 인간의 본능과 양심 사이에서의 갈등을, 물질적인 것
과 정신적인 것의 리얼리티를 통해 깨우쳐주었다. 특히 시골 마을의 가
난과 어둠의 배경 속에서 유랑 서커스로 살아가는 주인공을 보면서 고
도의 산업발달로 불확실한 디지털 유목민으로 살아가는 우리들과 같은
방랑자로서의 고독과 연민을 공감케 한다. 현실이 힘들 때도 마음속 한

컨에 빨간 양심의 등불이 켜져있는 한 숭고한 인간다운 삶은 계속될 것이다.

<영화 줄거리 요약>

2차 세계대전이 끝나고 전쟁의 상흔만이 남은 이탈리아. 주인공 '잠파노(앤서니 퀸 분)'는 오토바이를 개조한 삼륜차를 끌고 지방을 돌아다니는 떠돌이 차력사이다. 조수로 데리고 다니던 여자가 죽자 그녀의 집을 찾아가 만 리라의 돈을 주고 그녀의 동생 '젤소미나(줄리에타 마시나 분)'를 조수로 데려간다.

지능이 모자란 젤소미나는 잠파노가 몸에 감은 쇠사슬을 끊는 차력을 선보이는 동안 흥을 돋우고 돈을 거두는 광대 역할을 한다. 잠파노는 모자란 젤소미나를 몸종처럼 마음대로 부리고 학대한다. 두 사람은 로마에 갔다가 서커스단에 들어가 일을 하게 되는데 그곳에 있던 '나자레노(리처드 베이스 하트)'라는 어릿광대는 젤소미나의 순수함을 공감하고 트럼펫 부는 법도 가르쳐준다. 잠파노는 질투심과 자신을 놀리는 나자레노에게 칼을 들이대다가 경찰에 체포된다.

젤소미나는 잠파노와 헤어져 서커스단에 남으라는 나자레노의 제안을 거절하고 석방된 잠파노와 함께 길을 떠난다. 얼마 뒤 잠파노는 길에서 우연히 나자레노를 만나게 되고, 지난 일로 화가 난 잠파노가 나자레노를 두들겨 패서 결국 나자레노가 죽고 만다. 잠파노는 나자레노의 시신을 유기하고 도망친다. 자신을 처음으로 따뜻하게 대해주던 나자레노의 죽음으로 마음의 상처를 입은 젤소미나는 이후로 잠파노가 곁에 오는 것조차 거부한다. 잠파노는 젤소미나가 잠든 사이 몇 푼의 돈을 남겨두고 떠나게 된다.

여러 해가 지난 뒤, 잠파노는 바닷가의 어느 마을에서 서커스단의 일원으로 공연을 한다. 공연을 마치고 마을을 둘러보던 잠파노는 귀에 익은 음악 소리를 듣게 된다. 그 소리는 젤소미나가 나자레노에 배워 트럼펫으로 연주하던 곡조였다. 잠파노는 노랫소리를 흥얼거리던 여인에게서 몇 년 전에 그 마을에 흘러들어온 정신이 이상한 여자가 트럼펫으로 연주하던 노래이며 그 여자는 이미 죽었다는 소식을 전해 듣는다. 잠파노는 밤 바닷가에서 젤소미나가 자신의 진정한 사랑이었음을 깨닫고 회한과 죄책감에 젖어 통곡하며 젤소미나를 그리워한다.

<관전 포인트>

A. 이 영화가 주는 교훈은?

이탈리아 감독 '페데리코 펠리니(Federico Fellini)'의 작품으로 자신의 부인인 '줄리에타 마시나(Giulietta Masina)'를 '젤소미나' 역에 캐스팅하였다. 이 영화 속에서 두 주인공이 걸어가는 '길'은 인생의 험한 세파를 비유해서 진한 감동을 남겨주었고, 로맨틱한 요소가 가미된 서정적인 영화로서 흥행과 예술 면에서 성공을 거두었다. 아카데미 최우수 외국어 영화상을 받았다.

B. 젤소미나가 애절하게 부르던 곡은?

'니노 로타'가 작곡한 주제곡 '젤소미나의 테마'는 가슴을 울리는 애잔한 트럼펫 선율로 영화음악의 명곡으로 남아있다. '니노 로타'는 <로미오와 줄리엣(Romeo And Julie)>, <대부(Godfather)> 등의 영화음악으로도 널리 사랑받아왔고, <대부 2>로 아카데미 영화음악상을 수상하기도 했다.

C. 등장인물들의 특징은?

영화의 사건들은 모두 미리 정해진 듯이 펼쳐지고 인물은 반드시 그렇게 해야 하는 것처럼 행동하는데 그것이 스토리를 더욱 비극적으로 만든다. 학대받으면서도 생기를 잃지 않는 '젤소미나'를 감동적으로 표현해낸 '마시나'의 연기와 거칠고 힘세지만 젤소미나에 대한 자신의 감정을 이해하지 못해 혼란스러워하는 '앤서니 퀸'의 연기 역시 감동적이다. 두 배우는 각자 맡은 캐릭터의 성격과 서커스 연기를 통해 그들의 실제 삶이 얼마나 괴리되어있는지 선명하게 표현했다.

D. 잠파노가 나자레노를 죽게 한 진짜 이유는?

유랑 길에서 '젤소미나'는 바보 역의 곡예사 '나자레노(리처드 베이스하트 분)'에게서 매력을 느끼는데, 잠파노는 젤소미나를 가혹하게 대하면서도 곡예사를 질투하고 그로 인한 잠파노는 결국 살인을 저지르게 된다. 사실은 잠파노도 젤소미나를 가슴 깊이 사랑했다는 증거이기도 하다.

E. 젤소미나의 잠파노에 대한 마음은?

젤소미나는 자신을 학대하던 잠파노였지만 점점 그에게 인간적 연민과 동정을 느끼게 되고 자신도 모르게 그를 깊이 사랑하게 된다. 그래서 그가 경찰서에서 석방되었을 때 "잠파노"를 외치며 크게 반가워한다. 수도원에서 하룻밤 머물렀을 때, 잠파노는 젤소미나에게 은촛대를 훔치라고 하나, 이를 거절하고 맞기도 하는 것을 수녀님이 보고 수도원에 머무르라고 해도, 젤소미나는 잠파노와의 의리로 같이 떠나게 되는 것을 보고 사람에 대한 신의를 다하는 젤소미나의 모습에 감동하게 된다. 수녀는 "수녀들도 2년마다 수도원을 바꿔요. 세상 사물에 너무 애착하지 말라는 거죠. 사람은 자기가 사는 곳에 애착하죠. 나무 한 그루에도 애착하듯이요. 그러다 제일 중요한 걸 잊어버릴까봐요. 당신도 나도 모두 떠돌이네요. 각자 자신이 사랑하는 것을 따라 떠도는"이라는 철학적 이야기를 한다.

F. 앤서니 퀸(Anthony Quinn)은 어떤 배우인가?

미국의 영화배우로, 1954년 네오리얼리즘으로 세계 영화의 중심에 있던 이탈리아로 건너가 <길>에서 차력사 잠파노 역으로 국제적인 명성을 얻었고 1956년 <열정의 랩소디/Lust For Life>에서 고갱 역으로 아카데미 남우조연상을 받았다. 1964년 '카잔차키스'의 소설을 영화로 옮긴 <희랍인 조르바/Zorba The Greek>에서 그리스인 특유의 낙천성으로 하루하루를 열정적으로 살아가는 농부 조르바 역을 맡아 절정의 연기를 보였다. 그 이후 <노트르담의 꼽추/The Hunch Back Of Notre dame, 1957>, <25시/25TH Hour, 1967> 등 역작을 남겼다.

<에필로그>

영화 <길>에서는 농민도 근로자도 아닌 주인공 잠파노와 젤소미나가 길 위에서 떠돌며 생계를 유지하던 삶의 애환을 통해, 현대를 살아가는 우리도 불확실한 디지털 시대의 유목민으로 불안한 삶 속에 살아간다는 공통점을 느끼게 한다. 물질적인 삶이 지배하는 현실과 인생의 험한 세파 속에서도 인간의 순수성을 잃지 않던 젤소미나는 꺼져가던 우리들의 가슴에, 양심의 빨간 등에 스위치를 딸깍 켠다!

♫ La strada - Nino Rota

사랑이란 영원히 빛나는 왕관(Splendored thing)!

모정(慕情)

Love is a Many - Splendored Thing, 1955

<프롤로그>

과거와 현대의 사랑은 어떻게 다를까를 과거의 3대 로맨틱 영화인 <애수/Waterloo Bridge, 1940>, <모정(慕情)/Love is a Many—Splendored Thing, 1955>, <로마의 휴일/Roman Holiday, 1953>에서 살펴보면, 공히 깊이 사랑하게 되지만 전쟁이나 죽음 등 불가피한 사정으로 안타깝게 이별하는 과정에서 연인들의 순수하고도 애틋함을 엿볼 수 있다. 현대의 사랑은 너무나도 쉽게 만나고 쉽게 헤어지며 심지어 데이트 폭력 같은 사건까지 과거의 사랑과는 많이 달라져있음을 느낀다. 사랑도 시대의 흐름에 따라가겠지만, 지고지순했던 과거의 사랑 방식을 반추해보면서 사랑하면서도 고독한 현대인의 공허함을 치유

할 방법을 찾아본다.

<영화 줄거리 요약>

영화 <모정(慕情)/Love is a Many-Splendored Thing, 1955>에서 1949년의 홍콩은 공산화가 되기 전 내전으로 얼룩진 중국 본토로부터 쏟아져 들어온 많은 피난민이 머무는 집합 장소였다. 여기에 민족의 육체적 고통을 어루만지고 그들의 분노를 함께 하기 위해 중국군 장교의 사랑스럽고 젊은 미망인인 닥터 '한수인(제니퍼 존스 분)'이 있었다. 의사라는 직업에 최선을 다하던 수인은 어느 날 미국 특파원인 '마크 엘리엇(윌리엄 홀든 분)'을 만나게 된다. 수인은 마크의 초대를 거절하지만 몇 번의 만남에서 둘은 서로 사랑에 빠지게 된다.

아내와의 불행한 결혼으로 오랫동안 별거 중이었던 마크는 수인에게 끌리게 된다. 그러나 일에 심취해있던 수인은 이 사랑이 가져올 수 있는 위험을 두려워한다. 그러나 둘은 잠시도 헤어져있는 게 힘들어지자 곧 자신들의 사랑이 아주 확고한 것임을 확신하게 된다. 그렇게 마크는 수인의 마음 한가운데에 자리 잡게 된다. 어느 날 수인의 가족에게 문제가 생겨, 갑자기 중국의 중경 본가로 가게 된다. 본가로 가기 전 수인은 유라시안으로서의 그녀의 자존심 때문에 외국인의 부인이 될 수는 없다고 말하며 그를 돌려보낸다. 하지만 수인을 잃는다는 생각에 마크는 그녀의 가족이 있는 중경으로 수인을 만나러 가고, 극적으로 수인과의 결혼을 허락받는다.

홍콩으로 돌아온 마크는 아내의 이혼 동의를 구하러 싱가포르로 가지만 동의를 구하지 못하고 돌아오게 된다. 이러한 상황에도 둘의 사랑에 변함이 없음을 확신한 수인은 마크가 마카오로 취재 차 가게 되자 그를 만나러 병원장 허가도 없이 휴가를 떠난다. 마카오에서의 꿈같은 시간은 수인과 마크를 행복감에 젖게 하지만, 행복도 잠시였다. 한국의 6.25전쟁으로 인해 마크는 전선의 종군기자로 발령받게 되고 수인은 병원으로 돌아가나 그녀가 해고됐음을 알게 된다. 수인은 병원장의 혼혈인에 대한 편견에 의한 해고로 심한 상처를 받게 되어 친구의 집으로 이사를 하게 된다. 그곳에서 마크의 헌신적인 편지로 큰 위안을 받게 된다.

두 사람이 함께할 때 소중하게 간직해두었던 기쁨은 두 사람이 헤어져있는 동안 훨씬 더 절실한 소중함으로 성숙한다. 수인이 마크가 보낸 편지를 읽고 있을 때 그녀의 친구가 마크의 전사 소식을 알려준다. 너무나 당황스럽고 믿을 수 없었던 수인은 집에서 뛰쳐나와 둘이서 함께 추억을 만들었던 바람 부는 언덕으로 달려가 흐느낀다. 이곳은 수인을 깊은 슬픔에서 건져주었던 마크와의 추억의 장소이다. 수인은 마크와 나누었던 '찬란한 사랑'이 죽음으로도 그들을 갈라놓을 수 없다는 것을 알게 된다.

<관전 포인트>

A. 극 중 '한수인'은 어떤 인물이었나?

유라시아계(중국 아버지와 영국 어머니 사이의 혼혈)의 여성이다. 그녀는 공산군에 총살당한 장개석 군대의 장군 출신 남편을 둔 미망인이며 의사 역으로 나온다. 한수인 역의 '제니퍼 존스'는 <무기여 잘 있거라>에서 전쟁의 비참함 속에서 '록 허드슨'과 순수한 사랑을 만들어 가는 역으로 크게 감명을 주기도 하였다.

B. 한수인의 시댁에서 재혼을 반대한 이유는?

중국 명문가인 한수인의 삼촌 집에서는 미국인 기자와 결혼하는 것에 대한 거부감이 있었지만, 한수인과 마크의 진정성 있는 설득으로 결국 재혼을 허락하고 풍습에 따라 자신들이 분신처럼 지닌 패물(옥)을 하나씩 선물하면서 재혼을 축하해주게 된다.

C. 마크의 전사는?

종군기자로 한국전쟁에 참전하게 된 마크는 매일 자신의 연인인 한수인에게 편지를 쓴다. 그날도 편지를 쓰던 중 공산군의 폭격으로 전사하게 되고, 이를 전해 들은 한수인은 자신들이 사랑의 밀어를 속삭이던 '바람 부는 언덕'으로 하염없이 달려가, 마크를 그리워한다. 그때 날아온 신비한 호랑나비는 한수인에게 진정한 사랑의 의미를 전해주는 듯하다.

D. 이 영화의 촬영 장소는?

제작사 20세기 폭스사와 감독 '헨리 킹'은 1955년 1월부터 3월까지 홍콩에서 올로케 된 영화로 8월 18일 미국에서 개봉된다. 지금도 두 연인이 수영하던 '리펄스 베이(Repulse Bay)'와 '빅토리아 언덕' 등은 영화의 명성 덕에 관광 명소로도 유명하다. 이 영화는 아카데미 3개 부문(주제가상, 음악상, 의상 디자인상)을 수상하기도 하였다.

E. 아카데미 의상 디자인상을 받은 차이나 의상은?

주인공 제니퍼 존스는 '찰스 르메이어'가 디자인한 중국 옷 14벌을 홍콩으로 갖고 와서 영화 속에서 22번이나 갈아입었으며 촬영이 끝난 시점에서도 미국에 돌아와 평상복으로 즐겨 착용할 만큼 좋아했다고 한다.

F. 영화 속 여의사는 실제 인물인가?

실제 주인공 한수인은 벨기에서 신식 기술을 익힌 중국인 아버지와 벨기에 어머니 사이에서 태어났다. 첫 남편은 국공내전에서 죽고 홍콩에서 의사로 지낼 때 호주 출신의 특파원을 만나 사랑에 빠지고 그 연인이 한국전 취재를 떠나 전사하게 된다. 한수인은 대약진 운동과 문화혁명 당시 중국에 드나들며 마오쩌둥과 저우언라이와 친하게 지냈고 중국공산당 정책에 우호적인 자세를 취하기도 한 입지전적인 여인이었다.

G. 영화의 주제곡으로 많은 사람의 가슴에 남아있는 음악은?

영화에는 20세기 폭스사의 합창단이 노래하여 두 연인의 슬픈 사랑의 여운을 오랫동안 기억하게 하는 요소가 되었다. 나중에는 포에이스, 앤디 윌리엄스가 노래한 <Love is Many—Splendored Thing> 폴 웹스터와 세미 페인이 작곡한 한 편의 사랑의 시로 지금까지도 많은 사람의 가슴을 따뜻하게 위로해준다.

♫ Love is Many Splendored Thing - Andy Williams

＜에필로그＞

영화에 나오는 두 연인의 애틋한 사랑이 옛날 많은 사람의 가슴을 울렸던 것은 두 사람 모두 사별과 이혼이라는 아픔을 통해 사랑의 진정한 의미를 깨닫고 용기를 내어 어려운 과정을 거쳐 행복의 길로 접어들 순간, 전쟁이라는 비극적 현실로 영원한 이별을 겪게 되었기 때문이다. 짧지만 진정으로 사랑했던 두 사람의 영혼은 후회 없는 행복한 시간을 공유했기에, 그 기억만으로도 영원히 사랑을 간직할 수 있게 된다. 고전 러브 스토리지만, 현대를 살아가는 밀레니얼 세대들은 '레트로(복고를 새롭게 해석하는 경향)'의 관점에서 이 영화를 보면서 사랑의 순수함과 소중함을 소환해 성숙한 사랑을 키워나가길 기대한다.

솜사탕처럼 가벼운 그녀!

내겐 너무 가벼운 그녀
Shallow Hal, 2001

<프롤로그>

TV나 영화 등 대중매체에서 일상적으로 주입하는 미의 기준과 시대의 유행에 따라 사람에 대해서 지독한 편견과 악플을 서슴지 않는 외모지상주의가 된 현대사회에서 성형외과는 신의 손처럼 각광받고 있다. 하지만 진정 아름답게 끌리는 사랑은 외모가 아닌 변치 않는 순수함과 설렘을 오래 간직할 수 있는 내적인 영혼일 것이다. 영화 <내겐 너무 가벼운 그녀/Shallow Hal, 2001>에서 행복한 사랑은 서로를 위안해주고 겉모양이 아닌 마음의 눈으로 받아들인 따뜻한 인간적 매력이라는 것을 확인할 수 있다. 오늘 당신의 가슴이 뛴다면 솜사탕처럼 가벼운 그녀가 된다!

　　영화의 원제처럼 '할 라슨(잭 블랙 분)'은 여자친구는 반드시 쭉쭉 빵
빵 절세 미녀여야 한다는 얄팍한 생활신조를 꿋꿋이 지키며 살아왔다.
그러던 어느 날, 할은 우연히 유명한 심리 상담사 '로빈스'와 함께 고장
난 승강기에 갇히게 된다. 로빈스는 할의 문제를 단번에 해결하는 특별
한 최면요법을 선사한다. 인간 내면의 미를 볼 수 있도록 충격 요법을
받은 후, 할의 눈은 인품에 따라 외모가 달라 보이기 시작한 것이다. 바
로 그날 할 앞에 세상에서 가장 아름다운 여인 '로즈마리(기네스 펠트로
분)'가 나타난다. 늘씬한 몸매에 환상적인 금발, 게다가 노숙자에게 자신
의 음식을 양보할 만큼 성격까지 천사 같은 그녀와 친해지면서 데이트
를 즐기는 사이가 된다. 그런데 문제는 로즈마리가 인품이 훌륭하여 내
면의 미를 볼 수 있도록 최면이 걸린 할에게만 미녀로 보이는 것이지,
실제로는 그녀는 고도비만의 뚱뚱한 사람이라는 것이다. 게다가 알고
보니 로즈마리는 할의 직장 보스의 딸이라는 것이 밝혀지면서, 직장 동
료들은 할이 출세욕 때문에 의도적으로 접근한 것이라는 오해를 받게
된다. 결국, 할의 절친인 월슨은 상담전문가를 찾아가 할이 최면에서 돌
아오는 주문을 알아내서 할의 눈을 다시 과거로 되돌린다. 하지만 할은
로즈마리를 통해 인간적으로 성숙하여, 이제 과거의 얄팍한 할이 아닌
것을 스스로 확인하게 되면서 자신이 로즈마리의 외모보다 아름다운 그
녀의 성품을 사랑하게 된 것을 용기 있게 고백하고 로즈마리와 함께 행
복한 사랑의 여정을 떠나게 된다.

<관전 포인트>

A. 주인공 할이 특히 여성의 외모에 집착하게 된 이유는?

어릴 적 아버지가 임종 시 특이하게도 외모가 예쁜 여자와 사귀라는

이상한 유언을 남기게 되고, 할은 이를 적극적으로 실천하며 얄팍하게 살아가게 된다. 하지만 우연히 내면의 아름다움을 볼 수 있게 해 주는 심리전문가와의 만남을 통해, 자신의 진심을 찾아가는 여정을 떠나게 된다.

B. 고장 난 엘리베이터에서 만난 상담전문가의 처방은?

유명한 TV 상담전문가 '토니 로빈스'와 고장 난 엘리베이터에 갇힌 할은 자신의 고민을 토로하자, 그는 여성은 외모가 아닌 아름다운 성품으로 판단해야 한다며, 신경조직에 충격 요법을 통한 최면(사탄아 썩 나와라!)을 걸자, 할은 그 순간부터 달라지게 된다.

C. 최면을 되돌리기 위해 할의 친구 모리시오가 찾아가자 상담전문가가 한 말은?

심리전문가 '토니 로빈스'는 자신의 친구를 돌려놓으라는 모리시오에게, "세뇌? 당신이야말로 고정관념에 세뇌당해있소, TV나 영화는 늘 미의 기준을 주입하죠. 그건 어떤가요? 당신의 친구 할이 최면에서 깨면 그는 다시 예전의 편견 속에 갇힐 텐데 그것을 원하나요?"라며 어쩔 수 없이 "껄떡쇠 할 돌아오라"라는 주문을 가르쳐주게 된다.

D. 최면에서 깬 할이 겪게 되는 혼란은?

최면에서 깼지만, 할은 여전히 로즈마리를 깊이 사랑한다는 것을 깨닫게 된다. 앞집에 사는 미녀가 할을 유혹하려고 하지만, 할은 그녀에게 "남자는 평생 살면서 대개 두세 번쯤 큰 선택의 기로에 서게 되죠, 수많은 여자와 자유롭게 즐기면서 살 것인가, 아니면 평생 오직 한 여자에게만 매여서 살 것인가. 두 번째 선택이 손해인 것 같지만, 실은 그 보상이 훨씬 커요. 행복을 얻거든요. 우린 어차피 안 돼요. 난 두 번째 길을 선택할 거거든요"라며 그녀를 거절하면서 확실히 자신이 달라졌음을 확인한다. 하지만 이 장면을 보고 오해한 로즈마리가 할을 피해 숨어다니자 그녀를 찾기 위해 전에 둘이 같이 봉사활동 가던 병원을 찾아간다. 그곳에서 화상으로 얼굴을 심하게 다친 소녀가 "사랑한다면 선물을 사주고 언니랑 화해해요"라는 말에 용기를 얻게 되고, 그녀를 찾아가 사랑을 고백하게 된다.

E. 로즈마리의 아버지에게 할이 한 말은?

로즈마리의 아버지이며 자신이 다니는 JPS투자금융의 회장조차 자신 딸의 외모를 염려하자, 할은 "사장님도 그런 분이셨군요, 너무 높은 기준을 세워놓고 현실에 만족 못 하는 사람"이라며 내면의 아름다움을 보라고 충고하자 아버지는 할을 좋아하게 되고, 회사 이사회에서 할이 새로운 상품전략을 발표할 기회도 주며 자신의 측근으로 중용하게 된다.

F. 기네스 펠트로(Gwyneth Kate Paltrow)는 어떤 배우인가?

이 영화의 로즈마리 역을 연기한 기네스 펠트로는 1인 2역으로 분장을 통해 체중을 어마어마하게 올려 실감 나게 연기했다. 기네스 펠트로는 영화 <위대한 유산/Great Expectations, 1998>에서 매력적이고 신비한 '에스텔라' 역을, <아이언 맨/Iron Man, 2008>에서 아이언맨의 연인 '버지니아 펩퍼 포츠' 역으로 활동하기도 했다.

<에필로그>

영화 <내겐 너무 가벼운 그녀>에서 사람과 사람 사이의 사랑은 외모가 우선이 아닌 진정한 마음의 교감이 중요하다는 것을 일깨워준다. 설렘이 오래갈 수 있는 것은 결국 외모가 아닌 상대방의 따뜻한 인간미와 그 사람만의 독특한 매력일 것이다. 영화 <슈렉/Shrek, 2001>에서도 피오나 공주가 사랑하는 슈렉과의 키스를 통해 마법이 풀렸지만, 슈렉에게 영원한 인생의 동반자가 되고 싶은 마음이 간절하여 외모는 슈렉과 비슷한 괴물 그대로 남게 된다. 이처럼 진실한 사랑은 오랜 와인처럼 바람과 폭풍우를 함께 겪고서야 훌륭한 맛을 낼 수 있다는 것을 배우게 된다. 당신이 사랑에 빠졌다면, 그녀는 언제까지나 너무나도 가볍고 아름다운 존재로 당신의 가슴을 설레게 할 것이다.

서태호의
영화로
보는 삶

제5부

비즈니스

인생의 여정에서 얻어진
경험은 영원하다!
인턴
The Intern, 2015

<프롤로그>

'100세 시대'라는 시대적 트렌드가 무색할 만큼 현대사회에서 시니어들의 역할은 점차 축소되고, 그들이 현역에서 쌓은 소중한 지식과 경험은 쉽게 사라지고 있는 것이 현실이다. 미국에서는 오랜 세월 자기 분야에서 전문가로 경험을 쌓은 시니어들은 정년이라는 것이 없고, 계속해서 자신의 업에서 기여를 할 수 있게 하며, 일본에서는 저출생으로 젊은 인력들이 줄어듦에 따라 노인들에게 일자리가 넘쳐나고 있다. 곧 인공지능의 시대가 빠르게 다가오고 있지만, 따뜻한 인간미와 현장에서의 오랜 시간 생생한 경험을 가진 시니어의 검증된 자산은 쉽게 대체되지 못할 것이다. 영화 <인턴/The Intern, 2015>을 통해 젊은 세

대의 열정과 시니어 세대의 경험을 합체하여, 성숙하는 조직과 행복한 가정의 시너지를 만들어내는 방법을 알아보자.

<영화 줄거리 요약>

'벤 휘태커(로버트 드 니로 분)'는 아내와 사별하고 홀로 남은 은퇴한 70대 시니어다. 그는 항상 무슨 일인가에 빠져있기를 바라며 사람들 속에서 살아가길 바란다. 그래서 여행도 자주 가며, 하는 일이 없을 때는 카페에도 항상 간다. 그러다 시니어 인턴을 뽑는다는 전단을 보고, 자신이 40년간 일했던 전화번호부 공장 자리에 들어선 '인터넷 의류 쇼핑몰 회사 TPO'에 입사하게 된다. 회사의 CEO인 '줄스 오스틴(앤 해서웨이 분)'은 일 년 반 만에 종업원을 220명까지 늘리는 등 놀라운 성과를 이뤄낸 워킹맘이며, 까탈스럽기는 하지만 일에 대한 뜨거운 열정과 함께 엄청나게 성실한 리더다. 하지만 갑작스러운 사업의 성장으로 바빠진 줄스는 회사경영과 가정의 밸런스를 잡지 못해 좌충우돌하다가 급기야 주주들은 노련한 전문경영진 영입을 통한 회사의 안정적 경영을 요구하게 된다. 이때 시니어 인턴으로 입사한 벤은 그의 40년간의 직장생활 노하우로 직원들은 물론 사장인 줄스에게 보이지 않는 많은 도움을 주게 된다. 줄스는 처음에는 쓸모없는 늙은이로 대하다가, 점점 벤의 인간적이고 따뜻한 친화력과 현장에서의 체득한 지혜로운 삶의 모습에서 '인턴이자 진정한 어르신 멘토'로서 의지하게 된다. 시니어 인턴 벤은 '묵묵히 지켜봐주는 어른 같은 존재감'으로 결국 일탈했던 줄스의 남편이 진심으로 사과하며 다시 제자리로 돌아오게 만들고, 외부 전문경영자 채용을 통해 자리를 양보할 위기에 처했던 줄스도, 시니어 인턴 벤에게 "덕분에 차분해지고 자신감도 생겼다"면서 더 성숙해진 CEO로 복귀하여 정상을 되찾게 된다.

<관전 포인트>

A. 시니어 인턴 벤의 전직 경력은?

현재와 같은 SNS 시대와 달리 모든 정보가 전화번호부를 통해 공유되던 과거, 전화번호부 만드는 회사의 부사장으로 40년간 근무한 벤은 자신의 깊고 다양한 경험을 통해 정보수집과 조직 내 소통에 탁월한 감각이 있다. 그는 연인에게 차이고 슬퍼하는 직원에게 "장문의 메일과 이모티콘으로는 사랑을 되찾을 수 없다. 바로 찾아가서 직접 사과하고 사랑을 쟁취하라"는 개인적 연애 컨설팅을 해주기도 하고, 70세의 나이에도 요가나 체조를 통해 건강을 잘 관리하여 회사 내 힐링센터의 마사지사인 여사님과도 적극적으로 사귀는 등 아직도 남성미를 자랑하고 있기도 하다. 시니어 인턴으로 출연한 '로버트 드 니로'는 그의 과거 대표작 <택시드라이버, 1976>, <디어 헌터, 1978>에서 보여줬던 반전 영화에서의 음울한 영웅 역할에서 <미트 페어런츠/Meet the Parents 1, 2, 3> 시리즈를 통해 로맨틱 코미디의 화신으로 성공적으로 변신한 후 유쾌한 시니어의 모습을 보여주고 있다.

B. 줄스의 남편이 일탈하게 된 배경은?

사실 줄스 사장의 남편은 IT업계에서 떠오르는 샛별과도 같은 굉장히 능력 있는 인재였지만, 부인인 줄스의 탁월한 사업수완을 존중하여 자신은 집에서 가사와 육아를 책임지며, 가지고 있는 사업 아이디어를 제공하는 등 뒷바라지 역할을 자처했다. 하지만 줄스가 회사 일이 많아지면서 자신에게 소홀해지고 자신의 존재감이 급격하게 떨어지자, 이웃집 여성과 사귀는 등 일탈을 하게 되지만, 부인과 가정을 소중하게 생각하던 남편은 인턴인 벤에게서 무언의 배움을 얻게 되고, 결국 부인에게 용서를 구하고 다시 가정으로 돌아오게 된다.

C. 시니어 인턴 벤이 줄스 사장의 운전기사 역할까지 하게 된 이유는?

어느 날 줄스 사장 집에 들렀던 벤은 밖에서 대기 중이던 사장의 전속기사가 주머니에서 휴대용 술을 수시로 마시는 것을 목격하게 되고, 그 기사에게 "오늘은 운전하지 않는 게 좋겠다"고 조언하며 자신이 그날 운전을 대신하게 된다. 하지만 다음 날 자신의 실수로 해고될 것을 두려워한 기사가 그만두게 되자 벤이 새로운 기사를 채용할 때까지 운전을 도와주게 된다. 공인으로서 책임을 다하지 않는 기사에게 확실한 경고를 할 줄 아는 벤은 진정한 이 시대의 어르신이다.

D. 사장인 줄스가 시니어 인턴을 뽑는 절차로 내세운 것은?

자신의 회사가 인터넷 의류 쇼핑몰회사인 만큼 IT와 패션을 이해하는 사람이 들어오는 것이 적합하다고 생각하여, 시니어 인턴의 자기소개를 영상으로 촬영하여 유튜브에 올리도록 했고, 벤은 평소 철저한 자기관리와 소통 채널 활용을 활발히 하던 습관으로 즉각적으로 원하는 방식으로 업로드할 수 있었고 멋진 패션으로 면접에서도 좋은 인상을 주어 당당히 합격하게 된다. 즉 은퇴 후에도 본인이 적극적인 삶을 원한다면, 역량을 젊은 감각으로 리엔지니어링(혁신)하여 자신의 존재감을 유지하는 것이 필요하다.

E. 사장의 전직 비서가 시니어 인턴을 질투하며 호소한 이유는?

모든 일을 스스로 완벽히 해내는 성격의 줄스 사장의 비서였던 여직원은 시니어 인턴 벤이 입사 일주일 만에 줄스의 신임을 얻게 되자, 억울함에 "나는 펜실베이니아 대학교를 졸업했고 사장님을 위해 하루 14시간을 여기 앉아서 일했는데, 내게 어떤 일에도 손대게 하지 않고 잡일만 시켰다"고 펑펑 울면서 호소했다. 개인적인 스펙보다는 회사의 비전과 상사의 고민이 뭔지를 공감하고 그것을 해결해주는 창의적 파트너가 될 때 소중한 존재가 된다는 것을 알지 못했기 때문이다.

F. 시니어 인턴 벤이 보여준 인간관계의 핵심능력은?

벤은 직원들은 물론 사장인 줄스의 고민을 충분히 경청한 후 상대방이 자신의 입장과 주변 상황을 깊이 성찰할 수 있게 그 사람의 고민을 진심으로 같이 공감해준다. 사실 모든 고민의 해답은 당사자가 제일 잘 알고 있기에, 벤은 사랑과 일에 지친 사람들의 고민에 대한 해결책을 스스로 해결할 용기와 확신을 줄 수 있게 적절한 거리를 유지하며 묵묵히 지켜봐주고 도와줄 뿐이다. 물론 매일 가지고 다니는 깨끗한 손수건으로 위로의 말을 건네면서 말이다. 벤은 또한 올바른 일이라면 눈치를 보지 않고 과감하게 추진하는 모습을 자주 보여주는데, 줄스 사장은 자신의 책상 위의 산처럼 쌓인 서류 더미를 치우지 못하고 있었는데, 벤은 순식간에 큰 골칫거리인 쓰레기 더미를 정리해주어 줄스의 인정을 받게 된다. 결국 회사에서 필요한 직원은 시키는 것만 잘하는 사람이 아닌, 조직과 상사의 고민을 해결하기 위해 능동적이고 선제적으로 문제를 해결해내는 열정과 도전정신을 가진 사람이 인정받을 수 있는 것을 보여준다.

<에필로그>

현대사회에서 정년이라는 획일적 나이 기준의 커트라인에서 은퇴한 경험과 지혜를 갖춘 많은 시니어를 현역의 젊은 세대와 잘 접목한다면, 시행착오를 겪지 않고 더 스피디하게, 더 지혜롭게, 더 유연하게, 더 사려 깊게, 더 여유롭게 조직을 운영할 수 있는 동력을 얻을 수도 있다. 곧 닥칠 인재부족의 시대에, 건강한 시니어들의 역량을 모든 산업에 접목하여 4차 산업혁명의 새로운 스테이지를 열 수 있다는 얘기다. 영화에서 인턴인 벤은 "손수건은 필수용품이야, 그걸 자네 세대가 모른다는 건 거의 범죄에 가까워, 손수건을 갖고 다니는 가장 큰 이유는 필요한 사람에게 빌려주기 위함이야"라는 말에서 가정과 조직 생활에서, 책에서 가르쳐주지 않는, 수많은 시행착오로 많은 눈물을 흘리는 젊은 세대들을 위해 따뜻하게 마음의 상처를 닦아줄 수 있는 손수건(항상 준비된 배려심의 상징)을 건네는 사려 깊은 시니어들의 역할을 기대한다!

행복은 상상을 실천하여
내 것으로 만드는 데 있다!
월터의 상상력은 현실이 된다
The Secret Life of Walter Mitty, 2013

<프롤로그>

우리는 해가 바뀌고 계절이 변할 때마다 담대한 계획을 세우지만, 막상 실행할 때면 자신감을 잃고 머뭇거릴 때가 많다.

아직도 실패가 두려워 머릿속으로만 상상의 세계 속에서 무언가를 썼다가 지우기를 계속 반복만 하고 있다면 영화 <월터의 상상력은 현실이 된다/The Secret Life of Walter Mitty, 2013>을 통해 망설이지 말고 과감히 실천하여 올해 남은 소중한 시간의 주인공이 되어보자. 소중한 내 인생의 버스가 지나간 뒤에 손을 흔들면 행복의 기회는 다시는 돌아오지 않을 것이다.

<영화 줄거리 요약>

자신의 꿈은 접어둔 채 16년째 잡지사 <라이프> 사진 인화부서의 포토 에디터로 일하고 있는 '월터 미티(벤 스틸러 주연)'는 해본 것도, 가본 곳도, 특별한 일도 없다. 그에게 유일한 취미는 바로 상상(멍때리기)! 상상 속에서만큼은 첩보물 <본> 시리즈의 주인공 '제이슨 본'보다 더 용감한 히어로, <조 블랙의 사랑>의 주인공 '브래드 피트'보다 더 로맨틱한 사랑의 주인공이 된다.

어느 날, 모든 것이 디지털화되어가는 출판계의 변화에 따라 세계에서 가장 유명했던 인쇄판 <라이프> 잡지의 폐간을 앞두고 월터를 비롯한 수많은 직원이 직장을 잃을 상황이 된다. 엎친 데 덮친 격으로 폐간호 표지로 싣기로 한 전설적인 사진작가 '숀 오코넬(숀 펜 분)'의 '삶의 정수'가 담겨있는 사진이, 우편으로 보내온 내용물 중 표지 사진(25번 필름)이 분실되는 일이 벌어진다.

당장 사진을 찾아오지 못할 경우 직장에서 쫓겨날 위기에 처하게 된 월터는, 휴대용 통신수단조차 가지고 다니지 않는 전설적인 사진작가를 찾아 나서게 된다. 사라진 사진의 미스터리를 풀기 위해 월터는 이제 완전히 딴사람이 되어 상상의 세계보다 더 환상적이고 스펙터클한 현실 세계로 뛰어들어 세상의 모든 것들과 소통하게 되는 길로 달려가게 된다.

영화는 많은 것들을 보여주고 많은 걸 들려주고 많은 걸 생각하게 한다.

초반엔 월터의 상상을 통해 블록버스터 판타지 영화처럼 보이다가, 월터가 행동하는 인물로 변화한 이후에는 그린란드, 아이슬란드, 히말라야의 웅장한 자연 풍광과 함께 모험 영화로 변신하고, 그사이에 사랑하는 여인 '셰릴(크리스틴 위그 분)'과의 사랑을 키우는 로맨스 영화가 흐르면서, 결국은 상상 속으로만 어른이었던 월터가 참된 어른으로 변해가는 모습을 보여주는 성장 영화가 된다.

OST도 뛰어나다. 데이비드 보위 오리지널의 <Space Oddity>와 스웨덴 출신의 포크락 가수 호세 곤잘레스의 <Step Out>을 비롯한 벤

스틸러가 직접 선곡했다는 곡들이 영화와 잘 매치된다. 지구 반대편으로 여행하기, 헬리콥터에서 바다 한가운데로 뛰어내리기, 폭발 직전 화산으로 돌진하기 등 한 번도 뉴욕을 벗어나 본 적이 없는 월터는 전혀 예상치 못한 곳에서 상상과는 비교도 되지 않는 수많은 어드벤처를 겪으면서 생애 최고의 순간을 맞이하게 되고, 드디어 성숙한 인간으로 변화되어 사랑하는 여인 셰릴과의 사랑도 얻고 일터에서도 인정받는 멋진 순간을 맞이하게 된다.

<관전 포인트>

A. 월터가 변신하게 되는 중요한 요소는?

@ 첫째: 자기 일에 대한 애정과 깊은 책임감

@ 둘째: 이 영화의 주제를 말해주는 라이프(LIFE) 잡지사의 모토 "세상을 보고, 무수한 장애물을 넘어, 벽을 허물고, 더 가까이 다가가, 서로를 알아가고, 느끼는 것, 그것이 우리가 살아가는 인생의 목적"

@ 셋째: 사랑의 힘. 월터가 첫 번째 난관(위험한 헬기 탑승)에 부딪혀 포기할까 망설일 때 짝사랑만 하던 여인 '셰릴'이 상상 속에 나타나(월터의 내면에서 우러나는 소리가 만들어낸 환상의 존재) 노래로 격려함으로써 용기 있는 첫발을 떼게 힘을 준다. 커플 소개사이트에서 훔쳐본 셰릴이 좋아하는 이상형이 '모험심, 용기, 창조성을 가진 남자'라는 것을 알고 월터는 더욱 용기를 낸다.

B. 라이프(LIFE) 잡지는 어떤 의미의 출판물인가?

라이프는 미국 뉴욕에서 발간되었던 시사 화보 잡지이다. 1936년 잡지왕 '헨리 루스'에 의해 창간되었으며 보도사진 분야에서 선구적인 역할을 했다. 특히 국제 사건에 대한 사진을 비중 있게 다루었다. 광고 급감과 인터넷 시대로의 가속화로 2007년 폐간하였고 그 이후 웹

사이트로 그 명맥을 유지하고 있다. 제2차 세계 대전 종전 소식에 길거리를 가던 한 수병이 간호사와 열렬하게 키스하는 장면, 아폴로 11호 선장 암스트롱이 인류 최초로 달에 발을 디디던 순간 등 유명한 역사적인 사건을 감동 있게 전해온 역사의 지킴이 역할을 하였다.

C. 월터가 연인을 사귀기 위해 노력하는 장면?

월터는 인터넷 채팅 사이트 '윙크'를 통해 좋아하는 상대에게 사랑의 시그널인 윙크를 보내려고 하나 자신의 강인한 경험을 광고하는 프로필 적는 곳이 비어있어, 누구에게도 만나자는 '윙크'의 쪽지를 보내지 못한다. 하지만 나중에 전설적인 사진작가를 찾으러 다니는 극한 여정에서 얻은 경험담을 적기 시작하자 수많은 여성들에게서 윙크가 폭주하면서 원터는 멋진 남성으로 대박을 터트리게 된다.

D. 월터가 사랑하는 여인과 헤어졌다가 극적으로 다시 만나게 되는 계기는?

월터는 같은 잡지사에 근무하는 '셰릴 멜호프'를 사랑하지만 고백하지 못하고 망설이기만 한다. 그러던 중 용기를 내어 그녀의 집을 찾아가지만, 그곳에서 마주친 이삿짐센터 직원을 남친으로 지레짐작하여 멀리 도망치고 만다.

하지만 이 여인의 아들이 스케이트보드 타기를 좋아한다는 것을 알고 자신이 유일하게 잘 타던 스케이트보드를(어릴 때 주니어 스케이트보드 선수로 활약) 가르쳐줌으로써 셰릴의 마음을 얻게 되고, 마침내 그녀와 다시 사랑에 골인하게 된다.

E. 월터가 사진작가 '숀 오코넬'을 극적으로 만나게 되는 곳은?

히말라야산맥 5,000m가 넘는 설산에서 극적으로 만나게 된다. 사진작가 숀 오코넬은 월터에게, 며칠 밤을 새우며 포착한 '유령 표범'이 나타났는데도 사진을 찍지 않으며 "아름다운 것들은 관심을 바라지 않아, 어떤 때는 안 찍어. 무척 아름다운 것을 마주할 때는 카메라로 방해하고 싶지 않아. 그냥 그 순간에 머무르고 싶다고"라며 영혼이 있는 사진작가로서의 철학적인 말을 남긴다.

또한 작가가 보낸 폐간기념 표지 사진은 다름이 아니라 '오랫동안 작가 자신의 사진을 오랫동안 멋지게 잡지에 실어준 월터가 회사 근처의 분수대에 앉아 네거티브(현상할) 필름을 세심히 살펴보는 모습'이었던 것이란 것을 알게 된다. 그 모습을 예전에 몰래 찍어서 선물용 지갑 속에 넣어 지난번 월터의 집으로 우편으로 보내줬던 것을 월터가 알아채지 못했던 것이다.

<에필로그>

"진정한 행복은 상상 속에 머물러 있지 않고 그 상상을 실천하여 자신의 것으로 만드는 데 있다"는 것을 영화 <월터의 상상은 현실이 된다>에서 보여준다.

사랑을 고백하러 어렵게 들렸으나, 사랑하는 여인의 집에 있었던 이삿짐센터 직원이 남친이라고 상상(오해)하며 떠나갔다가 용기를 내어 결국 다시 찾아왔을 때 그 여인은 옛날부터 '월터' 자신을 좋아하고 있었다는 것을 알게 되었고, 자신이 지구의 반대편에까지 가서 찾아 헤매던 사진작가의 사진은 이미 자신의 집에 배달된 지갑(사진작가가 월터에게 감사의 선물로 보낸 것) 속에 들어있었던 것을 보면서 '우리의 행복은 멀리 있는 것이 아니라 바로 우리 곁에 있지만 발견하지 못할 뿐이라는 것'을 깨닫게 된다. 가끔은 내가 가지고 있는 것들을 노트에 적어보면 참으로 많은 것을 가지고 있음을 알게 된다. 없는 것에 대한 결핍감보다는 이미 가지고 있는 많은 것에 감사하고(To see behind walls: 벽 뒤에 숨겨진 소중한 것을 보며), 상상력을 실천하여 진정한 행복을 만들어가자.

진실한 사랑은 세상도 바꿀 수 있다!

귀여운 여인
Pretty Woman, 1990

<프롤로그>

영화 <귀여운 여인/Pretty Woman, 1990>에서 주인공인 금융사업가 '에드워드'는 물질만능주의에 사로잡혀 돈 이외의 가치에는 관심도 없는 인물이었다. 일에 사적인 감정을 이입하지도 않고 연애를 할 때도 비즈니스를 하듯 사무적으로 처리를 했다. 그런 그가 거리의 여자인 '비비안'을 만나고 따뜻한 감정을 배우고, 진실한 사랑을 하면서, 인간애, 우정, 사랑이라는 돈보다 더 큰 가치의 존재를 경험하게 된다. 그리고 돈보다 더 큰 가치를 위해 기꺼이 돈을 희생하게 된다. 현대인의 치열한 회색빛 경쟁 구도 속에서도 사랑을 통한 인간성 회복이라는 따뜻한 교훈을 준다. 이 영화는 로맨스 영화지만, 기업인수합병(M&A)의 모든 과정이 나와서 경제적 상식도 배울 수 있다. 또한 영화에 삽입된 엘비스 프레슬

리와 목소리가 비슷한 '로이 오비슨'의 노래 <Oh, Pretty Woman (1964)>와 '록시트'의 노래는 영화의 낭만적인 분위기를 더욱 띄워준다. 일이 잘 안 풀리고 사는 게 재미없다면, 낭만적인 사랑에 푹 빠져보자!

<영화 줄거리 요약>

뉴욕의 매력적인 독신남 '에드워드(리차드 기어 분)'는 일시적으로 재정이 어려운 회사를 인수 후 분해하여 다시 파는 기업사냥꾼(기업인수합병인 M&A의 적대적 매수자로 Raiders라고 부른다)이다. 조선업 전문기업인 '모스 기업'의 인수 협상차 할리우드로 출장을 온 주인공은 그의 사업파트너이며 변호사인 '필립'의 차(스포츠카: 로터스 에스프리)를 빌려 타고 투숙 호텔로 가던 중, 지리를 몰라 당황하다가 길거리에서 손님을 기다리던 밤의 여인 '비비안(줄리아 로버츠 분)'을 우연히 태우게 된다.

비록 거리의 여자지만 스스럼없이 순진한 행동을 보이는 비비안에 신선한 매력을 느낀 에드워드는 그녀와 하룻밤을 같이 지내게 된다. 다음 날, 사냥의 대상기업인 '모스 기업'의 창업주인 '제임스 모스'가 협상을 요청하자 에드워드는 "협상의 분위기를 부드럽게 리드하기 위해 여자를 데리고 가라"는 변호사 필립의 충고대로 '비비안'에 일주일 동안 고용 파트너가 되어줄 것을 부탁한다. 에드워드의 좋은 알바 제안을 기꺼이 수락한 비비안은 디너용 드레스를 사기 위해 명품 숍이 즐비한 로데오 거리에 갔다가 빈손으로 호텔로 돌아오게 된다. 이때 호텔 지배인 '톰슨'이 딱한 사정을 알아채고, 호텔의 VVIP 고객인 에드워드를 돕기 위해 비비안에게 고급 식당에서의 테이블 매너와 품격있는 말씨까지 에티켓 수업을 해준다. 수업 덕분에 비비안은 '모스 기업'과의 협상 디너에서 에드워드에게 큰 도움을 주게 된다.

다음 날 에드워드가 후원하는 자선 폴로 경기장에서, 변호사 필립은 기업 탈취대상인 모스 기업 창업자의 손자와 친하게 대화하는 비비안을 보고 에드워드에게 산업 스파이라고 추궁하자 에드워드는 얼떨결에 그녀가 길거리 여인임을 밝히게 된다. 비비안의 신분을 알게 된 비열한 변호사는 그녀의 약점을 이용해 비비안을 희롱하고 모욕을 주게 된다. 호텔로 돌아온 비비안은 자신의 신분을 노출한 에드워드와 크게 다투고 떠나려고 하자, 에드워드는 진심으로 사과하고 같이 있어 달라고 부탁한다. 그날 밤 이후 상처가 있는 자신들의 속 내용을 공유하고 위로하면서 더욱 가까워지게 된다. 다음 날 에드워드는 비비안을 전용 비행기로 샌프란시스코의 오페라장에 데리고 가서 <라 트라비아타>를 보여주며 위로하게 된다. 비비안과 아름다운 사랑을 통해 그동안 닫혔던 자신의 마음을 연 에드워드는 오랫동안 심혈을 기울여온 기업 탈취대상이던 '모스 기업'과의 최종 협상에서 당초의 계획(싼값에 매입 후 부동산, 특허권, 기계를 각각 비싼 가격에 분해해서 팔려고 하던)을 바꾸어 모스 기업 사장과의 담판을 통해 일시적인 재정적 어려움을 적극적으로 지원할 것을 약속하고 현재 미 해군으로부터 수주받은 구축함을 같이 건조하여 회사를 정상화하는 데 협조하기로 선언하게 된다. 이를 알게 된 변호사 필립은 크게 분노하여 비비안을 찾아가 에드워드의 정서를 바꾼 것에 앙갚음하려 하지만, 결국 에드워드가 응징하고 떠난 비비안을 찾아가 백마 탄 왕자처럼 마법을 풀고 아름다운 사랑을 시작하게 된다.

<관전 포인트>

A. 에드워드가 잔혹한 기업사냥꾼이 된 배경은?

부자인 자신의 아버지가 어머니를 버리고 다른 여자와 재혼하면서 어머니가 배신감에 죽게 된 아픈 과거를 가진 에드워드는 성장하여 냉혹한 기업사냥꾼이 되었다.
결국 아버지가 경영하던 회사까지 사냥 후 조각조각 분해해서 매각하는 잔인한 복수를 하게 되고 그 충격으로 아버지도 사망하게 된다.

B. 에드워드가 기업사냥꾼에서 기업을 지원하는 백기사(White Knight)
로 변신한 계기는?

길에서 우연히 만난 여인 비비안과의 시간을 통해, 그동안 치유되지
못했던 자신의 아픔이 점차 회복되어갔고, 자신이 데리고 간 오페라
를 보던 비비안이 눈물을 흘리면서 사랑의 아픔을 공감하던 모습에서
자신도 누군가와 진실한 사랑을 하고 싶다는 생각이 들었다. 모스 기
업 창업주와 아들과의 협상 디너에서 보여주던 비비안의 천진난만하
지만(달팽이요리를 먹기 위해 기계로 껍질을 벗기다가 튀어나가는
등), 또한 상대방을 따뜻하게 위로하는 모습에서 자신도 모스 기업의
정상화를 통해 따뜻한 피가 흐르는 인간임을 보여주고 싶기도 했다.

C. 비비안이 가장 갈망했던 방식의 구애는?

비비안은 비록 생활고로 길거리의 여인이 되었지만, 돈을 모아 언젠
가 다시 학업을 계속하여 자신의 꿈을 이루고 싶은 용기와 도전을 가
진 여인이었다. 그래서 그녀는 백마를 타고 오는 왕자가 진심으로 자
신에게 구애하는 날을 기대하고 있었다. 이제 비비안이 없이는 하루
도 살 수 없는 에드워드는 길에서 꽃을 사서 한 손에 들었고, 한 손에
는 중세의 기사가 미녀를 구하기 위해 들고 다니던 칼을 대신해 우산
을 들었으며 백마 대신 흰색 리무진의 천장을 열고 비비안이 사는 옥
탑방을 찾아간다. 평소 자신이 가장 무서워(고소공포증)하는 높은 계
단을 타고 드디어 마녀의 마법에 걸린 공주(비비안)를 만나 키스로
마법을 풀고 아름다운 사랑을 시작하게 된다.

D. 비비안이 에드워드가 준 돈으로 옷을 사지 못했던 이유는?

에드워드는 비비안을 모스 기업과의 협상 저녁장소에 데려가기 위해
품격 있는 옷을 사 입으라고 돈을 주게 된다. 그에 비비안이 베벌리
힐즈의 명품 숍이 즐비한 로데오 거리로 쇼핑을 나가게 되지만, 들리

는 가게마다 천박한 의상을 입은 비비안이 돈이 없을 것으로 생각하여 문전 박대하는 바람에 결국 옷을 구하지 못하게 된다. 다음 날 에드워드와 함께 잘 차려입고, 다시 쇼핑을 나선 비비안은 어제와는 전혀 다른 공주님 같은 대우를 받게 된다. 결국 사람은 사회적 동물이다 보니 그 사람의 외모와 옷차림으로 판단하는 경우가 많은 것이다. 비즈니스의 상황에 따른 적절한 옷차림도 필요하겠지만, 더 중요한 것은 내면의 성숙한 인간미와 깊은 혜안을 갖추는 것이다.

<에필로그>

영화 <프리티 우먼>의 두 주인공은 아픈 상처를 가지고 살고 있었지만 결국 서로의 진실한 사랑을 통해 아픔을 치유하여 성장해나가는 과정에서 그동안 풀지 못했던 많은 문제를 슬기롭게 해결해나가는 지혜를 얻게 된다. 자신이 가지고 있는 핸디캡도 결국 사랑하는 사람을 위해서라면 극복할 수 있는 모습도 보여준다. 우리는 어떤 목표를 향해 달려갈 때 미리 자신의 능력의 크기를 제한하지 말고 자신을 사랑하는 사람들을 믿고 당당하게 달려 나가는 담대한 시도가 필요할 것이다. 사랑하는 사람이 곁에 있다면 당신은 세상도 바꿀 수 있다!

♬ Oh, Pretty Woman - Roy Orbison

세일즈 달인이 되고 싶으면
상품이 아닌 자신을 팔아라!

행복을 찾아서
The Pursuit of Happyness, 2006

<프롤로그>

영화 <행복을 찾아서/The Pursuit of Happyness, 2006>에서 소개된 실제 주인공 '크리스 가드너'는 "태어난 것부터가 실패였다"라고 고백할 정도로 불우한 어린 시절을 겪었다. 크리스는 고등학교를 우수한 성적으로 졸업했지만, 가난으로 대학진학을 포기하고 팔리지 않는 의료기(골밀도 스캐너)를 파는 삼류 세일즈맨으로 전전하다가 이혼까지 당하고 만다. 그 후 그의 5살 난 어린 아들과 지하철역에서 노숙하면서 밑바닥 인생을 지내기도 하지만 엄청난 도전정신으로 주식중개인으로 거듭나게 된다. 마침내 미국 '월 스트리트'를 놀랍게 한 굴지의 투자회사인 '홀딩스 인터내셔널사'의 최고 경영자로 우뚝 서게 된다. 영화의

줄거리는 무려 실제 이야기이다. 실제 크리스는 현재 1억 8천만 달러의 재산을 보유한 백만장자이며 노숙자 시절의 어려움을 잊지 않고 수많은 자선단체에 기부금도 내고 있다. 또 열정락서 같은 형식으로 청소년과 어려운 사람들에게 희망을 주는 연설가로 활동하고 있다. "어떤 분야에서든 세일즈 달인으로 성공하고 싶다면 상품이 아닌, 열정으로 가득하고 실력으로 신뢰받는, 자신을 팔아라!" 그가 여러분에게 전하는 메시지이다.

<영화 줄거리 요약>

모두가 경제난에 허덕이던 1980년대 미국 샌프란시스코, 세일즈맨 '크리스 가드너(윌 스미스 분)'는 잠시도 쉬지 않고 이곳저곳을 뛰어다니지만, 한물간 의료기기는 좀처럼 팔리지 않는다. 귀여운 아들 '크리스토퍼(제이든 스미스 분: 실제로 윌 스미스 친아들이 연기)'는 엉터리 유치원에서 온종일 엄마를 기다리는 신세이고, 세금도 못 내고 자동차까지 압류당하는 상황이 되자, 참다 지친 아내마저 집을 떠나게 된다. 마침내 살던 집에서도 집세가 밀려 쫓겨나는 크리스와 아들은 이제 지갑에 남은 전 재산이라고는 달랑 21달러 33센트뿐이다. 그러던 어느 날, 주식중개인이 되면 슈퍼카 '페라리'를 몰 정도로 성공할 수 있다는 사실을 알게 된 크리스는 "남이 할 수 있다면, 나도 할 수 있다!"는 희망과 함께 '6개월 무보수 인턴'에 지원한다. 덜컥 붙긴 했지만, 인턴과정은 땡전 한 푼 못 받는 무보수일 뿐 아니라 60대 1이라는 엄청난 경쟁을 이겨내야 한다는 사실을 깨닫게 된다. 학력도 경력도 내세울 것 없던 크리스는 아들과 함께 노숙자 시설과 지하철역 화장실에서 잠을 자야 하는 생활을 이어가는 극한의 생활고 속에서도 행복해지기 위한 마지막 도전을 시작한다.

<관전 포인트>

A. 주인공 '크리스 가드너'가 인턴 시절 남보다 더 많은 고객과 접촉하기 위해 했던 노력은?

'크리스'는 더 많은 고객과 전화 상담을 위해 '물 먹으러 가는 동선'도 아끼기 위해 자신의 자리에 큰 페트병 물통을 가져다놓고 계속해서 전화번호부 책을 보면서 신규거래 가능 고객에게 '콜드 콜(면식이 없는 고객에게 금융상품을 소개하는 영업방식)'을 실시했고, 더욱 많은 고객에게 전화하기 위해 통화가 끝나도 수화기를 전화기에 내려놓지 않고 손가락으로 '후크'를 조절하면서 매일 200통 이상의 상담 전화를 하는 치열한 노력을 해보였다.

B. 크리스 가드너의 성공 비밀은?

@ 절박함이 열정을 만든다: "이력서 학력란에는 고교졸업 아래로는 석 줄이나 비어있었다"는 영화의 대사와 같이 크리스 가드너에겐 시골 고교졸업장이 전부였다. 무보수였던 6개월간의 인턴사원 기간, 어린 아들과 함께 노숙하는 절박한 상황 속에서도 반드시 성공해야 한다는 열정을 절대 잃지 않았다.

@ 고객과의 신뢰가 가장 중요하다: 월가에서 초보 영업맨 시절 '주문서'를 작성하는 법을 배우면서 가장 중요한 원칙으로 삼은 것은 '정직한 주문서'가 되어야 한다는 것이었다. 즉 고객으로부터, 다음에도 주문서를 받을 수 있는 그런 주문서를 써야 한다는 원칙이다. 단 한 번의 거래를 위해 고객에게 뭔가를 팔게 되면 그 사람과의 거래는 그것이 마지막이 된다는 것을 그는 잘 알고 있었다.

@ 가진 것을 팔기보다 상대방이 사고 싶어 하는 것을 알아내라: 영업맨들이 흔히 저지르는 실수는 고객이 사고 싶어 하는 것이나 조건이 아닌, 자신이 팔고 싶어 하는 것이나 조건을 먼저 생각한다는 것이다.

사람들이 이미 가지고 있는 것과 비슷한 것, 비슷한 조건을 팔기는 어렵다. 하지만 고객에게 자기가 가진 것을 팔려고 하기보다 사고 싶어 하는 것을 알아내거나 앞으로 사고 싶은 것, 이미 산 것에 대해 조언을 하는 것이 더 효과적이라는 것을 크리스는 이해하고 있었다.

@ 상품보다는 자신을 팔아라: 고객은 상품보다 그 상품을 소개하는 영업맨의 인간성, 신뢰성, 상품에 대한 깊은 지식, 그리고 확실한 직업관과 프로의식으로 오랫동안 그 사람과 거래할 수 있는지를 보고 큰 거래를 결정하게 된다. 즉 고객의 제품 구매 판단에는 제품의 질, 단가, A/S보다 그러한 것들을 잘 코디해줄 전문가적 식견과 정직함을 갖춘 영업맨을 첫 번째로 생각한다.

@ 어려운 환경 속에서도 항상 상대방에게 좋은 인상을 심어주는 유머 감각을 잃지 마라: '주식중개인 인턴 면접'에서 크리스는 양복을 살 돈이 없어 허름하게 차려입은 자신에게 면접관들이 "자네라면 인터뷰에 셔츠도 안 입고 온 녀석에게 뭐라고 할 건가? 그리고 내가 그를 고용한다면 자네는 뭐라고 할 건가?"라고 묻자 크리스는 "속옷은 진짜 멋진 걸 입고 왔었나 보군"이라고 맞장구쳐서 면접관들을 즐겁게 만들어 결국 합격하게 된다. 진지한 태도도 중요하지만, 가끔은 상대방을 편하게 해주는 유머 감각이 딱딱한 상황을 부드럽게 녹여준다는 것도 잊지 말아야 한다.

C. 영화의 실제 주인공 '크리스 가드너'가 주는 희망의 메시지는?

노숙자에서 일약 억만장자가 된 그는 자신의 어려웠던 시절을 잊지 않고, 수많은 자선단체에 기부금을 내고 있다. 또 연설가로 활동하며 절망에 빠진 사람들에게 희망을 전하고 있다. 크리스는 자신의 저서에서 "나는 안 되는구나 하고 포기하고 싶을 때가 있다. 그때 그 자리에서 다시 시작하라(Start where you are). 세상에서 가장 큰 선물은 자기 자신에게 기회를 주는 삶이다"라는 희망의 메시지를 주고 있다. 또한 자기 아들에게도 항상 "누군가가 네가 해내지 못할 거라는 말을, 절대 믿으면 안 돼(Don't have a lesson somebody tell you, you can't do something), 네가 꿈을 갖고 있다면, 넌 그걸 지켜야 해(You got a dream, you gotta protect it), 무언가를 원해? 그럼 쟁취해(If you want something? Go get it)"라며 격려하였다.

D. 행복을 찾아서의 "The Pursuit of Happyness"에서 Happiness 가 아닌 Happyness로 명기한 이유는?

나를 뜻하는 'I'가 아닌 Family의 'Y'를 쓴 것은 '크리스 가드너'에게 이미 행복은 나 혼자일 때가 아닌 가족과 특히 사랑하는 아들 '크리스토퍼'와 함께 할 때임을 의미한 것이다. 크리스 가드너는 미국의 독립선언문을 인용하며 "토머스 제퍼슨도 행복 추구권이라고 했다. 행복은 누리는 것이 아닌 행복을 추구하는 것이라고 – 그도 이미 그것을 알았나 보다." 행복의 기준은 무엇일까? 자기 자신이 만든 행복을 추구하는 과정일 수도 있고, 행복은 누리면 이미 행복이 아닐 수도 있다는 것이다. 행복을 찾는 과정 혹은 깨닫는 과정에 이미 행복은 이루어가고 있는 것일 수도 있다.

<에필로그>

성공하는 영업인이 되기 위한 첫 번째 요건은 영화주인공 '크리스'와 같은 헝그리 정신, 즉 '도전 정신'이다. 그 이유는 고객의 다양한 요구를 파악하여 그에 맞는 서비스를 제공하기 위해서는 엄청난 인내심과 노력이 뒤따라야 하기 때문이다. 시련과 어려움을 극복하고 우뚝 선 사람을 엉겅퀴로 비유하기도 한다. 영업 역시 엉겅퀴처럼 포기하지 않는 헝그리 정신과 불굴의 투지가 있어야 성공할 수 있다. 새로운 고객을 창출하기 위해 노력했던 초심을 잃지 말고, 그 고객을 평생 고객으로 유지하기 위해서는 고객과 군건한 파트너십을 갖고 지속해서 컨설팅 역량을 높여나가야 한다. 그런 노력을 계속하지 않으면, 고객은 헝그리 정신이

강한 다른 영업맨을 만나면 언제든지 떠나갈 수 있기 때문이다. 금융에
도 신용등급(기업이 발행하는 유가증권이나 특정 채무에 대해 원금과 이자의 적
기 상환능력을 신용평가 기관이 평가하여 등급으로 표시, 공시하는 제도)이 있듯
이 영업인에게도 고객이 생각하는 '마음속의 신용등급'이 있다. 과연 당
신은 최고의 전문성을 갖추고 고객이 필요할 때 당신이 가장 먼저 생각
나는 AAA 최고등급의 세일즈 달인인가?

당신도 기적의 주인공이 될 수 있다!

설리: 허드슨강의 기적
SULLY, 2016

<프롤로그>

점점 고도화되어가고 있는 현대사회에서 각종 대형 안전사고가 빈번하게 발생하고 있으나, 근본적인 해결방법을 찾기는 어렵다. 하지만 지난 2009년 1월 15일 뉴욕에서 발생한 비행기 사고에서 탑승객 155명 전원이 생존한 기적적 사례는 주목해볼 만하다. 영화 속 위기상황에서 최적의 판단을 끌어낸 기장을 비롯한 승무원의 프로정신과 허드슨강에 빠진 승객들을 자발적으로 신속히 구조한 구조대, 그리고 팩트 분석을 통해 재발 방지와 더욱 완벽한 시스템을 만들어내는 합리적 재난관리체계가 정말 인상 깊다. 우리 주변에서 발생하는 크고 작은 사고들의 예방과 선진화된 시스템 혁신은 물론, 사회 구성원들이 각자의 역할에서 완성도를 높여 안전하고 행복한 삶을 추구하기 위해 어떤

자세로 실행해나가야 할지를 깊이 있게 생각하게 한다. 기적은 사회 구성원 모두의 성실한 노력에서 일어나는 결과물이기에, 당신도 기적의 주인공이 될 수 있다!

<영화 줄거리 요약>

영화 <설리: 허드슨강의 기적/SULLY, 2016>은 실제 사건을 영화화한 것이다. 2009. 1. 15. 탑승객 155명(승객 150명＋승무원 5명)을 태운 US 에어웨이스(Airways Flight) 1549편은 노스캐롤라이나 샬렛으로 가기 위해 뉴욕 라과디아 공항에서 이륙한다. 하지만 이륙 직후 '캐나다 거위떼'가 엔진 속으로 빨려 들어가 양쪽 엔진을 모두 잃고 만다. 관제탑에서는 가까운 공항으로의 회항을 지시하지만 40년 경력의 기장 '설리(톰 행크스 분)'는 고층빌딩이 즐비한 뉴욕 시내에서 자칫하면 9.11 테러와 같은 대형 인명사고가 발생할 수 있다고 판단한다. 게다가 비행기가 공항까지의 운항을 버티지 못할 것을 직감한 그는 주어진 208초(3분 남짓한 시간)의 시간 동안 위험을 무릅쓰고 850m 상공에서 영하 6도의 허드슨강으로 수상 착륙을 시도하게 된다.

착륙 직후 인근의 구조대원과 해안경비대는 물론 구조용 보트와 7대의 통근용 페리 등 1,200여 명의 구조대원들이 24분 만에 탑승객 전원을 구조하여 허드슨강의 기적(Miracle on the Hudson)이라 불리게 되었다. 그러나 기장 '설리'는 '미연방 교통안전 위원회(NTSB: National Transportation Safety Board)'에서 열린 공청회에 출석하여, 기체가 강에 착륙하면 두 동강이 날 수도 있는 상황에서 '기장과 부기장의 선택이 옳은 것이었나 승객들을 위험에 빠뜨린 것은 아니었나'를 정교한 컴퓨터 시뮬레이션을 통해 검증받아야만 했다. 위원회 측은 사고 당시의 제반 상황을 입력한 컴퓨터 결과와 시뮬레이션 결과를 증거자료로 제출하며 설리 기장의 선택이 부적절했음을 입증하려 한다.

팽팽한 논리 싸움이 벌어지고, 설리 기장은 '인간'이 개입된 사고에서

'인적 요소'를 배제해서는 안 된다고 반박하며 자신의 주장을 입증하는 수정 시뮬레이션 결과를 끌어낸다. 그 후 그는 청문회에서 자신의 판단이 옳았음을 증명해낸다. '생명과 안전'이라는 공통분모를 가지고 맞선 양측의 입장은 충분히 설득력이 있었고, 구체적 논거를 가지고 사건의 실체를 규명하는 과정에서 선진화된 사회안전망 시스템이 작동되고 있음을 알게 된다.

<관전 포인트>

A. 비행기가 강 위에 비상 착륙하기까지 승무원들이 보여준 자세는?

설리 기장이 방송으로 "충돌 자세를 취하라(Brace for impact!)"고 하자, 객실 내 3명의 여성 승무원들은 침착하게 매뉴얼대로 "고개를 숙이고 자세를 낮추세요(Heads down, Stay down!)"를 큰소리로 반복하면서 승객들을 최대한 안전하게 이끌었고, 강에 착륙한 후에도 설리 기장은 물이 들어차는 비행기 안쪽으로 뛰어가서 탈출하지 못한 승객을 마지막까지 직접 확인하는 모습이 감동적이다. '설리' 기장은 청문회에서 "우리는 항상 준비되어있어야 하며 위기에 대비해야 한다. 그리고 항상 예민하게 주의를 기울여야 한다"라며 프로페셔널의 자세를 강조했다.

B. 국가안전 운수위원회가 설리 기장을 청문회에 제소한 이유는?

사고로 희생된 승객이 한 명도 없어 대중과 언론의 찬사에도 불구하고 '국가안전 운수위원회'는 설리 기장을 청문회에 제소한다. 평균적으로 인명 사상이 막대한 비상 착수를 감행한 선택이 적절했는지, 기체결함이나 외부적 요인 외에 인재 요소(음주 문제, 가정불화 등)는 없었는지, 비상 상황에서 매뉴얼대로 행동했는지 여부를 가리기 위해서다. 시뮬레이션을 조종했던 조종사가 무려 17번의 연습 끝에 간신히 공항 회항에 성공한 것을 알게 된 설리는 청문회에 "인적 오류를 밝히고 싶으면, 인적 요소(사고를 접하고 최소한 인간으로서 상황을 분석하고 판단할 수 있는 시간 필요: 약 35초)를 반영하라"라고 요구하면서 결국 위원회는 "비행기를 선회하는 것과 목적지를 이미 알고 있었고, 체크리스트를 보거나 보조 동력을 켜지 않은 시뮬레이션 조종사의 비디오 게임 같은 것과, 연습 없이 실제 상황에서 생존해야 했던 절체절명의 상황과의 비교는 무리"라는 것에 공감하게 되었고, 설리 기장의 판단이 옳았다는 결론이 난다.

C. 공청회를 마치며 한 청문위원이 "당신이라는 특별한 변수가 없었다면 이런 기적이 가능했겠느냐"는 질문에 설리의 답은?

자기 일을 대단한 일로 칭찬하는 위원에게, 설리 기장은 "아니다. 나와 부기장, 승무원, 관제사, 승객, 선박 선원과 스쿠버 경찰 등 구조대원, 통근 페리 근무자들 모두가 하나가 돼 만들어낸 기적이었다"라고 답하는 장면에서 '영웅'과 '기적'은 리더의 침착함과 정확한 판단력과 함께 평범한 사회 구성원들의 높은 시민의식에 의해 만들어진다는 것을 일깨워준다.

D. 허드슨강의 착륙이 더욱 현실적으로 기적적이라 불리는 이유는?

27년 전인 1982년 1월 플로리다 항공 보잉 737기가 눈보라로 미국 워싱턴에 있는 다리와 충돌하여 포토맥강에 빠졌을 때, 다리 위의 4명을 포함 총 78명이 사망하는 대형 사고를 경험한 적이 있어, 금번 허드슨강의 불시착을 기적이라고 부른다. 또한 9.11테러 이후 뉴욕은 대형 사고에 대한 비상 안전 시스템이 정비된 가운데, 관련자 모든 사람은 사고 발생 즉시 계획, 결정, 실행을 완벽하게 작동시킨 결과라고도 할 수 있다.

E. 영화에 나온 사고 원인은?

버드 스트라이크(Bird strike)로 운항 중인 항공기에 새 등이 유리창에 부딪히거나 엔진 속으로 빨려 들어가 생기는 항공사고로 FOD(Foreign Object Damage: 외부 물체에 의한 파손)의 핵심 원인이 된다. 통계에 의하면 항공 사고의 주요 원인은 "조종사 과실 53%, 악천후 11%, 기계적인 결함(엔진 결함, 소홀한 정비, 계기판의 오류, 연료탱크) 21%, 기타, 항공 관제탑의 유도 실수, 과적 등이며, 조종사의 과실 중 기장과 부기장의 권위주의적 관계로 인한 대처 미흡이 25%나 차지하여 소통의 문제로 인한 인재도 큰 원인이 된다. 설리 기장은 공군 조종사 시절 엔진 동력 없이 바람의 에너지나 자체 중력만으로 조정하던 '글라이더'의 비행을 응용하여 강 위에 스무드하게 착륙하게 된다.

F. 뉴욕의 비상 안전 시스템은 어떻게 작동되나?

뉴욕의 비상 안전 시스템(Emergency Alert Notification System)은 비상사태 발생 시 재난대응기관들 '뉴욕 재난관리실(OEM: Office of Emergency Management-뉴욕의 재산관리 콘트롤 타워), 뉴욕/뉴저지 항만청, 미해안경비대(USCG), 뉴욕 경찰국, 뉴욕 소방국, 뉴욕 비상 의료서비스국, FBI(연방수사국), 적십자'에게 비상상황을 공유하여 골든타임 안에 인명을 구조한다. 현재 설리 기장은 미국 CBS 뉴스의 항공안전 분야 전문가로 활약하고 있다.

<에필로그>

영화를 보면서, 임진왜란 당시 이순신 장군이 최악의 상황(조정의 의심과 견제, 왜국의 막강한 군사력, 백성들의 기근과 무지)에서 겨우 12척의 배로 고도의 전략과 투철한 책임감으로 왜군과 싸워 이긴 것처럼, 기장

'설리'도 갑자기 닥친 위기 상황에서도 오직 승객들을 살리기 위해 허드 슨강으로 기수를 돌렸다. 그러나 청문회에서는 기계적 시뮬레이션 결과 만을 가지고 그의 무모함을 심판하려 하다가 결국 사후적 시뮬레이션에 는 절체절명의 상황에서의 인간이 고민하고 판단하는 '인적 요소(35초)' 가 빠져있는 중대한 결함을 발견하게 되어 설리 기장의 판단이 옳았다 는 결론이 난다. 설리는 그를 영웅으로 여기는 사람들에게 "나를 지지 해주던 승무원과 승객 그리고 구조대가 있었기에 기적을 만들 수 있었 다. 기적은 사회 구성원 모두의 성실한 노력으로 만들어지는 결과물이 다"를 강조한다. 당신도 언제든지 삶의 기적을 만들어내는 주인공이 될 수 있다!

[살아남은 승객들은 매년 1월 15일 허드슨강에 모여 살아남은 것에 대해 감사를 하며 새로운 삶에 대해 축배를 든다. 155명의 승객은 물론 태어날 그의 후손들은 그날의 기적을 기억하며 보다 헌신하며 최선을 다하는 삶을 살아갈 것이다.]

당신의 현주소를 확인하고
삶의 바다로 항해(sailing)하라!

인 타임
In Time, 2011

<프롤로그>

"Time is money(시간이 곧 돈이다)"라는 말을 듣고 자랐지만, 우리는 막상 바쁜 삶 속에서 흘러가는 시간을 잊어버리고 산다. 영화 <인 타임/In Time, 2011>에서는 인간의 모든 삶이 시간으로 환산되어 적용되면서 시간이 곧 생명이고 삶의 목적이 된다. 우리는 급변하는 현재와 미래를 위해 과거의 관념에서 탈피하여 자신의 현주소를 수시로 확인하면서, 삶의 목적지로 가기 위한 항로 좌표를 컴퍼스로 수정하며 '원하는 삶의 바다'로 항해해 나아가야 한다.

<영화 줄거리 요약>

영화 <인 타임>에서 인간의 수명을 화폐로 바꾸는 획기적 시대적 배경으로 모든 것이 시간으로 계산되는 '시간은 돈이다'가 적용되는 사회다. 그 사회에서 모든 인간은 25세가 되면 유전자가 조작돼 노화를 멈추고, 팔뚝에 새겨진 '카운트 바디 시계'에 1년의 유예 시간을 제공받는다. 이 시간으로 사람들은 음식을 사고, 버스를 타고, 집세를 내는 등, 삶에 필요한 모든 것을 시간으로 계산한다. 하지만 주어진 시간을 모두 소진하고 13자리 시계가 '0'이 되는 순간, 그 즉시 심장마비로 사망한다. 그러므로 부자들은 몇 세대에 걸쳐 시간을 갖고 영생을 누릴 수 있게 되었지만, 가난한 대다수 사람은 하루를 겨우 버틸 수 있는 시간을 노동으로 사거나, 누군가에게 빌리거나 그도 아니면 훔쳐야만 살아남을 수 있다. 자신의 아버지가 '시간 파이터'로 시간을 훔쳐 사람들에게 나눠주다 사망하고 자신의 어머니와 근근이 살아가던 '월 살라스(저스틴 팀버레이크 분)'는 시간 강도 '미닛맨'에게 쫓기던 '헨리'를 위험에서 구해주자 그에게서 '소수의 영생을 위해 다수가 죽어야 하는 현 시스템의 비밀'을 듣게 되고, 그 남자로부터 100년의 시간을 물려받지만, 그 남자가 삶의 회의로 자살하게 되면서 졸지에 타임 키퍼 경찰 '레이몬드 리언'에게 쫓기는 신세가 된다. 한편 어머니는 아들 월을 만나러 오던 중 버스비를 낼 2시간이 모자라 안타깝게 사망하고 만다. 그는 타임존을 이동하여, 자신의 아버지처럼 부자들이 사는 최상위구역 '뉴 그리니치'로 잠입하여 카지노에서 막대한 시간을 벌지만, 타임 키퍼 경찰에게 발각되어 시간 대부호 와이스 금융사의 회장 '필립 와이스'의 딸인 '실비아(아만다 사이프리드 분)'를 인질로 삼아 탈출한다. 결국 인간의 냄새가 나는 월을 사랑하게 된 실비아와 함께 시간은행을 털어 가난한 사람들에게 시간과 함께 삶의 희망을 나누어주는 시간 파이터 활동을 시작하게 된다.

<관전 포인트>

A. 주인공 '윌 살라스'의 엄마가 사망한 이유는?

자신의 50세 생일을 같이 즐기기 위해 일터에서 돌아오려던 엄마는 버스 요금이 갑자기 올라 버스를 타지 못하고 걸어오다가 윌과의 약속 장소 100m를 남겨두고 서로를 보면서 달리게 되지만, 결국 가지고 있던 시간이 고갈되면서 엄마는 윌의 품에 안기자마자 안타깝게 숨지고 만다. 엄청난 시간을 가지고 자동차를 사는 데 59년이라는 시간을 쉽게 소비하는 부자 동네 '뉴 그리니치'의 사람들과는 엄청 다른 삶을 살아가는 병폐를 보여준다.

B. 윌이 타임 키퍼에게 쫓기게 된 이유는?

시간 강도 '미닛맨' 무리에게 쫓기던 '부자 동네 뉴 그리니치' 출신의 '헨리'를 도와주자, 헨리는 자신이 가진 100년의 시간을 윌에게 물려주고 105살 된 자신의 생을 자살로 마감한다. 그는 죽으면서 유리창에 윌에게 "내 시간을 헛되게 쓰지 말라(Don't waste my time)"라는 유언을 남기고 다리 위에서 뛰어내린다. 갑자기 시간이 많아진 윌을 살인범으로 의심한 타임 키퍼(미래의 경찰) '레이몬드'는 윌을 쫓게 된다.

C. 부자들이 사는 동네로 간 윌은 어떤 위기를 맞게 되나?

부자들이 사는 동네로 타임존을 이동해서 간 윌은, 카지노에서 탁월한 감각으로 100년의 시간을 1,100년으로 늘리고 필립 와이스 회장의 호화 파티에도 초대되지만, 타임 키퍼의 등장으로 모든 시간을 다시 빼앗기고 입건에 필요한 2시간 만을 남긴 채, 시간 제국의 부호 '필립 와이스'의 딸 실비아를 인질로 삼고 도주하게 된다. 윌은 미닛맨(시간을 뺏는 범죄자지만 사실은 타임 키퍼들처럼 시간이 서민들에게 퍼지지 않게 막는 악성 시스템)에게 쫓기지만, 결국 실비아의 아버지가 운영하는 와이스 은행의 금고들을 털어 무료시간 배급소에서 사람들에게 나누어준다. 하지만 와이스는 시간이 화폐인 사회 시스템을 악용하여 오히려 물가를 올려버림으로써 시간의 가치가 점점 없어지자, 월과 실비아는 아버지에게 항복하는 것처럼 와이스 금융 본사를 찾아가서 결국 아버지의 금고를 털어 100만 년의 시간을 훔쳐 사람들에게 나누어주게 된다.

D. 시간 대부호의 딸 실비아가 월을 돕게 되는 이유는?

'25살로 85년을 살아보니 작은 실수로도 죽을 수 있다는 것을 깨닫고' 수많은 경호원 속에 좀비처럼 살아가는 자신의 아버지 '필립 와이스'의 삶처럼 틀에 박혀 영원히 사는 것에 회의를 느끼고 살다가, 인간답게 생각하고 생각대로 행동하는(온실처럼 살던 실비아는 집 앞의 바닷가에서 처음으로 월과 같이 수영을 하게 됨) 월을 만나 사랑하게 된다. 실비아를 인질로 해서 그녀의 아버지에게 1천 년의 시간을 몸값으로 자선단체로 보내라는 월의 요구 조건을 거절하는 아버지에게 다시 실비아는 크게 실망하게 되고 결국 자신의 아버지 회사를 털고 사람들에게 무려 100만 년의 시간을 자선센터를 통해 나눠주게 된다. 타임 키퍼 '레이몬드 리언'은 월과 실비아를 쫓다가 자신의 남은 시간을 확인하지 못한 채 심장마비로 허무하게 죽고 만다.

E. 월에게 100년의 시간을 선물한 해밀턴이 죽기 전 남긴 비밀은?

105살이나 산 '해밀턴'은 죽기 전, 월에게 "가난한 자가 죽으면 소수의 누군가가 그 시간을 모아 영원히 살게 되고, 그래야 시스템이 돌아간다"는 엄청난 비밀을 알려준다. 월은 결국 2시간의 버스 요금이 없어 죽은 어머니와 그런 부조리한 사회를 타파하기 위해, 시간 파이터를 하다 돌아가신 아버지처럼 부자 동네인 '뉴 그리니치'로 타임존 이동으로 쳐들어가서 시스템을 바로잡으려 한다.

<에필로그>

　영화 <인 타임>에서 시간은 곧 생명이고 삶의 목적으로 나온다. 하지만 왜 시간이 그렇게 인간의 삶에 소중한지는 생각해봐야 할 과제이다. 현대사회를 살아가면서 시간을 돈으로 치환하면 어느 정도 윤곽이 나올 만도 하지만, 실제로 돈은 인생을 살아가는 데 중요한 수단(신용카드 잔고, 교통카드 충전, 모바일 기기 배터리 충전 등)이지만 궁극적인 목적은 아니기에, 인생의 가치와 목적을 수시로 확인하면서 'Rod Stewart'의 노래 <Sailing>의 가사 "We are sailing stormy waters"처럼, 소중한 자기 삶의 목적지를 향해 폭풍우치는 바다를 거침없이 항해해 나가야 한다.

[영화 <트로이/Troy, 2004>에서도, 바다의 여신 '테티스'와 인간인 '펠레세우스' 사이에서 태어난 불사조의 전쟁영웅 '아킬레스(브래드 피드 분)'가 죽으면서 "신은 인간을 질투해. 인간에게는 마지막이라는 게 있거든. 그래서 인간의 삶은 아름다운 거야!(The Gods envy us. They envy us because we're mortal, because any moment may be our last. Everything is more beautiful because we're doomed. You will never be more lovely than you are now. We will never be here again)"라며 영생하는 신들과 달리, 죽음이 있는 인간의 삶이 더욱 의미 있는 삶이라는 것을 찬양했듯이, 인생이 유한하기에 오늘을 더욱 소중하고 의미 있게 살아가야 한다.]

벼랑(Edge)에서 탈출할
수 있는 당신의 생존능력은?
디 엣지
The Edge, 1997

<프롤로그>

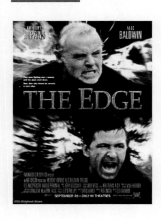

현대 문명의 발전은 인류에게 극도의 편리함
과 안락함을 안겨주게 되었다. 하지만 점점
고도화된 분업을 통한 생활방식이 전문화되
면서 스스로 세상을 헤쳐나갈 수 있는 능력
이 현저하게 저하되어, 극한 상황에서는 과거
문명이 없던 원시인들보다 생존하기 힘들게
되었다. 영화 <디 엣지/The Edge, 1997>에
서 눈 덮인 알래스카 오지 한가운데에 불시
착한 백만장자 찰스의 생존기를 통해, 현대사
회라는 벼랑 끝에서 살아가는 우리의 생존 능력에 대해 다시 생각하게
한다. 또한 비록 죽을 만큼 미워하는 관계라도, 죽음이라는 극한의 상황
속에서 우정으로 거듭 태어날 수 있다는 교훈도 배울 수 있다.

<영화 줄거리 요약>

백만장자이자 독서광인 '찰스 모어스(안소니 홉킨스 분)'와 모델인 그의 아내 '미키(엘레 맥퍼슨 분)', 사진작가 '밥 그린(알렉 볼드윈 분)'이 미키의 사진 촬영으로 함께 알래스카 여행길에 오른다. 찰스는 젊고 건강한 사진작가 밥에게 미키와의 관계나 자신의 재산, 생명에 있어서 마음속에 위협을 느낀다. 그러던 중 찰스는 밥에게 '알래스카에 아직도 홀로 숲속을 누비며 곰사냥을 하는 전설적인 인디언에 대한' 사진 촬영에 동행 제의를 받고 함께 경비행기로 떠나게 되는데, 비행 중 철새 떼에 부딪혀 알 수 없는 로키산맥 호수에 추락하게 된다. 조종사는 즉사하고 찰스, 밥 그리고 조수 스티븐 세 사람이 간신히 목숨을 건졌으나, 추위와 배고픔으로 고생하던 중 식인 곰(그리즐리 베어 회색곰)이 사는 산에서 찰스 일행은 곰에게 생명의 위협을 받고 함께 싸운다. 조수 스티븐이 곰에게 죽고, 찰스가 위험에 처하자 밥이 그를 구해준다. 이로 인해 찰스는 자신이 밥에게 가졌던 경계의 감정을 지우게 된다. 하지만 아무도 없는 산장을 발견하고 찰스가 불을 피우려던 시계 영수증에서 밥의 배신의 증거를 발견하게 되자 밥은 찰스에게 총을 겨누게 된다.

<관전 포인트>

A. 영화에서 백만장자인 찰스와 사진작가 로버트의 상반된 모습은?

@ 찰스: 중년의 부자. 지적이고 지혜로우나, 의심이 많고 여신 같은 젊은 부인으로 인해 항상 긴장감과 젊음에 대한 열등감이 강하다. 그의 다양한 독서의 경험으로 위기상황에서도 클립을 이용해 나침반 만들기, 회중시계 줄과 스웨터 실로 낚싯대 만들기 등 생존을 위한 진가를 보이게 된다.

@ 밥: 열정과 본능, 젊음은 있으나 상대적으로 부자인 찰스에게 적대

감이 강하다. 찰스에게 "큰 부자로 산다는 것은 누가 친구이며 누가 적인지도 모르는 상태에서 수없이 많은 책임만 떠맡아야 하는 인생일 테니 얼마나 외롭고 고달프겠냐고" 비아냥거리기도 한다.

@인디언들이 카누를 저을 때 사용하는 노 한 면에는 '검은 표범'이 조각되어있고 다른 면에는 '파이프 담배를 피우고 있는 토끼'가 새겨져있다. 인디언은 용기만 있는 표범보다 지혜로운 토끼가 더 강하다고 생각한 것이다. 영화에서 표범은 젊은 밥을, 늙었지만 지혜로운 찰스는 토끼에 비유하기도 한다.

B. 추락 후 찰스가 두 사람을 리더하는 방식은?

찰스는 "숲속에서 길을 잃은 사람들이 어떻게 죽는지 아느냐, 어쩌다 내가 이런 지경에 빠지게 됐지? 나 바보 아냐?"라며 그들은 수치심을 곱씹으며 절망 속에서 죽어간다고, 그런데 그들이 한 가지 하지 않는 것이 있다는데 바로 깊이 생각하는 일이라고 일깨워준다. 즉 위기상황일수록 이성적이고, 영리하고 지혜롭게 상황을 직시하고 해결해나가야 한다는 교훈이다. 그들은 인디언의 통나무집이 있는 서쪽으로 이동하기 시작한다. 순찰기가 그쪽을 살피고 있을 가능성을 생각해서다. 할 수 있는 한 구조대의 눈에 띨 수 있는 산의 봉우리 쪽으로 올라가 그곳에서 불을 피워 연기를 낼 계획이다. 간신히 도착한 그곳에는 오랜 세월 사람이 있었다는 흔적은 찾아볼 수 없었지만, 몇 자루의 총과 카누가 있어 희망을 품게 된다.

C. 알래스카의 황량한 겨울 산에서 만난 회색곰을 어떻게 물리쳤나?

배고픈 곰은 결국 다리를 다쳐 피를 흘리는 로버트의 조수 스티븐을 잡아먹고, 쫓기던 두 사람은 계속 따라오는 곰을 죽이기로 한다. 불가능하다고 징징대는 밥을 어르고 달래서 독서를 많이 한 찰스는 옛 인디언의 지혜를 빌린다. 먼저 죽창을 단단히 꽂을 수 있는 바위가 쌓인 곳으로 백 킬로가 넘는 불곰을 유인 후, 창과 함께 싸울 듯이 가까이서 성질을 돋우다가 놈이 덮치려는 순간 재빠르게 죽창을 바위틈에 꽂고 바닥에 납작 엎드린다. 이때 달려오던 곰이 자기의 무게에 의해 스스로 죽창에 찔리게 하여 곰을 잡고야 만다. 곰 사냥으로 식량과 의복이 해결됨은 물론 적과 같았던 두 사람의 우정이 돈독해지게 된다.

D. 찰스가 놀라게 되는 두 가지 사건은?

식인 곰에게 쫓겨 폭포 밑으로 떨어져 죽을 상황에서 밥이 구해주자 감격하여 "당신이 날 살려줬어!"라며 목숨을 건진 일보다는 아내에게 배신당하지 않았다는 감격에 기뻐했다. 하지만 오두막에서 불을 피우려고 종잇조각을 찾던 찰스는 자기의 주머니 안에서 밥이 자신의 아내와 연인관계라는 확실한 증거인 메시지가 담긴 명품시계 영수증 하나를 발견하고 절망에 빠지게 된다.

E. 밥이 죽게 되는 이유는?

미키와의 관계가 발각되자 당황한 밥은 찰스에게 총을 겨눈다. 그러나 배신에 절망한 찰스는 피하지 않고 밥을 향해 똑바로 다가가자, 뒷걸음치던 밥은 곰을 잡기 위해 파놓은 오두막 옆의 웅덩이에 빠졌고 웅덩이 속에 박아놓은 죽창에 다리가 부러지는 큰 사고를 당한다. 찰스가 밥을 응급조치해주자 강기슭 바위 위에서 밥은 찰스에게 자기의 잘못에 대해 용서를 구하고 "아무것도 이룬 것이 없이 이렇게 끝나는 자신의 운명이 억울하다"고 인생의 회한을 이야기하고 죽어간다.

F. 정찰기에 구조된 찰스가 돌아와 전한 말은?

구사일생으로 구조된 찰스에게 기자들이 "당신의 친구들은 어떻게 죽은 거죠?"라고 묻자, 그는 구차한 설명 대신 "친구들이 자기를 구하기 위해 대신 죽었다"라며 모든 것을 우정으로 감싸 안으며 밥의 비겁했던 행동을 영원히 덮는다.

<에필로그>

우리는 영화 <디 엣지>에서, 살아가면서 뜻하지 않게 많은 사람과 싸우고 원망하며 갈등을 겪기도 하지만, 결국 사랑과 용서로 진정한 우정을 만들어나갈 수 있다는 것을 배우게 된다. 죽음 같은 벼랑(Edge) 위에서 같이 곰과 싸우고, 마음속의 원한을 녹여내면서 소중한 인생의 의미를 체험하게 된다. 또한 백만장자 찰스는 혹한의 오지에서도 평소 쌓아둔 그의 지혜로 슬기롭게 헤쳐나가는 장면에서 많은 영감을 얻게 된다. 그것은 영화 <캐스트 어웨이>에서 주인공 톰 행크스가 불을 피우기 위해 손바닥에 피를 흘렸던 장면이 오버랩되면서, 오늘날 모든 것을 문명과 타인에 지나치게 의존해서 살아가는 우리가 스스로 위기 상황에 직면했을 때 과연 극복할 수 있는 생존능력은 있을지를 생각하게 된다.

"세상으로부터 어떤 사람이 성취할 수 있고, 살아남을 수 있을 것인가?"

서태호의
영화로
보는 삶

제6부

포스트 코로나

단테스 피크/Dante's Peak, 1997/나는 전설이다/I Am Legend, 2007
월드워Z/World war Z, 2013/미지와의 조우/Close Encounters of The Third Kind, 1977
화성 침공!/Mars Attacks!, 1996/쉰들러 리스트/Schindler's List, 1993 외 1편

<프롤로그>

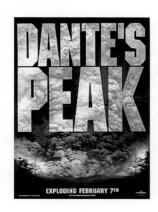

현대사회에서 발생하는 많은 재해는 대부분이 인재에서 발생하게 되며, 미리 알려주는 시그널(하인리히 법칙)을 무시하거나 탐욕에 의해 의도적으로 감출 때 거대한 재앙으로 돌변하여 돌이킬 수 없는 피해를 주는 경우가 많다. 영화 <단테스 피크/Dante's Peak, 1997>를 통해 우리가 살아가는 환경 속 위험의 변화를 예민하게 읽고 신속히 대비하면서 살아가는 지혜를 깨닫게 된다. 문명의 이기인 자동차에서 뿜어나오는 배기가스도 결국은 미세먼지로 부메랑이 되어 인류의 삶을 큰 위기로 몰아넣고 있다. 자연재해뿐 아니라 정치, 경제, 교육 등 모든 부문에서의 경고 벨은 더는 남의 일이 아닌 우리 삶의 생존이 달린 숙제임을 인정하고 대처해나가야 한다.

[하인리히 법칙(Heinrich's Law): 1920년대 미국 한 여행 보험회사의 관리자였던 하인리히는 7만 5천 건의 산업재해를 분석한 결과로 1931년 『산업재해 예방』이라는 책을 발간하면서 산업안전에 대한 1:29:300법칙을 주장했다. 산업재해 중에서도 큰 재해가 발생했다면 그전에 같은 원인으로 29번의 작은 재해가 발생했고, 또 운 좋게 재난은 피했지만 같은 원인으로 상처를 입을 뻔한 사건이 300번 있었을 것이라는 사실을 밝혀냈다. 즉, 사소한 것이 큰 사고를 야기한다. 작은 사고 하나는 거기에 그치지 않고 연쇄적인 사고로 이어진다는 교훈이다.]

<영화 줄거리 요약>

콜롬비아 화산 폭발로 국립지리원의 지질학자 '해리 달톤(피어스 브로스넌 분)'의 약혼녀 마리안이 죽자, 그 비극으로 인해 해리는 자신의 삶과 일에 대해 회의감을 느끼게 된다. 이때 그의 상사인 폴 박사는 그에게 '퍼시픽 노스웨스트 마을 단테'의 봉우리 근처에서 소소한 지진 활동을 조사해보라고 지시를 하게 된다.

한편 사업가이자 싱글맘인 '레이첼 완도(린다 해밀턴 분)'가 시장으로 있는 이 마을은 단테의 봉우리를 최근의 관광 투자 대상으로 선정한 블래어산업의 백만장자와 유리한 계약을 할 참이다. 이 계약은 지역경제를 뒷받침해줄 뿐더러 지역주민들의 자긍심을 높여줄 것으로 생각하고 있다.

지진활동을 조사하던 해리는 화산활동의 증거로 대격변 이전에 일어나는 지질변형과 아황산가스와 이산화탄소의 방출을 목격하고는 깜짝 놀라게 된다. 해리는 시장인 레이첼 완도에게 경고하자 처음에는 회의적이었던 그녀는 '후회보다는 안전이 상책'이라고 판단하고 마을 회의를 소집하여 코앞에 닥친 재앙에 대한 해리의 경고에 관해 토론한다. 4년 전 콜롬비아 화산에서 약혼녀를 잃은 해리와 6년 전 남편이 말도 없이 사라져 힘들던 레이첼은 동병상련으로 좋은 감정으로 발전하게 된다.

한편 대피 절차가 논의될 때 해리의 상사는 위원들에게 해리의 조사 결과에 대한 과학적 신빙성에 대한 의심을 제기하면서 경보 상황을 선언하지 말라고 지시한다. 그러나 증거는 곧 늘어나고 그의 동료들조차도 해리가 옳았음을 인정하게 된다. 그날 밤, 마을 대책 회의 도중 일련의 강한 지진으로 인해 강당이 흔들리고 공포에 질린 시민들은 출구를 찾아 아비규환이 된다. 산 위로 화산재 구름을 본 순간 대혼란은 계속되며 마을 밖으로 이어진 단 하나의 도로는 교통이 마비되고 건물들은 폭발 전 압력이 나올 길을 찾으면서 힘없이 무너지기 시작한다.

해리는 레이첼과 그녀의 두 아들을 구하려고 레이첼의 집으로 가는데 그라함과 로렌이 집에서 움직이기를 완고하게 거부하는 할머니 '루쓰(엘리자베스 호프만 분)'를 피신시키려고 산으로 올라갔다는 사실을 알게 된다. 용암 폭발의 시계는 그들을 향해 달려오는데 해리와 레이첼은 화산이 폭발하기 전에 레이첼의 가족들을 구조해야 하는 상황에 부딪히게 된다.

<관전 포인트>

A. 용암 폭발을 예견하는 징후는?

@ 2만 명 이하의 마을 중 미국 몬태나주 다음으로 두 번째로 살기 좋은 곳인 단테스 피크로 놀러 온 두 남녀는 근처 노천 온천에서 목욕하다가 갑자기 마그마가 끓어올라 온천 속에서 화상으로 익사
@ pH가 3.5로 떨어진 현상(일반 담수의 산성도는 5~9pH)
@ 호수 근처 나무들이 말라 죽은 것
@ 화산가스로 죽은 다람쥐가 발견됨
@ 분화구 중앙에서 미진 발생으로 연구원 테리의 다리가 부러짐
@ 상수원의 오염으로 수돗물이 진갈색으로 변하고 악취(아황산 냄새)가 남

B. 해리의 상사가 화산폭발 경보에 반대한 이유는?

국립지리원 소장 폴 박사는 1980년 매머스화산의 폭발 가능성을 예고했고 마을 주민을 모두 대피시킨 적이 있었다. 하지만 화산은 폭발하지 않았고, 화산 폭발 소문으로 관광객이 줄어들고 부동산값이 폭락하는 등 엉뚱한 후폭풍을 경험한 사례가 있기에 대피 경보를 내리는 것에 굉장히 신중해지게 되었다.

C. 화산쇄설류(pyroclastic flow)란?

화산이 폭발할 때 분화구에서 분출되는 화산쇄설물의 흐름. 점성이 큰 용암을 분출하는 화산에서 화산회, 경석, 화산암괴 등이 마구 뒤섞여서 고속으로 흐른다. 1902년에 대분화한 서인도제도 마르티니크섬의 몽펠레 화산의 분실 시 약 8km 떨어진 생피에르 시에 1~2분 만에 도달하여 2만 8천 명의 시민이 거의 전멸하였다.

D. 해리가 사태가 심각해지자 취한 행동은?

상수원에서 아황산 냄새가 나고 가스 분출량도 많아지자 상사인 퍼스 박사에게 알려 심각성을 인정받은 후, 주 방위군에 군 병력 지원을 요청한다. 하지만 군대는 다음 날이 되어야 올 수 있는 상황에서 시장인 레이첼을 통해 마을 방송으로 화산폭발 징후를 알리고, 학교 강당에서 주민들과 대피책을 논의한다. 그러나 그 순간 지진이 발생하고 화산이 폭발하고 만다.

E. 탐욕스러운 헬기 조종사의 행동은?

돈에 눈이 어둡던 헬기 조종사는 위기상황에서도 주민들을 상대로 1인당 1만 5천 달러씩 현금으로 받아내 헬기로 대피시키려 한다. 그걸 목격한 퍼스 소장은 엔진에 화산재가 들어가면 엔진이 멈출 수 있다는 것을 공고하지만, 기어이 조종사는 이륙하고 예상대로 엔진이 망가져 추락하고 만다.

F. 자신이 평생 살던 산에서 내려오기를 거부했던 할머니의 결과는?

레이첼이 간신히 설득하여 데리고 내려오던 중 주위는 이미 용암으로 뒤덮인 상태로 자동차들도 전부 용암에 삼켜진 상태라 보트로 호수를 건너는데, 주위에는 산성화로 죽은 물고기들이 둥둥 떠있다. 보트도 아래부터 녹기 시작하여 물이 스며들더니 땅에 닿기 직전 엔진이 고장나 멈춰버린다. 이때 할머니는 배의 무게를 줄이기 위해 자신이 희생해서 배에서 내리자 그녀의 다리는 심하게 훼손되고 결국 "나는 내 산에서 쉬련다"라며 숨을 거두게 된다.

G. 폐광에 갇힌 해리 일행이 살아난 계기는?

화산쇄설류가 덮쳐 마을은 물론 해리 일행이 피해있던 폐광도 덮치기 시작한다. 해리가 피신 전에 '연구원 테리가 측정 로봇을 손보려고 떼어내 온 NASA에서 만든 GPS 기능을 하는 송신기(엘프)'를 가지고 온 덕분에 사고 2일이 흐른 뒤, 해리의 송신기에서 구조신호가 보내오는 곳으로 구조대를 파견하여 감격스럽게 그들을 구조하게 된다.

<에필로그>

절체절명의 자연재해 속에서 피신하면서 해리는 아이들에게 "이번에 살아나면 같이 피크닉 가방에 맛있는 것을 가득 챙겨 플로리다로 낚시여행을 떠나자"고 희망을 준다. 결국 해리의 기지로 구조된 일행은 헬기로 마을을 떠나며 낚시여행을 떠날 수 있게 된다. 그러나 현실에서는 최근 뉴질랜드 화이트섬의 화산폭발 사고처럼 대수롭지 않게 여겨, 많은 사상자가 발생한 것처럼 여러 곳에서 사고의 전조를 무시하는 바람에 재해와 사고가 계속 발생하고 있는 것이 안타깝다. 교차로 등 교통 사각지대에 아무렇지도 않게 불법 주차한 자동차로 인해 길 가던 어린

이가 시야가 확보되지 않아 교통사고로 사망하고, 음주운전으로 젊은 청춘이 졸지에 죽고, 산업현장에서도 지속적으로 사고 발생 뉴스가 보도되고 있는 현실에서 특단의 노력으로 안전하고 행복한 사회를 만들어 나가는 데 최선을 다해야 할 것이다.

무서운 총, 균, 쇠가 온다!
나는 전설이다
I Am Legend, 2007

<프롤로그>

'재레드 다이아몬드' 교수는 책 『총, 균, 쇠: 모든 이들의 최근 1만 3천 년간의 짧은 역사』 (Guns, Germs, and Steel, 1999)에서 "사악한 병원균과 강력한 무기의 도움으로 지난 500여 년간 유럽인들은 다른 민족들을 희생시키며 자신들의 삶의 터전을 새로운 지역으로 확장하였다"고 강조하고 있다. 일본도 1543년 유럽의 포르투갈인에 의해 전파된 조총을 활성화하여 임진왜란 당시 조선을 침략할 수 있는 계기가 되었다. 영화 <나는 전설이다/I Am Legend, 2007>에서도 슈퍼바이러스로 인한 인류의 멸망을 경고하고 있다. 현대인을 편리하고 즐겁게 해준다는 '총, 균, 쇠' 같은 문명의 이기들이 언젠가는 부메랑이 되어 우리들의 생존마저 위협할 수 있는 날이 다가올 수도 있다. 일상

화된 무자비한 총기 테러 사건, 매연을 내뿜는 자동차, 과도한 약품과 일회용품들, 외적인 미용에 치중하는 성형수술의 부작용 등 문명의 무절제한 남용을 경계하여야 할 것이다. 또한 영화의 주인공처럼 인류의 위기 시, 어둠 속 한 줄기 빛(Light after darkness)처럼 자신을 불태워 전설이 된 많은 존재들을 생각해본다.

<영화 줄거리 요약>

뉴욕의 크리핀 박사는 인류의 영원한 숙제 암 백신을 발명한다. 그러나 부작용으로 백신에서 나온 치명적 바이러스가 전 세계로 퍼지자 90%의 인류가 멸망하게 된다. 대부분 사람은 사망하고 9%의 생존자들은 자외선에 노출되면 화상을 입는, 빛에 취약한 변종 인류(좀비)가 되고 만다. 그 가운데 1% 수준의 자연 면역력이 있던 육군 과학자 '로버트 네빌(윌 스미스 분)' 중령은 헤어질 때 딸이 준 애견 샘과 살아남았다. 그는 외로움과 고독함 속에서 좀비가 없는 낮에는 뉴욕 거리에서 생존자를 찾는 방송을 하고, 식량 확보를 위해 야생화된 초식동물인 사슴(바이러스에 대한 공기 면역이 있어 접촉을 피한 건강한 동물들)을 사냥하기도 한다.

그러나 빛이 사라진 밤에는 자신을 호시탐탐 노리는 좀비들과의 전쟁을 벌이며 동시에 사로잡은 좀비를 대상으로 바이러스를 퇴치할 백신을 개발한다. 그러나 지능이 있던 좀비는 자신의 애인을 데려간 네빌에게 복수하려고 덫을 놓게 되고 그 덫에 걸린 네빌을 구하려던 애견 샘이 대신 희생된다. 유일한 친구 샘의 죽음으로 자포자기에 빠진 네빌은 자동차로 좀비족에게 돌진하나 때마침 라디오 방송을 듣고 나타난 여인 안나와 소년 이든에 의해 구조된다.

하지만 구조될 때 자신의 은신처를 알아낸 좀비들이 들이닥치는 상황에서, 네빌은 면역이 있는 자신의 혈청으로 인류를 구할 수 있는 완성된 치료제를 안나에게 주면서 살아남은 자들이 있는 버몬트의 마지막 정착촌(벤엘: 하나님의 집)에 전달을 당부한다. 네빌 본인은 지하 연구실까지 추적해온 좀비들에게 수류탄을 터뜨려 좀비들과 같이 사망하면서 인류를 살리게 되는 하나의 전설로 남는다.

<관전 포인트>

A. 영화에서 주인공 네빌의 고독감을 보여주는 장면은?

인류가 멸망한 후 홀로 남은 네빌은 3년간 혼자가 되었음에도 낮에는 옷을 갈아입고, 면도하고, 먹을 것을 구하고, 청소하고, 연구하며 마치 현대인과 별다른 바 없는 생활을 지속한다. 심지어 DVD 가게에서 영화를 고른 뒤 마네킹에게 살아있는 사람처럼 대화도 하고, 부둣가에 이륙하지 못한 전투기가 그대로 남아있는 항공모함에 올라가서 골프 샷을 날리기도 한다. 심지어 센트럴 파크에 배회하는 사슴 등 야생동물들을 머스탱 자동차로 사냥하지만 혼자라는 고독감은 생을 포기하게 할 만큼 그를 힘들게 한다. 하지만 그는 어딘가에 생존자가 있을 거라는 희망적인 믿음을 통해 생의 끝자락을 붙잡고 있으며, 자신의 면역력이 있는 혈청을 이용하여 치료제를 개발하기 위해 건강한 몸을 위한 운동도 게을리하지 않는다.

B. 황량한 뉴욕시의 장면을 연출할 수 있었던 배경은?

영화 촬영 시 뉴욕시의 협조로 맨해튼 5번가 전체를 텅 비워주는 협조를 얻어냈고, 폐허가 된 뉴욕의 황량한 풍광에서 미래 멸망한 인류의 위기를 그려낼 수 있었다. 특이한 것은 뉴욕의 길거리에 대형 포스터가 걸려있는 <슈퍼맨 vs 배트맨>인데 이 작품은 실제 10년 후인 2016년에 워너 브러더스사에서 <배트맨 대 슈퍼맨: 저스티스의 시작/Batman v Superman: Dawn of Justice>이라는 영화로 개봉되기도 하였다.

C. 한 여자와 아이가 찾아온 배경은?

네빌은 매일 같이 두 동강 난 브루클린 다리 옆에서 "You are not alone(당신은 혼자가 아닙니다. 사우스 스트리트 항구로 와주세요)" 이라고 AM 라디오 방송을 송신하여 자신 이외의 또 다른 생존자를 찾고 있었다. 애견 샘을 잃고 깊은 상실감으로 좀비들에게 무작정 돌진하던 네빌은 절체절명의 위기에 처하는데 그 순간 메릴랜드에서 방송을 듣고 찾아온 안나가 구해주게 된다. 찾아온 생존자들이 반가워 네빌은 만화 영화 <슈렉>의 모든 대사를 흉내내는 등 인간과의 재회에 대한 행복감을 느낀다.

D. 변종 인간(좀비)들이 네빌을 공격한 이유는?

네빌이 자신의 피로 바이러스 면역 백신을 만들기 위해 변종 인간을 잡아서 실험을 거듭했기 때문이다. 그러다 어느 날 자신과 생존자 안나와 아이는 좀비의 공격을 받게 된다. 네빌은 자신이 발견한 치료제를 안나에게 넘기고 자신은 수류탄을 터뜨려 좀비들과 같이 산화하게 된다. 다음 날 북동부의 버몬트 정착촌으로 찾아간 안나는 치료제와 함께 다음의 의미심장한 말을 전하게 된다. "치명적인 바이러스가 우리 문명을 불태웠다. 인류는 멸종 위기까지 몰렸다. 로버트 네빌 박사는 인류의 구원과 치료제를 찾는 데 사활을 다했고 드디어 치료제를 발견했다. 그는 치료제를 보호하기 위해 목숨을 바쳤고 그가 남긴 것이 우리이고 이것은 그의 전설이다. 어둠 속의 불빛!"

E. 지능이 있던 좀비가 네빌을 유인한 방법은?

지능이 있던 좀비의 우두머리는 평소 네빌이 DVD 대여점의 마네킹과 친하다는 것을 알고 그 마네킹을 밤사이 네빌이 잘 다니는 곳에 옮겨다놓고 덫을 설치하여 자신의 애인을 납치해간 네빌에게 복수하려한다. 결국 네빌은 자신이 좀비를 사로잡은 같은 방식으로 덫에 걸리게 되나, 애견 샘이 필사적으로 좀비 개들을 제지하여 집으로 돌아온다. 그러나 좀비 개에 물린 샘을 눈물을 머금고 안락사시키고 만다.

F. 네빌이 평소 좋아했던 가수 '밥 말리'는 어떤 사람이었나?

네빌이 좋아하여 자신의 딸 이름까지 말리라고 붙였다. 레게 음악의 전설 '밥 말리(Bob Marley)'는 차별이 없는 세상을 위해 자유, 평화, 사랑의 노래를 불러 흑인들의 정신적 지주가 되었다. 공연을 앞두고 괴한이 암살을 예고했지만, 말리는 "세상의 악은 잠시도 쉬지 않는데 내가 어떻게 쉴 수 있겠냐"면서 공연을 강행하기도 했다. 네빌은 그를 어둠 속 한 줄기 빛(Light after darkness)이라며 전설이라고 불렀고, 훗날 네빌도 그런 존재로 전설이 되었다.

<에필로그>

'전 인류가 멸망한 세상 속에서 홀로 남은 한 인간이 나라면?'이라는 가정으로 이 영화를 본다면, 텅 빈 도시 속에 홀로 남겨진 인간이 느끼게 되는 공포와 가족에 대한 그리움, 그리고 그러한 일상이 주는 고독함까지 버티어나가야 한다는 상상만으로도 엄청난 외로움을 느끼게 된다. 현재의 다소 불편하고 권태로운 삶 속에서, 슈바이처 박사가 얘기한 "살려고 하는 인간들 속에 살려고 하는 나(생명에 관해 생각할 때, 어떤 생명체도 나와 똑같이 살려고 하는 의지가 있다. 다른 모든 생명도 나의 생명과 같으며, 신비한 가치를 가졌고, 따라서 존중하는 생명 외경의 의무를 느낀다)"란 존재의 의미가 소중하고 감사하다. 비록 현실 세계에서 이해와 견해차로 쉽지 않은 소통에 갈등할 때도 있지만, '총, 균, 쇠'의 남용으로 만들어진 어둠의 추종자(Dark Seeker: 좀비)가 아닌 인간들과 부대끼며 살 수 있다는 것이 행복하며 소중한 것이다.

좀비에서 인류를 구하라!

월드워Z

World war Z, 2013

<프롤로그>

좀비가 출연하는 영화는 가상의 픽션인 줄만 알았다. 하지만 이번 코로나바이러스 사태로 인류는 삶의 활동반경이 좁아지고 있다. 그뿐만 아니라 마스크로 인한 자기 개성이 사라지며 타인과 만남을 통한 행복감까지 포기해야 하는 등, 마치 원시시대로 돌아가는 느낌이다. 인류는 자원과 지식이 부족한 상황에서도 서로 협력하고 지혜를 이끌어내어 지금까지 수많은 위기를 함께 극복해왔다. 영화 <월드워Z/World war Z, 2013>에서도 무서운 전염병의 원인을 발견하고 위기를 극복해 냈듯이, 전 지구적인 협력으로 도전하여 현재의 어려움을 반드시 극복해나갈 수 있을 것이다. 빌 게이츠가 말한 "전염병은 핵전쟁보다 더 재앙적이며, 전염병 확산은 전시 상황(war time)이다. 우리가 경계해야 할

건 미사일이 아니라 미생물(microbes)이다"라는 말이 실감나는 때이다.

<영화 줄거리 요약>

원인을 알 수 없는 좀비 바이러스가 엄청난 속도로 전 세계를 집어삼키고 미국 필라델피아에까지 공격해온다. 군인 출신으로 전시 경험이 풍부하고 위기 대처 능력이 뛰어난 전직 UN의 특수조사관이었던 '제리 레인(브래드 피트 분)'은 은퇴 후 사랑하는 아내와 두 딸과 평온한 생활에 적응해가고 있다. 하지만 필라델피아 한복판에서 좀비 떼(변종 인류)의 습격을 받고 간신히 목숨을 건져 옛 UN 동료의 도움으로 UN 지휘본부가 있는 아르고스 항공 모함으로 대피하게 된다.

하지만 그는 가족의 안전을 보장받는 대가로, 바이러스 확산을 막기 위해 관련 학자를 데리고 첫 발병지로 추정되는 한국 평택 험프리 미군 기지에서 원인과 해결책을 찾을 임무를 받아 떠나게 되고 그곳에서 전직 CIA 요원의 정보로 다시 이스라엘의 예루살렘으로 가게 된다. 예루살렘에 있는 엄청난 높이의 안전한 방호벽에 사람들이 안도감에 들떠 노래를 부르지만, 그 소리를 들은 어마어마한 수의 좀비 떼가 그들을 공격한다. 제리는 간신히 탈출하여 민항기에 탑승하지만, 이미 비행기는 좀비가 점령하고 있어 비행기를 수류탄으로 폭파하고 자신은 불시착한다. 그리고 제리는 문제해결을 위해 세계 보건기구 연구센터가 있는 곳으로 향하게 된다.

<관전 포인트>

A. 영화의 원작소설과 유명한 좀비 영화는?

영화배우 겸 감독 멜 브룩스의 아들 '맥스 브룩스'가 원작자인 장편소설 『세계대전 Z: Zombie』은 미국 인터넷서점 아마존에서 50주간 1

위에 오르기도 했다. 중국의 장기밀매 무역을 통해 좀비 바이러스가 창궐하며 티베트를 거쳐 전 세계적으로 퍼지고, 결국 최첨단 장비를 갖고 쉽게 전투에 임했던 미군마저 패배하자 세계는 완전 나락으로 떨어진다는 설정이다.

@지옥이 꽉 찬 후 죽은 자들이 지상으로 다시 돌아와 살아있는 인간을 사냥하는 좀비 영화의 대명사 <새벽의 저주/Dawn of the dead, 2004>

@인류의 멸망 이후 살아남은 군의관 '월 스미스'가 백신 개발을 통해 인류를 구한다는 스토리의 영화 <나는 전설이다/I Am Legend, 2007>

@라쿤 시티에서 개발한 치명적인 바이러스로 감염된 인간들이 좀비로 세상을 뒤덮자 주인공 '밀라 요요비치'가 백신을 얻기 위해 치열한 전쟁을 치르는 내용의 영화 <레지던트 이블/Resident Evil, 2016>

@정체불명의 바이러스로 좀비화가 전국으로 확산하는 가운데 안전한 부산까지 가기 위한 사투를 벌이는 영화 <부산행/Train To Busan, 2016>

B. 좀비의 무서운 공격 장면은?

좀비에게 물리면 12초 만에 감염이 이루어지고 좀비가 되면 미친 듯이 달리며 보는 족족 사람을 물어뜯는다. 좁은 골목에 들이닥치는 쓰나미처럼 좀비들이 층을 이루어 골목을 휩쓰는 장면이 압권이다. 또 개미들이 서로 탑을 쌓는 것처럼 이스라엘의 방벽을 좀비들이 탑을 쌓아서 올라가는 장면은 소름 끼치게 한다. 평택에서 만난 CIA 요원은 "북한과 같은 전체주의 나라에서는 하루 만에 모든 주민의 이빨을 뽑아서 좀비로의 감염을 막았다"는 이야기도 전해준다.

C. 불가항력의 좀비를 퇴치하는 방법은?

원작에서는 "레데커 플랜: 시민을 미끼로 좀비를 유인한 후, 병력을 모아 좀비를 총공격하는 비인도적 전략"을 전개하여 인간이 승리하는 스토리지만, 영화에서는 주인공이 좀비가 아픈 환자는 공격하지 않고 지나치는 것을 발견하게 되어, 제리 레인은 자신에게 치명적인 바이러스를 투약하여 좀비의 공격대상에서 벗어나게 된 후 연구소에서 가지고 나온 바이러스를 대량 생산하여 살아남은 인류에게 주사하고 좀비들과의 전쟁을 준비하게 된다.

D. 주인공이 좀비와 격투 시 준비한 사항들은?

주인공 제리는 좀비의 약점과 공격방식을 정확히 파악하고, 한쪽 팔은 두꺼운 잡지를 둘러 보호대로 좀비의 이빨을 막고, 멀리서는 총으로 머리를 저격하고, 가까이 온 좀비는 총검으로 머리를 공격한다. 총과 팔 보호대는 전부 접착테이프로 감겨있어 좀비의 공격을 최대한 방어한다. 이스라엘의 특공대 여전사가 팔을 좀비에게 물리자 망설임 없이 칼로 팔을 잘라내어 구하게 된다.

<에필로그>

전염병 대유행의 팬데믹 사태로 '디스토피아(Dystopia): 가장 부정적이고 위험한 암흑세계의 가상 픽션'이 현실화되는 느낌이다. 바이러스의 공포는 전염되면 죽는다는 강박관념에서 친구도 가족도 모두 나를 위협할 수 있기에 사회로부터 단절을 일으켜 '인간으로서의 존재감'을 위협받기도 한다. 모든 문제에는 원인이 있고 그 현상을 과학적이고 평면적인 접근만이 아닌 입체적이면서도 진화론적으로 해부해본다면 답을 찾을 수도 있을 것이다. 영화 <화성 침공/Mars attacks!, 1996>에서 초능력의 외계인들이 지구의 올드 팝송의 특이한 선율과 파장 고음에 파괴된다던가, 영화 <배틀쉽/Battleship, 2012>에서 외계인에게 초토화되던 다국적 연합함대가 외계인이 빛에 취약한 점을 이용해 격퇴하고, 영화 <월드워Z>에서는 주인공이 자신의 몸에 치명적인 바이러스를 투약하여 좀비를 회피하는 백신을 만드는 과정에서 자신의 희생적인 사랑이 결국 가족과 세상을 구할 수 있기를 바라는 마음은 숭고해보인다. 지금 막강한 외계인과 같은 슈퍼 바이러스가 인류를 공격하고 있는 상황에 굴복하지 말고 아름다운 지구를 지키기 위해(What a wonderful world!) 인류의 모든 지혜를 모아 극복함은 물론, 향후 인간으로 인한 환경의 파괴로 다시는 공격받지 않도록 지혜로운 종(species)으로 조금씩 진화해나가야 한다.

<프롤로그>

혈연, 학연, 지연 등의 인맥을 통해 자기 일과 인간관계를 편하게 만들어가려는 것이 인류사회의 일반적인 생활 형태였다. 최근 발전된 실시간 네트워크를 통해 지구촌은 하나로 이어졌으나, 여전히 개인의 이기적 탐욕과 독선적 관념으로 갈등은 끊이질 않는다. '스티븐 스필버그' 감독의 UFO 영화 <미지와의 조우/Close Encounters of The Third Kind, 1977>에서는 새로운 생명체인 외계인과의 예기치 않은 만남을 통해 대응하는 지구인들 사이에도 소통이 어렵다는 현실을 되짚어 보게 한다. 그러나 결국 진정성 있는 교감의 노력을 통해 어떠한 생명체와도 평화로운 관계를 만들어나갈 수 있음을 보여준다. 이 영화는 미지의 외계 생명체를 탐구하는 내용이지만, 사실은 인간의 존재에 대한

의미를 고민하게 한다. 우리는 현실 속 갈등과 대립의 사고에서 벗어나 "We are not alone/우리는 누군가와 함께한다"는 우주적 시각으로 인간세계를 구원하는 계기가 되기를 기대한다.

[Close Encounters of the third kind: '제3종 근접 접근'이라는 미 공군의 전문용어로써 UFO의 탑승 또는 외계인과의 직접적인 만남을 의미한다. @ 제1종 근접접근: UFO의 단순한 목격 @ 제2종 근접접근: UFO 착륙장소 자국이나 파편 등의 접촉]

<영화 줄거리 요약>

인디애나 지역에 사는 전기 기사 '로이(리처드 드레이퍼스 분)'는 갑작스러운 정전을 조사하러 현장에 나갔다가 UFO를 만나게 된다. 한편 '질리언(멜린다 딜런 분)'의 농장에서는 그녀의 아들 배리가 UFO 안으로 납치되는 사건이 발생한다. 세계의 과학자들은 '라콤 박사(프랑수아 트뤼포 분)'의 리드하에 외계인과 통신할 수 있는 음악 코드를 개발하고 그들과 평화로운 조우를 계획한다.

로이는 UFO와의 조우 이후 머릿속에 떠오르는 상상의 조형물을 찰흙으로 만들게 되는데, 이에 남편이 미쳤다고 생각한 부인은 아이들을 데리고 가출해버린다. UFO를 보았던 로이와 질리언은 자신들이 받은 영감이 실제로 미국 서부 와이오밍에 있는 국립공원 '데블스타워'임을 확인하고 그곳으로 향한다.

한편 정부에서는 시민들의 동요를 막기 위해 고의로, 열차 사고로 독성화학 가스가 누출되었다고 방송하며 데블스타워 지역에서 시민들을 대피시킨다. 하지만 로이와 질리언은 '데블스타워'에 올라 UFO를 목격하게 된다. 마침내 그곳에 모인 과학자들은 음악 코드로, 우주선과의 커뮤니케이션에 성공한다. 이때 우주선 문이 열리고 1945년 5월 2차 세계대전 때 사라졌던 7명의 해군 조종사와 최근 실종되었던 사람들을 풀어준 후, 외계인들이 내려와 자신들의 존재를 믿고 기다린 로이를 데리고 떠나게 된다.

<관전 포인트>

A. 왜 로이는 끝까지 UFO에 집착했는가?

평소 동심을 지닌 로이는 자신이 직접 목격한 UFO의 진실을 알고 싶어 했다. 주변 모든 사람이 그를 미친 사람으로 취급했지만 결국 그는 진실한 사람임이 증명되었고, 자신의 꿈인 외계 미지와의 세계로 여행을 하게 된다.

B. 외계인의 특별한 의사소통 방법은?

외계인들은 빛과 5음계의 음악 건반으로 기본음조로 어휘를 가리키는 방식으로 의사소통을 한다(8분음표를 5음씩, 16분음표를 4개씩 묶어 연주해 색다른 분위기를 연출). 숫자로 된 과학적 언어보다도 훨씬 신빙성이 있으며 상당히 로맨틱하다. '존 윌리엄스'의 독특한 음악으로 아카데미 음향효과상을 받기도 했다.

C. 이 영화와 같은 UFO 영화들은?

@ 인류에게 문명의 지혜를 준 검은 돌기의 정체를 밝히기 위해 목성으로 향하는 모험의 영화 <2001 스페이스 오디세이/A space odyssey, 1968>
@ 스필버그 감독의 지구에 정찰왔다가 혼자 남겨진 외계인과 지구 소년의 우정을 그린 영화 <E.T./The Extra-Terrestrial, 1982>
@ 미스테리한 사건을 파헤치는 FBI 요원 팍스 멀더와 대나 스컬리의 이야기 <X-파일/The X Files, 1993>
@ 윌 스미스 주연, 외계인들의 지구파괴에 대항을 그린 영화 <인디펜던스 데이/Independence Day, 1996>

@팀 버튼 감독의 잔인한 화성인의 지구 침략을 그린 영화 <화성 침공/Mars Attacks!, 1996>

@천재 소녀 조디 포스터는 외계(직녀성)로부터 정체 모를 메시지를 수신하고 우주왕복선을 만들기로 한다는 내용의 <콘택트/Contact, 1997>

@스티븐 스필버그 감독, 톰 크루즈 주연, 외계인의 침략 속에 가족을 지키려는 아버지의 사투를 그린 영화 <우주 전쟁/War of the Worlds, 2005>

<에필로그>

순수한 심성을 지닌 주인공 로이는 자신이 본 미지의 세계(Uncharted territory)의 진실을 확인하는 과정에서 가족과 사회에서 버림받지만, 결국 외계인들과의 교감을 통해 지구인의 대표로 초대받고 그들의 세계로 가게 된다. 그런 로이를 배웅하던 라콤 박사는 그의 여행을 진심으로 부러워하며 격려한다. 어떤 새로운 진실을 규명하려는 데는 기존의 고정관념과 절대권력의 벽(미지와의 조우)에 부딪히고 제어당하기 쉽다. 하지만 진실에 도달했을 때는 엄청난 선물을 받게 되는 것이 진리일 것이다. 세상을 밝은 곳으로 비추기 위해 노력해온 역사 속 많은 위인도 그런 난관을 극복한 사람들이었을 것이다. 오늘도 자신의 위치에서 불의에 타협하지 않고 정의와 진실의 길로 나가기 위해 최선의 노력을 다하는 진실된 사람에게 찬사를 보내고 싶다. 최근 코로나 사태로 소통 방식도 비대면(untact: 언택트) 방식으로 급속하게 확산하면서, 향후 생겨날 큰 후유증으로 미지의 학문 탐구나 인간관계의 발전이 퇴보되지 않도록 특단의 노력을 기울여야 할 때이다.

화성 침공
Mars Attacks!, 1996

<프롤로그>

세계 강대국 지도자들은 코로나바이러스가 초기에는 아시아에만 국한된 사태라 생각하며 소극적 태도로 관망했다. 하지만 사태가 엄중해지자 이제 전쟁으로 선언하고 외계인의 침공에 맞서는 듯 대대적인 전쟁 사령관의 용맹을 과시하고 있다. 그러나 근본적인 해결책은 그런 임기응변적 포퓰리즘보다는 범인류적 협력과 혁신적인 헌신으로 이 전쟁을 종식해나가야 한다는 것이다. 팀 버튼 감독의 그로테스크(기괴)한 SF 영화 <화성 침공/Mars Attacks!, 1996>에서도 국가의 지휘부는 국민에게 화성인과의 외교를 통해 환심을 사기 위해 정치적 역량을 뽐낸다. 그러나 정복자의 근성을 가진 외계인들에게 큰 굴욕을 당하고, 결국 시민의식이 가득한 사람들이 힘을 합쳐 침

- 425 -

략자 화성인을 슬기롭게 물리친다는 내용이다. 이는 현재의 코로나바이러스 사태를 해결해나가는 데 큰 시사점을 준다.

<영화 줄거리 요약>

5월의 어느 날 지구에 수천 대의 거대 화성 선단이 지구에 나타난다. 확인되지 않은 정보와 소문으로 사이비 종교에 빠지는 등 지구는 대혼란에 빠지고 정치적으로 평화를 추구하는 지도자를 자처하는 미국 대통령 제임스(잭 니콜슨 분)는 이들을 영접할 채비를 성대하게 한다. 그러나 평화를 원한다며 지구를 찾아온 화성인들은 네바다 사막의 환영식장에서 대기 중인 덱커 장군을 포함한 환영 인파를 무참히 사살해버리고 유명 MC인 나탈리(사라 제시카 파커 분)를 납치해간다.

참상의 원인이 커뮤니케이션의 문화적 차이라고 판단한 제임스 대통령은 화성인들과 다시 교신을 시도한다. 화성인이 공식적인 사과문을 보내오고 국회 의사당에서의 사과 연설을 수락했지만, 당일 모인 정치인들을 모조리 살해하면서 의사당은 다시 살육의 장으로 변해버린다. 또한 화성인을 우호적으로 평가했던 대통령의 과학자문위원인 케슬러 교수(피어스 브로스넌 분)도 납치되어 화성인의 생체실험도구로 전락하고 만다.

전 세계가 화성인의 무자비한 침공으로 멸망할 위기 속에 도넛 가게에서 일하면서 치매에 걸린 할머니를 보살피던 소년인 리치는 우연히 할머니가 즐겨 듣던 음악 소리가 외계인에게 치명적인 전파라는 것을 알게 된다. 이에 화성인을 물리칠 전략을 구사하고 지구를 구한 영웅으로 명예훈장을 받게 된다.

<관전 포인트>

A. 몇 차례에 걸친 화성인들의 공격에도 계속 호의적으로 대한 이유는?

미국 대통령은 화성인들과의 외교를 성공적으로 완성한다면 자신의 정치생명에 도움이 될 것이라는 욕심에 화성인의 계속된 거짓과 공격에도 호의적으로 대하게 된다. 국회의원들이 대거 살상당하고, 영부인까지 죽게 된 상황에서도 합리적 판단을 하지 못한다. 그는 결국 화성인 대사에게 협력과 상생 등 미사여구로 가득 찬 자기도취적 연설을 늘어놓다가 끔찍이 살해를 당하게 된다.

B. 화성인들이 지구를 정복할 수 있는 힘은?

화성인들은 지구인들의 본성을 너무나 잘 파악하고 있었다. 즉 탐욕, 거짓말, 이기주의를 이용한다면 정치인, 과학자 등 어떤 지구인도 속이고 자신들의 노예로 만들 수 있다고 확신하게 된 것이다. 라스베이거스의 한 변호사는 화성인이 습격하자 "세상을 정복하려면 변호사가 필요하다"며 자신의 롤렉스 시계까지 주며 회유하다가 살해당하고 만다.

C. 야만적인 화성인을 응징하게 된 계기는?

정치지도자들은 자신들의 욕심을 위해 국민의 안전은 안중에도 없었다. 이때 일반 시민들은 화성인의 침공에 대비한 지구수비대를 결성하고 모든 방법을 동원해 화성인을 저지해나간다. 그러다가 도넛 가게에서 일하던 리치(루카스 하스 분)는 할머니가 즐겨 듣던 올드 팝송의 특이한 선율과 파장을 들은 화성인들이 머리통이 통째로 터지면서 죽어가는 것을 보고, 이 곡을 전 세계 방송국에서 틀게 만들어 화성인들의 침공을 막아내게 된다.

D. 대통령을 살해하기 위해 여자로 변장해 들어온 화성인은?

백악관에 대통령을 살해하기 위해 미녀로 변장한 외계인은 양팔을 왕복으로 천천히 휘적거리며 걸으며, 기다랗게 솟은 머리로 강한 인상을 주고 있다. 이 외계인은 플레이보이인 백악관 공보담당 제리 로스의 안내를 받다가 그를 살해하게 된다. 그녀는 질소로 호흡하기 위해 질소를 농축시킨 껌을 계속 씹는다.

E. 전직 챔피언이 보여준 용기는?

세계 헤비급 챔피언이던 바이론 윌리엄스는 생활고로 라스베이거스의 카지노에서 팬들에게 사진을 같이 찍어주는 일을 하다가, 화성인의 침공에 용감히 맞서 싸운다. 그는 가수 톰 존스 등 여러 사람이 탈출할 수 있게 끝까지 남아 희생정신을 발휘한다. 평소 전쟁게임으로 버스 운전을 하는 엄마를 애먹이던 두 아들은 평소 훈련한 대로 화성인들을 공격하여 혁혁한 공을 세우기도 한다.

<에필로그>

영화 <화성 침공>에서 미국 대통령과 참모들은 "화성인은 고도로 발전된 기술을 가진 것으로 보아 분명히 평화적일 거다. 발달한 문명은 야만적이지 않으니까"라며 새로운 적에게 너무 낙관적으로 대응하다가 큰 위기를 겪게 된다. 중국 우한에서 시작된 코로나바이러스는 이제 동양권을 넘어 이탈리아, 미국, 스페인은 물론 전 세계적인 유행병으로 확산되고 있다. 코로나에 대한 대응도 너무 낙관적으로 방심하다가 사태를 키우게 된 것이다. 반복되는 '사회적 거리두기'로 시간이 지나면서 사람들은 정신적 경제적으로 피폐해지기 시작했다.

냉정하게 외계인이 침공했다는 가정하에, 약 1개월 정도의 일정 기간을 설정하여 최소 필수 요원만 제외하고, 전 국민이 자택에 머물면서 바이러스와 최후의 일전을 치러보는 것을 생각해봐야 한다. 병원은 지역별 연합야전병원을 운영하여 환자들의 분류, 의료진의 효율적 투입 등 전시상태로 운영해볼 필요가 있다. 바이러스와의 전쟁은 단기적으로 모든 화력을 집중적으로 퍼부어 적의 예봉을 제압 후 장기적으로는 창의적 방역과 의료자원의 효율적 배치로 국면 전환을 준비하는 전략을 수립해야 할 때가 됐다. 언제까지나 막연한 조기 해결의 기대감으로 보이지 않는 위험의 공포에 떨며 삶과 생업 그리고 교육을 포기할 수가 없기 때문이다. 바이러스와의 전쟁 중인데도 평시처럼 자발적으로 전쟁이 종식되기를 바라는 것은 전쟁을 포기하는 것과 같다. 이제 바이러스의 심장부를 강타하고 일상의 교두보를 확보해야 할 때다.

삶과 죽음의 극한 리스트!
쉰들러 리스트
Schindler's List, 1993

<프롤로그>

제2차 세계대전 중 독일의 폴란드 침공에서 600만 명의 천문학적인 유대인 대학살이 자행되었다. 이런 전쟁 참상의 공포는 코로나바이러스 사태를 떠올리게 된다. 확진자의 리스트에 오르면 모두 좀비처럼 피하고 혐오하게 된다. 하지만 죽음의 리스트를 생명의 리스트로 만든 실화를 다룬 영화 <쉰들러 리스트/Schindler's List, 1993>에서는 한 사람의 노력으로 죽음의 리스트를 생명의 리스트로 바꿀 수 있음을 보여주었다. 오랫동안 인류는 소통과 교류를 통한 지구의 번영과 평화를 위해 엄청난 노력과 연구를 거듭하여 큰 성과를 이루었지만, 최근 바이러스와의 전쟁에서 확진자를 좀비 보듯 하면서 인간관계의 신뢰는 급격하게 무너지고 있다. 세균전쟁 이후의 폐허 위에서 모든 부문에서 새로

운 평화의 리스트를 만드는 준비를 서둘러야 할 때다.

<영화 줄거리 요약>

2차 세계대전이 한창이던 1939년 독일군 점령지인 폴란드 크라쿠프에 욕망과 탐욕으로 가득 찬 독일인 사업가 '오스카 쉰들러(리암 니슨 분)'가 찾아온다. 그는 나치당에 가입하고 독일 장교들을 뇌물로 매수하여 폴란드계 유대인이 경영하는 냄비공장을 반강제적으로 인수한다. 인건비가 들지 않는 유대인을 노동자로 쓰며 군납을 통해 사업은 승승장구하며 발전한다. 하지만 그는 악명 높은 '아몬 괴트(랄프 파인즈 분)'가 크라쿠프 강제수용소장으로 부임하면서 벌어지는 유대인들에 대한 무차별 살육장면을 지켜보면서 서서히 인간적 분노가 커지게 된다. 쉰들러는 악랄한 사업가에서 유대인을 자신의 군수품 공장에 합법적으로 고용하는 방법으로 살려내는 천사로 변하게 된다. 그 과정에서 자신의 목숨을 걸고 전 재산을 독일군 장교에 대한 매수와 유대인의 생활자금으로 쓰면서 모든 재산을 날리게 된다. 1945년 5월 아돌프 히틀러의 자살로 독일이 항복을 선언하자 쉰들러는 자신이 구한 1천 1백 명의 유대인 종업원들의 눈물 어린 감사의 환송을 받으며 떠나게 된다. 영화 <쉰들러 리스트>는 스티븐 스필버그 감독의 작품으로 나치가 자행했던 폭력 속에서 피어난 한 줄기 휴머니즘을 그린 대표적인 영화다. 아카데미 작품상, 감독상, 각색상, 촬영상, 미술상, 편집상, 음악상 등 총 7개 부문을 수상하는 영예를 안았다.

<관전 포인트>

A. 흑백 영화로 제작된 이 작품에서 컬러가 등장하는 장면은?

@랍비가 안식일 예배를 위해 켜둔 2개의 촛불: 빨간 불꽃이 서서히

꺼지자, 폴란드를 침공한 독일군들의 유대인에 대한 잔혹한 살육이 시작된다.

@ 빨간 코트의 유대인 소녀: 대학살의 현장에서 마지막 생명의 존재로 상징되는 빨간 코트를 입은 소녀는 결국 주검으로 발견되며 전쟁의 참혹함과 대학살(홀로코스트)의 슬픔을 예고한다.

@ 흑백 영화는 흑백 논리에 집착하는 독일의 전체주의를 나타내며, 색을 잃는 것은 생명을 잃는 것으로 묘사되었다. 전쟁이 끝나고 마지막 장면에서 살아남은 유대인들은 별이 그려진 죄수 복장에서 색상이 입혀진 자연인의 복장으로 바뀌면서 인간성의 회복과 평화가 찾아왔음을 보여준다.

B. 탐욕의 사업가인 쉰들러가 변하게 되는 계기는?

초기에는 독일군 장교들과 합작하여 유대인의 재산을 몰수하고 유대인의 노동력을 착취한다. 그러다 서서히 독일군의 잔혹한 살인 현장을 목격하면서 쉰들러는 유대인을 구할 생각을 하게 된다. 어느 날 유대인 여성이 찾아와 "당신 공장이 천국이라고 하더군요. 여기선 아무도 안 죽는다고요. 그리고 사장님은 좋은 분이라고 했어요"라고 하며 자신의 취직을 부탁을 듣는다. 그는 유대인을 살린다는 소문이 자신의 안위를 위협한다고 생각했지만, 본격적으로 유대인들을 자신의 공장에 취업시키는 방법으로 서서히 유대인들을 구하게 된다. 결국, 그의 공장은 점점 유대인을 지키기 위한 가장 완벽한 장소가 됐다.

C. 쉰들러가 자신의 공장 종업원들을 보호하기 위해 독일군에게 한 엄포는?

쉰들러는 수시로 유대인을 살인하고 체포하는 독일군들에게 "이유 없는 사살은 위법이요, 사업 보상재단법에 의거하여 나는 사상자에 대한 손해배상을 청구할 수 있소. 즉 당신들이 생각 없이 총을 쏜다면 당신들은 감옥에 가고 난 보상을 받는단 말이요. 따라서 이곳에선 즉

결 사형은 없소. 그리고 내 승인 없이 당신들은 공장에 출입할 수 없다는 거 명심하시오"라고 강하게 겁을 준다.

D. 쉰들러가 폴란드에서 사업을 성공적으로 할 수 있었던 비법은?

쉰들러는 젊은 유대인 여성을 고용해서 독일 장교에게 접대하고, 값비싸고 귀한 물건들을 구해서 뇌물로 주어 공장허가서를 받아내고, 나치군의 군수품 계약도 성공한다. 하지만 독일군의 잔인한 인종 청소(홀로코스트)를 목격하면서 사업가에서 사람을 구하는 수호천사로 변하게 된다.

E. 공장을 떠나는 쉰들러에게 보내는 유대인들의 선물은?

독일의 패전으로 도망자 신세가 된 쉰들러에게 1천 1백 명의 유대인 종업원들은, 혹시 포로가 되었을 때 활용할 수 있게 자신들이 사인한 구명서와 함께 금붙이를 모아 반지를 선물한다. 그 반지에는 "한 사람의 생명을 구함은 세상을 구함이다"라는 탈무드의 격언이 새겨져있었다. 그 반지를 받은 쉰들러는 "내가 더 노력했다면 더 구할 수도 있었을 거야"라며 회한의 눈물을 흘린다. 이에 그와 동고동락했던 유대인 회계사 '이자크 슈텐(벤 킹슬리 분)'은 "당신은 더할 나위 없이 최선을 다했소, 사장님 덕분에 후손이 이어질 수 있을 겁니다"라며 진심으로 감사의 인사를 전한다.

<에필로그>

중국 우한에서 시작된 코로나바이러스는 전 세계적인 공포의 유행병이 되고 말았다. 보이지 않는 바이러스는 우리가 세워놓은 국경선을 여권 없이 오가며 유린하고 있다. 인류도 국가 간의 이기주의를 내려놓고 공동의 적을 섬멸하고 인류가 영속될 수 있도록 모든 과학과 문명의 기득권 리스트를 조건 없이 공유하여야 할 때이다. 생명 앞에서 명예와 물질만능주의는 아무 소용이 없음을 경험하였기에 성찰과 나눔을 통해 더욱 성숙한 인간적 철학을 이루어낼 수 있는 계기로 삼아야 할 때이다.

영화 <쉰들러 리스트>는 전쟁의 참화 속에서 생명의 소중함을 깨달은 한 사람이 수많은 사람을 구할 수 있다는 것을 보여준다. 바이러스와의 전쟁을 치르고 있는 지금, 쉰들러와 같은 존재가 많아질 때 자유로운 삶과 생명의 평화는 다시 찾아올 것이다. 영화 <지구가 멈추는 날/The day the earth stood still, 2008>에서 죽어가는 지구를 살리기 위해 인류를 향한 경고의 메시지를 전하러 온 외계인을 오인하여 큰 화를 자초하였듯이, 바이러스의 경고를 정확히 인식하고 대처하지 않으면 죽음의 극한 리스트는 점점 길어질 것이다.

공포의 특급열차!
카산드라 크로싱
The Cassandra Crossing, 1977

<프롤로그>

인류학자들은 코로나바이러스가 오래전부터 인간들에게 경고하는 자연의 소리를 외면해서 발생한 인재라고 분석하기도 한다. 미국 외교의 거두 '헨리 키신저'도 "각국 지도자들이 이번 위기를 국가 단위에서 대응하고 있지만, 바이러스는 국경을 인식하지 않기에 개별 노력만으로는 한계가 있다. 그렇기에 세계적인 협력이 동반되어야 한다"라고 강조한다. 또한 "보건 위기는 일시적일 수 있지만 정치, 경제의 격변은 세대에 걸쳐 이어질 수 있어, 계몽주의 가치들을 유지하고 인류 평화를 수호하는 데 앞장서야 한다"고 호소하고 있다.

43년 전 1977년에 제작된 영화 <카산드라 크로싱/The Cassandra Crossing>에서도 이미 바이러스의 끔찍한 공포에 대응하는 다양한 사람들의 이기적인 모습을 깊이 있게 그려내고 있다. 이제는 개인의 양식과 양심을 돌아보고 방역의 기본률을 생활화하면서, 모든 문명의 방법을 적극적으로 공유하여 문제 해결의 답을 찾아내야 한다. 일본 크루즈 유람선에서 바이러스에 감염된 채 방치됐던 수많은 승객이 현대판 카산드라 크로스의 모습이기도 하다.

<영화 줄거리 요약>

스위스 제네바의 국제보건기구에 침입한 세 명의 스웨덴 테러리스트는 미국의 생화학 무기 실험에 반대하기 위해 폭탄을 준비한다. 하지만 출입 금지 구역에서 벌어진 총격전으로 한 명은 사살되고, 바이러스 실험실에서 전염성 강한 치명적인 병균에 노출된 두 사람 중 한 명이 1,000여 명의 승객을 태운 스웨덴의 스톡홀름행 대륙종단 초특급 열차에 무단 승차한다.

이에 비상이 걸린 미국 국방성 정보국, '맥켄지 대령(버트 랭커스터 분)'이 사건을 담당하게 된다. 미국의 가공할 세균 개발 실험이 알려지면 엄청난 국제적 혼란이 야기될 것이므로 그의 임무는 어떤 일이 있더라도 이 세균이 퍼지는 것을 막는 동시에 이 일 자체도 세상에 알려지지 않게 하는 것이다. 한편, 맥켄지와의 무선 연락으로 이 사실을 알게 된 열차에 있던 유일한 의사 '챔버레인 박사(리차드 해리스 분)'는 전처인 '제니퍼(소피아 로렌 분)'와 기차에 탄 수많은 인명을 구하기 위해 맥켄지에게 협조한다.

세균에 감염된 승객들이 하나둘씩 늘어나면서 열차는 순식간에 공포에 잠식당하고 만다. 그러던 중 폴란드의 격리 시설 야노프로 향하는 길에 있는 '카산드라 크로싱'이라는 다리의 안전성에 의문을 제기하는 사람이 나타난다. 카산드라 크로싱은 이미 오래전에 폐쇄된 다리로 결국 그 다리를 건너가는 것은 자살 행위와 다름이 없다는 사실을 챔버레인 박사가 눈치채게 된다. 그리고는 맥켄지가 열차 전체를 생매장하려는 음모를 꾸미고 있음을 깨닫고 자신의 방식대로 필사의 구출 작전을 펼쳐 카산드라 크로싱 다리 직전에서 기차를 멈추고 많은 사람을 구해 내게 된다.

<관전 포인트>

A. 바이러스가 열차에 퍼지게 된 배경은?

국제보건기구를 폭파하려던 3명의 테러리스트 중 2명이 경비병과의 총격전에서 연구소의 전염성이 강한 폐렴 흑사병에 노출되고 만다. 한 명은 포로로 잡힌 직후 심각한 감염으로 죽고, 나머지 한 명은 스톡홀름행 열차에 몰래 탑승하게 되면서, 일등석과 식당칸 승객부터 서서히 감염시키게 된다.

B. 바이러스의 누출로 미국고위층이 결정한 사항은?

미국은 세균 매개를 엄격히 금지하는 '유엔 결의안 816'을 무효화시키려 애썼지만, 유엔에서 통과된 바 있다. 그러던 중 미국이 제삼국인 스위스에서 세균실험을 한다는 사실과 열차에 탑승한 천 명의 승객을 격리하기 위해 정보부 소속 맥켄지 대령을 급파하여 카르파티아산맥 반대쪽에 있는 야노브로 감염자가 득실대는 기차를 몰아가기 위해 카산드라 크로싱 임무를 수행케 한다.

C. 카산드라 크로싱은 어떤 다리인가?

2차 세계대전 당시 독일은 폴란드 유대인들을 야노브에 있는 수용시설에 감금하고 잔인하게 학살하였다. 전쟁이 끝난 1948년 폴란드 정부는 열차의 하중을 견디기 힘들다고 판단하여 야노브로 가는 철교인 카산드라 크로싱을 폐쇄했다. 맥켄지 대령은 기차에서 환자를 돌보던 챔버레인 박사에게 그 다리는 안전도 검사에서 안전하다고 거짓말을 하지만, 과거 야노브 수용소에서 아내와 딸을 잃은 유대인 시계 상인 '카를란'은 그 다리의 무서운 진실을 알려준다.

[카산드라: 트로이의 마지막 왕 프리아모스 왕과 헤카베의 딸로 트로이의 영웅 헥토르와 남매이다. 아폴론에게 예언의 능력을 받았지만, 그의 사랑을 거절한 대가로 설득력을 빼앗긴 불행한 예언자이다. 트로이 목마를 성안으로 들여놓아서는 안 된다는 그녀의 절규에 귀를 기울이지 않은 트로이는 결국 멸망한다.]

D. 챔버레인 박사의 승객 구조작전은?

맥켄지 대령이 감염된 승객 일천 명을 다리 밑의 협곡에 생매장하려고 한다는 것을 감지한 챔버레인 박사는 열차 앞부분의 일등석에 탄 승객들을 이등석으로 대피시킨 후, 인위적으로 열차 연결 장치를 분리하여 몇몇 협조하는 승객들과 목숨을 건 구출 작전에 돌입한다.

E. 맥켄지 대령과 함께 사태 해결을 돕던 의사가 발견한 해법은?

제네바 국제보건기구에 근무하던 박사 스트레너는 헬리콥터를 통해 기차에서 공수해온 바이러스에 감염된 '바셋하운드종의 개'가 실험실에서 산소공급을 충분히 해주자, 세균들이 풍부한 산소에 죽으면서 자가 면역력이 되살아나는 것을 발견한다. 이 사실을 열차의 챔버레인 박사에게 알려주자고 하지만, 완벽하게 바이러스 전파자를 청소하고 싶었던 맥켄지 대령은 거절하고 만다.

F. 위기상황에서 챔버레인 박사와 전처는 어떻게 화해하게 되나?

@챔버레인 박사: 철저한 이기주의로 자신의 안전을 위해 비행기도 타지 않고 좋아하던 담배도 끊고 산다. 하지만 열차에 퍼진 바이러스가 사람들을 위협하기 시작하자 저명한 신경외과 의사라는 타이틀을 내려놓고 그들을 구하기 위해 혼신의 힘을 다한다.

@부인 제니퍼: 유명한 작가인 그녀는 이기적인 남편과 이혼 후 그

를 괴롭히기 위해 저서 『두뇌를 팔다(Brain sell)』를 쓰기도 한다. 기차에 전염병이 돌자 평소에 보지 못했던 남편의 희생적인 모습을 보고 그를 도와 승객들을 구하기 위해 최선을 다한다.

@ 서로 사랑하지만 이기심에 이혼했던 챔버레인 박사 부부는 함께 탔던 기차에서 그동안 보지 못했던 서로의 모습을 발견하고 진정한 부부로 거듭나게 된다.

<에필로그>

맥켄지 대령은 미국의 음모를 숨기기 위해 기차에 파견된 방역대장을 통해 "여러분은 전파력이 아주 강한 전염병에 노출되었습니다. 폴란드 야노브에 있는 치료소에 가서 21일 정도 격리되면 풀려날 것입니다"라고 방송을 하는 장면은 최근 각국에서 벌어지는 확진자, 격리자, 사망자의 극한 모습들이 오버랩되기도 한다. 이번 코로나 사태가 끝나는 시점에는 수많은 국가가 방심으로 인한 초기방역 실패, 국가 간 비협조로 인한 인류문명의 후퇴, 후폭풍으로 몰아닥칠 경제적 고통은 어떤 전쟁보다 참담한 회한으로 돌아올 것이다. 이제 바이러스를 싣고 죽음의 <카산드라 크로싱> 철교로 폭주하는 기관차를 멈추기 위해 모두 힘을 합쳐야 할 때다.

저자소개

서태호

- 삼성증권 인사팀장/도곡지점장
- 삼성정밀화학 인사지원실장/전무
- 롯데정밀화학 케미칼사업부장/전무
- 미국 PPG Korea 부사장
- 현)대구대학교 교수
- 현)한경닷컴 칼럼니스트
- 이메일: boss5533@naver.com
- 저서: 프라이빗뱅커의 고객창조 마케팅(2007)

서태호의 영화로 보는 삶

초판발행	2020년 8월 21일
지은이	서태호
펴낸이	안종만·안상준
편 집	황정원
기획/마케팅	장규식
표지디자인	박현정
제 작	우인도·고철민
펴낸곳	(주)**박영사**
	서울특별시 종로구 새문안로3길 36, 1601
	등록 1959. 3. 11. 제300-1959-1호(倫)
전 화	02)733-6771
f a x	02)736-4818
e-mail	pys@pybook.co.kr
homepage	www.pybook.co.kr
ISBN	979-11-303-1084-8 93680

정 가   22,000원